上海社会科学院创新译丛
主编 张道根 于信汇

Edited by Joshua Farley & Deepak Malghan

Beyond Uneconomic Growth

Economics, Equity and the Ecological Predicament

超越不经济增长

经济、公平与生态困境

[美] 乔舒亚 · 法利 [印] 迪帕克 · 马尔干 编
周冯琦 等译

上海社会科学院出版社
SHANGHAI ACADEMY OF SOCIAL SCIENCES PRESS

本丛书的出版得到
上海社会科学院创新工程办公室的大力支持

编著者

彼得·G. 布朗（Peter G. Brown），加拿大魁北克省蒙特利尔麦吉尔大学教授

克利福德·柯布（Clifford Cobb），美国加利福尼亚州萨克拉门托《美国经济学与社会学期刊》编辑

小约翰·B. 柯布（John B. Cobb），美国加利福尼亚州克莱蒙特的克莱蒙特神学院名誉教授兼克莱蒙特历程研究中心联合主任

罗伯特·科斯坦扎（Robert Costanza），澳大利亚堪培拉澳大利亚国立大学克劳福德公共政策学院公共政策专业教授兼主任

布莱恩·杰克（Brian Czech），美国鱼类及野生动植物管理局国家野生动物保护区系统中心跨学科生物学家，弗吉尼亚州阿灵顿稳态经济发展中心主任，美国国家首都地区弗吉尼亚理工学院暨州立大学自然资源经济学客座教授

萨拉·埃尔·塞拉菲（Salah El Serafy），国际经济顾问，世界银行前资深经济学家和顾问

约书亚·法利（Joshua Farley），美国佛蒙特州佛蒙特大学社区发展和应用经济学教授

罗伯特·古德兰（Robert Goodland）（已故），世界银行集团前可持续发展社会和环境评估专家、前首席环境顾问

约翰·高智（John Gowdy），美国纽约州特洛伊伦斯勒理工学院经济学系科学研究教授和经济学教授

乔纳森·M.哈里斯（Jonathan M. Harris），美国马萨诸塞州梅德福塔夫斯大学全球发展与环境研究所理论和教育项目高级研究员和主任

菲利普·朗（Philip Lawn），澳大利亚阿德莱德佛林德斯大学佛林德斯商学院生态经济学教授

迪帕克·马尔干（Deepak Malghan），印度管理研究所班加罗尔分校公共政策中心助理教授

琼·马丁内斯-艾利尔（Joan Martinez-Alier），西班牙巴塞罗那自治大学国际注册税务师专业教授

威廉·E.里斯（William E. Rees），加拿大不列颠哥伦比亚省温哥华英属哥伦比亚大学社区与区域规划学院城市与区域规划专业名誉教授

阿里尔·瓦特恩（Arild Vatn），挪威生命科学大学国际环境与发展研究系环境科学专业教授

彼得·A.维克多（Peter A. Victor），加拿大安大略省多伦多约克大学环境研究教授

序　言

此书最初以赫尔曼·戴利纪念文集的形式出现。赫尔曼·戴利是现代生态经济学的核心人物。虽然早在2005—2006年我们已经讨论过这一项目,但在赫尔曼的朋友兼同事罗伯特·古德兰表示全力支持这一项目并以编辑身份加入项目团队之后,这一项目才初具规模。这一项目在2007年的美国生态经济学学会双年会议上正式启动。我们原本希望于2009年大会之前完成这个项目。多年来,罗伯特在北弗吉尼亚的家已成为生态经济学家及其他志同道合人士的欢聚场所。罗伯特原本很慷慨地答应在他家中举办纪念文集启动会。但是,由于突发情况导致计划被多次延误,因此我们未能按预期完成此书。最终当我们开始编辑书本内容、着手处理出版工作之时,罗伯特不幸离世,我们都陷入悲伤的情绪之中。在过去的两年里,我们深深地怀念罗伯特,以及他的智慧和精神。

罗伯特的作品在很多方面都得到了良好体现,他致力于对世界银行进行改革,虽然无法洞悉世界各地的生态及人权纪录的每次发展动态,但提升了世行的灵敏度。在世行时,罗伯特与赫尔曼·戴利紧密合作，赫尔曼·戴利是在罗伯特的帮助下进入世行的。对于赫尔曼欣然应允我们再版由其编写的古兰德讣文（最初发表在《生态经济学》(100.208－9，2014)期刊上），我们深表感激。纪念文集的主人公为编辑撰写讣文是前所未有的特殊情况。但我们相信，对于罗伯特而言，这无疑是对他一生突出成就和贡献的最大肯定。我们也非常感谢《生态经济学》期刊同意我们再版这一讣文。

伯灵顿(Burlington)和班加罗尔(Bangalore)

2015年10月

纪念罗伯特·古德兰

作者：赫尔曼·戴利

罗伯特·古德兰是世界银行聘请的第一位生态学家，他在世行辛勤工作了30年，主要是为了改进世行的环境及人权实践。因为在保护自然领域的终身成就，他成了世界自然保护联盟（IUCN）哈罗德·杰佛逊·库利奇奖的首位得主。

罗伯特·古德兰
（1939—2013）

最初分配给罗伯特的任务是筛查世界银行的每项拟定项目，从中选出具有最大潜在影响的项目进行复查。在这个过程中，罗伯特要给出一些建议。但是，项目设计者不愿意采纳他的建议。无奈之下，罗伯特带领大家为世界银行集团起草总体环境和社会标准，其中包括环境评估、土著民族、自然栖息地及物质文化资源。为了让世界银行与非政府民间组织对上话，罗伯特做出了许多努力。

罗伯特关于土著民族的作品促使世行聘请了一大批人类学家。其中，防止强制安置并在发生这种情况时减缓其负面影响才是问题关键。罗伯特还努力完成了"环境评估资料大全"，这项作品后来成为涉及环境评估方方面面的世界级重要参考文献。作为罗伯特环境社会评估原则作品的一个顶峰，在1994—1995年，他出任国际影响评价协会主席。

之前，罗伯特在巴西利亚大学和位于玛瑙斯的国家亚马孙研究所从事热带生态学和环境评估的教学。在巴西的这段时间里，他与霍华德·欧文合著了《亚马孙丛林：从绿色地狱到红色沙漠》。该书成了孕育国际环保运动的开创性作品。

罗伯特提出了若干办法阻止世界银行集团为烟草和石棉相关项目提供资金，以及避免各种最具毁灭性的农业和林业项目。后来，罗伯特分析了某些世界级大型水力发电项目的影响。在之后的1997年，他对世界水坝委员会的成立起到了很大的推动作用。

罗伯特与萨拉·埃尔·塞拉菲、赫尔曼·戴利和鲁洛夫·休廷合作，在20世纪80年代针对绿化联合国国家账户系统召开了系列会议。在罗伯特的带领下，他们还合作编写了对1992年《世界发展报告》（第一份以发展和环境为主题的报告）的评论文章，名为“有关环境方面的可持续经济发展：建立在布伦兰特基础上”，该文章被联合国教科文组织（UNESCO）出版。

2009年，罗伯特与杰夫·安航合著了一篇名为“畜牧和气候变化”的文章，该文章评估了如何替代某些畜产品、重新造林，从而从畜牧业和饲料生产中解放出来，这可能是应对气候变化的一种实务方法。罗伯特受联合国粮农组织邀请在罗马和柏林就该作品发表演讲，还受邀在北京为中国社会科学院发表讲话。

罗伯特于2001年离开世界银行，正式退休。之后，应埃穆勒·萨利姆之邀，他继续在独立采掘业审查中发挥着关键作用。退休后，罗伯特以顾问身份去到了世界各地，参加环境和土著民族保护工作，大部分都是无偿的。他曾经说过，退休后他做的事情基本上和在世行时所做的事情一样，唯一的区别在于：现在他所服务的人群更加具有合作精神。

在罗伯特的整个职业生涯中，他鼓励了许多人，这些人因为他的善举而获益良多。罗伯特的生平事迹是一个典范，说明了即使在政治敌对的环境中，凭借着沉着冷静、彬彬有礼，以及兢兢业业的努力工作，也能取得伟大的成就。

赫尔曼·戴利

目　录

第一部分　导论

第二部分　改变范式：什么是合于生物物理学的，人类当如何行为？

第三部分　改变目标：什么是社会、心理和道德上的渴求

第四部分　改变规则：可持续和理想未来的制度

第五部分　稳态经济

第六部分　结语

第一部分
导论

1 生态经济学的基石：概览

乔舒亚·法利

1.1 导言

这是一本纪念生态经济学先驱之一——赫尔曼·戴利贡献的单卷本文集。遗憾的是，太多的纪念文集被搁置于书架而无人问津。我们深信，在所有的经济学家当中，戴利的思想是最值得传播和应用的。既然戴利的贡献以及他对众多学者的影响如此重要，仅仅一个单卷本是不够的。因此，我们选择了以不同的形式出版两卷：一卷由爱德华·埃尔加(Edward Elgar)出版社出版付印或者电子版，另外一卷是在线的，可公开下载 http://www.uvm.edu/~jfarley/BUG.

戴利是20世纪60年代成长起来的一位经济学家，那是一个经济增长、人口增长、全球不平等对生态的影响越来越严重的年代。主流经济学家相信技术以及技术替代可以解决资源限制(Barnett and Morse, 1963; Simpson et al., 2005)、市场会按个体创造财富贡献的比例来配置财富(Clark, 1908),他们对这些生态影响问题的解决充满自信。持续的经济增长将为环境保护、消除贫困提供资源,为少生孩子提供激励,进而稳定全球人口(更详细的讨论参见 Daly, 1977)。

与此相反,戴利洞察到人类经济是一个由微妙平衡的全球生态圈提供支持并包含于其中的子系统,这个生态圈的能量来源于有限的太阳能流。当经济规模扩大时,它把更多的生态系统结构转变为经济产品、产生更多的废弃流,这两者都降低了生态系统创造维持生命的生态系统的服务以及其他功能的能力。戴利认识到持续增长的物质消费一定会对自然系统以及它们带来的非市场收益产生破坏性的影响,因此,这种持续增长的物质消费既不是社会想要的,在生物物理学上也是不可能的。经济分析必须以对经济完全依赖于有限的全球生态系统的承认为起点。而且,既然资源是有限的,资源在代内和代际间的公平分配是经济分析不可回避的焦点问题。早在 20 世纪 60 年代晚期,他开始倡导财富和收入分配更加公平的无增长稳态经济(Daly, 1968,1973)。在 20 世纪 60 年代和 70 年代的一段时间,似乎戴利的观点在政策层面上胜出。美国和其他发展中国家通过了保护环境以及改善财富分配的重要立法。

遗憾的是,从那以后,全球环境问题越来越糟糕,收入不平等问题越来越严重,全球人口向 100 亿进军。世界上最富裕的国家——美国的贫困率实际上增加了。荒谬的是,虽然自 20 世纪 60 年代以来人均收入翻倍,但人们似乎越来越相信,我们已经负担不起解决环境以及不平等问题的经济成本了。

尽管如此，戴利继续致力于创建跨学科的生态经济学，寻求在生物物理学上可能的与在社会、伦理及心理学意义上需要的之间的平衡状态。我们相信，向戴利致敬的最好方式就是在还不是太迟的时候帮助推进这一议程。因此，出版这些书籍的目标是以戴利的作品为基础，对社会亟须解决的生态、经济问题提出可持续的、公平的、有效的解决方案。本章旨在简要描述我们所面临的问题，阐释为什么现在的经济体制不能解决这些问题，讲述戴利的成果如何能够改变如此复杂的生态经济系统。本章结尾简单介绍了本书的其他章节以及它的姊妹卷，这些内容都源自致力于创造可持续理想经济的学者和活动家们的贡献。

1.2 环境问题以及人类世

地质学家把地质年代划分为若干个世，分别对应于我们的星球发生的巨大生物物理事件变化。现在的官方时代，为全新世，以非常稳定的气候为特征，这种气候提供了有利于农业发展的条件。农业发展反过来也促进了文明发展所必需的人口密度增加、剩余生产力积累以及劳动分工。

环境条件对人类社会的影响很大。现代人类最早出现于约 20 万年前一段气候特别不稳定的时期，这段时期占据人类历史的前 95％。虽然气候不稳定，但是有几类少数人种（他们拥有十分相似的石器时代技术和高度平等的政治和经济体制）试图占领地球。约在 11 700 年前全新世到来的时候，很多在空间上分开的群体对新稳定气候的回应却惊人地相似。例如北美人口与旧世界完全隔离，当欧洲人在16世纪发现美洲的文明时，他们看到了大城市，农业体系，等级化政治、经济、宗教制度，这些制度一眼就能辨认出来，但它们都不是在全新世数千年前演化出来的（Richerson et al.，2001）。

人类再次面临巨大的环境变化，但这次是我们自作自受。虽然气候变化得到了最为广泛的讨论，但生物多样性减少、氮和磷循环、海洋酸化、土地利用变化、淡水利用、臭氧耗竭、化学污染以及大气溶胶负载等无法容忍的环境变化，也都威胁到人类的发展甚至是生存（Rockstrom et al.，2009）。事实上，人类对环境的影响现在已经大到很多科学家主张我们已经进入了一个新的地质世——人类世：人类对环境的影响相当于地质力量的规模（Crutzen，2002）。对于人类世从什么时候开始还存在相当的争议，但有一种强有力的观点是人类世起始于工业革命——化石燃料的巨大能量（以及它们产生的大量废弃物）开始释放时。无独有偶，现代市场经济以及现代市场经济理论都起源于这个时代。然而，大家基本认可，人类活动和人类活动的环境影响从1950年开始突然加速（大加速）。其他巨大变化中，人口增加和物种减少仅仅在50年内就翻倍了，化石燃料的使用和水的使用增加至3倍多，肥料的使用增加至5倍，以国内生产总值（GDP）计量的经济规模增加至15倍（Steffen et al.，2011）。

人类世对人类发展的影响至少和全新世对人类发展的影响是一样深远的，却有潜在的毁灭性后果。人类，像其他物种一样，他们的生存依赖于良好运作的生态系统，而人类文明基本上依赖于农业。遗憾的是，农业是全球生态系统最大的单一威胁（Brown，

2012；Godfray et al.，2010；Tilman et al.，2011）。全球经济同样依赖于化石燃料，我们能源供应的86%来源于化石燃料，化石燃料排放几乎可以与农业相媲美，都是全球生态系统的主要威胁。重要的经济和生态阈值之间有直接矛盾。社会必须在生态和经济崩溃之间另辟蹊径。

日益增长的不平等仅仅是加剧了生态退化问题。“大加速”最开始恰好与“大收缩”时代吻合，由于受大萧条和凯恩斯主义（Keynesian）经济学影响的政府政策的干预，大收缩时期的工资、收入以及财富分配更加平等。在20世纪70年代早期，美国收入不平等降到了最低，但此后，美国及全球的收入不平等达到了创纪录的水平，就是我们熟知的“大分化”（Alvaredo et al.，2013；Piketty and Saez，2006）。

简单地看一下我们最重要的经济部门——农业，有助于帮助我们解释当前我们所面临挑战的严重性。大多数经济学家认为边际成本递增，边际收益递减。经济学家的总体目标是当边际成本（市场经济学翻译成供给曲线）等于边际收益（需求曲线）时净收益最大化。

供给曲线不仅应包括劳动力、资本、物质投入的边际成本，还应包括生态退化的边际成本。近期研究认为农业影响已经危及或者超过了生态阈值（Foley et al.，2011；IPCC，2013；Millennium Ecosystem Assessment，2005；Reid et al.，2010；Rockstrom et al.，2009；Steffen et al.，2011），超过生态阈值的后续活动的边际成本将变得无限大。阈值代表边际分析的极限：供给的边际变化将导致成本的非边际变化。根据赫尔曼·戴利的观点，阈值就相当于站在悬崖边缘（Daly，1977）。我们有理由认为，当接近某个阈值时，传统农业供给曲线就会变得越来越垂直。[①]

需求曲线取决于边际收益。当人类的食物不足以维持生存时，就面临一个生理阈值，此时，对食物的生理需求曲线是垂直的。一旦满足了我们最基本的生存需求，从食物获得的边际收益就会急剧下降。我们可以认为，对于地球上可能面临发育迟缓、高死亡率等问题的十亿营养不良的人口来说，额外营养的边际收益无限大。

这里描述的需求曲线与市场需求完全不同，市场需求以购买力为标准来衡量偏好。全球农业能够生产足够农产品养活全世界，但购买力分配不均导致了食物分配的高度不平等。在2007—2008年食物危机期间，干旱、乙醇生产增加和投机行为导致主要谷物价格翻倍，在最富裕且人均食物消费水平最高的国家当中，需求变化或者被丢弃食物百分比变化基本可以忽略不计。但是，贫穷国家的营养不良、社会分裂、政治动荡现象愈演愈烈。当收入高度不平等时，市场可能会把基本资源分配给那些边际收益最低的人（Farley et al.，2015）。

图1.1描绘了基于这些边际成本、边际收益假定的供给需求曲线。在当前的生产活动、经济制度和人口条件下，供给曲线和需求曲线不相交，我们被迫在难以接受的极高生态成本或社会成本

① 值得一提的是，无论是流量还是存量都存在阈值。以温室气体排放为例，如果我们超过了温室气体排放的存量阈值将会导致无法接受的气候变化，比如增加甲烷的排放量或者降低反射率会形成正的反馈循环。当温室气体排放超过生态系统能够吸收的承载能力时，我们就超过了流量阈值，温室气体累积存量会不断增长。遗憾的是，准确地预测阈值是不可能的。鉴于复杂生态系统的原因和结果之间常常存在时间的滞后，超过阈值的数十年后我们可能才会受到影响。

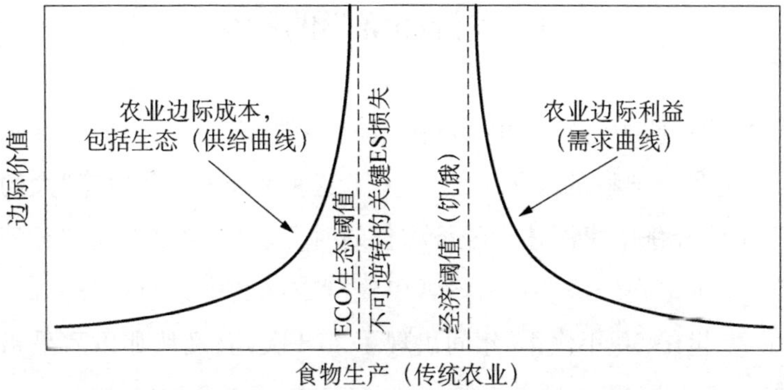

图 1.1 以当前科学技术和经济制度为基础、考虑了生态成本及贫穷的人偏好的食物生产供求曲线概念

当中做出选择。生态系统崩溃也会导致难以接受的社会成本。我们需要能在生产足够食物的同时又能减少生态影响的农业系统，并且更好地分配我们所生产的食物。我们需要能够激励这些农业系统和增加食物分配公平性的经济制度。

对食物系统的这一供需经济(非市场)分析适用于其他必需品以及整体经济。例如，当前温室气体排放超过了吸收能力，可能使未来的气候变化失控。如果我们立即把排放减少到可持续水平，造成的经济混乱可能是灾难性的。总的经济活动已经超过了生态阈值，但是我们当前的系统已无法维持增长，从而导致了失业、贫困和痛苦。我们需要一个全新的经济体系，这个经济体系能够在生态环境变成不可逆转灾难、生理阈值导致经济社会崩溃之前解决生态和生理阈值问题。赫尔曼·戴利的经济学理论有助于创造这样的经济体系。

1.3　主流经济学的回应[①]

虽然一些主流经济学家试图回应“大加速”和“大分化”双重挑战，但是整个学科的发展可能夸大了这种趋势。“大加速”大约起始于主流经济学家沉迷于经济增长的时期。1947 年以前，“经济增长”这个词语在经济学资料库索引经济类期刊中只出现过一次，但是在 20 世纪 50 年代 10 年间出现了 178 次，而且从那以后呈指数增加。

20 世纪四五十年代，人们对于经济增长的生物物理限制的担忧开始浮出水面（总统物质材料政策委员会，1952），但是多半经济学家和政策制定者在 1960 年代都倾向于相信技术进步和技术的无限可替代性（Barnett and Morse，1963；Milliman，1962；Spengler，1961）。1970 年代早期，随着地球日的出现、石油价格波动以及诸多有关环境评论的文章的出版重新燃起了人们对生物物理限制的担忧。一开始，经济学家对这些担忧是傲慢和充满敌意的，如把《增长的极限》（Meadows et al.，1972）形容为“毫无理据、荒谬至极的文章，没有人会认真地对待”（Beckerman，1972，p. 327）；是不科学的，并会误导公共政策的“世界末日模型”之一

---

① 这一章中所说的传统或者主流经济学是指新古典经济学，或更具体来说，坚信任何时点上经济活动的目标都是为了满足主观的个体偏好，在市场经济条件下经济体系中所有产品和服务的供给和需求达到均衡，同时用货币来衡量的经济剩余最大化。人通常被认为是贪婪的，所以经济活动的目标就是持续的经济增长。但是把经济系统视作整体、把生态系统视作其中一部分的世界观也渗透到非正统学校的经济思想中去了。

(Solow, 1973, p. 43)；“一部空洞并且存在误导性的作品……连伪科学都不如，和论战式虚构小说差不多”(Passell et al. , 1972, p. 1)；是典型的“谎报军情”(Kaysen, 1972; all cited in Yissar, 2013)。在恶言指责的同时，经济学家也开始对资源耗竭的担忧作出大量回应，形成了自然资源经济学子学科，该学科聚焦于原材料和化石燃料的合理利用，考虑对子孙后代的义务，把自然资源整合到经济增长模型中去。尽管如此，大多数经济学家依然坚持资本、劳动和技术是自然资源近乎完美的替代品(Dasgupta and Heal, 1979; Hartwick, 1977; Nordhaus et al. , 1973; Solow, 1974a, 1974b, 1997; Stiglitz, 1974,1997)，而不是戴利和其他学者所认为的是资源的补充品。他们认为资源短缺不会限制增长。

经济学家也开始思考环境设施(又称生态系统服务)和污染问题(Ayres and Kneese, 1969; Krutilla, 1967; Smithand Krutilla, 1979)——这些公共财产的价值通常被市场忽略——由此产生了环境经济学子学科。环境经济学家普遍接受自然资源的替代品是无限的这个观点，虽然其不一定能够完全替代这个独有的生态系统所带来的收益。但是，总的结论是，如果环境税、排放及贸易制度等合理政策以及关于提供或者保护生态系统服务的经济激励把这些缺点融入到市场价格中去，那么增长就不会停止(Simpson et al. , 2005)。

自然资源以及环境经济学的出现肯定是有前途的，这些子学科也赞同一些生态经济学同样的政策。尽管如此，主流经济学对“大加速”的回应是不够充分的，原因有两点。一个问题在于这些子学科本身，它们仍继续把地球生态系统作为一个部分，把经济作为一个整体，这就是把环境问题定义为可以融入到经济决策中去的外部问题的缩影。主流经济学家往往认为资源的高效配置能够生产出可持续的产出，而公平分配却很少被提及。无限的经济增长是他们想要实现的目标。与此相反，生态经济学家相信经济系统是有限的地球生态系统的一个物理子系统，本质上持续的指数增长是不可能的。不可减少的生态影响不确定性意味着未来成本是不可知的。生态可持续性和公平分配必须优先于有效资源配置。关于这些新古典子学科与生态经济学的其他重要区别，别处有详细归纳（Daly, 2007; van den Bergh, 2001），这里就不再赘述。

第二个主要问题是自然资源和环境经济学总体上对主流经济学影响不大。一位著名的经济学家说过，“自然一词在 20 世纪经济学中出现得不多，在当代经济模型中出现得也不多。当被问及此事，经济学家承认自然的存在，但大多数经济学家否认自然很有价值”（Dasgupta, 2008, p. 1）。另外一位著名经济学家认为“一个增长理论分支包括环境以及资源变量……这并不影响增长理论的核心及相关政策争论。而且，大部分包括资源的增长模型，没有考虑能源和资本之间相互替代可能性的现实约束”（Ayres et al., 2013, p. 80）。简言之，自然资源、环境以及生态经济学都“与当代经济学主体在某种程度上脱离，尤其是表现在教科书和期刊上”（Dasgupta, 2008, p. 2）。

“大分化”的出现恰逢标准经济学基本抛弃对财富分配的关注时期。以前，很多经济学家认为边际效用递减意味着在其他条件一样的前提下，财富分配越公平，总效用越多（例如，Marshall, 1890）。然而，20 世纪 70 年代，主流经济学巩固了他们的观点——因为不同个体之间进行效用比较是不可能的，所以经济学家应聚焦于满足主观偏好的所谓的价值中性目标（例如，Stigler and

Becker，1977)，一般不公开承认市场以购买力为标准来衡量偏好。把基本需求等同于“品味”。结果是“把财富而不是幸福作为资源高效配置的标准”(Posner，1985，p. 88)。重新分配可能会降低对财富积累的激励，公平和效率是矛盾的(Okun，1975)。传统经济学家通常承认“我们生活在一个收入不平等的不稳定世界中”，但其后又断言“对健全的经济有害的倾向中，最具诱惑性的……最有害的，就是聚焦于分配问题”(Lucas，2004)。从这个角度看，2007—2008年食物危机期间，对于那些消耗最少食物的人来说，尽量减少消耗是最高效并且将效用最大化的做法，因为他们“不愿意”和富人在食物上花同样的钱。

近年来，越来越多权威经济学家认为日益增长的不平等是一个十分严重的问题(例如，Piketty，2014；Piketty and Saez，2006；Stiglitz，2014，也可参见Paul Krugman在纽约周刊上的周报专栏)。但正如经济学家所说，分配的重要性因为经济学家沉迷于效率而被掩盖了。很少有(如果有的话)主流经济学家质疑市场配置的效率，不论是收入分配或者是某种特殊资源的基本性质。很少有(如果有的话)主流经济学家质疑用购买力决定偏好的资源配置是最优配置这一假设，或者考虑是否世界上的穷人对这种最优配置有不同的定义。

因此主流经济学家对供给和需求有完全不同于图1.1的解释。如果相信技术进步和技术的无限替代能力的话，边际成本永远不可能变得无限大。例如，颇具影响力的关于气候变化经济学的斯特恩评估报告(Stern，2006)假定，即使我们不做任何行动缓解气候变化，持续的经济增长可以确保我们的子孙后代比我们现在更好。当谷物价格超过穷人支付能力时，穷人已基本被排除在需求曲线之外，所以食物边际收益不可能无限大。

与此形成鲜明对比的是，赫尔曼·戴利和他的支持者认为，经济理论必须承认经济完全依赖于大自然提供的原材料、能源流以及生态系统的服务。如果不能同时解决财富和资源的公平分配，我们就不可能解决生态问题：在一个有明显收入不平等问题的世界，通过把生态退化的成本融入到市场价格中去来解决食物生产与生态系统服务之间的矛盾，将会使穷人痛苦不堪，而对富人，最多也只是一些不方便而已。优先考虑富人和当代人的偏好这一决定纯粹是一种规范而已。在承认复杂系统的固有的巨大不确定性的同时，我们迫切需要一个以生态可持续性、公平分配以及对子孙后代的义务为优先的经济体系。赫尔曼·戴利和科学家们在此类著作中积极推广支持这种转型的经济学理论。他们认为，气候变化、资源耗竭、人口增长、资源分配不均以及当前的金融危机都是这一单一复杂系统的组成部分。那么我们就来看看改变复杂系统所面临的挑战。

1.4　让复杂系统发生改变

在经过数十年利用计算机模型和实证进行研究后，德内拉·梅多斯提出了一系列对改变复杂系统特别有效的杠杆点(Meadows, 2009)。不论是故意安排或凑巧，戴利的研究集中在三个最具有说服力的杠杆上：改变范式、改变目标、改变规则。

范式是一种世界观，它可以支撑一个领域或者一个学科的理论和方法。赫尔曼已经改变了传统经济学关于生物物理可能性以及人类行为的范式。关于生物物理可能性，戴利否认经济系统是一个整体并且能够无限扩张、生态系统作为一个部分并且提供有用原材料和服务的分析。相反，戴利认为，经济分析必须以承认经济系统是有限地球生态系统的一部分，并且地球生态系统提供经济生产所需要的所有原材料、吸收产生的所有废弃物流、提供维持人类生存不可替代的生态系统服务为起点(Daly，1973，1991)。能源是所有经济生产的一项必需品。我们有有限的陆地能源资源储备、有限的太阳能量流，经济生产总是要消耗有效能源。原材料通过经济生产转变为产品和服务，或者也可以作为生态系统结构性构成要素。在特定结构配置情况下，这些物质创造的生态系统库能够把太阳能转化为人类和其他物种生存所必需的生态系统服务通量(Malghan，2011)。资源开采以及废弃物排放极大地改变了这些配置结构，危及他们所创造出的不可替代的基本服务，包括可再生资源的再生产。因此，在一个更大的、无法永无止境增长的生物物理系统内，经济的持续物理增长是根本不可能的(Daly，1996)。

戴利也挑战了关于人类行为的规则范式。传统经济学家认为人是完全理性的、自私自利、永不知足的个体，只能从消费中获得效用，而无法从与他人交往中获得效用，除非这种交往对消费有贡献。相反，戴利理所当然地认为，我们是社会人，我们通过与其他人和其他群体的关系和联系而不是通过我们拥有的物质来定义我们自己。如果把这些关系拿掉，那么我们就什么都不是了(Daly and Cobb，1994)。在主流经济学内部，行为经济学子学科也挑战了人类行为的传统假定，但迄今为止对入门级教科书中展示的学科核心假定影响不大。实际上，简单的经济学研究使得人们更可能去遵循传统假定(Cipriani et al.，2009；Kirchgassner，2005)。

戴利认为，承认生物物理极限以及我们作为社会人的本质迫使我们必须改变经济活动的目标。传统经济学家以高效配置优先，高效配置系指，在其他人不变差的情况下，某一人不会变得更好的一种配置，他们认为自由市场可以达到这一目标。高效配置说到底就是在财富和资源的初始分配前提下达到货币价值的最大化，因此经济学家追求不断增长的 GDP 这一动态目标。[①]相反，戴利提出了三个替代经济目标：生态可持续性；公平分配以及有效配置（Daly, 1992）。人类生存依赖于地球生态系统的生命支持功能。如果我们从道德角度上考虑一下后代人，当代人总体而言不贫困，生态可持续性才是必须的。可持续性目标限制了一代人能够消耗的资源总量，这种情况下，我们必须确保可获得资源得到了妥善分配。戴利把效率重新定义为通过可持续产出实现人类福祉的最高水平（Daly, 1996）。市场可以解决资源配置的效率问题，但是无法解决优先于效率的可持续性或者公平问题。GDP 不能准确地度量人类福利，必须用能够解释成本和经济活动收益的一个指标来替代。戴利与约翰、克里福德·柯布一起最早提出可持续经济福利指标（ISEW），这正是一个替代指标（Daly and Cobb, 1994）。在 GDP 持续增长的过程中，数十年前大多数国家的可持续经济福利指标已经达到了峰值（Lawn, 2003）。

最后，戴利呼吁建立新的经济规则。传统经济学家把促进自由市场竞争功能以及价格机制的规则置于优先位置。相反，戴利

---

① 越来越多的经济学家认为 GDP 并不是一个很好的经济福利衡量指标（Stiglitz et al., 2009; van den Bergh, 2009），它只能让继续沉迷于这一指标的主流经济学家们更加困惑。

认为"生态和伦理决策决定价格，而不是相反地由价格决定"(Daly，1986，p. 321)。在我们信任市场通过价格机制配置资源之前，必须建立确保可持续规模和公平分配的规则。例如，获得可持续规模的一个规则就是设定市场经济之外的生产能力的数量极限，让这些极限决定价格。获得公平分配的一个潜在规则就是把社会或者自然作为一个整体产生的资源平等地分给每一个人。在满足这两个规则的前提下，市场配置才是有效的(Daly，2007)。

当然值得注意的是，传统经济学家一般来说是支持排放贸易制度的，这是戴利规则的应用之一。戴利也与传统经济学家一样支持绿色税收制度。主要的分歧在于传统经济学家关注的核心是货币价值最大化法则的帕累托效率，通常把它作为充分和必要条件。相反，戴利关注的是在获得公平、稳态经济方面规则的有效性，所谓的稳态经济是指生产力流不是永无止境的增长，分配是公平的，并且在地球的生物物理承载能力之内的一种经济状态(Daly，1973，1991)。

我们一定要通过有意识的选择来达到稳态经济的目标，否则大自然的反馈循环将迫使我们这样做，那时可能就是灾难性的了。在我们改变关于生物物理可能性的经济范式之前，社会不会认识到稳态经济的必要性。在我们改变关于社会、心理学以及道德的理想目标之前，社会将把稳态视作不可接受的牺牲。在我们把制度变得更加公平、可持续和有效之前，稳态经济是不可能的。戴利已经完成了基础工作。戴利的高智商、高素质接班人的任务就是进一步推动这项工作。

1.5　本书的结构

其他章节不仅阐释了赫尔曼在生态经济学领域的基础工作，同时也展示了他为建立价值为引领、科学为基础、方法为导向的新经济体系所做的持续努力。包括导论和结论，文集分为六部分。中间部分并列介绍了上文所描述的改变复杂经济体系的几个杠杆点："改变范式""改变目标""改变规则"，以及关于"稳态经济"的一个部分。几个部分之间相互交叉。在本概览其余的篇幅中，章是指爱德华·埃尔加版本，文章是指在线的版本。

导论第二章是戴利的长期合作者、世界银行的同事罗伯特·古德兰撰写的（参见序言）。古德兰对戴利一生对经济学的贡献做了完美的概述，包括对他的理论贡献、对从生态退化到金融不稳定等全球问题的具体解决方案做了简要而又精致的阐述。这一章最后的参考资料列表特别强调了戴利早期的著作。戴利的长期合作者罗伯特·科斯坦扎撰写的一章描述了过去35年来，他们在建立可持续理想未来方面所做的努力。在线姊妹篇增加了迪帕克对戴利的采访。

第二篇是关于"改变范式：什么是合于生物物理学的，人类当如何行为?"，首先是戴利以前学生之一大卫的在线文章。大卫是非政府组织地球经济学的执行主任，这个组织致力于用生态经济方法来解决当下严峻的社会问题。大卫的文章认为戴利的理论研究是一场经济学革命，阐释了新范式如何产生新目标、新制度如何来实现这些目标以及用来度量这些成效的新方法。这篇文章还说明了地球经济学如何应用这一理论帮助解决现实生活中的问题。

塔夫茨大学全球发展与环境研究所理论与教育项目主任、高级研究员乔纳森·哈里斯撰写了第四章，为支撑经济系统是持续的、包含在有限地球生态系统之内的这一范式提供了生物物理证据。他认为市场力量无法解决这些挑战，并呼吁一种能够同时获得公平和可持续性的激进宏观经济学。第五章由生态经济学欧洲协会前主席、挪威生命科学大学制度经济学家阿利德·瓦顿撰写，这一章讲了极限问题，包括地球生物物理约束以及社会约束。他也提到没有极限的社会结构，实质上就是有限资源无消耗限制、无人类消费欲望限制的观念。接下来的第6、7章，聚焦于人类行为。传统经济学家通常认为人是理性的，主要受到自身利益的驱动。第6章是由伦斯勒理工学院生态经济学家、国际生态经济学会(ISEE)前主席约翰·高智撰写的。高智这一章研究了行为经济学、演化心理学以及神经科学如何改变我们对人类行为的理解，对传统经济模型和公共政策具有深远的影响。他认为不同的经济制度能够刺激或者抑制人类与生俱来的合作行为倾向，而这种行为是管理生物物理约束所需要的，而市场可能会抑制这种行为。第二篇的结论章(在线版本同时作为一篇文章)是由英属哥伦比亚大学城市与区域规划荣誉教授、生态足迹创始人、蓝色星球奖获得者威廉·里斯撰写的。里斯从人类认知的生物进化学的视角来解释为什么传统经济学家和决策者大多抛弃了戴利关于经济系统是可持续的，且包含在有限地球生态系统之内的世界观。他认为少有新信息和理性争辩能够削弱根深蒂固的观念。让人们接受对抗生态超载所需要的显著变化，需要“一个重建社会的世界计划……坚信人类的集体智慧以及理智会战胜人们对改变现状的抗拒”。

第三篇是关于“改变目标：什么是社会学、心理学、伦理学方面的理想目标?”研究了可持续规模、公平分配和高效配置的目标。澳大利亚福林德斯大学生态经济学教授菲利普·朗撰写了第8章，这一章阐释了这些目标的重要性以及他们应该得到解决的先后次序。主张在一个完整地球上分配变得越来越重要，而在理论和实践上往往被忽视，他提出了解决资源在国家内和国家间公平分配的若干政策。佛蒙特大学前讲师和研究助理加里，现在在澳大利亚昆州大学攻读博士学位，他的一篇文章也聚焦于公平分配。加里阐释了传统经济学如何以帕累托效率为核心目标，进而导致学科在很大程度上忽略了分配问题，并记录了近年来不平等现象是如何爆发的。他提出了解决不平等和贫困问题的若干政策建议。第9章是由戴利和罗伯特·古德兰在世界银行的前同事、高级经济学家塞拉菲撰写的，主要阐释了实际收入如何度量的问题，实际收入被定义为一个人在一定时间内能够消费的最大数量，而且在期初和期末时一样处境良好。他进一步研究了这一定义对国民收入核算、资本存量(包括自然资本)，稳态经济以及经济活动目的的重要含义。全球生态足迹网络(Global Ecological Footprint Network)主任马西斯·瓦科纳格尔简要介绍了该组织的年度报告，以此献给戴利，他曾与里斯一起提出生态足迹、共同获得蓝色地球奖。报告把可持续性、公平作为基本目标：当前全球生态足迹已超过全球生产能力，这是非可持续的，很多国家的生态足迹已经超过其自身的生产能力，把生态成本强加给其他国家，是不公平的。

第四篇是关于“改变规则：为可持续的理想未来设计的制度”。第10章由可持续经济福利指数以及真实发展指数的共同发明者克里福德·柯布撰写。本章聚焦于从向劳动收入征税转向非劳动收入征税，尤其是向土地以及其他自然资源产生的收益征税，这一政策可以同时促进资源配置更加公平、高效和可持续。世界观察创始人、地球政策研究所创始人兼所长、世界著名的环境学家莱斯特·布朗撰写了一篇文章，这篇文章主要聚焦于从税收补贴转向对损害环境行为的课税。这两章可以总结成两个小标题"我们应该向自然资源开采课税，而不是向产品生产课税"以及"向坏的课税，而不是向好的课税"。第11章是由戴利的著作《为了共同的福祉》的合作者、怀特海过程思想的世界权威、克莱蒙特大学的神学家约翰·柯布撰写。这一章聚焦于货币制度。具体来说，柯布指出，基于有息负债的当代货币制度需要永无止境的经济增长来避免金融崩溃，但这种永无止境的经济增长在一个资源有限的星球上是不可能的。他建议以100%的部分准备金制度以及货币体系的去中心化取而代之，这两者都属于最重要的经济制度之一当中的基本变化。国际生态经济学会现任主席、哥伦比亚大学农业、城市可持续性与环境科学学院院长塞宾·哈拉以一篇文章结束此篇，认为在生物物理和社会进程条件下的生产需要支撑这一进程。她阐释了为什么经济生产理论需要扩大边界将这些进程纳入考虑，并提供了一个确保生物物理和社会进程得以持续的政策议程。

第五篇是关于一个具体的制度，这是一个避免生态崩溃的前提："稳态经济"。这一部分在线的版本与爱德华·埃尔加出版社的版本（本书）是类似的，但本书的章节做了很大的修订。约克大学教授、最近获得博尔丁奖（Boulding Award）的彼得·维克多撰写了第五篇的首章，这一章详细介绍了稳态经济的经济思想史，随后简要介绍了他的模拟模型，并模拟了美国和加拿大如何能够合理地达到这样的经济状态。巴塞罗那自治大学教授、国际生态经济学会创始成员、前主席琼·马丁内斯-阿里埃尔强调了向稳态经济转型的去增长需求。要实现社会可持续的去增长，最富裕的国家必须收缩足够多，而最穷的国家在不超过环境约束的情况下继续增长。在金融危机、石油价格、二氧化碳排放以及南方的社会政治运动背景下讨论去增长之后，他认为我们只有把我们的经济目标强调为一个好的生活（美好生活）而不是以GDP衡量的物质主义消费，我们才能向稳态经济转型。在线版本的写作时间恰好在2007—2008金融危机之后不久，但是本书这一章2014年做过修订。稳态经济促进中心（Center for the Advancement of a Steady State Economy）创始人、主任、弗吉尼亚理工大学生态经济学教授、野生生物学家布莱恩·杰克以解决稳态经济的政治问题为这部分的结尾。他描述了从政治角度支持稳态经济的若干障碍问题，并认为克服这些障碍的关键步骤就是把主要学术团体对稳态经济的广泛支持记录下来。他介绍了自己在生成和记录这些支持方面日见成效的努力。

在识别了改变复杂系统的杠杆点之后，梅多斯又表示最强有力的手段就是超越范式，永远也不要让自己受到先验分析的约束。因此两个版本都是以麦吉尔大学教授彼得·布朗撰写的一章为结尾，展示了生态经济学只是迈向可持续的理想未来的一部分。要完成这一旅程，生态经济学一定要采用新的伦理制度把对稳态经济的道德支持延伸到整个生活，清晰地表明人类只是宏大的生态社会的一个子集。

另外，这两个版本都阐释了当前人类社会面临的最严重威胁的起源，并提出了应对这些挑战的具体建议。我们希望本书所阐述的经济理论能够有助于经济体系的转型。

参考文献

Alvaredo, F., A. B. Atkinson, T. Piketty and E. Saez (2013). The top 1 percent in international and historical perspective. *Journal of Economic Perspectives* **27**, 3 - 20.

Ayres, R. U. and A. V. Kneese (1969). Production, consumption, and externalities. *American Economic Review* **59**(3), 282 - 97.

Ayres, R. U., J. C. J. M. van den Bergh, D. Lindenberger and B. Warr (2013). The underestimated contribution of energy to economic growth. *Structural Change and Economic Dynamics* **27**, 79 - 88.

Barnett, H. and C. Morse (1963). *Scarcity and Growth: The Economics of Natural Resource Availability*. Baltimore, MD: Johns Hopkins University Press.

Beckerman, W. (1972). Economists, scientists, and environmental catastrophe. *Oxford Economic Papers* **24**, 327 - 44.

Brown, L. (2012). *Full Planet, Empty Plate: The New Geopolitics of Food Scarcity*. Washington, DC: Earth Policy Institute.

Cipriani, G. P., D. Lubian and A. Zago (2009). Natural born economists? *Journal of Economic Psychology* **30**, 455 - 68.

Clark, J. B. (1908). *The Distribution of Wealth: A Theory of Wages, Interest and Profits*. New York: The Macmillan Company.

Crutzen, P. (2002). Geology of mankind. *Nature* **415**, 23.

Daly, H. E. (1968). On economics as a life science. *Journal of Political Economy* **76**, 392 - 406.

Daly, H. E. (1973). *Toward a Steady-state Economy*. San Francisco, CA: W. H. Freeman and Co.

Daly, H. E. (1977). *Steady-state Economics: The Political Economy of Bio-physical Equilibrium and Moral Growth*. San Francisco, CA: W. H. Freeman and Co.

Daly, H. E. (1986). Thermodynamic and economic concepts as related to resource-use policies: comment. *Land Economics* **62**, 319 - 22.

Daly, H. E. (1991). *Steady State Economics: 2nd Edition with New Essays*.

Washington，DC：Island Press.

Daly，H. E.（1992）. Allocation，distribution，and scale：towards an economics that is efficient，just，and sustainable. *Ecological Economics* **6**，185 – 93.

Daly，H. E.（1996）. *Beyond Growth*：*The Economics of Sustainable Development*. Boston，MA：Beacon Press.

Daly，H. E.（1997）. Georgescu-Roegen versus Solow/Stiglitz. *Ecological Economics* **22**，261 – 6.

Daly，H. E.（2007）. *Ecological Economics and Sustainable Development*，*Selected Essays of Herman Daly*. Cheltenham，UK and Northampton，MA，USA：Edward Elgar Publishing.

Daly，H. E. and J. B. Cobb，Jr（1994）. *For the Common Good*：*Redirecting the Economy Toward Community*，*the Environment*，*and a Sustainable Future*（2nd edn）. Boston，MA：Beacon Press.

Dasgupta，P.（2008）. Nature in economics. *Environmental and Resource Economics* **39**，1 – 7.

Dasgupta，P. S. and G. M. Heal（1979）. *Economic Theory and Exhaustible Resources*. Cambridge：Cambridge University Press.

Farley，J.，A. Schmitt Filho，M. Burke and M. Farr（2015）. Extending market allocation to ecosystem services：moral and practical implications on a full and unequal planet. *Ecological Economics* **117**，244 – 52.

Foley，J. A.，N. Ramankutty，K. A. Brauman et al.（2011）. Solutions for a cultivated planet. *Nature* **478**，337 – 42.

Godfray，H. C. J.，J. R. Beddington，I. R. Crute et al.（2010）. Food security：the challenge of feeding 9 billion people. *Science* **327**，812 – 18.

Hartwick，J. M.（1977）. Intergenerational equity and the investment of rents from exhaustible resources. *American Economic Review* **67**（5），972 – 4.

IPCC（2013）. *Climate Change* 2013. *The Physical Science Basis Summary for Policymakers*. United Nations，available at http://www. ipcc. ch/（accessed 16 December 2015）.

Kaysen，C.（1972）. The computer that printed out W * O * L * F *. *Foreign Affairs* **50**，660 – 68.

Kirchgassner，G.（2005）.（Why）are economists different? *European Journal of Political Economy* **21**，543 – 62.

Krutilla, J. (1967). Conservation reconsidered. *American Economic Review* **57**, 777 – 86.

Lawn, P. A. (2003). A theoretical foundation to support the Index of Sustainable Economic Welfare (ISEW), Genuine Progress Indicator (GPI), and other related indexes. *Ecological Economics* **44**, 105 – 18.

Lucas, R. E., Jr (2004). *The Industrial Revolution: Past and Future*. 2003 *Annual Report Essay*. The Region, Federal Reserve Bank of Minneapolis, https://www.minneapolisfed.org/publications/the-region/the-industrial-revolution-past-and-future (accessed 16 December 2015).

Malghan, D. (2011). A dimensionally consistent aggregation framework for biophysical metrics. *Ecological Economics* **70**, 900 – 909.

Marshall, A. (1890). *Principles of Economics*. New York: The Macmillan Company.

Meadows, D. (2009). Leverage points: places to intervene in a system. *Solutions* **1**, 41 – 9.

Meadows, D. H., D. L. Meadows, J. Randers and W. Behrens (1972). *The Limits to Growth: A Report for the Club of Rome's Project on the Predicament of Mankind*. New York: Universe Books.

Millennium Ecosystem Assessment (2005). *Ecosystems and Human Well-being: Synthesis*. Washington, DC: Island Press.

Milliman, J. W. (1962). Can people be trusted with natural resources? *Land Economics* **38**, 199 – 218.

Nordhaus, W. D., H. Houthakker and R. Solow (1973). The allocation of energy resources. *Brookings Papers on Economic Activity*, 529 – 76.

Okun, A. M. (1975). *Equality and Efficiency: The Big Tradeoff*. Washington, DC: Brookings Institution Press.

Passell, P., M. Roberts and L. Ross (1972). Review of 'The Limits to Growth'. *New York Times Book Review*, 2 April, Section 7, 1, 10, 12 – 13.

Piketty, T. (2014). *Capital in the 21st Century*. Cambridge, MA: Harvard University Press.

Piketty, T. and E. Saez (2006). The evolution of top incomes: a historical and international perspective. *American Economic Review* **96**, 200 – 205.

Posner, R. A. (1985). Wealth maximization revisited. *Notre Dame Journal of*

Law, Ethics and Public Policy **2**, 85 - 105.

Reid, W. V., D. Chen, L. Goldfarb et al. (2010). Earth system science for global sustainability: grand challenges. *Science* **330**, 916 - 17.

Richerson, P. J., R. Boyd and R. L. Bettinger (2001). Was agriculture impossible during the Pleistocene but mandatory during the Holocene? A climate change hypothesis. *American Antiquity* **66**, 387 - 411.

Rockstrom, J., W. Steffen, K. Noone et al. (2009). A safe operating space for humanity. *Nature* **461**, 472 - 5.

Simpson, R. D., M. A. Toman and R. U. Ayres (2005). *Scarcity and Growth Revisited: Natural Resources and the Environment in the New Millenium*. Washington, DC: Resources for the Future.

Smith, K. V. and J. Krutilla (1979). *Scarcity and Growth Reconsidered*. Baltimore, MD: Johns Hopkins University Press.

Solow, R. M. (1973). Is the end of the world at hand? *Challenge* **16**, 39 - 50.

Solow, R. M. (1974a). Intergenerational equity and exhaustible resources. *Review of Economic Studies* **41**, 29 - 45.

Solow, R. M. (1974b). What do we owe to the future? *Nebraska Journal of Economics and Business* **13**, 3 - 16.

Solow, R. M. (1997). Georgescu-Roegen versus Solow-Stiglitz. *Ecological Economics* **22**, 267 - 8.

Spengler, J. (1961). *Natural Resources and Economic Growth*. Washington, DC: Resources for the Future.

Steffen, W., J. Grinevald, P. Crutzen and J. McNeill (2011). The Anthropocene: conceptual and historical perspectives. *Philosophical Transactions of the Royal Society A: Mathematical, Physical and Engineering Sciences* **369**, 842 - 67.

Stern, N. (2006). *Stern Review: The Economics of Climate Change*. Cambridge: Cambridge University Press.

Stigler, G. J. and G. S. Becker (1977). De Gustibus Non Est Disputandum. *American Economic Review* **67**, 76 - 90.

Stiglitz, J. E. (1974). Growth with exhaustible natural resources: efficient and optimal growth paths. *Review of Economic Studies* **41**, 123 - 37.

Stiglitz, J. E. (1997). Georgescu-Roegen versus Solow/Stiglitz. *Ecological*

Economics 22, 269 – 70.

Stiglitz, J. E. (2014). Inequality is not inevitable. *New York Times*, 27 June.

Stiglitz, J. E., A. Sen, J.-P. Fitoussi et al. (2009). *Report by the Commission on the Measurement of Economic Performance and Social Progress*, available at http://www.stiglitz-sen-fitoussi.fr/en/documents.htm (accessed 16 December 2015).

The President's Materials Policy Commission (1952). *Resources for Freedom: A Report to the President. Volume I: Foundations for Growth and Security*. Washington, DC: United States Government Printing Office.

Tilman, D., C. Balzer, J. Hill and B. L. Befort (2011). Global food demand and the sustainable intensification of agriculture. *Proceedings of the National Academy of Sciences* **108**, 20260 – 64.

van den Bergh, J. (2001). Ecological economics: themes, approaches, and differences with environmental economics. *Regional Environmental Change* **2**, 13 – 23.

van den Bergh, J. C. J. M. (2009). The GDP paradox. *Journal of Economic Psychology* **30**, 117 – 35.

Yissar, R. (2013). Neoclassical economic theory and the question of environmental limits to growth, 1950 – 1975. Master's thesis, Porter School of Environmental Studies, Tel Aviv University.

2

“超载的世界”：致敬赫尔曼·戴利对生态经济学——关于可持续性的科学的贡献

罗伯特·古德兰

2.1 引言

本章通过直接引用戴利的文章和观点，表达对其毕生事业的致敬。戴利的著作清晰易懂，能够直接引用。比起阅读其他汇编本，我更建议直接阅读他的作品。我从生态学者的角度，归纳了赫尔曼的一小部分惊人而卓越的成果，并重申了一些本人认为对生态学同行十分重要的戴利思想。本书的其他编著者已经强调了赫尔曼的经济学贡献，但是，我们说戴利是经济学与生态学最佳的“搭桥人”时，并未明确什么是经济学、什么是生态学。所以，我再次澄清：本章的全部内容都属于戴利的成果，本人仅负责汇编。本人只是将戴利四十年间的出版著作，浓缩到 10 页的综述和 7 页的解决方案之中。戴利极有雅量地对本章稿件进行了修改和确认。

戴利最具影响力的成就之一，是自20世纪70年代早期以来同其朋友罗伯特·科斯坦扎、阿列尔、扬松、许廷等创立了生态经济学的框架。戴利在世界银行工作期间(1988—1994)，与这些人建立了国际生态经济协会(ISEE)，随后创办了ISEE杂志，出版了若干生态经济学的重要教材。

本章强调戴利对于稳态经济学、可持续性以及唯增长论风险的思考。具有讽刺意味的是，就在第一届关注"去增长"[①]的国际大会召开的同时，发展经济学者(例如增长与发展委员会，2008)重申增长是经济发展的主要方式。戴利等人用了近40年主张自己的观点，直至首个"去增长"著作于2009年面世，进一步削弱了人们对于GDP和增长的执念(Costanza，2009；Hueting，2010；Jackson，2009；Porritt，2009；Victor，2008)。截至2009年，新古典主义经济学过于强调增长，与生态经济学者追求的环境可持续及去增长目标形成了强烈反差。鉴于2008—2009年的经济崩溃，哪种观点更加恰当呢？

2.2 问题是什么？

生态经济学者对新古典经济学者崇尚的持续增长抱有怎样的疑问呢？以增长获得拯救的不切实教条构成了主流经济学者与生态经济学者间的根本分歧。靠经济持续增长解决经济不发达和财富分配不当所造成问题的这一药方正在损害世界。主流(也被称

① 去增长是在短期和长期范围内、在局部和全球层面上，公平缩减产出和消耗，以提升人类福祉、改善生态环境。

为新古典)经济学者认为可持续性只是一时的风尚，他们几乎都推崇经济增长。多数经济学者轻视自然资源的损耗和对承载力的损害。发展经济学错误引入不切实际的发展模式，将发达国家过度消耗的模式推广到快速发展的发展中国家。主流经济学家不重视自然资本并推崇全球化。当前经济学的关键缺陷是没有考虑经济过程如何消耗资源、产生废弃物，以及降低环境对废物的解毒和降解能力。古典经济学家(亚当·斯密、李嘉图、马尔萨斯和约翰·穆勒)较大多数同时代经济学家更注意“自然”(环境)，所以生态经济学更多源自古典而非新古典经济学。

2.2.1 增长

增长被广泛认为是治疗所有现代社会主要经济“疾病”的灵丹妙药。人们一直认为，传统的经济问题(贫困、人口过多、失业、分配不公等)都可以采用同一种方法解决，那就是财富增长。[①] 只要有了钱，问题就更容易解决，怎样才能变有钱呢？答案就是经济增长，而经济增长通常是用 GDP 来衡量的。赫尔曼并不质疑第一个命题：有钱总比没钱好，其他事情也一样。但是戴利质疑我们令人信服的标签“经济增长”，它是否还能够让我们变得更为富有。物质生产力增长就当前增量和历史累积看，其问题的增加[②]快于财富，从而使我们更穷而不是更富有。因此，随着经济进一步增长，

---

① 通常用真实 GDP 或真实人均 GDP 来衡量增长。这种收入衡量方式不太好，根本无法衡量财富(一个存量概念)。(Victor, personal communication 2009)。

② 财富(wealth)的反义词——病态(illth)(被认为是约翰·罗斯金所造词汇)——被定义为没有社会效益的经济和社会活动，如污染和损耗；所有危害人类的环境变化；一个社会“危害”(参见《牛津英语词典》中“富有”的反义词)。

我们传统经济学的问题变得更难解决。历史上物质吞吐量(即资源消耗和废物排放)增长与GDP增长的相关性很强,以至于在没有反补贴政策的情况下,GDP的增长甚至经常增加问题快于财富。[①]

事实简单明了,即生物圈是有限、不可增长并且封闭的(除了太阳能的稳定输入)。任何子系统,如经济,达到某一增长点后,就会停止增长并且调整至一个动态平衡,如稳态。为达到这一平衡,出生率必须和死亡率相等,且产品的生产率必须等于其折旧率。经济学者尚未意识到新的稀缺物品早已转变为自然资本,不再是人造资本。生态极限快速将"经济增长"转变为"不经济的增长"——换言之,物质吞吐量增长增加的成本高于其增加的利润,因此这使我们更穷而不是更富有。

我们无法将环境可持续概念灌输给笃信增长的经济学者。主流经济学者轻视自然资源的损耗和对承载力的损害。他们将自然资源视为"外部性"[②]。自然资源不是外部性,而是主流经济学者忽视或遗忘了它们,转而关注对他们来说更重要的主题。新古

---

① 自此之后,除非另行声明,增长指GDP以及物质吞吐量的增加。高物质吞吐量活动生产率及其对GDP增长的贡献(及其给环境造成的负担)均大幅增长。另一方面,物质吞吐量低或可以忽略不计的活动(如弹钢琴)很少或并未提升生产率,所以其对GDP增长的贡献(对环境的负担)也很小或为零(Hueting, 2010)。

② 外部性或更准确地说外部成本:因我们的世界由空变满,被打上"外部效应"标签的事物范围变得很大很重要。的确,现今地球这种支持生命的能力被新古典经济学家当作外生变量。当然在达到那个时刻之前,我们应当反思并且重塑我们的经济视角,使得那些关键事物成为"内生"的,只有微不足道的事物是外生的。但直到目前,新古典主义的首要目标一直是通过将任何不合适的事物列为"外生事物"来保护模型。在空的世界,人们可以有理由说"只不过"是外生的。在满的世界,外生事物经常比留下来的内生事物更为重要。对生态系统服务的财政评估是一个开端。我们不能破坏我们所珍视的东西。对生态系统服务评估是一种扭转标准的新古典主义看待外生事物问题的方法。

典经济学者将增长提升为经济政策的最高优先级。因为增长意味着自然资源更快的开采与损耗及更多废物需要被已经过载的环境吸收，这样的灵丹妙药或增长目标已经将人类经济引入危险的陷阱。①

专栏 2.1 唯增长论的讽刺性

贫困？只关注经济增长（也就是增加产品和服务的产出并刺激消费）并看着财富向下扩散。不尝试将财富从富人向穷人重新分配，因为这会减缓经济增长。

失业？通过降低贷款利率和刺激投资来增加对产品和服务的需求，以产生更多工作并促进经济增长。

人口过多？只注重推动经济增长并依赖经济增长导致的人口转型来降低出生率，正如二十世纪工业国家的情况。

环境损害？过于相信所谓的环境库兹涅茨（Kuznets）曲线，一个经验关系，旨在表明随着 GDP 的增长，污染先增加，但在达到一个峰值后将会减少。

---

① 新古典主义经济学家罗伯特·索洛承认这一点，当他对《哈伯杂志》的史蒂芬·斯托尔说：“认为经济增长缓慢甚至停止增长时，资本主义将无法生存，这么想是没有理由的。我认为，经济无法永远保持当前的增长速度，这种说法是很可信的。这并不意味着生产力不会再提升我们的生活质量；它意味着，人们可能会发现，将生产力转化为他们现在习惯用收入购买的东西，代价越来越高昂。索洛认为，在美国和欧洲，经过几十年的发展，要么持续增长对环境造成巨大破坏，并且过于依赖稀缺的自然资源，要么用提高了的生产力增加人们的空闲时间……系统中的任何内在事物都能在稳态中快乐存在。”

2.2.2　可维持的增长

主流经济学家仍然坚持进一步增长的目标，例如在2008年，著名的增长与发展委员会发布了长达180页的《增长报告》，该报告关注于发展中国家如何实现快速、持续且公平的增长（Commission on Growth and Development，2008）。

如果“可维持的增长”是指全球经济以7%的速度增长25年（复制13个非典型小国的经历，这些国家的经济扩张已经就停滞了），这意味着世界经济将会增长至5.4倍。在25年后，经济增长是否足够了呢，我们还需要另外的25年来发展经济吗？我们不得而知，但是由于在分析中没有“足够”的概念，人们还需要额外多个25年。最近估算的世界环境可持续产出水平仅为当前水平的50%。一个“‘仅仅’增长”五倍的经济子系统规模与不增长且封闭的生态系统对比会触发一些问题。剩余的自然资源和环境容量能否产生足够再生资源、消纳足够废物，来支撑五倍的全球经济？13个快速增长的国家是否使用了超出其份额的世界剩余资源和承载力，包括最易获取的部分，实际上使它们的成就不可复制？确实，即使在当前规模，是什么使享有很高声誉的委员会相信增长的额外生态和社会代价不高于额外的利益？

为了达到某个理想的状态，并维持这种状态，就像穆勒和米德所主张的静止状态，是否有必要将增长看成是一个短期的过程呢？或者说，增长过程本身是永久的期望且被假定没有限制？这个问题根本没有被考虑过。似乎已经假定增长将永远持续。因为该报告的子标题提到了增长与发展，人们就会期待一些有用的概念辨析，如生态经济学者介绍的，就是增长是数量上的物理增长，而发展主要是质量的提升。

2.2.3 可持续发展

我们可以把可持续发展定义为通过在生物物理承载能力范围内进行增长而实现的发展，换言之，可持续发展是生活方式、设计、技术、效率、优先秩序等质量提升，而无需从“物质吞吐量”中产出的增量。但是《增长报告》用其 GDP 指针混淆了这些过程。

该报告(幸好)没有将增长称为“可持续的”，而是矛盾地将增长题为“可维持的”，意味着过去这 13 个国家的经济曾经持续增长了 25 年，所以该委员会希望整个世界在未来二十五年也保持这一势头。经济增长多多益善，能让人们变得更富有。

事实并非这样：净财富的增长让我们更加富有，但是 GDP，在当前测度方法下，无法衡量净财富或收入的增加——甚至两者的单位都不同。GDP 的增长只有在其收益多于成本时才会让我们更好，最终实现更富裕。GDP 甚至不能区分成本和利润。

什么东西在增长？物质吞吐量、GDP 还是福利？在一个有限、不增长、熵增的世界中是不可能实现物理产出的连续增长的。超过某一临界点，物质吞吐量增长将超过环境资源和承载力，成为环境不可持续的主要原因。在该点或该点之前，产出增长所带来的社会和环境成本快于收益，成为不经济的增长。甚至未来资源研究所都已经认同，一些生态系统服务已受过度开采损害，并且一些可再生资源的开发已经超出其再生速度。

可持续性不是经济学家(例如马尔萨斯、穆勒、米德、马歇尔)提出的新想法，它也包含在收益的概念中。如希克斯(Sir John Hicks)定义的，收入是可在一年中消费而不影响第二年相同产出和消费能力的最大值。通过定义可知，收入是可持续性消费。根据定义，消费超出可持续的部分均不能算作收入，而是资本损耗。如果根据定义收入是可持续的，那么收入的增长也是。那么为什么要为可持续性大惊小怪？因为与收入理论定义相反，我们实际上在损耗生产能力并将其在国家审计时计为收入。自然资本在审计范围之外，并且被超出其承载力地用来生产原材料和吸收废物。自然资本的损耗以及随之而来的生命维持服务的缩减就是不可持续的。

就在我们大力推崇“可持续发展”这一概念的同时，世界贸易组织、世界银行（专栏 2.2）和国际货币基金组织（IMF）继续支持世界追求无限增长的目标，尤其是高消耗社会。他们无法想象，贫穷国家除了将产品卖给发达国家以外还能做什么。贫穷国家没有其他办法赚取外汇，进而向世界银行和货币基金组织偿还贷款了。因此他们认为，发达国家变得更富才是至关重要的，这样他们才可以从贫穷国家买更多的东西。全球范围内的财富扩散仍然是他们解决贫穷的方法。

专栏 2.2 世界银行的可持续性

令人好奇的是，在 2003 年的世界发展报告《动态世界中的可持续发展》中，世界银行采纳了生态经济学家“源”和“汇”的用词，但是没有将它们与物质吞吐量——从源到汇的熵流这一概念捆绑在一起。他们甚至没有考虑物质吞吐量的规模或其熵的指向。在否定过度消耗的理念时他们说：“但是消耗的总水平不是问题的根源。是物耗结构与生产过程的结合产生了外部性。并且对此有来自公共财政的完备应对政策。”（第196页）对于规模的论述到此为止——这不重要——通过正确的价格信号实现效率才是一切！将消费与生产向着环境可持续方向改变将明显导致更低的产量，进而降低GDP。

当然，可持续性不是我们唯一的目标。如果把可持续性作为唯一目标，将社会恢复到一个低人口密度、低人均消费的狩猎-采集型经济社会，就可轻松实现。我们的经济目标，是实现适当的人均资源消耗，让全世界人民始终拥有幸福的生活。如果当前人均资源使用与人口数量过大，以至于不消耗地球足够支撑未来生活的条件就无法满足，那么我们必须降低人均资源使用，或减少人口，或两者同时减少。如果我们能够提高资源生产效率，将会使目标更易实现。

但是，在一个廉价资源的体制里，提高资源生产效率的进程很漫长。提高资源效率的最佳方式是通过严格限定资源吞吐量（降低人均资源占用），使提高资源效率变得更为必要。但是继续补贴石油和其他自然资源的价格，意味着对更大的用户补贴更多，这本身是实际收入分配的倒退。

2.3 环境的可持续性

环境可持续性（ES）与世界生物物理承载能力相关。想要实现ES，那就不得超出生物物理承载力。因此，ES意味着不损害两方面的承载力——全球生态系统供应原材料的源能力，以及消纳废弃物的环境容量。简单地说，ES被定义为“维护源和环境容量”。一些生态学家将此称为“不减少源和汇的容量”①。

可持续性是一个目标概念。作为一个基础的客观价值，而非个体主观喜好，有学识者应当会对此达成广泛一致意见，然而事实上并没有。布伦特兰委员会标准中关于可持续性的理想性定义是无法实施的，只能作为一个(不太有用)启发。

2.3.1 可持续性周期

可持续性周期力求在足以维持幸福生活的人均资源消耗水平前提下，尽可能使人们的寿命数加总量大化。似乎我们只是尽可能提高人均资源消耗量，寻求为“足够数量”的人——通常被当作当前一代、很可能下一代中的精英——提供奢侈的生活。这是一个伦理选择，在多数人的好生活和少数人的奢侈生活间的选择。《圣经》中的答案是“没有贫穷也没有富有”，而是足够。二者中没

---

① 可持续性语义论：抽象名词“可持续性”以及它的形容词“可持续的”以及过去分词“可维持的”，都没有其及物动词形式“持续”语义明确(它通常要求设置明确的主语和宾语)。值得注意的是，需要维持的是经济的物理财富(包括人口)，发挥“维持”功能的是有限的、不增长的生物圈。这对于说明什么是不可持续性也是有帮助的。新古典主义试着用代际效用不减少这一术语定义可持续性。这注定失败，原因有两点：第一，效用是不可衡量的；第二，效用不能继承。即使我们能够很好地衡量效用来判断其是否没有下降，我们仍然不能将其从一代传给另一代。所有父母都知道，你们只能传递东西，而不是幸福。无论我们给他们什么，我们的后代总是能够让自己更遭。可持续意味着使用而不用光、使用而不损坏，同时维护或更新未来使用的能力。被维持的对象是产生收入的能力。收入反过来又是一个社区在保证来年能产出同等数量物品前提下当年可达到的最大消费量——也就是，收入是保持生产能力(广义上的资本)不变的消费。收入是可持续的消费，就像约翰·希克斯爵士所定义的。“不可持续的收入”根本就不是收入，而是资本损耗。

译者注：本章中的“源”是指自然资源，“汇”是指(消纳废物的)环境容量。

有任何一个可以永续。

相对于有人享受奢侈、有人却处于匮乏中，让每个人都享有充裕显得更为重要。在他人缺少必需品时，没有人有权享受奢侈。如果接受收入的边际效用递减率，以及每个人的效用都有同等价值这一民主原则，可以用效用-效率术语表述。以此前提，当其他条件不变，收入平均分配，总效率是最高的（假设需求一致且人际可比性——两个大假设；El Serafy，personal communication，2009）。因此，“节俭第一”[①]给我们“效率第二”的结果。但是效率第一只是降低了节俭的必要性。这是杰文斯（Jevons）悖论或反弹效应（Polimeni et al.，2008）。节俭和效率可能不是一回事，但是他们紧密关联。

过去“做到最好”似乎意味着人口越变越多，消耗越来越多的物品。现在我们明白，人口过剩，人均消耗过大，会导致地球的承载力受损或过载，继而导致未来人口更少或者人均消耗量更低，拥有良好生活水平的人口数量也会减少。如果我们从伦理方面理解，长寿（可持续性）的价值是在人均消费量足以维持较好生活前提下人们的寿命数加总最大化，那么我们必须限制施加给地球的载荷。这意味着更少的人、更低的人均资源消耗和更公平的分配。而这些都不是世人想要听到的。

通过设定可持续数量限制，让市场计算合适的配给价格来实现可持续性内在化，这一做法更具操作性。如果我们试着首先基于付款或接受的意愿，或者替换成本来计算价格，也就表示我们在

① 这里的节俭是指“没有浪费情况下的充足以及节约、顾及未来且经济的使用”而不是“匮乏”。

暗示“只要愿意支付这个价格，你想要多少都行”，言下之意就是，增长更多，得到的更多，限制也就消失了。讨论中产品更高的价格减慢了其使用，但是由更高的价格带来的收入可以用来增加消费。价格内化方法对资源高效配置有好处，但是无助于限制规模。

2.3.2　为什么可持续性、稳态和生态经济变得如此重要？

如今，全球经济规模庞大，社会无法假装继续在一个无限的生态系统中运作下去。发展一个在可有限生物圈持久运作的经济，需要新的思维方式。世界已经从一个相对空的世界变为相对满的世界，从一个生物物理承载力未被利用的世界变为一个承载力被充分利用的世界。当世界人口和人造物数量相对较少时，物质吞吐量可以视为从无限源到无限汇的流。自然的服务是免费的，因为其不稀缺所以不会被视作成本。环境的汇服务，例如大气、海洋和森林中温室气体的消纳常被视为开放获取的免费物品，并因此被置于经济视野之外。

在“空”的世界里，将关注点放在人造制品上，是因为人造制品数量短缺，并且是经济活动的限制性因素。人造制品的生产被最大化：在森林伐木用于生产木材，制造渔船和渔网用来捕鱼，建造房屋为人们提供居所。比如树和鱼的资源，是丰富的，所以这些资源不被保护。但这种情况发生了巨变。自然资源是有限的并且最近变得稀缺。森林砍伐和过度捕鱼是我们这个时代的两个最大问题，太多的船只追捕着太少的鱼。

承载力的另一个巨大变化与自然资源新出现的稀缺现象有关。对所有人类存续来说，本来是无限的环境容量突然被损坏。我们的废物和污染不再被环境容量免费并快速地吸收。事实上，大气中积累的二氧化碳正在导致气候异常。永远呈弱碱性并有无限容量的海洋已经开始酸化。这种新的稀缺和在极限中运行的经济难以增长。这是经济学原理的关键瑕疵：没有考虑经济过程消耗资源并产生废物，耗尽资源并降低污染消纳能力。

承载力从无限源和汇变到有限源和汇——甚至到稀缺的源和过载的汇的巨大改变没有被传统经济学内化。环境学者、生态学者和生态经济学者已经意识到增长并非一切。

如果同意宏观经济是集成在一个有限、不增长并且完全封闭的生态系统中的子系统，那么难道不希望宏观经济具有一个对于生态系统总量而言最优的规模——一个一旦超越这个点就是不经济的增长的规模？

主流经济学理论偏向于否认任何自然和环境的重要作用。生态经济学假设环境非常重要，支持着人类经济。生态经济学（专栏2.3）——关于可持续性的科学——承认宏观经济包含在全球生态系统之中。新古典环境和资源经济学家不将经济视为子系统；因此，他们没有受限于生态系统的经济规模的概念，也没有人类经济“物质吞吐量”要限定在全球生态系统代谢能力内的概念。涉及的巨变还不止新的缺陷和生态经济的惩罚，这证实了人类经济子集的规模已经过分扩张，以至于损害了环境生态系统的源和汇的容量。

在资源效率方面，自发的技术进步能够降低使用资源的相关成本，刺激着对资源的进一步使用。如果燃料效率翻倍，使得行驶距离也翻倍，那么技术进步也就变得毫无意义，没有任何价值。效率代表每加仑汽油可行驶更多的英里数。节俭则是指使用更少的加仑。“节俭第一”的政策会刺激效率。“效率第一”的政策不会刺激节俭——实际上，它培养了一种节俭是不必要的观念。随着资源价格的降低，甚至效率都变得没那么必要了。

可持续性的目标，不仅仅是充足。我们必须追求一个相对于生态系统的容纳和支持能力的最优宏观经济规模（图 2. 1）。最优宏观经济规模这一概念在当前的宏观经济学中不存在，因为宏观经济被设想为单独构成一个整体。但是实际上宏观经济是生态系统这个更大的整体中的一部分。经济子系统的物理扩张蚕食着整体的剩余部分，并且产生机会成本。在某种情况下，可能已经超过这一范围时，由侵蚀导致的环境服务损坏的额外机会成本可能会超出生产收益。换句话说，我们已经到达或者超过了相对生态系统而言最优的宏观经济规模。所谓“经济增长”（经济子系统的增长）将实际上变为不经济的增长——准确地说是一种让我们的花费比得到的好处更多的增长。

专栏 2. 3　生态经济学简史

当代大多数的经济学家否认美国和其他经济体已进入不经济增长。他们大多忽视了可持续性的研究，并且坚信人类可以永远保持增长，因为我们已经增长了这么久。关于可持续性的研究历史悠久，可追溯到 1776 年的斯密和穆勒的著名作品“静止状态”(1848)。穆勒与其他古典经济学家不同，他推崇“稳态”的观点。

1776　斯密对其所称的静止状态进行了描述

1798　马尔萨斯教士也分析了静止状态

1848　穆勒在他的《政治经济原理》第四册第六章“静止状态”中提出经典术语“人口和资本的静止状态”

1936	凯恩斯著书论述稳态或准静态群落
1965	米德的《静态经济》
1972	梅多斯等,《增长的极限》
1973	戴利的《走向稳态经济》
1974	许廷的《新的稀缺和经济增长：通过更低的产量实现更多的福利?》
1977	戴利的《稳态经济学》
1987	戴利和康世坦共同在路易斯安那大学(巴吞鲁日)期间创立“生态经济学”
1989	戴利和柯布(John Cobb)《为了共同的利益》
1989	戴利和康世坦创立了 ISEE
1989	第一届 ISEE 年会(在华盛顿特区世界银行举办)
1989	《生态经济学国际协会》首次出版
1991	康世坦的《生态经济学：可持续性的管理与科学》出版,本质上是 ISEE 第一个年会论文集
1992	米多斯等,《超越极限》
1997	康世坦等,《生态经济学导论》
2004	戴利和法利的教材,《生态经济学》
2008	三月,第一届国际“去增长”学术大会“为了生态可持续和社会公平的经济去增长”在巴黎举行(见 Hueting, 2010)
2008	增长与发展委员会发布了其最终报告《增长报告：持续增长和包容性发展的战略》

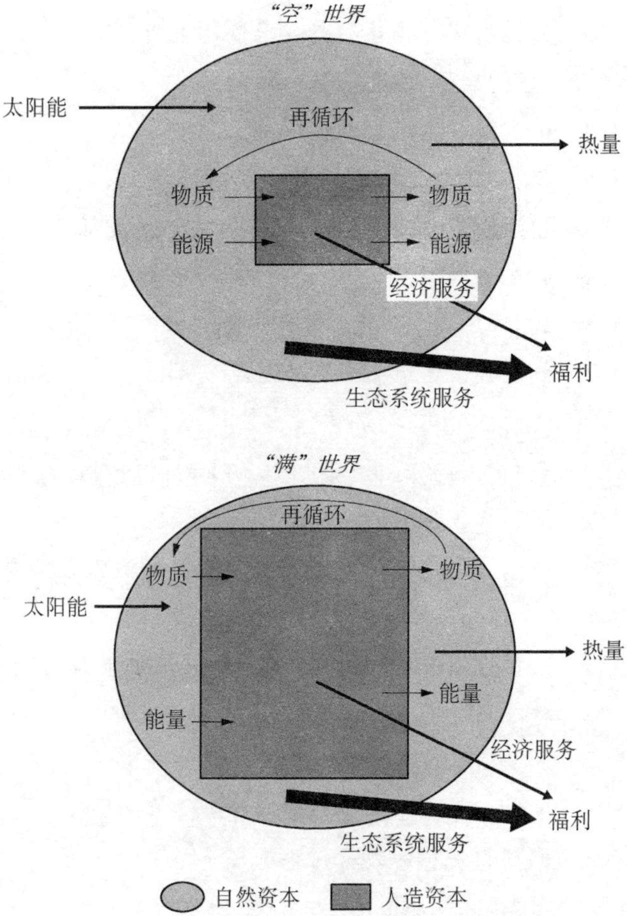

图 2.1　宏观经济的"宏观"视角

可持续发展的政策应首先实现相对于生态系统而言的最优经济规模。最优规模的一个特性是可持续性——也就是说，资源吞吐量所需的源和汇必要维持在一个生态系统资源再生和废物消纳能力范围内的规模。其次，一旦资源吞吐量的规模受到限制，必须决定那些新近变得稀缺的资源之所有权的分配。例如石油，我们在多数情况下明确知道其来源被谁拥有，但是不知道石油废弃物消纳地的所有权和使用权属于谁。必须在政治上对此进行公平分配。第三，在我们有一个社会定义的可持续规模和一个公平或至少可接受的源和汇所有权分配后，我们可以允许市场决定资源在竞争性用途间的高效配置。

2.4 一些解决方案

2.4.1 停止将自然资本的消耗视为收入

按照定义来讲，收入是指一个社会该年度可以消费并在下一年度仍然可以消费的最大量，可持续性根植于收入的定义。但是，一般来讲，人们认为必须保持不变的生产能力只有人造资本，不包含自然资本。我们已经习惯性地将自然资本视为免费商品。这在之前“空”的世界里，还说得通，但是在今天“满”的世界里这是反经济的。将自然资本消耗视为收入的错误通常在三个领域：(1)国民经济核算系统；(2)消耗自然资本的工程评估；(3)国际收支平衡核算。

2.4.2 最大化自然资本生产力

在短期实现自然资本生产力的最大化，并在长期投资于增加自然资本的供应。按照经济学逻辑，我们通过这两种方法——最大化其生产率或增加其供应量来突破某些生产要素的限制。这些原则是不容置疑的。关于自然资源是否真的是限制性生产要素，存在不同意见。一些人认为人造和自然资本之间能够互相替代以至于认为自然资源是限制性生产要素的想法是没有意义的。那么问题是：人造资本和自然资本本质上是互补还是替代关系？常识足够清晰，那就是自然和人造资本基本上是互补关系而只有很有限的替代关系。

在过去，人们认为自然资本数量巨大，几乎可以零代价取得，所以它是人造资本的互补品还是替代品，都没有任何关系。现在，剩余的自然资本已变得稀缺，因此成为限制性生产要素。例如，捕鱼量不受限于渔船数量，而受限于海洋里剩余的鱼类数量。伐木量不受锯木厂的数量限制，而受限于剩余的森林。开采出的原油不受限于人造油泵的能力，而受限于地层中剩余的存量。相较于地层中剩余化石燃料资源限值，大气对二氧化碳的吸纳能力这一自然资本对化石燃烧速率的限制甚至更大。

短期内，通过对物质吞吐量征税提高自然资本流价格会刺激自然资本生产率的最大化。长期投资于自然资本也是必要的。但是我们如何投资于我们明显无法制造的东西呢？如果我们能制造一个东西，那这个东西就属于人造资本了！对可再生资源，我们可以休养生息的方式投资，或依马歇尔的理念，将当年的资源增量转化成来年的存量，而不是将其消耗掉。休养生息是以短期内停产来维护长期产出。如减慢或减少开发来让可再生资源增长。这符合投资的经济学定义，也就是减少当前消费来提高未来消费能力。由于休养生息是无增长的投资，当前经济学很少承认休养生息的功效，他们认为缺少增长等同于发展终结。

就不可再生资源而言，我们无法进行休养生息，只能将其变现。所以问题是我们变现速度有多快，以及获利中的多少可以被计作收入，其余部分必须用于投资可能的可再生替代资源。当然，正确核算的收入中，我们消费多少，又用多少进行投资？

人类社会必须向稳态经济转型，人类对生态系统汇和库的需求应保持在恰当的范围内。例如，伐木量必须维持在森林再生率以内，温室气体的排放必须在生态系统吸收能力之内。这意味着将经济政策的焦点从增长（必将带来对生态系统的索取不断增长）转向发展（人类必须更有智慧地使用数量有限且稳定的自然资源供应）。

2.4.3 对生产力征税

对有益于社会的东西（收入、劳动力、资本收益）而非对有害于社会的东西（资源损耗、污染）征税，是没有任何意义的。因此，应该对能源和材料的开采以及污染征税，而不是对收入征税。应当减少对劳动力和收入征税的税，增加对资源吞吐量征税。这样的生态税制能够保证在转型期内，政府财政收入及企业和公民的税赋不会因其而发生增减。过去政府通常对资源吞吐量提供补贴，以此刺激增长。因此，现在能源、水、肥料，甚至森林采伐都经常获得补贴。现在不仅要去除直接的财政补贴，而且要去除间接的污染补贴。“间接的污染补贴”是指没有向污染型生产过程的产品征收税费，而是由其他人承担外部成本。在资源开采行为的成本效益分析中，计算生态系统服务的成本也是必要的。

2.4.4 制定合理价格

制定合理的价格有助于资源高效配置。但是不同的经济规模会导致该规模下有效价格的设定不同，就像收入或财富的不同分配格局会导致不同的资源有效配置。可持续的规模和公平的分配都必须由社会和政策层面确定，并且作为市场约束条件强制执行，这样才能形成合理的资源配置价格。可持续规模和公平分配不会由市场自发形成。只有在政策的干预下，市场才能形成有效的资源配置。

2.4.5 区分资源配置、财富分配和经济规模

我们要区别对待以下三个不同的问题。

首先，新古典经济学主要关注资源配置问题（稀缺资源在竞争性用途间的分配，如多少资源用来生产豆类、制造汽车、理发）。一个有效的资源配置是指任何调整都无法在不损害其他人福利的情况下增加某个人的福利，良好运行的市场就能实现这种最优配置，或曰“帕累托最优”。

第二，所谓有效的资源配置是在一定财富分配前提下（即物品和资源在不同主体间的分配，如多少豆类或汽车属于你，多少属于我）。一个好的财富分配格局必须是公平的。

第三个问题是经济规模，即经济相对于支持其运转的生态系统的物理体量。例如人的数量，以及大豆、汽车及其他资源的数量是多少？平均每个人都分配到多少？相关自然循环的物质能量流有多大？

一个恰当的规模必须是可持续的。一个可持续的规模，就像公平的分配，不能由市场确定——这些都是市场必须接受的既定条件，必须在政策上强制实施；服从此政策，市场才能实现有效资源配置和确定相应的价格。

经济学家关注资源有效配置是合理的，但这不等于可以忽略

公平分配与可持续规模问题。公允地说，新古典主义经济学家认同分配问题的重要性，但不认同存在可持续规模问题。如果某个人认为降低能源价格能够帮助穷人，经济学家会公允地回答说：“不是这样的：这将会违背价格的配置功能——重新分配收入才是帮助穷人的更好方式。”然而经济学家似乎认为矫正价格会解决规模问题——如果我们让价格正确，然后市场会将我们导向最优的规模。但是，如果这一点能够成立，为什么不靠矫正价格来解决公平分配问题？比如说，为什么不通过补贴基本生活品同时对奢侈品征税来将贫穷造成的社会成本内部化，从而让“正确的价格”将我们导向公平的分配？

存在有力的理由证明，无法借助“正确的价格”解决公平分配问题，这些理由同样能证明，无法借助“正确的价格”解决可持续规模问题。总之，什么才是“正确的价格”呢，“正确的价格”能够同时实现最优配置、最优分配和最优规模吗？如果能够，那么“正确的价格”就是好的，但这不符合逻辑。诺贝尔经济学家简·丁伯根(Jan Tinbergen)提出了一个基本原理：每一个独立的政策目标，需要借助独立的政策手段予以实现。该逻辑与联立方程组类似。我们的目标是优化配置吗？好的，那么在竞争市场中供需平衡的定价可作为我们的政策方程。我们还想要公平分配？好的，但是我们需要第二个政策手段(不再是价格)。我们还想要一个可持续的规模？好的，现在我们需要第三个政策手段(仍然不再是价格)。价格和市场只是用来解决资源配置问题。

现在我们该采取怎样的独立措施来解决分配和规模问题呢？根据总量-交易的逻辑(该逻辑符合丁伯根的原理)，根据生态标准设定总量可以解决规模问题，根据伦理标准分配配额可以解决公平问题，剩下来就可以借助市场价格解决资源配置问题。

为什么经济学家认同资源有效配置必须服从于公平分配的前提，但不认同存在可持续规模的前提呢？可能仅仅是因为他们没有较多考虑规模问题。有时规模问题被视作无足轻重——许多人认为，相对于生态系统，经济系统的规模足够小，而前者可以被看作是无限和非稀缺的。

2.4.6 关注发展，而不是增长

尝试用GDP保持不变来定义可持续性是有问题的，因为GDP混淆了质量提升（发展）和数量增加（增长）。可持续经济必然在某一时刻停止增长，但是不等于停止发展。① 没有理由限制产品设计中的质量提升，这种提升能够在不增加资源使用量的同时提高GDP。可持续性背后的主要思想是将进步的路径由不可持续的增长向可持续的发展转变。

经济学家通常所说的增长是GDP的增长。GDP这个问题非常棘手。GDP是物理的还是非物理的；数量或质量的？实际上，GDP是以上两者的结合。GDP由价值单位计量。价值的一部分必然是有形的——物品是有形的，甚至连服务，在很多时候也是由某物或某人在某一时间提供，并因此具有物理维度。价值的另外一部分可以永远增长，但是那将是通胀，并且没有人希望将通胀计为增长。经济学家苦于计算真正的GDP，来估算物理增长的变化，并扣除价格水平的变化。

---

① 许廷（personal communication）指出，如果增长意味着GDP增加（并非如此），那么就应当认同“清洁的增长就是去增长”！参见许廷（2010）。

当然，凯恩斯用物理性术语定义世界银行所关注的全球经济增长：“扩张的意思是，物理层面上的资源使用和产品生产的实质性增长，伴之以购买力的相应增加。”（Rich 引证，1996，p. 55）虽然这是主流的增长定义，如果产品结构由高资源密集型向低资源密集型转变，那么，在物质吞吐量不增长的情况下实现 GDP 增长是完全可能的。但这需要让人不情愿地自我约束，是寻求经济增长的经济学家和政客中很少有人注意到的。发达国家本身能接受的、且能帮助发展中国家克服贫困的最佳增长策略是什么？发达国家是否应当尽快增长，以便向发展中国家提供销售出口产品的市场，并积累资本投资于发展中国家？发达国家购买发展中国家的自然资源，并且将转化为发展中国家的 GDP 是否有助于促进公平？必须改进国民经济核算体系来让自然资源使用者的成本内化在价格中（El Serafy，personal communication，2009）。

发达国家应当继续保持福利和效率增长，但停止其物质吞吐量增长，以便发展中国家在停止物质吞吐量增长之前，拥有足够的资源与生态空间实现增长，摆脱贫困。无论如何，发达国家应当接受这个 GDP 增长的约束。

很明显，世界银行从未明确质疑增长是质量的提升还是简单的数量增长，而是要求发达国家和发展中国家都应尽全力追求增长。世界银行应明确对该问题提出质疑。世界银行最为注意到这一问题的一次是在 2004 年 3 月，当时我们被邀请参与世界“可持续性”发展报告《我们的增长能否导向环境可持续世界？》的讨论。

我们应当维持这个世界，还是维持经济增长过程呢？发展经济学家想要保持增长——也就是一个过程，而不是世界的一种状态。生态经济学家想要将世界维持在一个经济和生态都充足的状态。持续增长的企图会对这一目标造成损害。超过某一临界点，产品和人口的增长将开始增加社会和环境成本，其速度快于增加生产收益，从而转入一个不经济增长的时代——总而言之，增长使我们更穷而不是更富，增加“病态”快于增加财富。有证据证明，美国和其他经济合作与发展组织成员国已经达到了这一临界点。

怎样才能让当代经济学家接受生态经济学呢？大概要经历一次当前全球资本主义的崩溃，而这正是由于对支持性生态系统的破坏而引发的。这个危机会摧毁主流增长经济学的立论基础性，正如没有大萧条就没有凯恩斯主义经济学一样。理论内部的自洽自然重要，但更重要的是与外部事实相符。

2.4.7　更重视内部市场，而不是国际贸易

全球化指的是通过自由贸易和自由资本转移，以及简单易行或无法控制的移民，将原来许多国家的经济进行全局性的经济整合，成为一个全球经济。全球化能有效消除国家之间的经济界限。我们要摒弃全球经济一体化的执念（包括自由贸易、自由资本流动及出口驱动型增长），转向更为民族主义的发展导向——要首先为满足内部市场而发展生产，只有当国际贸易明显更为有效时才会依靠其增加发展动能。

全球互相依存能够不证自明。对发展、和平、和谐这些原则的遵从似乎要求每个国家都对其他所有国家开放市场，似乎“全球主义”有着先天的政治正确性，而“民族主义”有着先天的政治不正确性。这种情形如此严重，以至于有必要提醒，世界银行所服务的成员国首先是民族国家或民族共同体，而不是无国界的个人、公司或

非政府组织(NGOs)。世界银行没有权力强行建立一个没有边界的全球一体化经济，没有权力将原先具有相对独立性的、较少依赖国际贸易的各国经济强行整合为一个高度相互依赖的世界经济网络；在这一网络中，有些国家的处境进一步恶化，甚至要为生存而挣扎。

布雷顿森林体系运转的国际社会模式是“民族国家的联合体”，一个国家间基于主权自主原则、合作解决全球问题的国际联盟。这一模式决不是要忽视各民族国家主权，直接建立一个单一的、统一的世界共同体，直接赋予个人和企业世界公民身份。通过自由贸易、自由资本流动和自由或至少不受控制的移民，消除国家经济边界，达到经济全球化，是对能够为全球利益作贡献的民族国家的致命伤害。此类贡献不仅包括单纯国内政策，还包括为应对环境问题所必须的全球性的国际协议(如大气二氧化碳累积、臭氧消耗)。国际协议的前提条件是国家政府有能力出台政策对其进行支持。如果国家对他们的边界无法控制，那么他们将难以执行用于履行国际条约的国内法律。

全球主义弱化了国家之间的界限和国内经济政策，以及民族国家的权力，增强了跨国公司的权力。由于没有能够为全球利益约束全球资本的世界政府，这样的政府并不受各国欢迎且难以成立，有必要让资本少一点全球属性，多受一点国家约束。虽然目前不可想象，但不妨展望一下，未来十年内，可能出现资本的“再次国有化”或“受社区或社会节制”，其目的在于促进本国、本地发展，而不是执迷于出口拉动的增长、一头扎进全球竞争。“全球竞争力”(经常是一种取代理性思考的口号)与其说反映了真实的资源生产率提高，不如说是竞相降低薪资、环境和社会标准的恶性竞争；各国将自然资本廉价出口，却可笑地将其称之为收入。

经济学家应当深刻反思凯恩斯的话："我赞同尽可能减少而不是增加国家间经济的交相纠缠。想法、知识、艺术、待客之道、旅行体验，这些从本质上来讲是跨越国界的。但是，我们应尽可能让这些好东西的'生产'本土化；而且，最重要的是，让金融体系受到所在国家的监管"(Keynes, 1936, p. 403)。

2.4.8 气候恶化

气候恶化主要是因为传统经济政策刻意追求的"无休无止、多多益善的增长"。气候变化是增长带来的一个严重副作用。斯特恩爵士(2006)将其称为世界已知的最大外部性。本世纪中叶，气候变化可能导致每年六百万人的迁移。

限制石油产量的因素不再是钻探设备、管线、储油罐、炼油厂和内燃机这些人造资本——并且也可能不是地下储藏的石油。更多的限制来自地球吸收石油燃烧产生的二氧化碳的环境容量(大气、土壤、植被、海洋)。环境容量也是自然资本。经济学逻辑告诉我们，应当节约并对限制性生产要素投资。经济学逻辑没有变，但是限制性生产要素的种类变了。越来越多的自然资本现在成为限制性生产要素。在对自然资本的节约和投资上，我们的政策调整一直很慢。相反，我们一直将自然资本当作免费商品并将其开采计为收入，而不是不可持续的资本损耗。由于自然资本和人造资本具有互补性，为了让过剩的人造资本得到充分利用，我们选择去开采出更多的自然资本，寄希望于未来的地质发现和技术进步。

生态经济学努力解决(最近的)环境功能稀缺性或源和汇的稀缺性。各国、各地区早就致力于解决局地的稀缺性。现在不同的是，这些稀缺性已经上升到区域层面、全球层面，我们已无路可退。在源和汇的稀缺性之间，如何确定和分配总租金是一个经济学家尚未解决的技术问题。因为自然资源一直不被重视，并且直到最近，污染还一直被视作一种外部性。经济学家一直关注通过产权获取自然资源的租金。只在最近才出现关于大气环境容量的产权讨论——这些应当是公共的还是私有的，应当允许这种权力交易的范围等。作为一条初始经验，我们假设环境容量是更大的限制性生产要素，它应当被分配总租金的一半或更多；换言之，环境容量租金至少应与自然资源租金一样多。

2.4.9 2009 年经济崩溃

这真的不是一个经常被委婉称为“流动性”的危机。它是金融资产相对真实财富过度增长的危机——与流动性过于紧缺远远相反。金融资产的规模已经发展为真实经济的数倍。依照实际资产来讲，过分充裕的金融资产的相对价值下跌并不奇怪。真实财富是有形的，金融资产是无形的（专栏 2.4）。基本上它们是基于未来真实增长预期的未来真实资产的质押。也就是说，他们实质上是借款或负债。资产这个术语很具有误导性。未来的质押对拥有者来说是货币资产，但是对社会来说却是真正的债务，需要真实财富的增长来补偿。经济实际增长能否足够快以补偿负债的巨大增长？不能。这个否定答案才是危机的起因——即便没有人公开承认。

专栏 2.4 是什么导致金融资产与真实资产脱节的

第一，我们有缺陷的金融储备系统（货币发行系统）让少数寡头得以操纵货币供应及其流动性（见本卷中约翰·柯布编著的章节）。

第二，允许以杠杆方式购买股票和衍生金融产品，让金融寡头更容易操纵实体经济。

第三，信用卡债务扩张准货币供应，就像其他被设计来规避对商业银行监管的"金融创新"一样。

其中重要的是，国际贸易赤字让我国（美国）国民得以扩大消费，就好像我国经济真的在增长一样。而且，那些对我国有顺差的国际贸易伙伴国，通过购买我国国债将他们赚到的钱再借给我们，进一步助长了我国国民的过度消费行为。然而，这种借款事实上造成我们对未来欠下更多债务。我们中一些人很久以来一直说这种行为不可持续，也许这是对的。

问题不是流动性紧缺，而是太多对未来没有价值或贬值的质押。美国真实财富的增长受制于自然资源日益严重的短缺，既包括源的短缺（如石油资源耗竭），也包括汇的短缺（如吸纳温室气体的环境容量下降）；此外，被迫迁徙和收入分配不公也会限制真实财富增长。

真实的（不是金融或抽象的）增长的边际成本现在似乎超过了边际效益，以至于真实的物理增长让我们更穷而不是更富有。为了不戳破增长会让我们变得更富有这一假象，我们将金融资产几乎无限加倍，轻易地忘却这些所谓的资产只不过是我们对未来欠下的债务，而且未来真实的财富增长很可能不足以补偿这种债务。

石油峰值也是导致当前危机的一个原因。油价飙升至每桶140美元以上、汽油价格疯涨，它引发了一个导火索，揭露了房地产市场已成为“纸牌屋”。经济衰退放缓了需求、降低了油价，但是如果“刺激计划”包有效，那么需求将会再次超过供给，将带来另一场油价飙升和经济衰退。当我们面对能源和气候约束时，经济规模的振荡幅度不断缩小（类似一个收敛的蛛网模型），这可能是我们达到稳态的方式（Costanza，personal communication，2009）。

参考文献

Commission on Growth and Development (2008), *The Growth Report: Strategies for Sustained Growth and Inclusive Development*, Washington, DC: World Bank.

Costanza, R. (1989), ‘What is ecological economics?’, *Ecological Economics*, **1**,1 - 7.

Costanza, R. (ed.) (1991), *Ecological Economics: The Science and Management of Sustainability*, New York: Columbia University Press.

Costanza, R. (1996), ‘Ecological economics: reintegrating the study of humans and nature’, *Ecological Applications: A Publication of the Ecological Society of America*, **6**(4),978.

Costanza, R. (1997), *Frontiers in Ecological Economics: Transdisciplinary Essays by Robert Costanza*, Cheltenham, UK and Lyme, NH, USA: Edward Elgar Publishing, p. 491.

Costanza, R. (2009), ‘Toward a new sustainable economy’, *Real-World Economics Review*, **49**,20 - 21.

Costanza, R. and H. E. Daly (1987), ‘Toward an ecological economics’, *Ecological Modelling*, **38**,1 - 7.

Costanza, R. and H. E. Daly (1992), ‘Natural capital and sustainable development’, *Conservation Biology*, **6**,37 - 46.

Costanza, R., B. Haskell, L. Cornwell, H. Daly and T. Johnson (1990), ‘The ecological economics of sustainability: making local and short-term goals consistent with global and long-term goals’, Working Paper No. 32, Environment Department, World Bank, Washington, DC.

Costanza, R., O. S. Bonilla and J. Martinez-Alier (1996), *Getting Down to*

Earth: *Practical Applications of Ecological Economics*, International Society for Ecological Economics Series, Washington, DC: Island Press, p. 472.

Costanza, R., C. Perrings and C. Cleveland (eds) (1997a), *The Development of Ecological Economics*, Cheltenham, UK and Lyme, NH, USA: Edward Elgar Publishing, p. 777.

Costanza, R., J. C. Cumberland, H. E. Daly, R. Goodland and R. Norgaard (1997b), *An Introduction to Ecological Economics*, Boca Raton, FL: St Lucie Press, p. 275.

Costanza, R., M. Hart, S. Posner and J. Talberth (2009), 'Beyond GDP: the need for new measures of progress', *The Pardee Center Papers*, Boston, MA, **4**, 40.

Daly, H. E. (1968), 'On economics as a life science', *Chicago Journal of Political Economy*, **76**(3), 15 - 29.

Daly, H. E. (1970), 'Towards a stationary-state economy', *Yale Alumni Magazine*, May.

Daly, H. E. (1971a), 'A Marxian-Malthusian view of poverty and development', *Population Studies*, **2**(1), 25 - 37.

Daly, H. E. (1971b), 'The stationary-state economy: toward a political economy of biophysical equilibrium and moral growth', *Distinguished Visiting Lecture Series*, No. 2, September, University of Alabama.

Daly, H. E. (ed.) (1971c), 'Essays toward a steady-state economy', *CIDOC Cuaderno* No. 70, Centre Intercultural de Documentación, Cuernavaca.

Daly, H. E. (1972a), 'In defense of the steady-state economy', *American Journal of Agricultural Economics*, **54**(5), 945 - 54.

Daly, H. E. (1972b), 'Institutions necessary for a steady-state economy: three suggestions', *IDOC*, September.

Daly, H. E. (1973a), 'A model for a steady-state economy', in *Growth and Its Implications for the Future: Part 1*, Hearings before the Subcommittee on Fisheries and Wildlife Conservation and the Environment of the Committee on Merchant Marine and Fisheries, House of Representatives, 93rd Congress, First Session (1 May), Washington, DC, pp. 435 - 57.

Daly, H. E. (ed.) (1973b), *Toward a Steady-state Economy*, San Francisco, CA: W. H. Freeman, p. 332.

Daly, H. E. (1974a), 'Steady-state economics vs. growthmania: a critique of the orthodox conceptions of growth, wants, scarcity, and efficiency', *Policy Sciences*, **5**(2), 149 - 67.

Daly, H. E. (1974b), 'The economics of the steady state', *American Economic Review*, **62**(4), 15 - 21.

Daly, H. E. (1975), 'The developing economies and the steady state', *The Developing Economies*, September, 231 - 42.

Daly, H. E. (1976), 'The transition to a steady-state economy', in *The Steady State Economy*, Vol. 5, Joint Economic Committee of Congress, *U. S. Economic Growth from 1976 to 1986: Prospects, Problems, and Patterns* (12 vols), Washington, DC: US Government Printing Office, pp. 13 - 39.

Daly, H. E. (1977a), 'The steady-state economy: what, why, and how?', in D. Pirages (ed.), *The Sustainable Society: Implications for Limited Growth*, New York: Praeger Publishers, pp. 107 - 30.

Daly, H. E. (1977b), *Steady State Economics: The Political Economy of Biophysical Equilibrium and Moral Growth*, San Francisco, CA: W. H. Freeman, p. 185.

Daly, H. E. (1978), *Toward a Steady-state Economy: The Economics of Biophysical Equilibrium and Moral Growth*, 2nd edn, San Francisco, CA: W. H. Freeman.

Daly, H. E. (ed.) (1980), *Economics, Ecology, Ethics: Essays Toward a Steady-state Economy*, San Francisco, CA: W. H. Freeman, p. 372.

Daly, H. E. (1981), *Lo Stato Stazionario: l'economia dell'equilibrio biofisico e della crescita morale*, Firenze: Sansoni Editore, p. 250.

Daly, H. E. (1984). *A Economia do Século XXI*, Porto Alegre, Brazil: Mercado Aberto Editora, p. 116.

Daly, H. E. (1990), 'Sustainable development: from concept and theory to operational principles', *Population and Development Review*, Suppl., 19.

Daly, H. E. (1991a), *Steady-state Economics: 2nd Edition with New Essays*, Washington, DC: Island Press, p. 302.

Daly, H. E. (1991b), 'Sustainable development: from concept and theory to operational principles', in K. Davis and M. S. Bernstam (eds), *Resources, Environment, and Population: Present Knowledge, Future Options*, New

York: Oxford University Press, pp. 25 - 43.

Daly, H. E. (1992), 'Allocation, distribution, and scale: towards an economics that is efficient, just, and sustainable', *Ecological Economics*, **6**(3), 185 - 93.

Daly, H. E. (1994a), Farewell speech (upon leaving the World Bank), available at http://www.eoearth.org/view/article/51cbedc67896bb431f693d6a/ (accessed 12 December 2015).

Daly, H. E. (1994b), 'Operationalizing sustainable development by investing in natural capital', in A. M. Jansson, M. Hammer, C. Folke and R. Costanza (eds), *Investing in Natural Capital*, Washington, DC: Island Press, pp. 22 - 37.

Daly, H. E. (1996), *Beyond Growth: The Economics of Sustainable Development*, Boston, MA: Beacon Press, p. 253.

Daly, H. E. (1999a), 'Globalization versus internationalization: some implications', *Ecological Economics*, **31**, 31 - 7.

Daly, H. E. (1999b), *Ecological Economics and the Ecology of Economics*, Cheltenham, UK and Northampton, MA, USA: Edward Elgar Publishing, p. 191.

Daly, H. E. (2002), 'Sustainable development: definitions, principles, policies', *Invited Address: Comments on the World Bank's (draft) 'World Development Report* 2003', Washington, DC: World Bank, 30 April.

Daly, H. E. (2003), 'The illth of nations and the fecklessness of policy: an ecological economist's perspective', *Post-autistic Economics Review*, **22**(1), 7.

Daly, H. E. (2004), *Can We Grow Our Way to an Environmentally Sustainable World? A Debate*, Washington, DC: World Bank, 2 March.

Daly, H. E. (2005a), 'Economics in a full world: society can no longer safely pretend the global economy operates within a limitless ecosystem. Planners must think afresh about how to increase prosperity', *Scientific American*, **293**(3), 100 - 107.

Daly, H. E. (2005b), 'Economics in a full world', *IEEE Engineering Management Review*, **33**(4), 21.

Daly, H. E. (2006), 'Population, migration, and globalization', *Ecological Economics*, **59**(2), 187 - 90.

Daly, H. E. (2007), *Ecological Economics and Sustainable Development*:

Selected Essays of Herman Daly, Cheltenham, UK and Northampton, MA, USA: Edward Elgar Publishing, p. 270.

Daly, H. E. (2008), ‘Growth and development: critique of a credo’, *Population and Development Review*, **34**(3), 511 - 18.

Daly, H. E. and J. Cobb (1989), *For the Common Good: Redirecting the Economy Toward Community, the Environment, and a Sustainable Future*, Boston, MA: Beacon Press, p. 482.

Daly, H. E. and R. Costanza (1987), ‘Toward an ecological economics’, *Ecological Modelling*, **38**(1 - 2), 1.

Daly, H. E. and J. Farley (2004), *Ecological Economics: Principles and Applications*, Washington, DC: Island Press, p. 454.

Daly, H. E. and R. Goodland (1992), ‘Ten reasons why Northern income growth is not the solution to Southern poverty’, *International Journal of Sustainable Development*, **1**(2), 23 - 30.

Daly, H. E. and R. Goodland (1994), ‘An ecological-economic assessment of deregulation of international commerce under GATT’, *Population & Environment*, Part 1, **15**(5), 394 - 427; Part 2, **15**(6), 477 - 503.

Daly, H. E. and E. Mishan (1975), in Edison Electric Institute (ed.), *Economic Growth in the Future: The Growth Debate in National and Global Perspective*, New York: McGraw-Hill, p. 423.

Daly, H. E. and K. Townsend (eds) (1993), *Valuing the Earth: Economics, Ecology, Ethics*, Cambridge, MA: MIT Press, p. 387.

Daly, H. E. and A. Umana (eds) (1981), *Energy, Economics and the Environment: Conflicting Views of an Essential Interrelationship*, American Association for the Advancement of Science, Boulder, CO: Westview Press, p. 200.

Daly, H. E., R. Goodland and S. El Serafy (1993), ‘The urgent need for rapid transition to global environmental sustainability’, *Environmental Conservation*, **20**(4), 297 - 310.

Daly, H. E., R. Goodland and J. Kellenberg (1994), ‘Imperatives for environmental sustainability: decrease overconsumption and stabilize population’, in N. Polunin and M. Nazim (eds), *Population and Global Security*, Geneva: United Nations Population Fund, pp. 87 - 99.

Hueting, R. (1974), *New Scarcity and Economic Growth: More Welfare through Less Production?* (*Nieuwe schaarste en economische groei. Meer welvaart door minder produktie?*) Amsterdam: Agon Elsevier.

Hueting, R. (2010), 'Why environmental sustainability can most probably not be attained with growing production', *Journal of Cleaner Production*, **18**(6), 525-30.

Jackson, T. (2009), *Prosperity Without Growth? The Transition to a Sustainable Economy*, London: Sustainable Development Commission.

Keynes, J. M. (1936), *The General Theory of Employment, Interest and Money*, London: Macmillan, p. 403.

Malthus, T. R. (1798), *An Essay on the Principle of Population, as it Affects the Future Improvement of Society; With Remarks on the Speculations of W. Godwin, M. Condorcet and Other Writers*, London: J. Johnson, p. 396, 3rd edn in 1806.

Martinez-Alier, J. and K. Schlupmann (1987), *Ecological Economics: Energy, Environment, and Society*, Oxford: Basil Blackwell, p. 286.

Meade, J. E. (1965), *The Stationary Economy*, London: Allen & Unwin, p. 238.

Meadows, D. H., D. Meadows, J. Randers and W. W. Behrens (1972), *The Limits to Growth*, New York: Universe Books, p. 405.

Meadows, D. H., D. Meadows and J. Randers (1992), *Beyond the Limits. Confronting Global Collapse, Envisioning a Sustainable Future.* Post Mills, VT: Chelsea Green, p. 300.

Mill, J. S. (1848), *Principles of Political Economy with Some of Their Applications to Social Philosophy*, London: John W. Parker, 2 vols.

Polimeni, J. M., K. Mayumi, M. Giampietro and B. Alcott (2008), *The Jevons Paradox and the Myth of Resource Efficiency*, London: Earthscan, p. 184.

Porritt, J. (2009), *Living Within Our Means: Avoiding the Ultimate Recession*, London: Forum for the Future, Sustainable Development Commission, p. 39.

Prugh, T., R. Costanza, J. Cumberland, H. Daly, R. Goodland and R. Norgaard (1995), *Natural Capital and Human Economic Survival*, Solomons, MD: ISEE Press, p. 195, 2nd edn in 1999.

Prugh，T.，R. Costanza and H. E. Daly (2000)，*The Local Politics of Global Sustainability*，Washington，DC：Island Press，p. 173.

Rich，B. (1994)，*Mortgaging the Earth*，Boston，MA：Beacon Press. Smith，A. (1776)，*An Inquiry into the Nature and Causes of the Wealth of Nations*，London：W. Strahan and T. Cadell，2 vols.

Stern，N. (2006)，*Stern Review：The Economics of Climate Change*，Cambridge：Cambridge University Press.

Stoll，S. (2008)，'Fear of fallowing：the specter of a no-growth world'，*Harper's Magazine*，March，pp. 88－92，94.

Victor，P. A. (2008)，*Managing Without Growth：Slower by Design，Not Disaster*，Cheltenham，UK and Northampton，MA，USA：Edward Elgar Publishing，p. 272.

World Bank (2002)，*World Development Report* 2003：*Sustainable Development in a Dynamic World*，Washington，DC：World Bank，p. 276.

3

迈向可持续的理想未来：与赫尔曼·戴利携手并进的35年

罗伯特·科斯坦扎

3.1 能量与经济

我与赫尔曼·戴利谋面之前已有数年的交流联系。当我还在佛罗里达大学攻读哲学博士学位时，我的导师 H. T. 奥德姆向我推荐了赫尔曼于 1968 年发表的一篇名为“论作为生命科学的经济学”的文章（Daly, 1968），以及他具有开创性的稳态经济学书籍（Daly, 1973，1977）。奥德姆十分尊敬戴利，并认为戴利是他所认识的唯一一位熟知人类与生态系统之间基本关系的经济学家，这些生态系统对人类起到支持作用，而且人类也生活于其中。人类经济作为更大的全球生态系统的一个子系统，显然无法永无止境地增长。这是有目共睹的，但一些主流经济学家们却不这样认为。

尼古拉斯·乔治斯库-罗金致力于向经济学家们传授热力学知识，他所著的关于熵定律和经济过程的书（Georgescu-Roegen,

1971)也在我的阅读清单上。乔治斯库-罗金是赫尔曼在范德堡大学攻读哲学博士学位时期的导师。另外,赫尔曼还是为数不多的几位精通热力学及其对经济学影响的经济学家之一。经济学家们可以(并且可以继续)忽略热力学定律,但这一领域对我俩来说一直是个谜。

在佛罗里达大学攻读博士学位时,我的部分研究内容涉及通过生态系统和经济系统来量化能量流并进行建模。为完成此项工作,我采用了投入—产出(I-O)分析法,并以当时布鲁斯·汉农和罗伯特·赫兰迪恩在伊利诺伊大学完成的研究工作(Hannon, 1973, 1976,1979)为基础。而我对他们曾在伊利诺伊大学采用的美式 I-O 模型作出了一些调整,增加了劳动力和政府的能量成本,以及太阳能投入。结果显示,这一添加大大改进了总的(直接加间接)或者"内含"能量成本与按部门划分的产出金钱价值之间的相互关系。在路易斯安那州立大学的一次求职面试中,我展示了这些研究结果,希望能借此在沿海生态实验室(Coastal Ecology Laboratory)中赢得一个职位。赫尔曼当时在这所大学的经济学系工作,他正好参加了这次面试。赫尔曼很喜欢这些研究结果。在我看来,一部分原因是这些与他于 1968 年发表的文章中所提出的观点相似——利用一个综合 I-O 模型将生态系统和经济系统联系起来。我得到了那份工作,部分原因无疑是在赫尔曼面前留下了良好印象。在接下来的美国科学发展协会(American Association for the Advancement of Science, AAAS)大会上,赫尔曼又筹办了一次"能量、经济学和环境"会议,我受邀在会上展示了我的能量 I-O 研究结果。

当年的美国科学发展协会大会在旧金山召开。会议出席人数很多，讨论也很活跃。当时的会议联合主席阿尔瓦罗·乌马尼亚，之后成了哥斯达黎加的第一任环境部长。他还与赫尔曼合著了一本书，将所有的会议资料都纳入书中（Daly and Umaña, 1981）。而我完成了这本书的两个章节（Costanza, 1981a，1981b），一章介绍了我的I-O建模基本结论，另一章回答了赫尔曼提出的若干问题，同时阐述这些结论正好支撑"能量价值理论"。多年来，赫尔曼与我一直围绕着这个话题进行着热烈且友好的辩论。总体而言，我认为我们的观点并非如此天差地别，但在这一点上可能还真有那么点不一样。令我印象最深的是赫尔曼的沟通方式。就此而言，在他的大多数学术探讨中，赫尔曼始终假定每个人都心怀善意，即我们应当全方位地研究问题、寻求相互启迪，而不是捍卫知识分子的地盘，或牟取个人利益或地位。对其他人的这一假设，他并不总是正确的。但是，他始终坚持（并自行遵守）公民话语，即使是对于那些不按同样规章办事的人。这使我获益匪浅。赫尔曼·戴利是示范如何进行科学论述的最佳楷模。

我在佛罗里达大学的一位旧同事玛莎·吉利兰曾写过一篇关于能量分析的颇具影响力的文章，这篇文章最近发表在《科学》杂志上（Gilliland, 1975）。玛莎认为我的I-O研究结果已经足够充分，所以她建议我向《科学》杂志投送我修订好的文稿。我照做了，但我的文稿未经评审就直接被拒绝了。我认为这是一次失误，赫尔曼也同意给《科学》杂志编辑去信，他认为我的文稿至少是值得被认真评审的。再加上我自己也进一步阐述了这篇文稿的相关性，因此他们改变了主意，又重新评审了这篇文稿。最后，这篇文稿获得了好评，且最终被采纳了（Costanza, 1980）。

这篇文稿采用了针对1963年、1967年、1973年美国经济87

个部门的I-O模型，并在一定程度上对这个模型进行了调整，将家庭和政府视作内源性部门（从而把劳动力和政府的能量成本纳入其中），同时把太阳能的直接投入纳入其中。这使得我能够深入研究直接和间接总能量消耗（隐含能量）与按部门划分的产出金钱价值之间的关系。我发现，当把劳动力和政府的能量成本及太阳能投入纳入其中进行计算时，部门产出金钱价值与隐含能量呈高度相关（$R^2=0.85-0.98$）。但排除劳动力和政府的能量成本及太阳能投入而只计算直接能量消耗或隐含能量时，部门产出价值与隐含能量几乎没有任何关联。因此，为了更好地估算总能量成本，在对隐含能量消耗预估值进行必要调整之后，我明确表示：根据经验，隐含能量成本与按部门划分的产出金钱价值有着非常密切的关系。

经济学家（包括H. T.奥德姆）和物理学家（包括弗雷德里克·索迪）曾提出过一则能量价值理论来补充或取代以主观效用为基础的标准新古典主义价值理论。这则能量价值理论是在热力学原理基础上提出的，根据这些热力学原理，太阳能被认为是对全球生态系统的唯一"初级"投入或净投入。这则价值理论在某种程度上回归到了大卫·李嘉图和后来的斯拉法（Sraffa，1960）的经典理论，但又存在一些明显区别。古典经济学家们一致认为，如果他们能够找出一种对于生产流程的"初级"投入，那么他们就能以各种生产关系为基础解释交换价值。而问题出在劳动力和任何其他单一商品事实上都不是初级投入，因为他们都需要彼此才能进行生产。传统的初级要素（土地、劳动力和资本）实际上是中级生产要素。热力学学科还未发展成熟之前古典经济学家们就已开始撰写各种研究报告。能量（更确切地说，被定义为一种工作能力的免费或可获得能量）并非是一种典型商品，但却具备一些特征使之满足"初级投入"标准：

1. 能量是普遍存在的。

2. 能量是经济系统中和生态系统中所产出的所有商品的一个属性。

3. 能量是对所有生产流程的一项基本投入——没有能量，什么都办不成。

4. 虽然其他商品能够提供必要的能量替代品来支撑上述两个系统，但是能量的基本属性（工作能力）无法取代。

5. 站在全球规模角度上，根据热力学，地球从本质上来讲是一个封闭系统（只有能量能够跨越边界），所以站在这个规模角度上，能量是唯一的初级投入。

6. 三项经典交换价值来源（工资、利润和租金）是这一全球计划当中的中级投入，可以用初级能量投入来进行互换。

虽然我在《科学》杂志中发表的研究结果似乎证明了能量价值理论，但是自然科学家和经济学家都不支持这一结论。例如，奥德姆认为，金钱忽视了很多事情，以至于我所证明的相互关系根本不可能存在。换言之，金钱是一种有内在缺陷的衡量标准，隐含能量代表着"真正的"价值。经济学家认为，因为能量（他们认为，能量仅仅是另一种商品）是唯一投入，所以能量不可能与金钱价值有任何关系；如果有关系，那也是一种人为创造的计算模式（cf. Huettner, 1982）。[①] 对此，我有一个更微妙的解释（Costanza, 2004）。能量

① 罗伯特·赫兰迪恩和我一道研究了后面这种主张，并发现这并不成立（Costanza and Herendeen, 1984）。

（和更早的劳动力）价值原理在本质上都是以相对生产成本为基础的。因此，更准确地说，应该是能量成本或劳动力成本，而不是能量价值或劳动力价值。但是，大家都知道，在健康的经济系统中，成本和价格一般会达到均衡状态，但并非所有情况都如此。这是供求关系基本原则的关键。另一方面，经济 I-O 表和国内生产总值（GDP）自身也是“以成本为基础的”账目系统，并没有考虑太多对于支撑人类福祉和生活质量的作用价值。另外还将一些具有负面价值的事情考虑进来（例如：自然资本消耗、犯罪和家庭破裂的成本）。隐含能量成本与金钱成本息息相关的这一事实意味着隐含能量是一个很好的衡量总成本（或真实成本）的综合性指标，还可以用来衡量市场范围之外且并未纳入经济 I-O 表或 GDP 当中的成本。然而，就可持续的人类福祉贡献度而言，GDP 和隐含能量都不是衡量总价值的综合性指标（后文有更多关于这方面的描述）。在我看来，赫尔曼赞同此处我对自己研究结果的诠释。

3.2 《生态经济学》刊物和国际生态经济学学会（ISEE）

赫尔曼和我都致力于缩小生态学与经济学之间的差距，并构建一个跨学科的新学科“生态经济学”来理解和管理我们的世界。虽然构建生态经济学学科的想法至少可以追溯到二十世纪六十年代肯尼斯·鲍尔丁（1966）和赫尔曼（Daly, 1968）的著作，但直到二十世纪八十年代，生态学家和经济学家们才第一次正式地聚集到一起。

生态学家和经济学家的第一次聚集发生在 1982 年，当时安玛丽·扬松在瓦伦堡基金会（Wallenberg Foundation）的资助下，在瑞典萨尔特舍巴登筹办了一场名为“整合生态学和经济学”的学术交流会(Jansson, 1984)。这次会议有48名人员到场，许多参会人员后来又参与到《生态经济学》刊物和国际生态经济学学会(ISEE)的创办工作，包括我自己、赫尔曼、查尔斯·霍尔、布鲁斯·汉农、安玛丽·扬松、H. T. 奥德姆和大卫·皮门特尔；17名参会人员最终入选《生态经济学》刊物的编委会。

第一次会议无疑激励了所有相关人员，但也使大家意识到生态学家与经济学家之间确实有着难以逾越的鸿沟。之所以有这样的感知，在某种程度上与受邀前来的特定的生态学家与经济学家有关。这些生态学家主要是生态系统生态学家，而经济学家(赫尔曼明显例外)则主要是主流环境经济学家(分别是拉尔夫·德阿基、帕萨·达斯古普塔、卡尔-戈兰·马勒、里克·弗里曼和艾伦·克尼斯)。

部分是为了回应这次会议，赫尔曼和我(当时我俩都在路易斯安那州立大学任职)开始寻求创办一本新的刊物。首先，我们决定在《生态建模》刊物中以生态经济学为主题出一期特辑(Costanza and Daly, 1987a)来试水，看看关注度是否足以出一本完整的刊物。这一期特辑中包含了若干受邀学者的学术作品，他们之后也成了这本刊物和国际生态经济学学会的中心人物，包括卡特勒·克利夫兰、罗伯特·古德兰、理查德·诺加德、大卫·皮尔斯和罗伊菲·许廷。这一期特辑中还包含一篇介绍性文章(Costanza and Daly, 1987b)，其中阐述了生态学的必要性和基本议程。这一期特辑得到了足够多的关注，所以才有了接下来新刊物的创办。第一本以“生态经济学”为标题的书本(Martinez-Alier, 1987)也于同年问世，并进一步推动了刊物创办工作。

分别在瑞典利丁粤和波兰华沙与安玛丽·扬松、琼·马丁内斯-阿列尔和托马斯·日力克孜召开规划准备会议后，在欧洲社会科学研究和文献中心的赞助下，“整合生态学和经济学”第二次工作会议于1987年9月26—29日在西班牙巴塞罗那举行。这次会议的筹备人是琼·马丁内斯-阿列尔，与会者还有之前在瑞典出席过会议的人员，为《生态建模》特辑贡献过力量的人员，还有若干在生态经济学领域内占据显赫地位的新人员。除了琼·马丁内斯-阿列尔之外，在巴塞罗那会议中，之前没有参加过早期活动的其他重要人物还有查尔斯·皮瑞斯、马丁·欧奥康纳、西尔维奥·方托维克兹、约翰·普罗普斯、杰里·莱文兹、勒内·帕塞、马赛厄斯·露丝和恩佐·蒂耶齐。

与会人员一致认为，创办新刊物是一个好提议，应当继续开展下一步工作，而且会上展示的几份文稿将作为初稿。

1987年和1988年初，赫尔曼和我接触了几位潜在出版商，最终选定由爱思唯尔出版社(Elsevier Science)来出这本刊物。我担任起主编的角色，赫尔曼、安玛丽·扬松和大卫·皮尔斯担任副主编，构成第一届编委会。第一期于1989年2月出版。这本刊物取得了巨大成功，最开始每年出版四期，到1992年变成每年出版12期，其影响因子在学术刊物中排名前四分之一。现在，这本刊物刊登很大范围内的跨学科专题文章。2007年，共刊登277篇文章，在191本同类经济学刊物排名中排第一，被引用的总频次排第十二。在52本环境研究刊物中，就文章总数而言，这本刊物排第二，被引用的总频次排第一。在116本生态刊物中，就文章总数而言，这本刊物排第十，被引用的总频次排第三十三，这反映出它在自然科学中的发行量和引用频次普遍高于在社会科学中的情况。

初次接触爱思唯尔出版社时，我们就明确了，要让订户享受合理价格订阅刊物的唯一方法就是组建一个学会机构。因此，国际生态经济学学会（ISEE）于1988年在路易斯安那州正式组建成立，由我本人担任第一任主席。此后不久，赫尔曼和我都离开了路易斯安那州大学。我转去马里兰大学，并在那里设立了《生态经济学》编辑室和国际生态经济学学会秘书处。赫尔曼转去了世界银行（华盛顿特区）。

1988年4月，在欧洲社会科学研究和文献中心的再次赞助下，在马耳他瓦莱塔召开了“经济学家环境培训”第三次工作会议，同时帮助把环境经济学议程提前，并为本刊物提供初稿。

一旦出刊工作迈入正轨，国际生态经济学学会创立，我们就需要召开学会会议。1990年5月，在华盛顿特区，我组织了国际生态经济学学会第一次会议（由皮尤基金会提供经费支援）。赫尔曼与罗伯特·古德兰（在世界银行工作的为数不多的几位生态学家之一）一道说服世行提供实物支持（即免费提供会议场所）。在世行召开会议显著地提升了会议的规格。起初预计200名人员出席会议，但实际与会人员将近400名。《科学》杂志刊登了会议报告，世行也发布了一份工作报告，其中包括会议上的所有谈话摘要以及会议总结（Costanza et al.，1990）。

第一次会议在华盛顿特区召开之后，国际生态经济学学会就开始按照两年一次的频率，分别在瑞典斯德哥尔摩（1992年）、哥斯达黎加圣约瑟（1994年）、美国波士顿（1996年）、智利圣地亚哥（1998年）、澳大利亚堪培拉（2000年）、突尼斯苏塞（2002年）、加拿大蒙特利尔（2004年）、印度新德里（2006年）、肯尼亚内罗比（2008年）、德国奥尔登堡（2010年）和巴西里约热内卢（2012年）

召开会议。其中，规模最大的一次参会人数超过 1 500 名。

3.3 可持续性的科学和管理

华盛顿会议之后，又在马里兰东海岸阿斯彭研究所提供的场所召开了为期三天的工作会议，38 名人员受邀出席，其中大多数是华盛顿会议上的全体大会发言人。这次工作会议的会议结果被编成一本书，其中介绍了生态经济学新兴领域的现状和目标、研究议程以及政策建议（Costanza, 1991）。赫尔曼和我与推动阿斯彭工作会的乔伊·巴塞洛缪一道，为这本书编写了开篇综合性的一章（Costanza et al.，1991），详细阐述了参会人员在生态经济学议程上达成的一致意见。将近 25 年之后，再回过头来看这一议程是如何发挥作用的，确实是一件很有趣的事情。

据我所知，首次公开使用“自然资本”这一术语是在 1991 年出版的这本书中。综合性章节中出现的主要标题其中之一就是“生态系统服务和自然资本的估价”。自那以后，这个术语就成了生态经济学领域的一个重要话题。1992 年，赫尔曼与我在《保护生物学》中发表了一篇文章，我们将“自然资本”这一术语界定为“能够源源不断地为将来社会提供生态系统服务的自然生态系统储备”（Costanza and Daly, 1992, p. 38），并进一步阐述了这一概念。我还在另外一本书中发表了一篇文章来阐述这些主题，这本书是赫尔曼、罗伯特·古德兰和塞拉菲·艾尔·塞拉非于 1992 年合著的（Costanza, 1992）。在近期对美国科学信息研究所科学数据库网站的一次检索（2013 年 8 月）中，我们发现，自那以后，在这一话题范畴内约有 527 篇公开发表过的期刊文章中使用了“自然资本”，约有 4 177 篇文章中使用了“生态系统服务”(其中不包括书本和书本章节)。

1991 年,我们在“生态系统服务和自然资本的估价”章节中发现的主要研究问题如下:

- 如何衡量生态系统服务和自然资本的价值?在什么样的条件下才能将价值转换成单一的衡量标准,例如:金钱、效用或能量?
- 以主观偏好为基础的衡量标准(有条件的价值评估、有条件的普通投票、支付意愿)是否与以生态系统功能和能量流为基础的价值有任何关系?
- 适用于生态系统服务的合理贴现率是多少?
- 什么(或哪里)是不可逆转的自然资源退化的底线?

直到今日,这些依然是这一领域内非常重要的研究问题,而且大量学者已经投入到相关研究工作中去了。其他章节(题为可持续性:维护我们的生命维持系统,生态经济系统阐述,本地、区域和全球规模上的生态经济建模,以及创新环境管理工具)中罗列的各种问题,就像在工作会议上提出的各种政策和教育建议一样,时至今日依然适用。

1991 年出版的这本书,名为《生态经济学:可持续性的科学和管理》。“可持续性科学”这一术语最近很受欢迎,有几本新刊物和几个学位课程围绕着这一术语展开。[①] 生态经济学从一开始就试

① 例如,《可持续性科学》刊物于 2006 年 6 月创办。另一部科学刊物《对环境和设备的调查和展望》(SAPIENS)于 2007 年 2 月创办,以及《国家科学院院刊》(PNAS)专为可持续性科学设立了一个新栏目。2009 年 5 月 11 日,通过谷歌引擎搜索“可持续性科学”产生了 700 000 条搜索结果。同日,通过谷歌引擎搜索“生态经济学”产生了 150 万条搜索结果。

图将这项更为全面综合的系统科学与我们管理这个世界的方法联系起来，以便创建一个更好、更具可持续性和更生动的世界（Costanza, 2009）。

3.4 迈向可持续的理想未来的政策

1994年，在经历了六年时间试图让世行更加认真地对待环境问题之后，赫尔曼最终离开了世行。通过皮特·布朗（Peter Brown）的介绍，他成功入职马里兰大学帕克分校成为一名教授，当时皮特·布朗是我在马里兰大学帕克分校的同事。与此同时，我也将赫尔曼招进我于1991年在马里兰创办的生态经济学学会，担任副会长一职。在马里兰，我们一起完成了几个教育项目，包括生态经济学课程、研讨会以及最终于1998年通过的生态经济学研究生证书。

赫尔曼离开世行时所做的告别演讲如今也成了一个经典（Daly, 1994）。在演讲中，他详细阐述了四点政策建议，现已成了生态经济学的中心内容。

1. 停止将自然资本消耗算作收入。
2. 少征劳务税和所得税，多征资源生产税。
3. 短期将自然资本的生产力最大化，长期投资增加其供应量。
4. 通过"自由"贸易，摒弃全球经济一体化的思想意识。

下面将一一介绍上述四点，并回顾现状。

1. 将作为经济福祉衡量标准的GDP（GDP从来都不是因为这个原因而设定的）转变成一个更加全面的能够考虑自然资本消耗的衡量指标，是赫尔曼长期以来所提倡的。1989年，他与约翰·柯布（Daly and Cobb, 1989）创造出了“可持续经济福利指数”（ISEW），这个指标刚好用于上述用途。从可持续经济福利指数上可以看出，就福利（而不仅仅是市场收入）而言，自1975年起，美国出现了一段“非经济增长”时期——GDP不断攀升，但却变得“不经济”，因为用ISEW来衡量的福利情况并没有改进。经济增长（被经济学主流，尤其是世行当做解决所有问题的万能钥匙）要耗费成本，而且成本可能会超过回报，这个观点在当时被认为是非常荒谬的。但这个观点最终获得了广泛支持，许多机构现在开始质疑GDP增长作为一个主要政策目标的支配作用，并且在不断寻找各种替代品（Costanza et al., 2009）。近期的心理学、神经系统科学、社会学以及其他广泛学科领域的研究也明确地表明，仅将GDP视为政策目标，难免产生“市场商品和服务消费越多越好”的思维，而生活质量或福祉却远比它来得复杂。在最近的跨学科整合进程中，我们将生活质量定义为人类需求与他们对于需求满足主观感知之间的关系，用可以满足这些需求的各种机会来进行调和，用整个系统的建设、人类、社会和自然资本资产来呈现（Costanza et al., 2008）。关于生活质量的各种新综合性衡量标准开始考虑这一复杂关系，以便将经济学从“悲观科学”带入“幸福科学”（Layard, 2005）。

2. 生态税改革也获得了政策依据。以某种方式对碳排放征税[①]现已被坚定地提上了政治议程，即便在美国也是如此。1996

① 总量限额与拍卖体制下，相关许可在上游销售（即温室气体排放产品进入经济领域）。这种体制相当于一种税制，主要区别在于这种体制设置了上限数量且允许价格变动，而税制设定了价值且允许数量变动。

年，赫尔曼和我筹办了一场生态税改革研讨会。经一致同意，在《生物科学》刊物上发表了一份简短声明(Bernow et al.，1998)。我们的提议包含以下几个要点：

• 对空气污染(例如：颗粒、二氧化碳、臭氧前体物和其他无法有效控制的有害物质)征收各种税费。

• 在保证累进税制的前提下，为纳税人提供退税优惠。

• 在数年内按计划逐步实现税收转移，以帮助保证有序、低成本的过渡。

• 利用一小部分税收收入，为税收敏感群体、工人和污染密集型行业提供过渡支援，并支持洁净技术的发展。

• 应对各种影响和问题，从而保证这些最敏感行业的国际竞争力。

其中的许多要点也出现在国内和国际范围内提出的碳排放控制主张当中(cf. Barnes et al.，2008)。

3. 投资自然资本、将自然资本视作人类福祉的一个要素，这个观点也取得了重大进展。刺激这一认同的一个主要因素是1997年发表在《自然》刊物上的一篇文章(部分也来自赫尔曼的鼓励)(Costanza et al.，1997a)。[①] 我们估算出了(公认地、天然地以及保守地)全球生态系统服务的总价值为每年33万亿美元，远远超过了当时的GDP。在我们正式提交这份文稿之前，赫尔曼正式地审查了文稿内容，并向我们提供了一些正面反馈和鼓励意见。

① 有趣的是，我们是先向《科学》杂志投稿的。《科学》杂志的编辑让相关人员审查了文稿，但同时收到了一个正面反馈和一个负面反馈。因此，他拒绝发表这篇文稿，但认同这篇文稿的重要性。所以他承诺，当这篇文稿发表时，他会在《科学》杂志中报道一则新闻，他也兑现了这一承诺。

这份文稿引起了广泛回应和热烈探讨(Costanza et al., 1998)，但是它经受住了时间的考验，现已成为发表后在环境领域内被引用次数第二多的文稿。在之后的一份文稿中(Balmford et al., 2002)，我们估算了投资保护剩余全球自然资本的回报成本比率为100∶1，从社会角度出发，这是一大笔投资，尤其是考虑到陆军工兵部队资助若干大坝修建项目，这些项目的回报成本比率仅仅超过1∶1。

4. 多年来，赫尔曼一直质疑"自由"贸易让所有利益相关者越来越好的这个主流观点，这个观点忽略了环境和社会方面的外部因素以及其他问题。就像赫尔曼经常指出的，能否实现理论上的国际贸易回报取决于关于国际市场和其他机构的性质的若干假设，而这些假设坦白来说是不成立的。这些假设包括：(1)没有外部因素；(2)价格稳定；(3)优势优点进行公平的动态比较；(4)生产交易方面没有强迫制约；(5)国际资本不流动。以上任何一个方面，当前的系统都远远不能满足，尤其是第1个方面和第5个方面。为了实现交易互惠互利和可持续发展，证明已采取适当措施确保各项可持续贸易条件已作为先决条件得到满足的举证责任应当转嫁给交易方(Costanza et al., 1995)。

赫尔曼和我连同其他几个同事，在二十世纪九十年代末和二十一世纪初的一系列书本和文章中，详细阐述了上述内容以及若干其他对生态经济学十分重要的观点(Costanza et al., 1997b, 2000; Prugh et al., 1995, 2000)。在这些合作项目中，赫尔曼始终扮演着协调人的角色，而且十分出色，尽可能地利用对话和讨论达成一致意见，绝不摒弃他的基本原则。这些观点不断发展，但它们的时代似乎终于来了，越来越多的人开始理解、接受、实践这些观点，来构建一个大家所期望的更具有可持续性的理想未来。

3.5 相应回报：海内肯奖

多年来，赫尔曼获得了若干奖励与荣耀，但我印象最深的是荷兰科学院于1996年为赫尔曼颁发的A. H.海内肯博士环境科学奖(参见Costanza, 1997)。我记得这个奖不仅仅是因为我爱喝喜力啤酒，还因为我被邀请为赫尔曼先生的提名写一篇支持信。这让我有机会去简单地总结一下赫尔曼的贡献，以帮助他拿奖。虽然已经过去了很长一段时间，但我依然能够复述这一封支持信，下面我将展示这封支持信，作为本章的结尾。

1996年2月11日

海内肯博士奖/Miliwukunde

收件人：P.尼茨坎普(P. Nijkamp)教授，荣誉秘书

荷兰皇家艺术与科学院

在我看来，恐怕世上没有任何人比赫尔曼·戴利教授更适合获得这个海内肯博士环境科学奖了。过去20年来，戴利一直坚持自我，不随波逐流。他所做出的伟大贡献的真实价值及影响力在最近才得到广泛认可和赏识。戴利的“稳态经济学”可算得上是可持续发展的理论起源，而可持续性发展在最近几年才变得如此重要。在他职业生涯的这个时刻为他颁发海内肯奖，既是对他过去伟大贡献的答谢，也是对这些贡献作品的验证，使他有自由空间在社会认可的前提下去克服更多问题，创建一个可持续发展的社会。

戴利是第一批在公认的物理和生物限制条件下将人类系统和生态系统联系起来，并将其视为一个整体的经济学家之一。他于

1968年发表的一篇名为“论作为生命科学的经济学”的文章试图改变整个世界对经济学的看法。从“超前分析角度”出发，不能过分强调这一转变的重要性。这暗示着在感知资源分配问题方面的根本变化，也暗示了如何处理这些问题。戴利用他的“稳态经济学”作品阐述了这个主题，他的作品详细介绍了承认地球从物质上来讲是有限且不可再生的，而且经济是这个有限全球系统的一个子系统这一结论所蕴藏的各种影响。因此，经济不可能无限增长（至少从物质角度出发），某种程度上的可持续稳定状态是最终的追求。这种稳定状态不必是绝对的稳定不变。以生态系统为例，事物在稳态经济中会定期地和不定期地持续改变。关键点在于这些变化是有界限的，而且这个系统中没有任何长期变化趋势。

戴利的稳态经济学作品可算得上是生态经济学（一个迅速受到关注和重视的学科）的直接渊源之一。随后发布的关于自然资本和经济福利的含义和衡量的作品显得尤为重要。他的“可持续经济福利指标”使人们对财富衡量标准的思考发生重大转变。然而，要在这封简短的信函中列出戴利的全部成就，那是根本不可能的。总而言之，戴利是一位伟大的天才，他所做出的巨大贡献尚未得到充分回报。我认为戴利是海内肯博士环境科学奖的不二人选。

此致！

罗伯特·科斯坦扎

参考文献

Balmford, A., A. Bruner, P. Cooper et al. (2002). Economic reasons for conserving wild nature. *Science* **297**, 950 - 53.

Barnes, P., R. Costanza, P. Hawken et al. (2008). Creating an earth atmospheric trust. *Science* **319**, 724.

Bernow, S., R. Costanza, H. Daly et al. (1998). Ecological tax reform. *BioScience* **48**, 193 - 6.

Boulding, K. E. (1966). The economics of the coming Spaceship Earth, in H. Jarrett (ed.), *Environmental Quality in a Growing Economy*. Baltimore, MD: Resources for the Future and Johns Hopkins University Press, pp. 3 - 14.

Costanza, R. (1980). Embodied energy and economic valuation. *Science* **210**, 1219 - 24.

Costanza, R. (1981a). Embodied energy, energy analysis, and economics, in H. E. Daly and A. F. Umana (eds), *Energy, Economics and the Environment: Conflicting Views of an Essential Interrelationship*. Boulder, CO: Westview Press, pp. 119 - 46.

Costanza, R. (1981b). Reply: an embodied energy theory of value, in H. E. Daly and A. F. Umana (eds), *Energy, Economics, and the Environment: Conflicting Views of an Essential Interrelationship*. Boulder, CO: Westview Press, pp. 187 - 92.

Costanza, R. (ed.) (1991). *Ecological Economics: The Science and Management of Sustainability*. New York: Columbia University Press.

Costanza, R. (1992). The ecological economics of sustainability: investing in natural capital, in R. Goodland, H. E. Daly and S. El Serafy (eds), *Population, Technology, and Lifestyle: The Transition to Sustainability*. Washington, DC: Island Press, pp. 106 - 18.

Costanza, R. (1997). Just rewards: Herman Daly, the Heineken Environmental Prize, and the Ecological Economics Best Article Award. *Ecological Economics* **22**, 1 - 4.

Costanza, R. (2004). Value theory and energy, in C. Cleveland (ed.), *Encyclopedia of Energy*, Vol. 6. Amsterdam: Elsevier, pp. 337 - 46.

Costanza, R. (2009). Science and ecological economics: integrating the study of humans and the rest of nature. *Bulletin of Science, Technology and Society* **29**, 358 - 73.

Costanza, R. and H. E. Daly (eds) (1987a). Ecological economics. *Special*

Issue of Ecological Modelling **38**(1 - 2).

Costanza, R. and H. E. Daly (1987b). Toward an ecological economics. *Ecological Modelling* **38**, 1 - 7.

Costanza, R. and H. E. Daly (1992). Natural capital and sustainable development. *Conservation Biology* **6**, 37 - 46.

Costanza, R. and R. A. Herendeen (1984). Embodied energy and economic value in the United States economy: 1963, 1967, and 1972. *Resources and Energy* **6**, 129 - 64.

Costanza, R., B. Haskell, L. Cornwell, H. Daly and T. Johnson (1990). The ecological economics of sustainability: making local and short-term goals consistent with global and long-term goals. Environment Working Paper No. 32, The World Bank, Washington, DC.

Costanza, R., H. E. Daly and J. A. Bartholomew (1991). Goals, agenda, and policy recommendations for ecological economics, in R. Costanza (ed.), *Ecological Economics: The Science and Management of Sustainability*. New York: Columbia University Press, pp. 1 - 20.

Costanza, R., J. Audley, R. Borden et al. (1995). Commentary: sustainable trade. *Environment* **37**(10), 5, 38.

Costanza, R., R. d'Arge, R. de Groot et al. (1997a). The value of the world's ecosystem services and natural capital. *Nature* **387**, 253 - 60.

Costanza, R., J. C. Cumberland, H. E. Daly, R. Goodland and R. Norgaard (1997b). *An Introduction to Ecological Economics*. Boca Raton, FL: St Lucie Press.

Costanza, R., R. d'Arge, R. de Groot et al. (1998). The value of the world's ecosystem services: putting the issues in perspective. *Ecological Economics* **25**, 67 - 72.

Costanza, R., H. Daly, C. Folke et al. (2000). Managing our environmental portfolio. *BioScience* **50**, 149 - 55.

Costanza, R., B. Fisher, S. Ali et al. (2008). An integrative approach to quality of life measurement, research, and policy. *Surveys and Perspectives Integrating Environment and Society* **1**, 1 - 5, available at http://www.surv-perspect-integr-environ-soc.net/1/11/2008/ (accessed 12 December 2015).

Costanza, R., M. Hart, S. Posner and J. Talberth (2009). Beyond GDP: the need for new measures of progress. *The Pardee Papers* No. 4, The Frederick S. Pardee Center for the Study of the Longer-range Future, Boston University, Boston, MA, available at http://www. bu. edu/pardee/pardee-paper-004-beyond-gdp/(accessed 12 December 2015).

Daly, H. E. (1968). On economics as a life science. *Journal of Political Economy* **76**, 392 - 406.

Daly, H. E. (1973). *Toward a Steady State Economy*. San Francisco, CA: W. H. Freeman.

Daly, H. E. (1977). *Steady State Economics: The Economics of Biophysical Equilibrium and Moral Growth*. San Francisco, CA: W. H. Freeman.

Daly, H. E. (1994). Farewell speech to the World Bank by Herman E. Daly. World Bank, Washington, DC, 14 January, in C. J. Cleveland (ed.), *Encyclopedia of Earth*. Washington, DC: Environmental Information Coalition, National Council for Science and the Environment, available at http://www. eoearth. org/view/article/51cbedc67896bb431f693d6a/ (accessed 12 December 2015).

Daly, H. E. and J. Cobb (1989). *For the Common Good: Redirecting the Economy Toward Community, the Environment, and a Sustainable Future*. Boston, MA: Beacon Press.

Daly H. E. and A. F. Umana (eds) (1981). *Energy, Economics and the Environment: Conflicting Views of an Essential Interrelationship*. Boulder, CO: Westview Press.

Georgescu-Roegen, N. (1971). *The Entropy Law and the Economic Process*. Cambridge, MA: Harvard University Press.

Gilliland, M. W. (1975). Energy analysis and public policy, *Science* **189**, 1051 - 6.

Hannon, B. (1973). The structure of ecosystems. *Journal of Theoretical Biology* **41**, 535 - 46.

Hannon, B. (1976). Marginal product pricing in the ecosystem. *Journal of Theoretical Biology* 56, 256 - 67.

Hannon, B. (1979). Total energy costs in ecosystems. *Journal of Theoretical Biology* **80**, 271 - 93.

Huettner, D. A. (1982). Economic values and embodied energy. *Science* **216**,

1141 - 3.

Jansson, A. M. (ed.) (1984). *Integration of Economy and Ecology: An Outlook for the Eighties*. Stockholm: University of Stockholm Press.

Layard, R. (2005). *Happiness: Lessons from a New Science*. New York: Penguin. Martinez-Alier, J. (1987). *Ecological Economics: Energy, Environment, and Society*. Cambridge, MA: Blackwell.

Prugh, T., R. Costanza, J. C. Cumberland, H. E. Daly, R. Goodland and R. Norgaard (1995). *Natural Capital and Human Economic Survival*. Solomons, MD: ISEE Press (distributed by Chelsea Green and Sinaurer Presses).

Prugh, T., R. Costanza and H. Daly (2000). *The Local Politics of Global Sustainability*. Washington, DC: Island Press.

Sraffa, P. (1960). *Production of Commodities by Means of Commodities: Prelude to a Critique of Economic Theory*. Cambridge: Cambridge University Press.

第二部分

改变范式：什么是合于生物物理学的，人类当如何行为？

4

全球经济中的人口、资源和能源问题：对赫尔曼·戴利经济学思想的澄清

乔纳森·M.哈里斯

4.1 引言

赫尔曼·戴利开创了环境经济学的概念(Daly and Farley, 2011, chapter 7)。他的一个著名观点是，人类已经从一个资源丰富的“空的世界”发展为能源、资源紧缺的“满的世界”(Daly and Farley, 2011, chapter 7)。然而，他的见解却遭到大多数主流经济学家的反对或忽视。从新古典经济学分析的角度来看，资源短缺是可以通过市场灵活性和替代品解决的，对长期经济增长指数不构成威胁。由于没有即时危机，标准经济学得以维持这种乐观的态度，无视人口、资源和能源方面的紧缺。根据二十一世纪第一个十年的发展情况来看，经济趋势符合戴利的观点而非主流思想，这一现象将对二十一世纪的经济发展起到至关重要的作用。

基于对人口、粮食供应、不可再生资源和可再生资源以及环境

影响（包括全球气候变化）等领域的全球趋势分析表明，在二十一世纪的第一个十五年间，情况发生了显著的变化。2000 年以前关于资源紧缺和环境影响的争议问题，如今已成为无可争辩的事实。从经济学家之间的争论来看，该问题最明显地反映在价格趋势上。在二十世纪后半期关于资源紧缺的辩论中，新古典主义思想的主要观点一直是食品、不可再生资源和能源价格会逐渐稳定或下跌。有人认为，这意味着替代品、创新产品和新资源的发现可以克服戴利所预见的资源紧缺问题，然而，这个过程可能会无限期地持续下去。

预测价格未来呈下降趋势是不合理的，现在已经有很充分的证据证明价格趋势已经明显地逆转了。

气候变化是最明显、最紧迫的环境问题。一些拥有正统经济学背景的分析家，例如尼古拉斯·斯特恩（2007），已经意识到气候变化是全球经济增长模式的深刻变化所导致的。然而，完全可以取代化石燃料的替代品还没有研究出来。正如戴利所预见的，以高能效和可再生燃料为基础的能源经济，与二十世纪出现的主要依赖于化石燃料的指数增长经济的发展路径特征是不一样的。

其中所涉及的问题远远超出了经济学的能源领域。人口增长和粮食供应同样至关重要。农业和能源系统之间有许多相互作用，除了农业的能源集约化外，生物燃料的需求也对有限的农业土地造成了压力。最近在中国、印度和其他地区，食品、燃料和矿物价格暴涨，表明人口与经济的双重增长对全球生态系统造成了巨大压力。同时，这些地区也出现了关于公平的主要问题，因为能源和粮食价格过高对穷人的影响不成比例。尤其是能源和食品往往是无弹性需求的商品，因此些许的供应不足就会导致价格大幅上涨。

仅仅依赖于市场灵活性，是不可能解决这种压力的。政府的大规模干预对应对气候变化是很有必要的。类似的问题也影响到全球的森林和渔业等生态系统。在这样的背景下，我们需要一个积极的环境宏观经济，来平衡公平和生态系统可持续发展。正如戴利一直所主张的，无论是通过计划调节或通过危机，我们必须从无限增长的宏观经济学，转向人口稳定增长和资源生产量下降的经济模式。

围绕无增长发展这一概念，已经有重要著作就此展开，或至少是关于戴利定义的"资源开采量"无"生产量"的增长方式，即以能源和资源作为投入，垃圾作为产出（Harris，2007，2009，2013a，2013b；Heinberg，2007，2011；Jackson，2009；Victor，2008，2010）。但是，要完成这个转变的任务，同时保持发展中国家对改善生活条件的合理期望，将是艰巨的。标准经济论可以提供一些必要工具的实现理论，如碳交易，但这是戴利生态理论的延伸，可以为解决实际问题提供必要的支持。

4.2 人口和粮食供应

对"满的世界"概念进行争论的人们总是认为，人口问题实际上能够自行解决。根据这一观点，在可控的范围内，随着生育率和人口增长率的下降，世界人口将趋于稳定。但是，最近关于人口增长的研究证据表明这种说法是有问题的。

人口增长率确实在下降，从人口总量增长率可以看出，人口的年均增长率自 20 世纪 90 年代初达到最大值之后几乎没有变化。

根据联合国(UN)平均人口预测，在未来几十年期间，人口年净增长将下降，在2050年之前不会稳定(图4.1)。这意味着在稳定之前，除目前全球70亿人口外，还会净增20亿—30亿人。此外，人口增长最快的是那些最不支持人口预测的地区：撒哈拉沙漠以南的非洲、亚洲和中东的贫困地区。在撒哈拉以南的非洲，人口预计在稳定前至少增加一倍(表4.1——“中等”和“高等”的预测人口在2050年之后继续增长)。

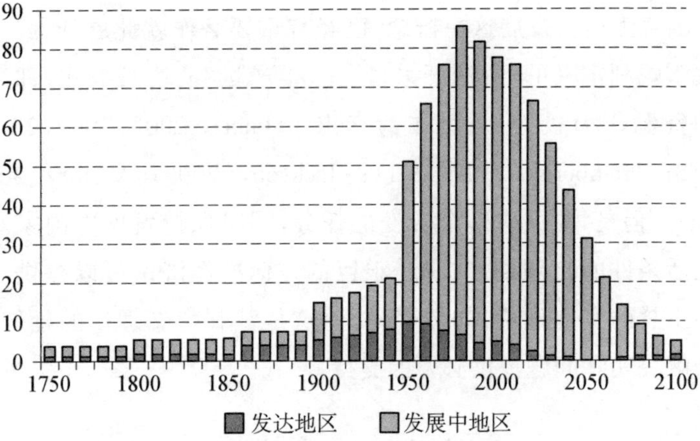

图4.1　1750—2100年每十年人口增长净额

资料来源：联合国人口司(2010)；中位数变量：Repetto (1991)。

这张人口图显示了两类问题，两者均不是人口增长和经济增长过程中的主要因素。

一方面，是非常现实的承载力问题，全球人口达到食品和其他基本生命支持系统供应水平的极限(图4.2)。另一个方面，人口趋于稳定又不可避免地导致日益增长的老年人群体的社会问题。

表 4.1 世界主要地区的人口增长预测

地区	2010 年人口(百万)	2050 年人口预测(百万)		
		低生育率	中等生育率	高生育率
非洲	1 022	1 932	2 192	2 470
亚洲	4 164	4 458	5 142	5 898
拉丁美洲和加勒比	590	646	751	869
欧洲	738	632	719	814
北美洲	345	396	447	501
大洋洲	37	49	55	62
较发达地区	1 236	1 158	1 312	1 478
欠发达国家	5 660	6 955	7 994	9 136
全球	6 896	8 112	9 306	10 614

资料来源：联合国人口司(2010)。

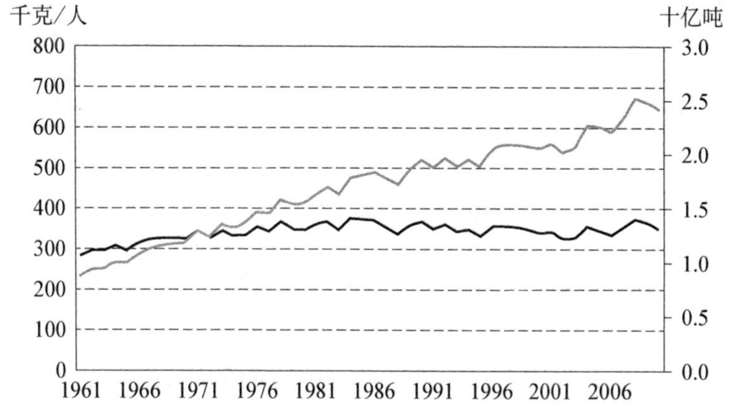

图 4.2 1950—2010 年绝对和人均谷物产量

资料来源：世界谷物总产量：联合国粮农组织(2011)；人口总数：世界银行(2011)

慢慢实现人口稳定将让第一个问题变得更加尖锐，而更快地达到人口稳定将加重第二个问题。在这两种情况下，随着全球人口数趋于稳定，经济系统必须适应更多的人口对粮食和资源的更大需求及其对环境和社会的影响。这给宏观经济政策带来了前所未有的挑战，而传统的宏观经济政策则是以指数持续增长为导向的。因此，新的人口现实需要对经济分析和政策采取新的办法。

人口增长带来的第一个难题是提供足够的食物。如图 4.2 所示，自 20 世纪 80 年代以来，粮食生产的增长未能跟上人口的增长。只要粮食和其他食品价格保持稳定，经济学家就可以主张经济放缓并不是资源紧缺导致的。需求增长，使得供应短缺的压力增大，继而导致价格上涨，但是食品价格近期仍保持稳定或呈下降趋势。但随着 2008 年初“粮食危机”的爆发，这些价格趋势出现逆转，食品价格急剧上涨（图 4.3）。食品价格再次触及 2011 年的历

图 4.3　粮食价格指数(1990—2012)

资料来源：联合国粮农组织(2014)。

史高点，在2012—2014年期间回落，但价格仍远高于2000年左右的历史低点（FAO, 2014）。

“全球中产阶级”数量不断增长，对肉类和其他奢侈食品的需求增加，是导致粮食价格上涨的部分原因，而社会对生物燃料的需求则是另一部分原因，它促使生物燃料与粮食作物争夺有限的可耕地。从20世纪50年代到80年代，耕地面积不断增加以适应日益增长的世界粮食需求，但是之后却几乎没有增长。① 所以，世界粮食价格上涨似乎是一个永久性变化，而不是暂时性变化。

4.3 不可再生资源

不可再生资源的价格长期以来保持稳定或下降态势，但是在近期出现了上升的趋势（图4.4）。过去曾有过一些时期，例如20世纪70年代中期和80年代后期，当时不可再生资源价格飙升导致一些人猜测，不可再生资源价格不会再长期下跌，但当时的价格上涨已经证明这是暂时现象。目前许多矿物价格飙升的现象可能和上述情况相似，虽然2013年以来价格有所下降，但仍远高于2000年的水平。

导致不可再生资源的价格增长的主要因素是包括中国、印度和巴西在内的快速发展的国家对于不可再生资源需求的飞速增加。当然，不可再生能源价格上升的趋势，与20世纪30年代由霍

① 关于耕地面积数据，见 Harris and Roach（2014，Chapter10）和 http://faostat3.fao.org/（查看时间：2014年12月1日）。

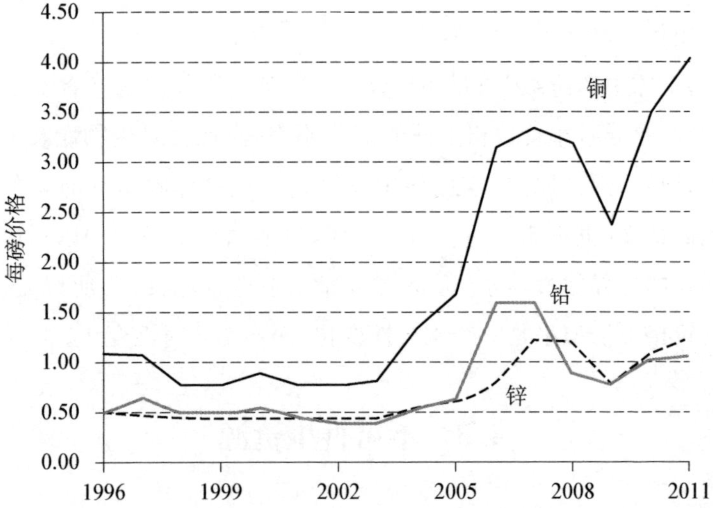

图 4.4　选定矿物的价格趋势(每磅价格)

资料来源：美国地质调查局(2014)

特林首先提出的基本耗竭性资源理论相符(霍特林,1931)。[①] 但是,该理论经不起长时间段和高贴现率的推敲：如果一种资源在中期未来的枯竭问题无法被预测到,那么未来潜在的短缺问题将不会反映在当前的价格上。物价上涨表明,未来的短缺问题已开始被现今的商品交易商考虑。但是,这并不意味着整个资源即将枯竭,而是会出现低级矿石的开采更昂贵的问题(Heinberg, 2011, chapter 3)。这些不断上升的开采成本反过来又与更高的当前或预计的能源价格有关。能源资源本身的开采成本较高和低级开采资源使用的增加,都促成了价格上涨的趋势。

① 关于不可再生资源理论概述,见 Harris and Roach(2014, Chapter5 and11)。

4.4 生态系统和可再生资源

生态学家确定出了若干主要领域，在这些领域中，当前经济活动会系统地破坏地球长期运载能力。这些领域包括：

• 表层土壤的侵蚀和退化；目前全球的表层土壤损失估计为每年240亿吨，全球近11%的植被遭受中度或极端的退化（Ehrlich et al.，2003）。

• 淡水资源的过度使用和污染——几乎每个国家都存在的问题，在中国、印度和部分前苏联地区即将达到临界水平（Postel，2003）。

• 生物多样性的减少，每年的物种灭绝数量比前6500万年的任何时候都要多（Hooper et al.，2012）。

• 极端的气候波动导致热浪、干旱、洪水和供水中断（IPCC，2013）。

• 渔业和其他被过度开发的生态系统的崩溃，导致物种平衡和入侵物种的变化，从而产生了不可逆的影响。

《自然》、《科学》杂志最近刊登的文章表明，这种趋势正在接近一个"临界点"，会导致不可逆的"行星变迁"（Barnosky et al.，2012；Steffen et al.，2015）。这一转变会给人类产生深远的影响，可能会出现一个相对单一化，相对低生产效率的生态系统（Cardinale et al.，2012；Millennium Ecosystem Assessment，2005a，2005b）。同时，生态面临崩溃的前景也会对经济分析原理产生重大影响。经济学家基本上忽略了生态环境宏观层面的影响，当然，这是很难捕捉的"外部因素"。然而，这些"外部因素"只能通过戴利的经济规模限制原则进行解释。显然，生态环境问题现在已经超越了对未来的理论考虑，是一个紧迫的现实问题。

我们很难量化更广泛的生态系统变化及其对人类的影响，但我们可以看到渔业这个明确的例子。世界上许多主要的渔业地区已经度过了其可持续增长量的峰值，并且正处于下降期(表 4.2)。全球野生鱼捕获量的峰值基本出现在 1995 年左右，并在此之后保持稳定或略有下降(图 4.5)。水产养殖生产的扩张使渔业总产量与人口增长保持一致，但人均渔获量从 1970 年以来一直没有增加。[①] 而且，许多形式的水产养殖有重大的环境问题，这意味着这种增长不能无限期地继续下去。

表 4.2 渔业面积主要下降的地区

海洋面积	预计每年下降面积(万吨)	达到预估减产年份	相较峰值的减产比率(%)
东大西洋中部	4	1984	-22
大西洋西北部	4	1971	-38
大西洋东南部	3	1978	-53
西大西洋中部	2	1987	-28
东太平洋中部	3	1988	-13
太平洋东北部	4	1990	-12
太平洋西南部	1	1991	-13
南极	0.2	1980	未获取
全球	82	1999	未获取

资料来源：联合国粮农组织(1997)；麦金(1999)。

① 见 Harris and Roach(2014, Chapter13)；自 1970 以来，人均渔获量一直保持在 16 公斤左右，比 1950 年至 1970 年年间的人均 8 公斤翻了一番。

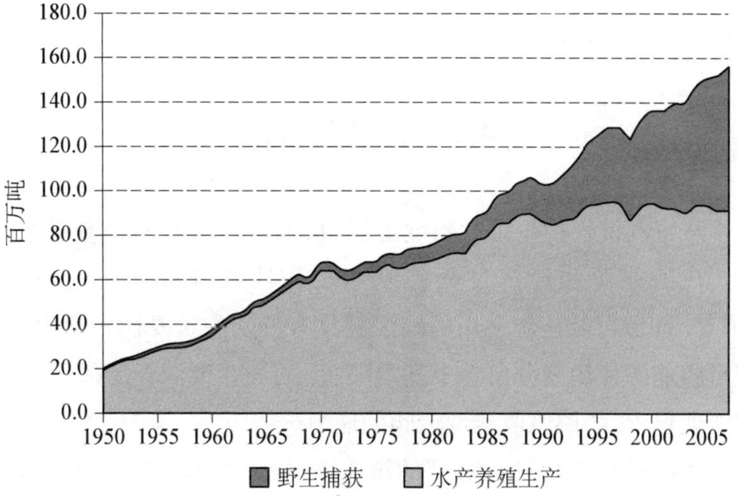

图 4.5 野生鱼捕获与水产养殖生产

资料来源：联合国粮农组织统计数据库，http://www.fao.org/fishery/statistics/software/fishstat/en，2011 年 2 月更新(访问时间：2014 年 12 月 1 日)。

因此，我们可以对渔业能接近和达到的运载能力进行案例研究。也许我们可以通过改善渔业管理，防止渔业崩溃，但良好的渔业管理的本质，是将捕捞额限制在或低于可持续产量水平。即使是一个全球性的渔业管理机构(符合最大限度地实现社会净效益的经济原则)，也不能使渔业产量远远超出目前的水平。对于包括渔业，以及内陆水域、森林和湿地生物群落，人类需求等在内的，范围还在逐渐扩大的生态系统来讲，不论在地区还是全世界范围内，都面临着一个现实的问题——生态环境运载能力。这表明，戴利的观点“生物中心主义最优化”应该纳入生态系统能力的考量范围，而不应是基于边际成本和边际效益的“人类中心主义最优化”，通过这样的方式才能实现人类和生态系统相互作用的有效管理(Daly，1996，chapter 2)。

4.5 能源与气候

从戴利推崇的生态学角度上讲，根据尼古拉斯·乔治斯库-罗金提出的能源和经济过程的基本工作原则(Georgescu Roegen，1971)，能源以及能源使用的熵限制具有特别的重要性。利用熵原理可将能源使用划分出3个基本限制：可再生能源资源的供应；太阳能通量；生物圈吸收能源废物的能力。

在最近关于“石油危机”的辩论中，第一个基本限制受到了广泛的关注。大家对“最终可采”石油的估算量相差很大。全球累计石油消费量目前约为11亿桶，一些分析人士认为，现在剩余可开采的石油量仅剩大约1兆桶。如果这是真的，我们将处于或接近全球“石油危机”，因为美国等个别国家已建立了固定的石油峰值模式。一些对于再生石油(包括天然气液体和“非常规”资源)的最终可开采量保持相对乐观态度的分析专家认为，至少还有几十年人类才会面临能源危机(Campbell，2005；Campbell and Laherrere，1998；Deffeyes，2001，2005；Hall and Klitgaard，2012，chapter 15；Heinberg，2007)。即使对最终可再生石油的乐观估计属实，危机的扩展情况也要依赖于非常规石油可采量。例如页岩气和深水油气资源等非常规能源，一般开采成本较高，并且开采对环境的影响更为严重。

对能源使用废物(特别是二氧化碳)的处理应进行更严格的约束。从理论上讲，化石燃料的寿命可以通过增加对煤炭及其衍生物的依赖而显著延长。当然，煤以及各种非常规油是污染最严重的化石燃料。如图 4.6 所示，使用化石燃料的碳排放量稳步上升，并且没有稳定的迹象，更不用说减排了。尽管科学家发出了许多警告，但全球经济增长仍然离不开化石燃料的使用。鉴于人均消耗量和人均排放量分布极不均衡，未来几十年发展中国家对于化石燃料的需求肯定会进一步增强。

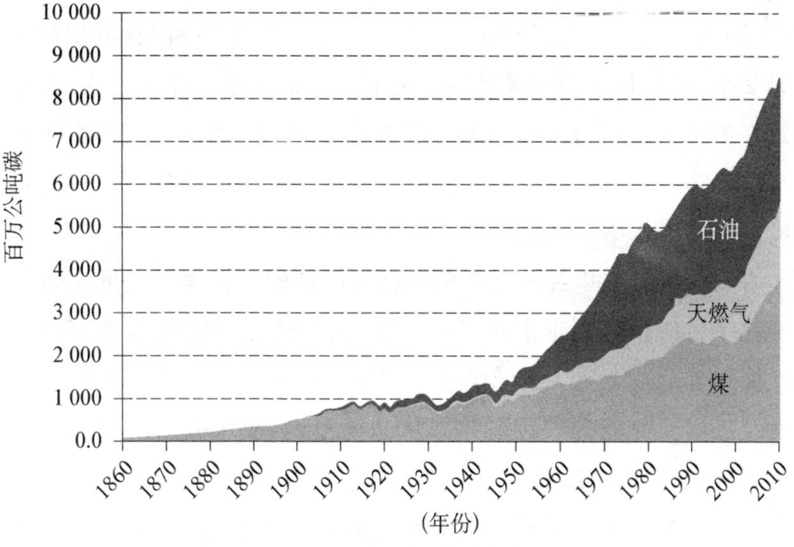

图 4.6 1860—2010 年全球化石燃料燃烧排放的二氧化碳

资料来源：http://cdiac.ornl.gov/trends/emis/glo.html（访问时间：2015 年 2 月）。

尽管科学家警告了很多次，但很少有人将碳的真正成本内在化或减缓排放量的增长。“照常排放”情景的排放里与政府间气候变化专门委员会（IPCC）等科学团体建议的排放量之间存在着巨大的脱节。IPCC 要求碳积累量稳定在百万分之 450 至 550 以内，这就需要大幅减少碳排放量。许多科学家认为，这些目标仍不足以将气温上升的幅度维持在2℃以下。即使气温上升2℃有可能会带来灾难性的后果，正如发生在格陵兰冰原的、由于气温不稳定造成高达7米的海平面上升（汉森等，2007）。两个能够解释深海变暖问题的科学模型表明二氧化碳（CO2）的排放量在二十一世纪中旬必须降低到接近零，才能防止在2100年气温上升范围在4℃（7℃）之内（Baer et al.，2009；Harris，2009；IPCC，2014；Matthews and Caldeira，2008；Schmittner et al.，2008）。无论选择的碳累积目标是多少，二氧化碳排放量最终必须下降到地球吸收能力之内，并稳定在该水平。任何碳减排甚至是接近那些建议指标，显然意味着全球经济增长模式的重大变化——这也再次印证了戴利的熵极限概念的基本作用。

熵的概念意味着人类对矿物燃料的依赖性将大大降低。随着矿物燃料使用受到越来越多的限制，太阳能通量的使用将直接或间接地建造一个更为有效的经济系统。相关的一种经济学解释是将经济增长与能源使用脱钩。从理论上讲，在保持经济增长的同时，可以通过提高能源使用率的方式降低能源使用量，通过使用可再生能源减少碳排放量。在非常有限的程度上，这种情况已经出现：经济系统正在变得更加节能，风能和太阳能等可再生能源的使用量正在迅速增长。①

倡导“无增长的繁荣”的理论学者认为，所谓的“脱钩”是有实际局限性的（Hall and Klitgaard，2012；Jackson，2009；Victor，

① 关于降低工业经济体能源强度和扩大可再生能源的数据，见Harris and Roach（2014，Chapter12 and17）。

2008)。现代经济对化石燃料根深蒂固的依赖性为“脱钩”提供了机会，但是这也要求对化石燃料使用增长的本质进行彻底改变——在能源和资源产量方面，以及结束或者逆转对化石燃料使用增长的问题——以实现IPCC及其他科学家建议的碳减排目标。“脱钩”是非常必要的，这个过程需要对能源效率和可再生能源系统进行大规模投资，但这些理论家认为，至少对目前发达经济体来说，减少矿物燃料使用和改变生活方式是实现“脱钩”的必要条件。

4.6 宏观经济理论观点

戴利在他的“环境宏观经济学要素”文章中提出，宏观经济适应现实世界限制的主要方法是选择最佳经济规模的宏观经济目标，并且实现充分就业、物价水平稳定和分配公平的目标(Daly, 1991a, chapter 2)。这无疑是对主流宏观经济结构的重大转变。分配公平在标准宏观经济目标中并不是很重要，任何形式的概念都是完全缺失的。从宏观经济理论出发将意味着什么，最终会认真看待戴利的主张吗?

对于这个问题，调整宏观经济增长模型是其中一个答案。标准的经济模型似乎并不是不可以增加资源限制因素而进行调整的，例如索洛模型。有趣的是，索洛本人最近发表如下评论：

> 如果经济增长缓慢甚至停止，资本主义就无法存在下去。我认为经济增长绝不可能永远以目前的速度继续下去……在美国和欧洲可能会发现……维持经济持续增长对环境破坏性太大，并且会过度依赖稀缺的自然资源，或者他们愿意从容地

> 提高生产力……本质上，不能说经济发展不能在所谓静止状态下恰当地存在。(Robert Solow, quoted in Stoll, 2008)

假设没有稳定的技术进步，索洛增长模型会收敛到一个稳定的人均恒定输出状态(Solow, 1970)。基于技术进步这一假设，该模型呈现出了人均收入持续增长这一态势。如果在索洛增长模型中增加资源约束条件可以抵消掉技术进步的影响，从而导致模型收敛到一个稳定的人均产出状态。如果人口也稳定到零增长率，这将出现一个整体稳态平衡的状态。[①]

另一种方法是通过减少每个工人的劳动时间(缩短工作日和/或工作周)来抵消技术进步的影响。这种方法是维克多(2008)提出的模型的核心。这点可以对应到索洛的上述建议，通过休闲的形式提高生产率。这也可以追溯到穆勒(1994)的假设，他假设物质需求满足会导致经济增长停止——穆勒视此为理想的结果。

因此，没有恰当理由能够说明，为什么宏观经济模型需要反映永久经济增长的假设。然而，这种假设深深植根于宏观经济学的大多数方法中，无论是在专业层面还是在教科书层面。实际上，之所以人们普遍承认经济增长的必要性，是因为维持就业水平的需求。在现实经验中，当经济增长放缓或暂时逆向增长时，会出现经济衰退，[②]失业率会上升。因此，解决失业问题被普遍认为是经济恢复增长的表现。但这是基于现有机构的经验和公认的经济政策

---

① 关于经济增长标准模型中的资源紧缺及其相关文献综述，见 Cleveland(2003)。

② 经济衰退的定义是：经济活动在经济中的显著下降，持续了几个月以上，通常在实际国内生产总值、实际收入、就业、工业生产和批发零售销售中就能发现。见 http://www.nber.org/cycles.html(查看时间：2014 年 12 月 1 日)。

所得出的结论。

在当前严重萧条的经济形势下，凯恩斯理论中关于促进经济复苏的扩张策略是至关重要的，此观点和克鲁格曼(2012)所倡导的是一样的。但从长远来看，充分就业并不一定取决于指数的持续增长。在稳定的经济中，充分就业也是可能的，但它需要不同于现行市场经济中盛行体制的帮助(维克多，2008，2010)。[①] 至少在发达经济体中，没有经济增长而实现福祉的主要障碍是政治和体制而不是经济本身。

经济理论的一个核心问题是，更为传统的凯恩斯主义经济策略能够与资源和环境限制理论结合起来，以适应新的现实条件。我认为，一个"绿色凯恩斯主义"是可能实现的，而且是必须实现的，这也是为了保证经济能够适应碳约束和环境可持续发展的要求(Harris，2007，2009，2013a，2013b)。具体来说，我建议：

> 新凯恩斯主义与生态学观点有着密切的互补性。虽然之前的凯恩斯主义分析着眼于促进增长，但其实凯恩斯主义对投资与消费之间关系的分析并不依赖于增长导向。新凯恩斯主义与生态学观点的共同之处是，否定在经典模型中假定市场最优的原则。不再使用时间效用最大化的新古典主义目标，将允许不同的、多元化的经济目标存在：充分就业、提供基本需要、社会和基础设施投资以及收入公平。这些目标符合环境保护和资源可持续原则，但是和无限增长理论是相悖的。这些目标的实现需要社会投资领域的振兴，虽然在标准模型

---

① 见《劳恩》(本卷第8章)。

中被严重忽视（实际上经常被完全忽略）。（Harris，2013a，pp. 33 - 4）

在凯恩斯自己的著作中，为解决社会投资问题提供了一个很好的先例。在《人类后代的经济可能性》一文中，凯恩斯表示希望结束经济增长。他表示，当物质经济增长已经停止后，应采用不同结构的经济激励和价值观。凯恩斯在《自由放任主义的终结》一文中也提及投资的社会导向对于实现他预测的更好的经济体系的重要性："我认为，为了将整个社会维持在理想的规模，需要采取一些经过明智判断的协调配合行为……目前的市场投资组织是否把资金放在最具国家生产力的渠道上？我认为这个问题的判断不应该完全建立在个人决定和个人获利机会的基础上，虽然目前是这样的。"（Keynes，1963，p. 173）凯恩斯著名的观点："当前经济社会的明显缺陷在于，它未能提供充分就业和任意而不公平的财富和收入分配"（Keynes，1964，p. 372）——这一声明似乎具有特殊的当代共鸣。①

像凯恩斯一样，戴利认识到理论和政策的发展方向必须接近社会投资和经济公平的目标。然而，主流经济理论已经远远偏离这个观点。因此，主流理论已经不能针对当今问题给出可靠指导。经济能够通过自我约束、自我调节达到平衡的假设，使人们基本上无法应对如何进行重大的能源转移或如何将经济调整到一个适合人口稳定但老龄化的社会等问题。凯恩斯主义的观点将问题转化为解决方案：在清洁能源，或在保健和老年护理服务中，以及创造

① 关于绿色凯恩斯主义的实际可能性的进一步讨论，见《哈里斯》(2013b)。

就业机会等方面进行大规模投资，这些看起来不像是净投入，而是对社会的净效益。

从发展中国家的角度来看，经济增长的结束似乎并不是一个令人欢喜的前景。但是，选择截然不同的增长方式也不是不可能的。在能源效率、可再生能源系统、清洁水、基本卫生保健、中小学教育、森林养护和可持续资源利用等方面的投资，为创造就业机会而不破坏环境提供了广泛的可能性。从长远来看，资源生产量的增长必须停止，但从中长期来看，一个更好的目标是"趋同"，在北半球减少使用，主要通过高效能和生活方式的改变来实现，但并不是完全不用，而在南半球适度增加使用量。

科学家已经明确地告诉我们，除非经济系统能够适应资源紧缺的问题，否则我们将在21世纪结束前面临灾难（Barnosky et al.，2012；Hooper et al.，2012；Matthews and Caldeira，2008；Schmittner et al.，2008；Steffen et al.，2015）。如何决策取决于经济学家们的反应，只要我们愿意，在微观经济学和宏观经济学工具中是有很多选择的。

新古典经济学对许多"大"问题有明确的设想，这些设想一旦确定了更好的目标，是可以给出明确的解决方案的。凯恩斯经济学为基础设施投资和创造就业机会提供了途径，这些途径最终也会导向"绿色"经济目标的实现。生态经济学教学的灵感来自戴利提供的新分析范式，这种分析范式特别适合研究生态系统功能和资源紧缺（例如，Costanza and Farber，2002；Costanza et al.，2004；Malghan，2010）。基于这一系列丰富的遗产，经济学学科应该帮助而不是阻碍二十一世纪人口、环境、发展和人类健康等挑战的解决。

参考文献

Baer, P., T. Athanasiou and S. Kartha (2009), 'The right to development in a climate-constrained world', in J. M. Harris and N. R. Goodwin (eds), *Twenty-first Century Macroeconomics: Responding to the Climate Challenge*, Cheltenham, UK and Northampton, MA, USA: Edward Elgar Publishing, pp. 75 - 114.

Barnosky, A. D., E. A. Hadly, J. Bascompte et al. (2012), 'Approaching a state shift in earth's biosphere', *Nature*, **486** (June), 52 - 8.

Campbell, C. J. (2005), 'The end of the first half of the age of oil', paper presented at the 5th ASPO (Association for the Study of Peak Oil and Gas) Conference, Lisbon, Portugal, available at http://www.cge.uevora.pt/aspo2005/abscom/ASPO2005_Lisbon_Campbell.pdf (accessed February 2015).

Campbell, C. J. and J. Laherrere (1998), 'The end of cheap oil', *Scientific American*, March, 78 - 83.

Cardinale, B. J., J. E. Duffy, A. Gonzalez et al. (2012), 'Biodiversity loss and its impact on humanity', *Nature*, **486** (June), 59 - 67.

Cleveland, C. J. (2003), 'Biophysical constraints to economic growth', in D. Al Gobaisi (ed.), *Encyclopedia of Life Support Systems*, Oxford: EOLSS Publishers.

Costanza, R. and S. Farber (2002), 'Introduction to the special issue on the dynamics and value of ecosystem services: integrating economic and ecological perspectives', *Ecological Economics*, **41**, 367 - 73.

Costanza, R., D. Stern, B. Fisher, L. He and C. Ma (2004), 'Influential publications in ecological economics: a citation analysis', *Ecological Economics*, **50**(3 - 4), 261 - 92.

Daly, H. E. (ed.) (1973), *Toward a Steady State Economy*, San Francisco, CA: W. H. Freeman.

Daly, H. E. (1991a), 'Elements of environmental macroeconomics', in R. Costanza (ed.), *Ecological Economics: The Science and Management of Sustainability*, New York: Columbia University Press, pp. 32 - 46.

Daly, H. E. (1991b), *Steady-state Economics*, Washington, DC: Island Press.

Daly, H. E. (1996), *Beyond Growth: The Economics of Sustainable*

Development, Boston, MA: Beacon Press.

Daly, H. E. and J. Farley (2011), *Ecological Economics: Principles and Applications*, Washington, DC: Island Press.

Deffeyes, K. S. (2001), *Hubbert's Peak: The Impending World Oil Shortage*, Princeton, NJ: Princeton University Press.

Deffeyes, K. S. (2005), *Beyond Oil: The View from Hubbert's Peak*, New York: Hill and Wang.

Ehrlich, P. R., A. H. Ehrlich and G. Daily (2003), 'Food security, population, and environment', in D. E. Lorey (ed.), *Global Environmental Challenges of the Twenty-first Century: Resources, Consumption, and Sustainable Solutions*, Wilmington, DE: Scholarly Resources, pp. 15-36.

FAO (1997), *The State of World Fisheries and Agriculture*, Rome: Food and Agriculture Organization of the United Nations.

FAO (2011), *FAOSTAT*, Food and Agriculture Organization of the United Nations, available at http://faostat.fao.org/ (accessed 15 September 2011).

FAO (2014), *World Food Situation: FAO Food Price Index*, Food and Agriculture Organization of the United Nations, available at http://www.fao.org/worldfoodsituation/foodpricesindex/en/ (accessed December 2014).

Georgescu-Roegen, N. (1971), *The Entropy Law and the Economic Process*, Cambridge, MA: Harvard University Press.

Hall, C. A. S. and K. A. Klitgaard (2012), *Energy and the Wealth of Nations: Understanding the Biophysical Economy*, New York and London: Springer.

Hansen, J., M. Sato, R. Ruedy et al. (2007), 'Dangerous human-made interference with climate: a GISS modelE study', *Atmospheric Chemistry and Physics*, **7**(9), 2287-312.

Harris, J. M. (2007), 'Reorienting macroeconomic theory towards environmental sustainability', in J. M. Gowdy and J. D. Erickson (eds), *Frontiers in Ecological Economic Theory and Application*, Cheltenham, UK and Northampton, MA, USA: Edward Elgar Publishing, pp. 36-52.

Harris, J. M. (2009), 'Ecological macroeconomics: consumption, investment, and climate change', in J. M. Harris and N. R. Goodwin (eds), *Twenty-first Century Macroeconomics: Responding to the Climate Challenge*, Cheltenham, UK and Northampton, MA, USA: Edward Elgar Publishing, pp. 169-88, available at http://www.ase.tufts.edu/gdae/Pubs/wp/08-02EcologMacroEconJuly08.pdf (accessed 1 December 2014).

Harris, J. M. (2013a), 'The macroeconomics of development without throughput growth', in M. J. Cohen, H. S. Brown and P. J. Vergragt (eds), *Innovations in Sustainable Consumption: New Economics, Socio-technical Transitions, and Social Practices*, Cheltenham, UK and Northampton, MA, USA: Edward Elgar Publishing, pp. 31 – 47, earlier version available at http://www.ase.tufts.edu/gdae/publications/working_papers/index.html (accessed 1 December 2014).

Harris, J. M. (2013b), 'Green Keynesianism: beyond standard growth paradigms', in R. B. Richardson (ed.), *Building a Green Economy: Perspectives from Ecological Economics*, East Lansing, MI: Michigan State University Press, pp. 69 – 82.

Harris, J. and B. Roach (2014), *Environmental and Resource Economics: A Contemporary Approach*, 3rd edn, New York: Routledge, available at http://www.ase.tufts.edu/gdae/publications/textbooks/env_nat_res_economics.html (accessed 1 December 2014).

Heinberg, R. (2007), *Peak Everything: Waking Up to the Century of Declines*, Gabriola, BC: New Society Publishers.

Heinberg, R. (2011), *The End of Growth: Adapting to Our New Economic Reality*, Gabriola, BC: New Society Publishers.

Hooper, D. U., E. C. Adair, B. J. Cardinale et al. (2012), 'A global synthesis reveals biodiversity loss as a major driver of ecosystem change', *Nature*, **486** (June), 105 – 8.

Hotelling, H. (1931), 'The theory of exhaustible resources', *Journal of Political Economy*, **39** (April), 137 – 75.

IPCC (2013), *Climate Change* 2013: *The Physical Science Basis*, Intergovernmental Panel on Climate Change, available at http://www.ipcc.ch/ (accessed 1 December 2014).

IPCC (2014), *Climate Change* 2014: *Synthesis Report*, Intergovernmental Panel on Climate Change, available at http://www.ipcc.ch/ (accessed 1 December 2014).

Jackson, T. (2009), *Prosperity Without Growth: Economics for a Finite*

Planet, London: Earthscan Publishing.

Keynes, J. M. (1963), *Essays in Persuasion*, New York: W. W. Norton & Co.

Keynes, J. M. (1964), *The General Theory of Employment, Interest, and Money*, New York: Harcourt, Brace.

Krugman, P. (2012), *End This Depression Now!*, New York and London: W. W. Norton.

Malghan, D. (2010), 'On the relationship between scale, allocation, and distribution', *Ecological Economics*, **69**, 2261–70.

Matthews, H. D. and K. Caldeira (2008), 'Stabilizing climate requires near-zero emissions', *Geophysical Research Letters*, **35** (27 February).

McGinn, A. P. (1999), 'Safeguarding the health of oceans', Worldwatch Paper No. 145, Worldwatch Institute.

Mill, J. S. (1994), *Principles of Political Economy and Chapters on Socialism*, edited with an introduction by J. Riley, Oxford and New York: Oxford University Press.

Millennium Ecosystem Assessment (2005a), *Ecosystems and Human Well-being: Synthesis*, Washington, DC: World Resources Institute.

Millennium Ecosystem Assessment (2005b), *Ecosystems and Human Well-being: Current State and Trends*, Vol. 1, Washington, DC: World Resources Institute.

Postel, S. (2003), 'Water for food production: will there be enough in 2025?', in D. E. Lorey (ed.), *Global Environmental Challenges of the Twenty-first Century: Resources, Consumption, and Sustainable Solutions*, Wilmington, DE: Scholarly Resources, pp. 51–70.

Repetto, R. (1991), *Population, Resources, Environment: An Uncertain Future*, Washington, DC: Population Reference Bureau.

Schmittner, A., A. Oschlies, H. D. Matthews and E. D. Galbraith (2008), 'Future changes in climate, ocean circulation, ecosystems, and biogeochemical cycling simulated for a business-as-usual CO2 emission scenario until year 4000 AD', *Global Biogeochemical Cycles*, **22** (1), 1–21.

Solow, R. M. (1970), *Growth Theory: An Exposition*, New York: Oxford University Press.

Steffen, W., K. Richardson, J. Rockstrom et al. (2015), 'Planetary boundaries; guiding human development on a changing planet', *Science*, **347** (6223), doi: 10. 1126/science. 1259855.

Stern, N. (2007), *The Economics of Climate Change: The Stern Review*, Cambridge: Cambridge University Press, available at http://www. hm-treasury. gov. uk/sternreview_index. htlml (accessed 1 December 2014).

Stoll, S. (2008), 'Fear of fallowing: the specter of a no-growth world', *Harper's Magazine*, March, p. 94.

United Nations Population Division (2010), *World Population Prospects: The 2010 Revision*, Population Division, Population Estimates and Projections Section, Department of Economic and Social Affairs, United Nations, available at http://esa. un. org/unpd/wpp/index. htm (accessed 15 September 2011).

USGS (2014), *Historical Statistics for Mineral and Material Commodities in the United States*, US Geological Survey Data Series 140, available at http:// minerals. usgs. gov/ds/2005/140/ (accessed 1 December 2014).

Victor, P. A. (2008), *Managing Without Growth: Slower by Design, Not Disaster*, Cheltenham, UK and Northampton, MA, USA: Edward Elgar Publishing.

Victor, P. A. (2010), 'Ecological economics and economic growth', *Annals of the New York Academy of Sciences*, **1185**, 237 - 45.

World Bank (2011), 'Data', available at http://data. worldbank. org/indicator/ SP. POP. TOTL.

5
关于极限

阿利德·瓦顿

5.1 引言

经济学首先讨论的是规模问题，其次是分配，最后是关于配置。如果我们要对赫尔曼·戴利大量工作中的核心信息进行排序，这可能会——尽管过于简单——使得规模问题登上榜首。相比于经济所在的生物圈的容量，规模问题关注的是经济的大小。因此，他被视为是在人类活动带来的环境后果已经变成全球问题的发展阶段，倡导人类自我反省的先锋。如果我们现在为了维持我们的生活水准而不顾生态圈的恶化，那么将来我们将没有新的地方可去，也没有“新的边疆”留给子孙后代去开拓。

主流经济学理论描述了一个充满可供替代的无限选择的世界，而且也在很大程度上给全球的经济政策提供了理论基础。在绝大部分的政策领域内，无疑都将经济增长作为一个目标。当然，对于那些处于贫困之中的人们而言，经济增长在道义上是毋庸置疑的。然而，作为一项政策的基础，经济增长的价值在富人之中远没有那么明显。实际上，情况应当是这样，即我们——富人——对那些需要扩大消费而利用更多环境资源的穷人应当给予更多关注，并且尽可能留出更多空间。

所以我们应该严肃地思考关于极限的问题。本章是关于两类极限：一类是自然意义上的，是我们所生活的这个物理和生物世界的特征；一类是我们所构建的。此外，我们关于极限的看法可能不同于极限的现实情况。一些自然的极限可能被视为是不存在的，而一些人工构建的极限却被视为"自然的"，换句话说即被视为是我们不能改变的。因此，在主流思想中，自然资源和人类需求被视为是无限的，而人类的动机仅仅限于个人效用的计算。当制定政策的时候，我们如何认识到我们的界线和能力，这一点很重要。我们可能会尝试去掉那些不能被突破的极限，我们可能把只是我们观念中的极限以及我们实际可以改变的极限视为既定的极限。

要理清这些问题，我首先从关于似乎存在的自然或真实极限领域最近的一个"无极限"观点开始。然后，审视三组"极限"，即环境、社会和人类、最后是经济体系的极限，讨论哪些是真实的，哪些是构造的，构造的极限意味着我们应该可以改变它们。最后，将讨论为了使可持续性的希望变成现实而减少我们自身所构造的限制的各种方法。

5.2　构造"无极限"

在某种意义上，主流经济学已经设法从议程中消除资源的极限性。在这个学科领域中，没有绝对的极限，只有相对的极限。罗伯特·索洛的几句话说明了我的观点：

> 历史告诉我们一个重要的事实，即，商品和服务可以互相替代。如果你不吃一种鱼类，你可以吃另外一种鱼类。资源，用经济学家喜欢用的一个词，在某种意义上是可互换的。它们可以彼此替代。这一点尤其重要，因为这表明了我们对未来不亏欠任何特殊的东西。没有一个可持续性目标和义务要求我们不能去触碰的具体对象……可持续性并不要求任何特殊的鱼类或者任何特殊的森林得到保护。(Solow, 1993, P. 181)。[①]

根据现行主流正统的观点，我们面临的唯一真实的极限是我们以预算约束形式衡量的能力。通过经济增长，这一极限会向外拓展，因此，我们面临的唯一极限实际上是关于增长的速度。这一信仰怎能轻易结束呢？

5.2.1 经济学："自然"是如何消失的？

经济学虽然是一门较新的学科，但对"各个"时代的人们而言，经济问题无疑都是令他们感兴趣的。众所周知，希腊语中的概念 oikos/oikonomia (oikos：家庭；oikonomia：家庭事务管理)形成了经济学概念的起源。根据熊彼特(Schumpeter, 1954)的观点，oikonomia 只是指家务管理的实用智慧。虽然这可能是一种过于狭

① 值得注意的是，索洛在最近接受《哈珀杂志》采访时说："我认为经济增长完全有可能无法永远保持当前的速度。"(Stoll, 2008, p. 92)因此，对于遥远的未来可能存在一些疑问，但索洛认为对于今天的政策，极限无明显相关性。

隘的解释（比如，Polanyi, 1968），但值得注意的是对于希腊人而言，人类和物理自然的相关性对于经济过程而言是十分必要的——还要注意 oikos 也是生态学概念的一个基础。不过希腊人似乎已经从相当静态的角度审视了经济的物质层面。他们强调一些问题，比如关注哪种土壤对于某一特定作物是最适合的，一块田地需要多长时间可以完成耕种等。

在西方世界，从古希腊到欧洲中世纪晚期的很长一段时间里，经济学都不是学术主题的重要话题。[①] 伴随着 18 世纪中叶的法国重农主义的发展，经济思想首先逐步发展成为更为完整的理论。他们将土地形式的自然资源看作是所有财富的来源。跨过英吉利海峡，我们注意到几十年后，随着斯密、李嘉图和马尔萨斯等作品的诞生，古典经济学确立了。虽然关于经济过程逐步形成了更宽泛的理论，但是土地依旧在他们的分析中扮演了重要角色。这些作者在工业化时代的早期阶段十分活跃。经济体制开始越来越脱离一般社会生活的体制（Polanyi, 1944[1957]）。因此，到了 18 世纪初经济学作为一门独立的学科而发展也就不难理解了。这也是一个取得空前经济增长的时期。而有关这种增长能否持续的问题早期曾在马尔萨斯（1803[1992]，1836[1968]）的作品中出现，其认为，众所周知，土地的生产能力将成为未来增长的约束。土地是一种固定资源，其产出的增长能力不能跟上人口增长的步伐。因此，随着时间的推移，生存的成本就会提高，最后增长就会停止。李嘉

① 一些关于采矿和林业的小作品。然而，已知的可能汇编不到一百页。请注意，我们这里参考的是西方知识界。西哈格（2009）认为生活在公元前 300 年的印度的考底利耶（古印度孔雀王朝第一代君主的首辅大臣）似乎就已经形成了一些与十九世纪欧洲经济的思想相接近的概念了。

图(1817[1973])强调新的土地会被清理出来用于农业,而这将抵消马尔萨斯的贫困陷阱。但是新的土地生产率较低,所以即使是李嘉图也认为增长是有其极限的。

马尔萨斯和李嘉图的分析中都没有包含技术变革因素。他们也没有预见到利用新技术可促使化石燃料大规模使用并对经济增长产生巨大影响。几十年之后十分活跃的穆勒强调了技术变革的作用,并将焦点从仅仅把土地和劳动力作为主要生产要素转移到也将生产资本包括在内。技术或者生产资本抵消了"增长的自然极限"(Mill, 1848[1965])。在他有生之年,经济中矿物资源的使用大幅度增加,因此他对煤炭等可耗竭资源表现出了兴趣。他对环境的兴趣使得他在著作中进一步体现了大自然作为灵感和创作源泉的价值。最终,基于自然极限思想以及对于美好生活的理解,可能使得穆勒成了第一个主张稳态经济的人。① 作为其思想的一部分,穆勒在财富再分配方面提出了相当激进的观点。

在一段时间里,增长极限的思想一直具有影响力,甚至到了新古典经济学时代依然如此。至少杰文斯对这一问题表现出了兴趣。特别是他参与了穆勒的其中一个研究主题,即煤炭或能源供给的稀缺性(Jevons, 1865[1965])。他认为,随着有限煤炭供给的枯竭,经济发展将发生崩溃。有趣的是,他已经考虑到了像风能、潮汐以及生物能等潜在可替代资源,而这些问题最近又重新被提及。

但是担忧很快就消失了。杰文斯亲自参与了一场运动,即从

① 见穆勒(1848)第4编第6章中,题为"论静止状态"。鉴于这本书的背景,我们应该注意到赫尔曼·戴利正是在这一点上多次提到穆勒的作品——如,戴利(1977)以及戴利、汤森德(1994)。

关注资源和生产的古典经济学家的视角转变为关注交换过程这一新古典主义视角。对经济而言，作为一种特殊资源的土地变得相对不那么重要。在新古典主义的文章中，标准生产函数随着时间的推移逐步变为只包含资本和劳动两种变量要素。自然作为一种独立的投入和一个需要担忧的单独问题几乎消失不见。不难想象，这主要受到了丰富的化石燃料——尤其是石油——的大量供应带来的生产能力的巨大变化，以及持续技术变革对此产生的影响。

当罗马俱乐部推出《增长的极限》(Meadows et al.，1972)这本书时，马尔萨斯当年的一些问题再次被提及，这遭到了新古典经济学家，比如帕萨·达斯古普塔、杰弗里·希尔、罗伯特·索洛和约瑟夫·斯蒂格利茨等人的强烈反对。他们的争论主要集中于用人造资本替代自然资源的能力能否支撑无限的经济增长(Dasgupta& Heal，1974；Solow，1974；Stiglitz，1974)。奇怪的是提供的“证据”不是依赖于对自然资源功能的完全评估，而是依赖于使用自然资本和人造资本之间的替代弹性系数等于或大于1的增长模型，比如柯布-道格拉斯技术，以及对于存量流量和资金服务资源的一视同仁。[①] 这类生产函数已经成为这一领域的惯例。当然，如果世界真如这些模型所描述的那样，那么结论是显而易见的。然而，很多结论似乎是基于一些对自然的毫无事实根据的假设所得出的，我们必须承认“历史已经证实”(相比之前来自索洛的引文)：尽管我们正在耗尽一些资源，但经济增长已经可能实现。然而，由

① 出于对后者重要性说明，参见，如克拉耶夫(2002)。他还讨论了自然与人造资本以及自然资本之间的函数关系的不同公式表达的主要结果，即列昂惕夫、恒定替代弹性(CES)以及柯布-道格拉斯生产函数。

此推断出总是存在一个可用替代物的结论是一个逻辑上的谬论。

5.2.2 人性的无限性

经济学也形成了自己对于人类和人类能力的独特见解。随着时间的推移——尽管穆勒给出了警告——但经济学已经构想了一个不仅具有无限的消费欲望,而且还有无穷的心智能力的存在。

5.2.2.1 无限欲望的创造

除了斯密,我们还应该纳入休谟等早期经济学家,他们曾作为哲学家接受教育,通常被描述成哲学家兼经济学家。在他们的作品中,关于人性美与丑的不同认识扮演着重要角色。关于什么是体面生活的一些陈旧主题在他们的文章中十分多见(O'Neill,1998a)。从19世纪中叶到20世纪30年代,经济学取得了两项核心进展。第一是享乐主义和效用概念成为经济学的核心概念。第二是效用概念从一个实体化概念变为一个纯粹的形式概念。

功利主义/享乐主义通过杰米里·边沁的作品(如Bentham,1789[1970])赢得了很高的地位。他强调能够激励人类的就是个人功利,即获得快乐和避免痛苦。这一观点通过穆勒、杰文斯和马歇尔的作品逐渐融入了经济学领域。这似乎并不是一个简单过程。穆勒有他自己的认识,强调快乐从较低级到较高级有不同的量化等级,根据其是否增进了全体人民的幸福和福祉来判断行为的道德性。后者必须被理解成其与享乐主义者对人类行为的利己主义解释是相反的。同样地,马歇尔也在他的著作中提出了对于享乐主义的一些严肃质疑。在他《原理》(《经济学原理》)一书的长篇脚注中强调:很不幸,一些经济术语的习惯性用法有时表明经济学家是享乐主义或功利主义哲学体系的追随者(Marshall,1890

[1949]，p. 77)。基尔皮纳(1999，p. 188)强调马歇尔唯一想要表达的是“在他们的道德标准中，经济学家并未公开宣称是享乐主义者”(原文重点)。在这方面，需要指出的是，正是马歇尔自己，在将经济分析的视角从更广泛“政治经济学”概念转向“经济学”概念方面起到了很大作用。

在强调快乐和痛苦的同时，人们的注意力从将人视为有抱负的人变成了一个有欲望的人。正如霍兰德(Holland，2002)所强调，除了欲望本身，理性的作用在理解人类选择上没有作用，例如，关于我应该拥有什么欲望的问题变得无关紧要。尽管作为模型“将我们的欲望在一定程度上视为不受控制的(因素)……所以这变得毫无意义，这并不是发现我们想要什么的过程，而是仔细思考想要什么是最理性的过程”(p. 23)，代价还是很高的。

这一发展摒除了诸如自我约束和自我节制等在旧范式下被誉为优点的老问题。从20世纪20年代开始的一个进程，也去除了效用概念中的所有实质性内容。对于“老一辈”的新古典经济学家而言，像杰文斯、马歇尔以及庇古(Pigou)，效用具有实质性的内容。尽管是用主观性的术语来定义功利，然而它反应的是身体和精神形式的具体需要。伴随着20世纪20年代和30年代的序数效用论的革命，效用概念已经去除了所有实质性的内容。它转变成了一个形式的概念，一种没有涉及任何需要和精神状态的纯粹排序。当然，在这种结构中，关于满足问题是无关紧要的。

很难判断上述的发展究竟是会促使我们迈向大众消费主义还是只是反映了经济学家对这一过程的理解。然而，显而易见的是，无限的人类欲望跟一个旨在增长的系统很契合。同样清楚的是，无限的欲望并不是人类与生俱来的特征，而是一个历史性和制度性创造的产物。原始社会以狩猎和采集为生的人并没有表现出任何此类能力(比如,Gowdy, 1998)。相反,他们的欲望是相当固定的。他们通常能够在不破坏环境的情况下可持续地生活数万年。因为他们已经能够获得很大部分的闲暇时间,所以其甚至被标榜为富足的社会(Sahlins, 1972)。虽然我们应该对将这种生活形式浪漫化持谨慎态度,但我们也应注意到无限的欲望并不是人类的基本特征。

5.2.2.2 无限能力的创造

关于人类认知能力的问题在经济学中似乎是一个比较新的议题。在证明竞争性市场效率的时候,这一点尤其重要。20 世纪 30 年代及随后发展起来的标准福利理论,是建立在假设代理人拥有充分信息及理性处理信息能力的基础上的。由于这些假设在经济学专业内部也日益受到质疑,我们注意到一种基于预期进行分析的倾向,比如理性预期,贝叶斯更新。这使得经济模型的主要原则得以保持不变,即关注最大化和均衡状态两个方面,这两方面只在信息问题相关的特定假设条件下才有意义。[①]

在该专业领域内,这些发展可能看起来不错,但是他们并不比充分信息的假设更现实。我认为西蒙(1979)关于理性选择争论的总结非常中肯,他说:

> 第二次世界大战以后,效用和概率公理化以及贝叶斯统计

---

① 当然,如果产生和更新信息的代价很高,那么个人在什么是最优的信息搜寻工作的问题上会以无止境地倒退结束。我同意努森(1993)的观点,即强调当优化的代价变成最优计算本身一部分时,无法解决的问题就会出现。

的复兴，为实证检验人们在选择情境下的行为是否最大化主观期望效用（SEU）开辟了一条道路。早期的研究采用极端简单的选择情境，好像人们行为的确如此。但即使情境稍微变得复杂一些，与据 SEU 理论预测的结论的重大偏离也很快就得到了证实……SEU 理论对现实行为不能提供很好的预测，甚至不能算是实际行为的充分逼近，这一结果似乎是不可避免的。（Simon，1979，p. 506）

利用基于充分信息或是（比如）理性预期的分析使得用极其深奥的数学方法处理经济问题的模型成为可能。至少从 20 世纪 30 年代开始，经济学的发展十分强调"严密性"。使用数学模型是一种确保"严密性"的方法，即在给定假设条件下确保严谨且合乎逻辑。将物理学当成是"范例科学"（Mirowski，1989），这或许是"必要"的举动。但在另一方面，由于要牺牲假设的相关性，代价也很高。[①]

5.3 生物圈的极限

迄今为止，我们已经研究了主流经济学是如何突破真实存在的极限的。下面我将看看其他研究领域——其他学科——是如何看待这些问题的。我们会发现有一些被经济模型忽略的关键限制，也存在一些阻碍我们为创造可持续未来做出合理应对的限制。

① 我并不是以此来暗示使用数学需要降低相关性。更重要的是经济学家对（一般）均衡建模的具体兴趣以及对这些模型带来人类选择方面更为复杂或相关的假设的问题。

让我从生物圈典型的一些限制谈起。

物理极限的存在是微不足道的。我们的地球是一个封闭的系统。它承载着一定数量的物质,出于实际的原因,这些物质可以被认为是固定的。每单位时间输入的太阳能是给定的。但是,只要人类使用的是其中小部分的资源,那么这些极限就几乎不重要。那么,我们真的面临着一些实际上重要的极限吗?

热力学第二定律表明:在任何一个孤立的系统中,熵,即无序,是递增的。由于地球不是孤立的,而是一个封闭的系统,因此可以通过低熵太阳能的输入来建立秩序。这就是十几亿年以来生物圈演变过程中所发生的事情。这种秩序是其自己通过利用低熵太阳能并输出废热产生的必要紊乱而建立的。这个过程形成了一个互补的系统,其中,一种物种的资源变成了废物,而对于其他物种而言,可以作为资源发挥作用。虽然各种非平衡的循环确实存在,但由此导致的生物圈的宏观变化是十分缓慢的。① 正是这个过程使得地球有可能成为各种互相关联的生命形式的创造与再创造的场所。

熵定律对变化,包括技术性变化设置了一个明显的限制。随着创造力的不断增强,我们可能能够创建出更多有利于人类消费的秩序,这就是作为经济系统其中一部分的经济增长;同时,确保伴随着这一过程而必然产生的紊乱不仅被输出到经济系统之外,而且还有生物圈之外。然而这确实要求我们获得关于这一系统动态的必要的真知灼见。这意味着要能够掌握存储在当前生物圈内

① 也有其他原因造成了这样的变化,最显著的是基因变化以及每单位时间太阳能流入的变化。后者自地球形成以来很长一段时间里已经有了巨大提高。

的信息——能够区分什么是以及什么不是运作良好的扩展路径的生命系统的所有经验。但假设这一点是有可能发生的情况，本身就是一种错觉。而且，我们很可能通过我们已实现的变化开辟新的路径，而生物圈对于这些路径没有存储任何信息。

生物圈所建立的这一秩序需要大量互补品的再生产。生物多样性的丧失降低了生物圈再生产的能力。超出生物圈能力范围的循环不断增加，比如二氧化碳和硝酸盐的排放，威胁着生物圈正常运行。产生的问题有很多。我将用包含两种主要挑战的例子来说明。

第一个例子就是光合作用的工作原理。这是生物圈生命过程获得所需能量的进程。光合作用需要磷来产生作用。这种化合物是不可替代的。鉴于此，磷是农业/食物生产等领域一项至关重要的投入品。尽管农民可以种植土豆，而不是小麦——与索洛相比——但他们没有磷就无法种植土豆。鉴于当前所需的生产量级、土壤侵蚀的程度以及生产和消费在地理上分离的事实，就有必要从外部投入这种化合物。欧洲肥料制造商协会(2000)已经估计这种投入物的生产量将于2040年达到峰值。磷这一物质不会消失。当磷通过各种过程进入海洋时，它就变得更难获得了。极限体现在我们生产能源以从海水中回收磷的能力。能源需求越大，地球表面/生物圈必须进行更多的转变，以捕获太阳能从而用来回收磷。

第二个例子是，物种灭绝不仅仅是关于失去一样可以找到替代品的具体消费品的问题——这再一次与索洛观点相区别。这个问题首先关注的是这一系统实现自我再生产的能力。就这一点而言，弹性的概念至关重要，即一个系统在受到外部变化/冲击之后恢复到它原来状态的能力(Holling，1973,1986；Perrings，1997)。

随着时间的推移,生物圈及其不同的生态系统已经具有很高的弹性。每一个生态系统可以看成是被置于盆地内的吸引子。外部压力/冲击可能会将系统推向吸引子的边缘,例如:一场暴风雨、营养物质流入的增加、污染物的排放等。如果该系统能够承受压力——具有较强的抵抗能力来应对——那么当系统摆脱压力时,最终可以恢复到其原来的状态。如果压力太大,那么系统将离开它的吸引子,其动力学也会发生变化,就像一个湖泊经历富营养化时一样。结果就是其动力学发生了变化,包括物种间一种完全不同的平衡。

在洛克斯戴姆等人(2009)发表的一篇文章中,作者尝试估计我们预期的人类可以安全运行的行星边界。他们认为:"跨越一个或多个行星的边界可能是有害的,甚至是灾难性的,因为超越临界值的风险是大陆或行星范围内系统非线性的环境突变。"他们定义了九种这样的边界,并给其中的七种设置了数量限制。他们认为其中三项已经被突破了:气候大气浓度、生物多样性丧失幅度以及全球氮循环的变化。尽管他们强调他们所界定的边界是个粗略范围——且有人可能会问所有这一切是否都是在行星层面上运行的——但他们的思维方式很清楚地表明了我们所面临的问题。其系统地且持续地依赖替代品的能力,这点是很有问题的。

根据上文的理解,我们看出重要的不是个别资源,而是系统的整体动态。为了使之引起重视,戴利对生产量以及经济作为生物圈子系统的理解的强调是至关重要的(如,Daly，1977,2005)。迄今为止,主流经济学似乎不承认这一点。而且,生物圈的巨大弹性也可能导致对极限的忽视。所以,尽管弹性是一种好东西,因为它确保了一定程度上的稳定性，并且为一些变化提供了一定空间，但是危险在于相信目前为止一直发挥作用的将会永远发挥作用。我们通常可预见的是，在观察到任何阈值效应出现之前，就已经将把系统推到一个没有回程的轨道上。

极限的存在已经十分明显了，但对于极限存在于哪里却无法事先知道。尽管经济学无法给出应对气候变化和其他未来挑战的所有解决方法，但若想要做出任何重大贡献，其必须将热动力学原理以及生物圈和经济子系统之间的代谢相互依存关系纳入其模型中。

5.4 关于社会和人类的极限

我们在 5.2 节中提到，虽然主流经济学认为欲望是无止境的，人类的动机却限于个人效用的最大化。现在这两种观点在根本上受到了质疑，而且部分是来自经济学家本身。

5.4.1 消费的社会极限

经济增长模型是建立在经济增长可以提高幸福感的假设基础之上。我们已有的关于（原始社会）渔猎者生活的讨论，已经让人们对这一假设的普遍性产生了一些怀疑。从“消费社会”的情况来看，也有一些需要对上述假设持谨慎态度的理由。近期关于“幸福”的研究——如莱亚德（2005）呈现了一个有趣的画面。在这些研究中，人们通常会被问及：综合考虑所有的事，你对自己的生活整体上有多满意？这些研究不断表明，人均 GDP 的平均水平超过 10 000—15 000美元以后，由此衡量的幸福感似乎并没有显示增加。

已有一些关于生活质量研究的问题,比如奥尔德雷德(2009)的研究。尽管如此,观察结果证明了一种观点,即如果对于可持续发展有必要的话,在富裕国家中,降低消费可能不需要自我牺牲。但是,用于解释这一观察结果的两种主要观点同时也使人对其结论产生了怀疑。第一,我们所谓的"享乐主义适应假说",例如,弗瑞德里克和罗温斯坦(1999)暗示人们会适应新的消费水平。如果消费持续扩张,随着时间推移,之前所谓的"更多"就变成了标准,那么只有"更多"才能更好了。第二,我们有地位性商品的概念,它是跟他人相比的相对地位,是主观幸福感,不是消费或收入的绝对水平。希尔施(1977)特别阐释了后一种观点。

这两种观点都表明:现代经济中的人们也许都处于某种"跑步机"上。这不仅仅是因为我们的欲望已经变得无限了。得到更多也无济于事。当然,落后于别人会使我们的情况更糟糕,所以如果我们想生活得好,我们可能并没有太多选择,我们必须拥有更多。

威尔金森和皮克特(2009)提供了支持相对地位重要性的另一种完全不同的数据。在一项关于 OECD 国家——也就是最富裕国家——的研究中,他们发现:一方面,健康与社会问题有很强的联系;另一方面,健康与收入不平等性也有很密切的关系。他们的分析涵盖了从识字率、预期寿命、肥胖率和杀人率到信任和社会流动性等众多问题。

威尔金森和皮克特(2009)的研究十分有趣,因为它是基于对生活质量客观维度的评估,而不仅是关注主观满意度层面。客观主义者对于幸福的理解已经有很长一段历史,至少可以追溯到亚里士多德。与偏好相对,它讨论人类需求方面的幸福。与享乐主义的主观主义立场相比，它强调了客观主义对于繁荣意义的理解。其焦点落在人类是作为一种具有由此产生的需要的生物而存在。人类生活需要水、各种食物、居所，也需要友谊以及其他社会关系才能丰富精彩（O'Neill et al.，2008）。这一传统观点强调需要的满足有上限和下限。成瘾和不满足都是相关的问题。而且需要总体上是不可替代的，因此各种好的东西和坏的东西在一个维度上是不可衡量的。这一传统观点还强调了对于美好生活意义的多元论观点。

正如奥尼尔（2008，p. 10）所强调的："超过一定程度，物质消费的增长并没有解决美好生活的核心维度，比如归属感，甚至可能导致这些维度上的损失。新亚里士多德学派者声称，政策需要直接说明这些维度而不仅仅通过主观的评估，以此来表示其与主观福利方法的区别。因为这种方法不容易导致适应性偏好的出现。"

在目前关于打破上述"跑步机"逻辑的辩论中，人们可以区分两种主要的观点：一种是关于什么是幸福的错误信条和有关错误的制度。根据奥尼尔（2008）的观点，前者界定了改变对于美好生活本质信条的方法，而后者更加关注人们生活下的特殊制度，并且把社会崩溃以及过度消费问题视为对制度动态和需求的反映，比如市场。①

5.4.2　人类能动性的广泛观点

关于人类行为的"核心"经济模型重点关注了"一元论者"对动

① 这些讨论可以追溯到古希腊哲学家所持的不同立场。伊壁鸠鲁可以被称为第一个享乐主义者，他强调快乐以及没有痛苦。不过，他提倡简朴的生活。亚里士多德更多地强调制度的重要性——尤其是典型家庭经济获取形式和市场获取形式之间的区别。

机的一种理解，即最大化其自身效用的利己主义者的动机。人类学和社会学等学科对理解人类行动提供了更广泛的思路。这里重点强调了尤其是“意义”的概念（如，Geertz，1973；Parkin，1982）。同样，也关注规范——在具体情境中被视为恰当的行为（Scott，1971）。这些观点也出现在部分政治学中，如马奇和奥尔森（1995）。

实验经济学最近的研究也显示人们在一些情况下愿意分享，即使不会增加个人收益[参见 Vatn(2005，2009)关于此的一个文献综述]。我对这些研究结果的理解是，人类的动机在很大程度上依赖于制度背景。高智（1998）解释了狩猎和采集者的特定目标是如何体现在他们的规则中的。奥斯特罗姆等人（1994）证明了人们甚至可以在通过背叛别人就能让自己更好的情形下，也会选择合作的各种场景。最近的关于“挤出效应”的文献阐释了如何将支付引入以前由内部动机或规范驱动的行为，将动机从例如分享转向考虑个人利益（如，Frey，1997；Gneezy&Rustichini，2000；Vatn，2009）。他人相关行为以及互惠的概念（Gintis，2000）和文献描述的消费者与市民的区别表明了多元合理性和动机的其他类似观点。甚至我们所知的利己主义也可能被视为是受到了制度的影响。正如奥尼尔（1998b）所阐明的，在现代职业中的利己主义，像首席执行官（CEO）、大学教授、官僚，会随着反映不同目标的这些角色定义的改变而变化。

人们所生活的实际环境的特征使得我们的行动必须相互依赖。因此，在我们文明的历史中，我们会再三地遇到有必要在彼此互相依赖的条件下界定我们如何平衡自己与他人利益和需要的情况。在这样一种情况下，挖掘他人相关行为或者社会理性的潜力可能会更受欢迎（参见 Sober and Wilson，1998，出于相似原因）。

回顾文献，霍奇森（2007, p.329）总结道："现代实验经济学和博弈论都已揭示通用的、情境依赖理性的局限性，并指向了对于理性自身的制度影响。"对于这一点，有两个重要观察。首先，总是从个人激励立场思考问题实际上可能会恶化问题。这个问题已经得到了戴利和柯布（1990）的关注，而且最近也已获得了进一步的支持——鲍尔斯（2008）指出专为利己主义公民设计的政策会逐步丧失道德情操。[①] 有人可能会说，主流经济学通过形成关于人类能动性的一种狭义观点支持那些实际上能够产生一个动因的政策，即对通过变得更加利己来确保对可持续性不太感兴趣的动因。其次，与此同时，上述发现也为社会组织和处理那些与确保可持续发展相关的问题带来了一系列全新的机会。此类发展需要合作和从站在他人立场思考的意愿。在这个程度上，制定支持这些"观点"的制度将是未来发展的方向。

5.5 关于我们系统的极限

我们生活在一个商业社会。巨大的资源不仅被用于生产，而且也用来确保所生产的东西可以被交易出售。这个过程必然带来的副作用是增加了环境的压力。然而我们花了很少资源去理解这一过程将带来的潜在中长期影响。我们所构建的系统的"目光"直

---

① 鲍尔斯（2008）明确提到亚当·斯密和他的《道德情操论》（Smith, 1759[1976]），这本书更有趣，但不如《国富论》（Smith, 1776[1976]）有名。虽然无法证明，但人们可能会怀疑，后者是否仅仅是因为它"满足"了新兴资本主义企业家的需求而变得更有名。对于斯密而言，前面这本书似乎更为重要。至少他对这本书改写了很多次。

接指向市场。它只看到了扩张的道路——新的增长机会。然而，问题不仅在于我们看不到现在所做所为的未来后果。也许更重要的是：我们已经创建了一个并不能很好地去适应所面临挑战的系统。这一系统为我们提供了有限的可持续行动能力。

5.5.1 市场、企业和环境

主流经济学的作用并不在于它对经济如何运作的影响有如何之大。重要的作用是使某些制度和解决方法合法化。给定分配的权利、充分的信息/理性预期以及零交易成本——经济学的标准假设——竞争性市场可以有效地解决任何配置问题。当然，还有分配的问题需要解决。然而这不是一个经济学话题。因此，经济学家一般会给出的建议是——假设分配问题得到解决——建议通过市场解决配置问题。

这一结论是有道理的。然而还是有一些严重的问题。首先，市场本身就是产生分配不均的根源。目前全球最富有的 4—5 人拥有的财富与 20 亿最贫穷人口拥有的财富总和一样多。不平等的趋势来自市场的动态变化以及这样一事实，即你拥有的越多、你能投资的越多；因此收入不仅来自你自身劳动，也来自储蓄。穷人由于没有储蓄的能力而处于困境中。这种情况对再分配政策提出了更高的要求，因为它们将追逐一个变化的目标。此外，这也意味着从已经继承或获得资源的人那里“夺取”资源。

第二，确保子孙后代的利益需要特别通过界定他们的权利，即资产转让制度来保护他们的利益（参见 Bromley，1989；Howarth and Norgaard，1990）。主流经济学通常不承认这一点，因为在代际交叠模型中市场也被视为随着时间推移实现了资源有效配置。然而，问题不在于效率，而是在时间维度上同等或更好的生活条件。正如戴利多次观察的结果一样：效率标准对此没有说明（如，Daly，1992，2005）。

第三，主流经济学的政策建议，如果投射在我们生活的世界上，是直接有害的。它提出的制度结构削弱了我们处理未来环境问题的能力，而不是增强。提出解决问题的办法如同信息问题一样微不足道，——充分信息或标准风险评估——极大地低估了我们正面临的问题。环境领域决策的典型特征是大量不同层次上的无知，相较于我们以前对吸引子转变的强调。然而，风险可能很大，所以即使在我们能够获得足够的信息将不确定性当成风险的情况下，预期效用的标准模型仍然不能得到维护（Elster，1979）。

第四，在仿佛交易成本为零的前提下提出解决方案，是非常有问题的。布朗利（1991）在强调将世界分成若干个体决策单元时就非常明确地表示：所倡导的竞争性市场也是通过最大化成本（即废物）可能转移的边界数量来实现环境的外部效应的。交易成本依赖于现行制度体系的类型。竞争性市场——拥有获得"内部"收益的所有潜力——却为处理热力学定律支配的世界里不得不存在的"外部成本"造成了往往不可逾越的高昂代价。

最后，在偏好和动机具有背景独立性特点的假设前提下提出解决方案，同样非常有问题。基本上，如果这些是依赖系统的——正如第5.4节中所强调的——我们需要讨论的是哪一个系统有助于形成更好的偏好和动机。我发现这在可持续性方面非常重要，但这个问题在主流模型的假设中却看不见。与上述相关的三个具体问题需要强调一下：

• 一个是关于我们模型中动机一致性的问题。假设企业追求利润最大化，意味着他们不仅要在市场中如此，在外部成本领域也是如此。同样的思路，卡普（1971）强调外部成本不是“偶然”的副作用。相反，一个人为了盈利而投资，则应当预期到向第三人或整个社会造成的转移成本，只要这样做不是非法的。

• 另一个问题是关于动机扭曲的问题。在假定信息不对称的情况下，就很有可能产生机会主义行为。这种情况下，不隐瞒重要信息的商业规范可能会受到侵蚀，因为在资本主义社会，尊重似乎不是通过恰当行为获得的，而是通过赚钱。一些作者，如阿格列塔和勒贝留（2005）以及沃德弗格（2007），记录了资本主义企业领导人不断增长的不负责任行为以及下降的道德标准。

• 第三个问题涉及趋于目光短浅的“系统驱动力”。因此，奥弗（2004，p. 358）强调了观察结果，即“在竞争性市场社会中，创新流打破了现有承诺的惯例、习惯以及制度。在短期内它强化了偏见。”

主流经济学承认外部效应，并建议用像环境税这样的国家规制来解决这些问题。[①] 考虑到随后交易成本的降低，这的确是明智的做法。不能得到认可的是：效率是在似乎没有外部效应的框架

① 主流经济学既假定交易成本为零，又主张制定具体环境政策的必要性。这就很奇怪。如果交易成本为零，并且其他主流假设也适用，则所谓的“科斯定理”就起支配作用。除了界定权利之外，国家“干预”就没有必要。关于这个问题更多信息，参见Vatn&Bromley（1997）。

下定义的。由于生物圈存在弹性，环境问题通常要在导致环境问题的过程启动很久之后才会显现。甚至需要更多的时间去证明是谁或是什么导致了环境问题。就算最终获得了这一信息，但可能还是没有理由采取行动，因为与不采取行动的收益相比，行动的代价更高昂。在这一计算中，造成损害的生产可能引起潜在未来收入损失似乎是一项规制成本。因此，根据不会产生损害的假设作出的投资决策，会约束有关在最终证明存在损害时而进行规制的决定。此外，建立在生产者和消费者双方基础上的利益——作为实际生产的一个结果——将在未来政治舞台上成为抵制管制的力量。于是就构成了一个不利于环境与子孙后代的系统性不对称。

就上述而言，我们还应当注意，系统似乎是依赖于增长的。投资是一门不稳定的生意。增长增加了我们投资收回“必要”回报的机会。较低的或负的增长率会给系统发出警报，投资者就会恐慌。因此投资会减少，更多的工作岗位会丧失，等等。正因为如此，“稳定状态”会以危机的形式给人们施加很多压力。最近的“金融”危机深刻说明了这些动态性。

主要的补救方法——凯恩斯扩张主义——是通过增加需求来试图应对这种下行的漩涡。然而应对经济危机的一种有效补救方法——至少在极限以内——这种解决方法反而增加了可持续性的长期问题。所以我们被困于避免短期经济危机和长期环境危机之间。尽管后者（即环境危机）最终会导致经济自身的危机，但是还是很难不优先考虑短期需求。又或者有没有一条出路，让我们改变系统，从而有可能避免这种选择？

5.5.2 有没有减少现有系统限制的方法以使得我们可以尊重环境的极限?

赫尔曼·戴利坚称,我们必须关注经济规模并管制物质资源及能源总量,这一主张显然是开辟可持续发展之路的一种核心补救方法。因此,第一步将是引入物质资源使用极限的概念。这有助于克服目前应对即将到来的伤害的事后应对做法的一些局限性。这意味着向引导经济与生物圈之间新陈代谢的一种事前应对方法的转变。这将是对知识是有限的这一事实的必要和充分的回应,因此也是一种使预防措施可行的方法。

尽管这种办法有种种的优点,但这一解决办法在现有的条件下很难实施,需要经济系统进行一些其他的改变。戴利自己(同样参见 Daly and Cobb, 1990)也明确发现了这一点,然而不同的作者侧重于不同的补救方法。我将通过构思一些为制定一整套管制工作所应当添加的观点来结束这部分。

首先,我们必须严肃对待经济不平等。这不仅是因为它对幸福感造成的所有直接伤害,也因为它是"不饱和消费"后面的驱动力。接受不平等问题的主要争议正是在于它对于增长的潜在驱动。这正是现在富裕国家不怎么需要的。

在当前系统中,就一个人的富裕程度而言是没有限度的。我觉得很难为这一点进行辩护。这种情况是由私有财产的主导形式决定的。即使那些早期为保护私人产权辩护的人——比如,洛克(Locke)(1690[1988])——也没有将其视为一项促进无限占有的制度。其观点与此甚至是完全相反。洛克思想的核心是两个前提。首先,在他看来,把自己的劳动和自然物结合在一起,才是使某物成为某人财产的基础。第二个前提是“留有足够的，也同样好的东西给他人……在生命结束之前，任何人都可以同样地利用生命的任何好处；他可以用他那么多的劳动来确定他的财产。任何超出该财产的部分，是超出他份额的，且属于他人的财产”(Locke, 1690[1988], p. 288)。

然而人们可能不同意第一个前提条件——强调财产权是一种社会关系(Bromley, 1991)——第二个前提似乎不再适用于私有财产的建立方式。在洛克时代，土地和劳动的产出实际上可能被破坏，一个人拥有的比其自己能够消费的更多是没有意义的。随着时间的推移，财产和满足人们所需之间的关系得到了“放松”。私有财产制度发展成了多种形式。而一种就是设立控股公司以及股份机构。这种结构使自身的劳动与所有权的关系或者——这里更相关的——需求与财富积累之间的关系完全脱钩。因此，一个人能够变得富有的程度没有任何限制。虽然对可持续发展造成的问题并不必然是反对私有财产的论点——当然不是指人们赖以生存所需要的资源——这是一种强烈反对没有为可能积累多少财富设定任何上限的财产安排的论点。

第二，我们必须更仔细地观察制度体系所形成的动机类型。正如已经强调的，制度结构可以促成不同类型的动机——例如，合作意愿而不是利己主义。尽管当前体系中最具活力和最强大的制度是受利润动机驱动的，但人们可以想到其他的解决方案，选择更多地受到分享和关心(思想)影响。

鉴于偏好和动机是语境独立的观点，这些见解为我们提供了几个不可思议的选择。超越这一既定的限制，为更多建立在合作、社区和共享作用之上的经济制度提供了机会。在这方面有几项潜在的好处。一个是可以减少短期和长期目标之间的冲突。获得对所需规模限制的支持比较容易,也更容易提出更为广泛的一系列问题以便在进行经济选择时加以考虑。就上面所强调的规模限制而言,后者尤为重要。

规模调节意味着数量调节。然而,经济活动之后的环境破坏还有一个质的因素。同等数量的资源可能会对环境造成非常不同的压力,这取决于生产何种产品、产生何种废物以及在何处排放废物。因此,除了对规模增加限制外,我们还需要增加系统对于不同物质总量变化的潜在影响的敏感性。可能需要一些超越总量限制的其他国家规定来避免出现问题。然而我认为如果经济主体本身不以合作的方式行事——他们对自己行动的潜在后果不敏感,那么就不可能在这一工作中取得成功。这一观察表明既要形成对环境后果负责的态度,又要有在企业自身层面上的合作意愿。

我最后一个观点涉及必须减少对增长的依赖性。人们可能会说,如果如上文所讨论的那样,制定了对于总产量的限制,且生产质量方面问题也得到了妥善处理,那么经济增长本身就没有问题。我认为这是一个过于简单的分析。我的观点包括两个方面。首先,在建立一个从根本上依赖于增长的系统与为了建立之前强调的数量和质量限制而获得必要的政治支持之间,存在着冲突。这在政治上不太可行,只是因为它将违背目前所建立的经济主体的利益——包括所有者和工人。其次,如果增长对于确保必要的投资,并避免因此陷入衰退十分重要,政治家们将发现自己不断面临在经济危机和生态危机之间做出选择的压力。正如前面所强调的,我发现制定有可能避免这种选择的制度极为重要。

这样的制度应该是什么样的?我认为应该探讨几种选择。从根本上讲，这一问题关系到产权制度及其对财产的持有和投资的意义。目前，投资主要是出于利润考虑。正如我们所见，这造成了由此定义的利己主义和长期生活条件之间的冲突。人们应当创建一种旨在更直接投资于个人和群体幸福感的制度，即“福利”组织。这里的备选方案将包括增强公共财产和社区所有制的作用。人们可能还想到私人和社区所有权的各种组合（更多其他详情，参见Vatn，2012 and 2015）。

上面所提出的所有问题——关于更加平等、对于个人和群体未来幸福感的合作意愿与投资的更多关注等——其实都指向同一个方向。他们指出制度性变革是解决紧迫问题的主要策略。此外，他们还指出建立促进除个人利益以外的其他动机和责任形成的制度。尽管在经历了两个多世纪对自我利益的捍卫之后，我们可能会认为这是不可能的，但我们现在看到这种认可是基于对人类能力的理解太过于有限。

5.6　结论

本章主旨是，一切都可以归结为我们所见的极限以及我们如何理解极限。如果我们相信自然是无限的，意味着一切事物都可以被替代，人类处理信息的能力实际上也是无止境的，而且协调成本/交易成本为零，那么可持续性问题就没不那么重要了。可以说问题会自己解决。而如果我们发现自然对经济扩张造成了严重限制，如果我们学习和协调的能力是有限的，如果我们依赖于扩张单独和系统地发挥作用，那么我们正面临着相当大的挑战。

在这一章中，我已经指出解决我们的问题在很大程度上在于消除一个仅仅看上去毫无根据的限制。这种观点认为人类从根本上是利己的，以及合作只在其能带来直接个人利益的时候才可能实现。人类是社会的存在，而且，我们所建立的制度对我们的动机有很大的影响。理解这些意味着理解我们如何能够在这一领域扩大我们的能力，我们必须能够尊重一个小天体的极限——尽管它是无限宇宙的一部分。

参考文献

Aglietta, M. and A. Reberioux (2005), *Corporate Governance Adrift*, Cheltenham, UK and Northampton, MA, USA: Edward Elgar Publishing.

Aldred, J. (2009), *The Skeptical Economist: Revealing the Ethics Inside Economics*, London: Earthscan.

Bentham, J. (1789), *Introduction to the Principles of Morals and Legislation*, reprinted in 1970, London: Methuen.

Bowles, S. (2008), 'Policies designed for self-interestedcitizens may undermine "themoral sentiments": evidence from economic experiments', *Science*, **320**, 1605 - 1609.

Bromley, D. W. (1989), 'Entitlements, missing markets and environmental uncertainty', *Journal of Environmental Economics and Management*, **17**, 181 - 194.

Bromley, D. W. (1991), *Environment and Economy: Property Rights and PublicPolicy*, Oxford: Basil Blackwell.

Daly, H. E. (1977), *Steady-stateEconomics*, San Francisco, CA: W. H. Freeman &Co.

Daly, H. E. (1992), 'Allocation, distribution, and scale: towards an economics that isefficient, just, and sustainable', *Ecological Economics*, **6**, 185 - 193.

Daly, H. E. (2005), 'Economics in a full world', *Scientific American*, **293** (3), 100 - 107.

Daly, H. E. and J. B. Cobb (1990), *For the Common Good: Redirecting the*

EconomyTowards Community, the Environment and a Sustainable Future, London: GreenPrint.

Daly, H. E. and K. N. Townsend (eds) (1994), *Valuing the Earth: Economics, Ecology, Ethics*, Cambridge, MA: MIT Press.

Dasgupta, P. S. and G. M. Heal (1974), 'The optimal depletion of exhaustibleresources', in *Review of Economic Studies: Symposium on the Economics ofExhaustible Resources*, Vol. 41, Edinburgh: Longman, pp. 3 - 28.

Elster, J. (1979), 'Risk, uncertainty and nuclear power', *Social Science Information*, **18**(3), 371 - 400.

European Fertilizer Manufacturers Association (2000), *Phosphorous: EssentialElement for Food Production*, Brussels: European Fertilizer ManufacturersAssociation.

Frederick, S. and G. Loewenstein (1999), 'Hedonic adaptation', in D. Kahneman, E. Diener and N. Schwarz (eds), *Well-being: Foundations of Hedonic Psychology*, New York: Russell Sage Foundation Press, pp. 302 - 329.

Frey, B. S. (1997), *Not Just For the Money: An Economic Theory of PersonalMotivation*, Cheltenham, UK and Lyme, NH, USA: Edward Elgar Publishing.

Geertz, C. (1973), *The Interpretation of Cultures*, New York: Basic Books.

Gintis, H. (2000), 'Beyond *Homo economicus*: evidence from experimental economics', *Ecological Economics*, **35**, 311 - 322.

Gneezy, U. and A. Rustichini (2000), 'Pay enough or don't pay at all', *QuarterlyJournal of Economics*, **115**(3), 791 - 810.

Gowdy, J. (ed.) (1998), *Limited Wants, Unlimited Means: A Reader on Hunter-GathererEconomics and Environment*, Washington, DC: Island Press.

Hirsch, F. (1977), *Social Limits to Growth*, London: Routledge & Kegan Paul.

Hodgson, G. M. (2007), 'The revival of Veblenian institutional economics', *Journalof Economic Issues*, **XLI** (2), 325 - 340.

Holland, A. (2002), 'Are choices tradeoffs?', in D. W. Bromley and J. Paavola(eds), *Economics, Ethics and Environmental Policy: Contested*

Choices, Oxford: Blackwell, pp. 17 - 34.

Holling, C. S. (1973), 'Resilience and stability of ecological systems', *Annual Reviewof Ecological Systems*, **4**, 1 - 24.

Holling, C. S. (1986), 'The resilience of terrestrial ecosystems: local surprise andglobal change', in W. C. Clark and R. E. Munn (eds), *Sustainable Development ofthe Biosphere*, Cambridge: Cambridge University Press, pp. 292 - 317.

Howarth, R. B. and R. B. Norgaard (1990), 'Intergenerational resource rights, efficiency, and social optimality', *Land Economics*, **66**(1), 1 - 11.

Jevons, W. S. (1865), *The Coal Question: An Inquiry Concerning the Progress of theNation, and the Probable Exhaustion of Our Coal Mines*, reprinted in A. W. Flux(ed.) (1965), 3rd edn, New York: Augustus M. Kelley.

Kapp, K. W. (1971), *The Social Costs of Private Enterprise*, New York: SchokenBooks.

Kilpinen, E. (1999), 'What is rationality? A new reading of Veblen's critique ofutilitarian hedonism', *International Journal of Politics, Culture and Society*, **13**(2), 187 - 206.

Knudsen, C. (1993), 'Equilibrium, perfect rationality and the problem of self-referencein economics', in U. Maki, B. Gustafsson and C. Knudsen (eds), *Rationality, Institutions and 'Economic Methodology'*, London: Routledge, pp. 133 - 170.

Kraev, E. (2002), 'Stocks, flows and complementarity: formalizing a basic insightof ecological economics', *Ecological Economics*, **43**, 277 - 86.

Layard, R. (2005), *Happiness: Lessons from a New Science*, New York: PenguinPress.

Locke, J. (1690), 'The second treatise of government', reprinted in P. Laslett (ed.) (1988), *Two Treatises of Government*, Cambridge: Cambridge University Press.

Malthus, T. R. (1803), *An Essay on the Principles of Population*, reprinted inD. Winch (ed.) (1992), Cambridge: Cambridge University Press.

Malthus, T. R. (1836), *Principles of Political Economy: Considered with a Viewto Their Practical Application*, reprinted in 1968, 2nd edn, New York: August M. Kelley.

March，J. G. and J. P. Olsen（1995），*Democratic Governance*，New York：The FreePress.

Marshall，A.（1890），*The Principles of Economics*，reprinted in 1949，8th edn，London：Macmillan.

Meadows，D.，D. L. Meadows，J. Randers and W. W. Behrens III（1972），*Limits toGrowth：A Report for the Club of Rome's Project on the Predicament of Mankind*，New York：Universe Books.

Mill，J. S.（1848），*Principles of Political Economy：With Some of their Applicationsto Social Philosophy*，reprinted in 1965，Fairfield，NJ：A. M. Kelley.

Mirowski，P.（1989），*More Heat than Light：Economics as Social Physics，Physics asNature's Economics*，Cambridge：Cambridge University Press.

O'Neill，J.（1998a），'Self-love，self-interestand the rational economic agent'，*Analyse & Kritik*，20，184－204.

O'Neill，J.（1998b），*The Market：Ethics，Knowledge and Politics*，London：Routledge.

O'Neill，J.（2008），'Living well within limits：well-being，time and sustainability'，opinion piece for the Sustainable Development Commission，available at http://www. sd-commission. org. uk/publications/downloads/John_ONeil_thinkpiecel. pdf.

O'Neill，J.，A. Holland and A. Light（2008），*Environmental Values*，London：Routledge.

Offer，A.（2004），*The Challenge of Affluence*，Oxford：Oxford University Press.

Ostrom，E.，R. Gardner and J. Walker（1994），*Rules，Games，and Common-pool Resources*，Ann Arbor，MI：University of Michigan Press.

Parkin，D.（ed.）（1982），*Semantic Anthropology*，London：Academic Press.

Perrings，C.（1997），'Ecological resilience in the sustainability of economic development'，in C. Perrings（ed.），*Economics of Ecological Resources：Selected Essays*，Cheltenham，UK and Lyme，NH，USA：Edward Elgar Publishing，pp. 45－63.

Polanyi，K.（1944），*The Great Transformation：The Political and Economic Originsof Our Time*，reprinted in 1957，Boston，MA：Beacon Press.

Polanyi, K. (1968), *Primitive, Archaic and Modern Economies: Essays of KarlPolanyi*, ed. G. Dalton, Boston, MA: Beacon Press.

Ricardo, D. (1817), *The Principles of Political Economy and Taxation*, reprinted in 1973, Foreword by D. Winch, London: Dent.

Rockstrom, J., W. Steffen, K. Noone et al. (2009), 'Planetary boundaries: exploringthe safe operating space for humanity', *Ecology and Society*, **14**(2), 32, availableat http://www.ecologyandsociety.org/vol14/iss32/art32/.

Sahlins, M. (1972), *Stone Age Economics*, Chicago, IL: Aldine Atherton.

Schumpeter, J. (1954), *A History of Economic Analysis*, Oxford: Oxford UniversityPress.

Scott, J. F. (1971), *Internalization of Norms: A Sociological Theory of MoralCommitment*, Englewoods Cliffs, NJ: Prentice-Hall.

Sihag, B. S. (2009), 'Kautilya: a forerunner of neoclassical price theory', *Humanomics*, **25**(1), 37-54.

Simon, H. A. (1979), 'Rational decision making in business organizations', *American Economic Review*, **69**(4), 493-513.

Smith, A. (1759), *The Theory of Moral Sentiments*, reprinted in E. Cannan (ed.)(1976), London: Methuen.

Smith, A. (1776), *An Inquiry into the Nature and Causes of the Wealth of Nations*, reprinted in 1976, Chicago, IL: University of Chicago Press.

Sober, E. and D. S. Wilson (1998), *Unto Others: The Evolution and Psychology ofUnselfish Behavior*, Cambridge, MA: Harvard University Press.

Solow, R. M. (1974), 'Intergenerational equity and exhaustible resources', in *Reviewof Economic Studies: Symposium on the Economics of Exhaustible Resources*, Vol. 41, Edinburgh: Longman, pp. 29-45.

Solow, R. (1993), 'Sustainability: an economist's perspective', in R. Dorfman andN. Dorfman (eds), *Economics of the Environment*, New York: Norton.

Stiglitz, J. (1974), 'The optimal depletion of exhaustible resources', in *Review of Economic Studies: Symposium on the Economics of Exhaustible Resources*, Vol. 41, Edinburgh: Longman, pp. 123-137.

Stoll, S. (2008), 'Fear of fallowing: the specter of a no-growthworld', *Harper's Magazine*, March, pp. 88-92, 94.

Vatn, A. (2005), *Institutions and the Environment*, Cheltenham, UK andNorthampton, MA, USA: Edward Elgar Publishing.

Vatn, A. (2009), 'Cooperative behavior and institutions', *Journal of Socio-Economics*, **38**, 188 - 96.

Vatn, A. (2012), 'Environmental governance: the aspect of coordination', in E. Brousseau, T. Dedeurwaerdere, P.-A. Jouvet and M. Willinger (eds), *GlobalEnvironmental Commons: Analytical and Political Challenges in BuildingGovernance Mechanisms*, Oxford: Oxford University Press, pp. 31 -53.

Vatn, A. (2015). *Environmental Governance: Institutions, Policies and Actions*, Cheltenham, UK and Northampton, MA, USA: Edward Elgar Publishing.

Vatn, A. and D. W. Bromley (1997), 'Externalities: a market model failure', *Journal of Environmental and Resource Economics*, **9**(2), 135 - 51.

Waldfogel, J. (2007), *The Tyranny of the Market: Why You Can't Always Get What You Want*, Cambridge, MA: Harvard University Press.

Wilkinson, R. and K. Pickett (2009), *The Spirit Level: Why More Equal Societies Almost Always Do Better*, London: Penguin.

6

以科学为基础的行为理论：建立在乔治斯库-罗金的理论基础上

约翰·高智*

> 经济过程的真正产出（或者说，任何生命过程的真正产出）不是有形的废弃物，而是依然令人费解的、无形的生活乐趣。
>
> （Nicholas Georgescu-Roegen，1974[1976]，p. 9）

> 与抽象思维的各种演绎相比（即便是那些最巧妙的抽象思维演绎），现实是变化无穷的，它绝不容忍任何死板、僵硬和固定的变化。现实始终追求多元化。
>
> （Fyodor Dostoyevsky，1986，part 2，chapter 7，p. 305）

---

* 本章节的某些部分改编自作者为驻军研究所“气候、思维和行动”计划编制的一份背景报告，以及 2008 年发表的名为“行为经济学和气候变化政策”的文章（Gowdy，2008）。乔希·法利和马尔罕对本文前期草稿提出了一些十分有益的评论意见，作者对此表示感谢。

6.1　引言

尼古拉斯·乔治斯库-罗金对经济学做出的贡献已广泛获得了业界顶尖理论家的认可。保罗·萨缪尔森(1967, p. vii)将乔治斯库-罗金誉为“学者当中的学者,经济学家当中的经济学家”。1976年纪念文集包含了四位诺贝尔奖获得者约翰·希克斯、简·丁伯根、西蒙·库兹涅茨和保罗·萨缪尔森的作品。罗金并没有吸引一大批学生,一部分原因是当他还在范德堡大学(Vanderbilt University)时(1949—1976),瓦尔拉斯[①]正统思想发展迅速,还有一部分原因是他严格苛求的性格。虽然学生人数不多,但他却有两名很出色的学生,他俩对经济科学的贡献获得了国际认可。其中一位是穆罕默德·尤努斯,他为世界最贫困人群开创了“小额信贷”服务,因而获得了诺贝尔和平奖。另一位是揽获数项大奖的赫尔曼·戴利,包括海内肯奖和美好生活奖,有时也被称作诺贝尔替代奖。

戴利在环境道德和社会公义的领域内发表了诸多作品,但其中有一部作品最为知名,这部作品延伸了乔治斯库对于经济进程

---

① 我要用“瓦尔拉斯”一词来指代经济活动的数学模型,这个模型最开始是由瓦尔拉斯、帕雷托和杰文斯于19世纪00年代末构想和创作的。第二次世界大战后几十年间,这个模型一直支配着各种经济分析。这个模型[即阐释了《福利经济学基本定理》的通用平衡系统(Feldman, 1987; Gowdy, 2004,2010)]是每本微观经济学课本的中心内容,并且无视一系列惊人的政策失误,继续支配着公共政策的话语权(Quiggin, 2010)。瓦尔拉斯体系的两类核心假设体现在人类行为“理性行为者”模型当中,也体现在公司间“完全自由竞争”模型当中。因为一些在数学方面受到限制的优化要求,所以每种模型必须排除经济行为者之间的相互作用,不论是公司之间还是个体之间。

中增长限制和规模重要性的深刻见解。然而，对于戴利和乔治斯库而言，经济分析的中心焦点是人类因素。本章节旨在探讨乔治斯库针对效用理论和福利经济学发表的但被忽视的某些作品，这些作品预先揭露了当代行为和神经经济学家对瓦尔拉斯经济学理论提出的一些革命性批判意见。我认为，瓦尔拉斯经济学的关键假设是，无需考虑社会环境就能准确地描述经济行为，而乔治斯库尤其反对这一点。戴利和乔治斯库一生的工作都在探寻经济进程的社会性质。当前，行为经济学和（可能更重要的是）神经科学领域的一些研究工作已证明，确实是因为一定程度的社会互动，让人类从各种哺乳动物当中脱颖而出。瓦尔拉斯经济学在数学问题上遇到的一些制约条件导致这个框架无法实际作为一项引导人类实际行为和有效公共政策的可靠指南。

6.2 乔治斯库-罗金和当前经济理论的僵局状态

乔治斯库-罗金因他的经典作品《熵定律和经济过程》(1971)而闻名于世。这部作品对生态经济学的根本影响是一个重要观点——经济活动最终取决于有限且不断减少的自然资源（尤其是化石燃料）。然而，人们有时会忘记，乔治斯库最初喜欢上经济学是因为效用理论。乔治斯库的作品显现出了一个共同点——在他职业生涯初期，他是一名标准的新古典主义经济学家，但后来因为《熵定律》的发表，所以脱离了这个队伍。但事实上，从他的经济学家职业生涯开始，他一直对标准理论方法（Gowdy，1985；Gowdy and Mayumi，2001；Mayumi，2001）持有批评态度。二十世纪三十年代初期，他新颖地阐述了字典序偏好、可积性问题、社会规范和涉他偏好的重要性，以及边际分析的局限性，以此对瓦尔拉斯效用理论基本假设提出质疑(Georgescu-Roegen，1936，1950，1954)。时至今日，在经济学跨学科重铸过程中，这些观点又再次出现，同时又注入了行为经济学和神经科学研究中得到的一些可靠证据。

乔治斯库始终坚持辩证概念与数学同型形态概念之间的差异，他的分析以这种坚持为导向。他用“辩证”一词来描述具有重叠界限的现象，例如，一个物种(A)进化发展成另一个物种(B)，这个过程中肯定会出现中间形式，这些中间形式既可以被称作 A，又可以被称作 B，或者说 A 和“非 A”(Georgescu-Roegen，1967，p. 23)。辩证关系是真实人类关系和真实经济过程的关键。当然，在经济分析中采用独立分散的界限，这是有用的做法。必须要在某个地方画出分析界限。但是，仅仅为了数据计算而随意确定界限(例如，排除公司与公司之间、个体与个体之间的互动关系)，然后将这些界限作为通用经济规律，这实际上违反了基本科学法则。如下文所述，围绕孤立个体划定效用理论的分析界限会排除掉让人类成为独一无二的物种的所有事物。

今天，令人振奋的、将经济学和行为科学联系在一起的新研究依然在扩大经济分析界限。但是，在经济学领域内正统思想的根深蒂固可能是在任何其他学术领域内都无法比拟的。西尔弗伯格(1990，引自 DeCanio，2003，p. 6)简洁地表达了正统思想的强势地位：

> 在经济学领域内，恐怕没有什么比坚持统一的行为解释基础(尤其是行为最大化假定)更加明确了。对这样一则理论的需求是毋庸置疑的；反驳它相当于反驳经济学。如此重视理论基础的原因是，如果没有理论基础，那么任何结果都可以被

接纳；因而任何主张都无法被反驳了。经济学家们坚信某些情况是不可能存在的，就好比物理学家们坚信水永远不会往山上流。在其他条件恒定的前提下，价格降低不会导致任何商品消费量的减少，而同时会保持其他生产投入的相对恒定。绝无例外。

但是，经济学"定律"不会像物理定律一样。某些时候，价格降低会导致需求量下降，因为人们将价格视作衡量质量的一个标准。当价格上涨时，投机性的需求量会增加，因此价格上涨和需求量增加之间产生了一个积极反馈圈。有时候，价格上涨会导致商品供应量减少，就像经典的献血案例一样（Titmuss，1971）。除了价格激励之外，还有很多其他激励因素。有时，价格激励会导致公益事业没有生存空间，在经济理论下和在制定公共政策时，应当承认这一事实（Frey，1997）。

与西尔弗伯格对行为研究的回应相比，一个更为巧妙的回应是，如果所观察到的现象无法用瓦尔拉斯经济学的数学算式来印证，那么就没有经济学家什么事儿了。在一篇切题文章《盲目的经济学案例》中，古尔和培森多佛（2008，p. 5）写道：

卡内曼（1994）主张，主观认知状态和享乐效用才是"合理的研究主题"。这可能是事实，但这些状态和效用对于验证和检验标准经济模型并没有什么用。享乐体验讨论并没有在标准经济分析中发挥任何作用，因为经济学不会去推测享乐体验，也没有验证这些推测的数据。而且，经济学家们缺少将享乐效用与标准经济数据联系起来的方法。因此，他们认为，只分析后者才是有效的做法。

换言之，如果真实世界的数据不符合瓦尔拉斯假设，那么对经济学家而言也就没有什么价值了。许多年前，乔治斯库探讨过这一过时的经济学观点：

> 一方面，我们发现任何形式的实证主义都在宣告辩证概念的目的和用途，而这些概念都是有悖于科学的：知识仅仅存在于所被表述的数学同型形态概念中。这一观点让人们回想起了天主教的教义：唯有拉丁语才能表达出神圣的思想。(Georgescu-Raegen, 1971, p. 50)

用拉丁语所表达出的当代经济学就是约束条件下的最佳数学，而教条就是，任何未采用或无法采用这一技术的方法就不是经济学。在瓦尔拉斯理论下，行为的分析界限围绕着某个个体被确定出来，有着固定和清晰界定的偏好，而且这些偏好在时间和空间中相互独立。界限之外的任何事物都不被理会。

瓦尔拉斯理论中存在的棘手问题在于该理论无法容忍经济因素之间的任何相互作用——纯机械反应除外，例如原子之间的碰撞。以两个商品(X 和 Y)和两名消费者(A 和 B)为例，如果我们稍稍修改标准效用函数，使每名消费者的效用依赖于另一名消费者的固定效用，如下：

$$U_A = f(X, Y, U_B) \text{ 和 } U_B = f(X, Y, U_A) \qquad (6.1)$$

那么交换的帕雷托最优条件是(Henderson and Quandt, 1971,

p. 268)：

$$[(\partial U_A/\partial X_A)-(\partial U_A/\partial X_B)]/[(\partial U_A/\partial Y_A)-(\partial U_A/\partial Y_B)]$$
$$=[(\partial U_B/\partial X_B)-(\partial U_B/\partial X_A)]/[(\partial U_B/\partial Y_B)-(\partial U_B/\partial Y_A)] \tag{6.2}$$

如果效用函数是相互依赖的，那么消费的帕雷托最优条件就不是两名消费者的边际替代率(MRS)相等。但是，边际替代率相等是证明竞争市场有效性的一个必要条件；也就是说，建立理想市场经济需要完全复制面对面物物交换的结果(Gowdy, 2010)。当然，构建涵盖所观察到的人类行为的效用函数(损失厌恶、参考依赖型偏好、禀赋效应)是很容易的。[①] 但这些效用函数无法用来证明竞争市场的作用。因此，摒弃利己因素需求也意味着摒弃标准经济学的基本理论根基，即提供一项推动市场经济的严格分析证据作为唯一的可变因素，以确保社会稀缺资源的有效分配。难怪新自由主义经济学家们如此坚持独立的偏好假设。没有背后的上层数学结构，瓦尔拉斯正统思想的理论偏见就会显现出来。

上文(6.1)和(6.2)这两个等式依然允许顺利地、连续地(和可积地)构建效用函数。但乔治斯库(1936，1973[1976])表示，除非假定传递性，否则可积性就没有意义。标准效用函数并不能构成一个偏好领域，除非存在一致的二元偏好。能否建立显示性偏好理论取决于能否假定所有经济人特征的有效性。

当代经济分析的基本工具(即边际价值、作为价值衡量标准的相对价格、替代弹性、影子价格)受约束最优化数学要求驱动，而不

---

① 例如，第11章介绍了伯克特所提出的参考依赖型偏好(2006)。

是通过对所观察到的经济行为的认真周全分析。我曾经问过乔治斯库为什么经济学家们不那么接受他的观点。他回答道："因为我想拿走他们的玩具。"在乔治斯库的讣告文章中，戴利(1994)道出了一个事实，主流经济学的"沉默不语"已验证了他的观点。不仅仅是乔治斯库的作品，还有另外一些经济学家的作品，他们几乎推翻了瓦尔拉斯理论的核心基础，包括鲍德威(1974)，布罗姆利(1990，1998)，奇普曼和穆尔(1978)、西托夫斯基(1941)等人。

为什么瓦尔拉斯体系的理论难度没有被更广泛地承认？一个原因是当代经济学重视技术手段而忽视了认识论。个人计算机被广泛使用之前，乔治斯库(1971, p. 29)很担心只是简单计算对合成和分析所带来的影响：

> 由此看来，计算机只要投入使用就能让我们每个人都能记录下"另一个苹果的掉落"。另外，这些记录会越来越具有欺骗性，轻松访问计算机中心会导致许多学生不再那么关注检验特定模型所使用的统计工具的适用性。

自乔治斯库表达出他的担忧之后的几十年来，主流经济学越来越强调技术，越来越倾向于采用更加复杂的统计技术，而不是用现实来检验各种假设。对于戴利所提出的以下问题，依然还没有一个好的回答："有没有任何用计量经济学证据来回答某个关于经济学的重要问题的示例？"

对于关于研究设计和理论与证据之间相互作用的担心，行为经济学的正面效果(至少到目前为止)已经是一个回应。这会让乔治斯库很开心，他比较倾向于帕雷托的观察发现，即为了形成准确理论，人们应当以消费者为中心，观察他们是如何做出真实决策的(Grorgescu-Roegen，1973[1976]，p. 314)。这差不多就是行为经济学和神经经济学在过去二十年内所做的。

必须要说的是，经济理论中出现的僵局不仅仅要指责新自由主义运动者们，还要指责那些与更加激进的经济学院校相关的人员。例如，许多先创性作品是以生物学和演化心理学为依据的。但是，社会科学家普遍不太认可生物学对人类社会进程发挥的作用(Gowdy et al.，2010；Hodgson，2004)。对于乔治斯库而言，人类生物学对理解经济过程很重要(Gowdy and Mesner，1998)。如下文所述，引入生物学方面的解释并不会将我们引向原始的社会生物学形式。相反，从当前对于大脑如何工作的认识中可以发现：(1)人类是独一无二的社交动物，人类行为形成于大脑发育与社会制约之间的复杂关系；(2)人类决策基本上取决于我们所感知到的与他人的关系。当代生物学的一些发现驳倒了生物决定论(Wexler，2006)。

6.3 行为经济学和神经经济学的一些重要观点

如果关于人类行为的瓦尔拉斯假设(传递性、不满足性、严格利己行为)不成立，那么如何构建一个适当的替代品呢？是否有可能构建一个横跨各个学科的真实人类行为模型来制定经济理论和政策？这个答案暂时是“有可能”(Gintis，2006)。关于行为经济学和神经经济学的许多观点可能有利于为经济学理论和公共政策提供参考。

6.3.1 情绪并非“毫无道理可言”，情绪对人类决策也起着至关重要的作用

人们普遍认为，人类试图做出理性决策，但有时候会受到情绪影响。相比之下，新出现的认知观点是，人类大脑是一个统一且高度进化的系统，具有互补性，而不是相互矛盾（理性与感性）的元件。[①] 已有研究表明，有些大脑情绪部分受到神经损伤的人无法做出即便是非常简单的决定，但是他们能够明确地描述出需要他们回答的问题，以及每个可能提出的问题的影响。更出人意料的是，大脑某个被称作“腹内侧前额皮层”的部分受到损害的人能够按照理性行为者模式做出决策。例如，大多数人群都难以做出下列选择：“您知道一位致命性空气传播埃博拉病毒株携带者将要登机，而且他将在飞机上与很多陌生人一起呼吸相同的不流通空气。那么您会允许他登机让其他乘客冒着被感染的风险吗，或者您会选择杀了他，如果这是唯一一种阻止他登机的方法？”（Swaminathan，2007）。而大脑受损的人能够很轻松地回答这个问题。他们能够做出理性且具有功利性的决定，杀了那个乘客。如卡西迪（2006）所述，什维等人（2005）通过试验进一步证明瓦尔拉斯理性论无法阐述正常[②]

① 虽然大脑某些部分只对某些特定的刺激做出反应，但是并没有只负责处理感性部分或只负责处理理性部分的单一大脑系统（Frith，2007；Glimcher et al.，2005）。最开始的情感体验可以通过进一步反思得到修改，这也是事实。种族偏见研究显示，如果黑人图片的展示从 30 毫秒增加到 525 毫秒，白人对于黑人图片的消极回应会大大减少。这种骤降与额皮质内活动增加有关，即大脑中与控制和调节相关的区域（Cunningham et al.，2004；Frith，2007）。人类大脑的情绪部分和认知部分，作为一个极其复杂的综合系统来引导行为。

② 伍迪·艾伦为“正常人”下了一个很好的定义：“您不太了解的人”。

人类行为。

> 当人们面临模棱两可的情形时，他们的情绪会战胜他们的理性思维，从而会让他们拒绝任何危险的提议。因此会有这样一种有趣的可能性，不那么恐惧的人可能做出更好的决策，这恰好也是乔治·列文斯坦及另外四位研究人员在对若干大脑损伤患者进行实验时所发现的。对控制情绪十分重要的三个大脑区域中，每个患者都在其中某个区域受到过伤害……研究人员向患者们展示了一个利弊各半的赌博游戏。在这场赌博中，他们要么会赢得 1.5 美元，要么会输掉 1 美元。人们通常会因为损失厌恶情绪而拒绝参加这种游戏，但是这些患者有百分之八十以上的时间会接受这场赌博，并且他们最终赚的钱会远远超过无大脑损伤的对照组。

黑兹尔·亨德森(1996)将新古典主义经济学描述成一种"大脑受损"形式，这可能是正确的。

6.3.2 "大脑"、"智力"与"社会"之间没有明显差别

神经科学领域内一项最突出的研究发现是社会化对于人类大脑发育的重要作用。根据布莱恩·韦克斯勒(2006)的研究，在关于人类大脑对社会因素敏感度的新知识中产生了一个重要观点，那就是个体与个体之间如此天差地别是缘于环境因素对大脑发育的影响。韦克斯勒(2006, p. 3)明确表示：

> 对于各种形式的生命而言，有性繁殖是一种进化优势，因

为父母基因混合会使后代有各种变体。因此，不同个体具有不同的特征，这使得一个群体当中的某些成员能够发挥作用和进行繁殖，即使这个群体所处的环境在不断改变。与此类似，个体的大脑功能通过与其他人互动和通过自身感受的后期差别形成，会使个体差异变化无穷，而且每个个体都有不同的功能特征。因而扩大了适应能力和问题解决能力的范围，很好地超越了有性繁殖所能实现的变化度。

人们早就意识到了，在从一个初生婴儿成长为一个成年人这段时间，人类发育是独一无二的。出生之后，人类大脑的神经系统会持续不断地发育，而发育方式主要取决于孩子是如何被社会化的。变化性可被引入进化混合过程中，这是另外一种方式。让传统和技术融入不断变化的条件当中使得人类能够争取到食物资源，而动物则依赖于更加纯粹的遗传适应机制。人类不断地改变环境，使大脑发育达到前所未有的程度。韦克斯勒(2006, p. 3)明确表示：

> 在共享社会环境中，这些人类改变包括物理结构、法则和其他行为规范、食品服装、口语和书面语言，以及音乐和其他艺术……正是因为这种构建环境的能力，才能让我们的大脑具备适应力和才能，通过修改自身基因密码，以前所未有的速度发育成长。

人类后期大脑发育的重要性在于我们与生俱来的、改变生活态度和生活方式的能力。今天，各种新闻中充斥着信仰、身份和文化等词语。而我们不应忘记，这些全部都是灵活的、可协商的。[①] 而我们的"社会脑"演化也意味着群体规范能够出于整个群体的考虑改变利己主义观点（Frith，2007；Grist，2009）。我们先天就具备在所处环境中进行繁殖和适应不可避免的各种变化的潜能。

6.3.3　我们的大多数日常决定都是用思维习惯和启发式捷径做出的

理性思考是一个费钱又耗时的过程。人类大脑有各种各样的思维保护方法，这有着非常重要的政策含意。其中政策相关性最大的一个含意是，"选择加入"或"选择退出"这两个选项的差别。例如不同国家器官捐赠统计数据（表 6.1）。

在其他方面很相似的国家中，为什么捐赠率会有这么大的差别呢？答案很简单，在下表 6.1 中所列出的四个国家中，当人们被问到关于驾照申请的问题"如有意参与器官捐赠计划，请勾选以下方框"时，勾选率很低；而当人们被问到"如无意参与器官捐赠计划，请勾选以下方框"时，勾选率很高。我们喜欢假设我们自己就是需要做出决定的理性决策者。但实际上，问题设计者才是真的对器官捐赠做出选择的人。器官捐赠是一个很复杂的道德决定。我们倾向于不去想那么多，因此退缩且不主动的选项才是具有吸引力的选项。

---

① 威廉·达尔林普尔的《白色蒙兀儿人》（2002）完美地向在印度的英国人介绍了这一观点。

表 6.1 捐赠器官的驾驶员的百分比

丹麦	4%	法国	100%
荷兰	28%	匈牙利	100%
德国	12%	波兰	100%
英国	17%	葡萄牙	100%
奥地利	100%	瑞典	86%
比利时	98%		

资料来源：艾瑞利(2008)。

学习过程就是让我们掌握新知识的一个过程，而我们不必有意识地去考虑它之后什么时候会被提及。我们的大多数决定都是凭借过往经验做出的。习惯化也是一项神经学基础。舒尔茨(2002)曾测量过神经元的活动。当时，三十只猴子静静地坐着，当听到一个声音后就会有果汁送入它们嘴中。

稳定地送入固定量果汁一段时间后，未经提示果汁量加倍——神经元放电速度从 3 次/秒上升到 80 次/秒。按照新的果汁量进行奖励时，神经元放电速度又重新回到基础点 3 次/秒。未经提示，当奖励数量减少时，会发生相反的情况。放电速度先下降，然后又回到基础点 3 次/秒。

人类变得习惯于奖励提高和奖励下降。出于公共政策的考量，这既有好的方面，也有不好的方面，消费下滑也是这种情况。一方面，消费市场商品可以是一种引诱剂，需要不断增加消费量，以维持我们稳定的满意度。另一方面，行为学研究结果显示，我们能够适应实际消费下降，并像以前一样幸福。

6.3.4 人类的合作程度是哺乳动物所无法超越的

二十世纪七十年代，许多经济学家们沉迷于生物学领域的“自私基因”(Dawkins, 1976)。对于许多保守派而言，这似乎为经济学中的理性之人和为自由市场经济政策提供了一项“自然”、“科学”的证据(Manner and Gowdy, 2010)。当时，生物学领域的利他主义理论不受拥戴，因为利他主义理论似乎无法解释此类行为导致的、生物体没有非利他竞争者适应性强的事实。但是，生物学家渐渐地意识到，如果此类行为为某个特定群体提供了一种竞争优势，那么纯粹的利他主义可能出现。如果两个群体之间存在竞争关系，那么构成某个群体的优势的个体行为特征就能够被挑选出来。一旦合作行为(纯粹的利他主义)能够产生进化优势这一观点得到承认，那么生物学家们会再一次接受群体选择理论(Wilson and Hölldobler, 2005; Wilson and Wilson, 2008)。合作部分取决于惩罚能力。经发现，合作行为程度最高的社会是那些有最有效方式惩罚社会规范违反者的社会。惩罚可以有效解决“搭便车”问题(Henrich et al., 2006)。

6.3.5 “我们”与“他们”：罗伯山洞实验

据亚历山大(1987)所述，人类道德规范产生于人类祖先灵长类动物群体之间暴力互动的历史长河，暴力互动加强了群体凝聚力。猩猩、猴子之间的冲突中所展现出的非对称行为可以证明这一点——冲突在群体内部解决，对待外来者极度残忍。与此类似，人类不对称地将道德规范运用于群体内部和外部。最具有说服力的例子就是战争、宗教和民族冲突(de Waal, 1996; Wilson,

2002)。群体凝聚力有两面，一面是为群体成员带去利益，另一面是对外来者产生敌意。[1] 菲尔德(2001, p. 8)明确表示："以实现相同目标而联合也有黑暗的一面：控制群体内部的矛盾有时为攻打外部群体奠定了基础。但是，另外一个趋势是让数百万人参与民主国家的民主投票，就像极权主义的基础一样，这也是民主主义的基础。"

大卫·贝雷比(2005, chapter 8)介绍了一项举世瞩目的试验，列举了"他们与我们"行为的负面影响及人类重新界定这些类别的能力。1954 年，穆扎弗·谢里夫[2]及其在奥克拉荷马大学(Oklahoma)的同事，在奥克拉荷马东部山区的罗伯洞穴进行了一场群体行为实验(Sherif et al., 1961)。实验中，在奥克拉荷马当地学校就读的 22 位中产阶层白人小男孩被分为两组，每组 11 人。每组小孩分别被单独带进一座房子里，两座房子都有单独的寝室、餐厅和天然泳池。每组小孩都能自由地探索所处空间，并确定自己在组内的角色。两个组都给自己选了名字("响尾蛇队"和"老鹰队")，并设计自己的标志和制定各种用来确定他们各自身份的行为规则。在第一个星期中，他们并不知道还有另外一组人的存在。

一个星期后，两组人发现了对方。组与组之间的反应是直接

---

① 近期为探究催产素作用而开展的一项实验揭示了一些关于"我们与他们"现象的观点。催产素是一种有利于社会性结合的神经传递素。德德鲁等人(2010)发现，催产素会提升对群体内囚徒困境游戏的信任度。但是，它也使得人们更想去惩罚来自外部群体的骗子。"我们发现，催产素作为一种同时等效于神经传递素和激素的神经肽，对驱使全体友爱和防御性(而不是攻击性)地对抗外部群体发挥着至关重要的作用(p. 1408)。"

② 谢里夫自身可以算得上是一个"我们-他们"病症的受害者。1919 年，在土耳其东南部士麦那，一位年轻的男孩在希腊人对土耳其人的大屠杀中被杀害，而他侥幸逃脱。

且负面的。贝雷比表示：

> 当男孩儿们意识到还有另外一支队伍在附近后，在两组中间，“我们的”游泳池和“我们的”场地等语句才开始涌现。这种情绪感染了每位人员；在州立公园里钓鱼和徒步旅行时，孩子们开始担心对“我们的”领地的干扰问题。“响尾蛇队”和“老鹰队”这两队人员的激昂情绪即代表着整个人类世界。(Berreby, 2005, p. 170)

让两组人员在一周内相互竞争（棒球比赛、拔河比赛）渐渐加重了两个组之间的敌意，“我们与他们”的这种界限更加明显。

> 这些相似的男孩儿们，年龄不相上下，来自相似的家庭环境，他们作为陌生人来到这里十四天后，已变成两支独立并且相互鄙视的队伍，只要过界他们就开始相互咒骂。这些都是谢里夫“通过实验刻意制造出来的”。(Berreby, 2005, p. 173)

在这一点上，罗伯山洞实验是不值得鼓励的。似乎自然而然地形成充满敌意的队伍就是“人性”，而且这些队伍有自己的行为规则，并且自行定义什么是对的行为，什么是错的行为。“不良的”人性支配着我们最好的内在。但是，实验进行到第三周，“我们与他们”的故事并不像我们所想象的那么令人沮丧。

第三周，谢里夫开始他所认为的这个实验的主要目标部分：反证“人性本恶”的观点。谢里夫组织了一些两个组一起参加的活动，例如：维修被破坏的供水系统、凑钱看一场电影、让抛锚的卡车重新跑起来。这一周里他们协力配合解决共同面临的各种问题，“我们与他们”的心态转变非常显著。

> 最后一晚，男孩儿们决定一起去营地围栏处烤棉花糖。然后，相互表演节目。第二天就是野营的最后一天。早餐和午餐时，男孩儿们围坐在一起，不分“响尾蛇队”和“老鹰队”。按照惯例进行的民意调查结果也告诉谢里夫，态度正在发生转变：针对“他人”难以消除的敌对情绪已经被压倒一切的正面情绪所替代。与此同时，队内成员打分也不是那么热情高涨了。似乎让成员变得膨胀的这一需求，与咒骂敌人的冲动一起平和下来了。这天下午，他们一起乘坐大巴回家，男孩儿们已经完全忘记了响尾蛇与老鹰之间的界限。（Berreby，2005，pp. 176 – 177）

人类历史长河中充斥着一个群体对另一个群体的恶意暴行。这些群体可能是基于真正的现实或理论差别，或者他们就像罗伯洞穴实验所描述的情况一样，完全是武断专横的。值得高兴的是，“我们与他们”的区分是灵活的，通过沟通、慢慢熟悉外来者、解决出现的影响所有群体的某些共同问题可能发生变化。

6.4 行为经济学和公共政策

行为经济学和神经经济学不仅仅破坏了瓦尔拉斯体系的基础，还通过对人类决策的全面科学描述和解释奠定了新基础。经济学家们已经无法再主张利己理性行为者模型能够合理地解释经济行为。而且人类也无法始终如一，“就像”他们遵守理性选择原理的法则一样。这一简单观点推翻了普遍认可的、支配经济理论和政策的新自由主义“让市场做主”心理。其对于经济政策的影响是巨大的，而这才刚刚开始被挖掘。由于当前主流经济的无序，非正统方法正式地有了一个好机会来引导针对公共政策的经济方法的重新形成。下面我们将讨论乔治斯库所认为的正逐渐发展成主流思想的一些洞见。

6.4.1 规范对经济行为的关键作用

乔治斯库最重要的文章之一是 1960 年针对农业经济发表的《经济理论和农业经济学》(Georgescu-Roegen，1960)。[①] 在那篇文章中，他介绍了他的论点，即经济系统的特征是它的制度体制，而不是它所采用的技术(Georgescu-Roegen，1960，p. 3)。农村就是乔治斯库所认定的一个分析单元，基于这一点，他得出了关于制度体系、熵、自组织和可持续经济过程的一些看法。戴利对生态经济的现代化构想也强调了社会规范对经济决策的重要性，他预先将经济体视作社会体系和文化体系当中内嵌的子系统，因而构成了更大规模的具备包容性和支持性的生态系统的子系统。

当前，乔治斯库对自组织体制和社会规范的看法几乎成为主流。阿克洛夫(2007)对规范提出的观点与乔治斯库遥相呼应，但是他的分析并没有乔治斯库那么严密精准，乔治斯库试图将他的观点打造成为标准的经济模型。斯蒂格利茨(2003)激烈地批判了

① 《经济理论和农业经济学》成了唯一一篇在《分析经济学》(Georgescu-Roegen，1967)和《能量和经济学故事》(Georgescu-Roegen，1976)中重复出现的文章。

传统发展政策，但仅仅是基于经济形式主义，而没有充分地认可某些文化发展政策所起到的帮助作用。埃莉诺·奥斯特罗姆凭借关于自组织体制的研究获得了2009年诺贝尔经济学奖①，表明经济学的知识导向终于开始转变。

6.4.2　价格无法准确地表达环境特征的价值

当前，生态经济学领域内正上演着一场十分重要的关于价格对环境政策影响的辩论。瓦尔拉斯经济政策的目标是构建一个竞争均衡的假想世界。这一基本假设意味着，相对价格能够体现出对资源分配做出最优社会选择所需要的一切信息。乔治斯库认为这一主张十分荒谬。

> 任何事情都比不上避免不能挽回的伤害或保留不可撤销的损耗重要。因为无法设定一个相对价格来避免子孙后代都无法为这一选择买单的麻烦，所以我们必须坚持，不论出于任何目的而采取的措施都应当包含定量规定，但大多数经济学家们建议通过税收和补助来提升市场效率。（Georgescu-Roegen，1974[1976]，p. 33）

越来越多的证据表明，货币刺激在环境政策方面可能有意想不到的作用。与许多环境倡导者的意见相反，为环境特征设定价格的刺激作用可能不符合环境目标。另外，越来越多的证据显示，价格刺激会让社会公益没有生存空间（Frey，1997）。事实上，金钱

---

① 瑞典国家银行（Sveriges Riksbank）纪念阿尔弗雷德·诺贝尔（Alfred Nobel）经济学奖。

本身就能够对合作行为起到威慑作用。一个经常被引用的例子是，我们可以发现，有偿献血会大大减少献血人数（Titmuss，1971）。最近一项实验证明了，纯粹的“金钱”意识对社会发展有负面作用。福斯等人（2006）进行了几场实验，通过第一次向群体提出“金钱”暗示和“非金钱”暗示来比较不同群体中各种各样的社会行为。要求参与者将杂乱无章的词语组成句子。被导入“金钱”意向的这一组中，他们所组成的句子中掺杂了金钱概念，例如“高薪很重要”。而在对照组中，他们所组成的句子是中立的，例如“外面很冷”。实验组关于金钱的思考被强化了，而对照组却没有。然后，这两个组又参加了九种实验，来检测金钱灌输对“自足性”和有益行为的影响。在一个实验中，参与者在住所处获得了 2 美元，他们被告知这是上一个实验所留下来的。文字排序游戏结束后，他们被问到是否愿意将这些金钱放入一个盒子中，以捐赠给需要的学生们。被导入“金钱”意向的参与者只捐赠很少的一部分。在另一个实验中，被导入“金钱”意向的参与者不太可能寻求帮助来完成这个复杂的任务。还有一项试验，参与者被要求坐在桌前填写一张问卷表。一些桌子面向一张有金钱图片的海报，而其他的则面向鲜花或海景海报。然后，他们被要求在“集体”活动或“个人”活动奖品之间做出选择；例如：个人烹饪课程或四人晚宴。看到金钱海报的参与者更倾向于选择个人活动。创作者们得出如下结论：

> 相较于被灌输中立概念的参与者，被灌输金钱概念的参与者更加倾向于一个人呆着，一个人工作，更希望将他们与新结交的人分割开来。当人们被灌输金钱意识时，他们会想从依

> 附关系中解脱出来，而且不想让其他人依赖他们。（Vohs et al.，2006，p. 1154）

关于生物多样性和气候变化的激烈讨论清楚显示，价格对于环境政策而言是一种偶然且有用的工具（Vatn and Bromley，1994）。调整价格无法取代调整面向子孙后代和整个自然世界的道德规则。

> 在当前这个繁荣昌盛时代中，至少从资源过度消耗这个问题上来讲，保护子孙后代的唯一方法是，对我们自身进行再教育，让我们对子孙后代表示或多或少的同情，就如同我们对同时代“邻居”的福祉所表现出的兴趣一样。（Georgescu-Roegen，1974[1976]，p. 32，原文强调）

现在，我们共同地作为一个物种来突破地球生物物理学体系的限制，支撑当前人类发展。全球规模上的集体行动才能将我们从悬崖边上拉回来，这种行动将取决于我们重新将“我们”定义为整个人类物种的能力。这不是说，二氧化碳征税和其他以市场为基础的工具无法为我们争取一些时间，而是说，单纯地考虑市场不会让我们踏上可持续发展的正轨。

6.4.3 福祉不应换算成收入

大多数经济模型都假设社会福祉能够换算成个人收入。长期以来，心理学家们都认为，福祉来自各种各样的个体、社会和基因因素。经济学家们也对福祉文献做出了巨大贡献（Easterlin，

1974；Frey and Stutzer，2002；Layard，2005；Schor，2010）。最近，在法国政府的委托下由诺贝尔奖得主约瑟夫·斯蒂格利茨率领编写的一份报告（Stiglitz et al.，2009）呼吁摒弃“国内生产总值（GDP）盲目崇拜主义”，并将一系列社会环境衡量指标作为公共政策的引导指南。正如斯蒂格利茨所指出的一样，《经济表现和社会进步衡量委员会报告》是在金融危机的情况下及时做出的，而经济危机将财务会计的短暂性暴露无遗。斯蒂格利茨表示：“整个世界正面临全球变暖的危机，而将焦点放在GDP的各个重要方面尤其不合适。就我们对绩效的衡量而言，如果一个国家决定悠闲地享受知识进步所带来的一些生产力增长的成果，而不只是消费更多商品，我们是否应当去‘惩罚’这个国家呢？”（引自Kolbert，2009）。

各种调查、行为实验和神经学分析已经找到了正面影响福祉的关键因素。其中包括健康（尤其是自述的健康情况）（Ferrer-i-Carbonell and van Praag，2002）、亲密关系和婚姻、天分、教育和宗教（Frey and Stutzer，2002）。年龄、性别和收入也会影响幸福感，但影响程度并不像我们所想象的那么大。关于收入和幸福感的某些事实现已得到很好验证。第一，富裕国家的人民一般会比贫穷国家的人民幸福感更高（Diener et al.，1995）。即便如此，一旦满足了基本需求，这种关系就会变弱，幸福感数据显现出了一些反常现象。例如，某些调查发现，尼日利亚人民比奥地利、法国和日本的人民幸福感更高（Frey and Stutzer，2002，p. 35，table 2. 2）。第二，经历某个特定发展阶段之后，收入增加就不会促使幸福感提升。例如，最近几十年，美国实际的人均收入增长显著，但是据报道其幸福感指数却有所下滑（Frey and Stutzer，2002）。根据报道，日本和西欧国家也是如此（Easterlin，1995），一些个案研究也无法证明收入增加与幸福感提升之间的关联性(Frey and Stutzer, 2002)。第三,安全性似乎成了一个影响幸福感的重要因素。这意味着,大量的福利所得将来自人们对于另外一些事物的关注,即可以提升个体安全性的事物,例如：健康保险、老年保障、就业和工作保障等。第四,心理健康也是有关幸福感的一个重要因素。根据幸福感调查结果,弗雷和斯塔特勒(2002)、莱亚德(2005)呼吁公众为心理健康分配更多的支出,尤其是针对青年,因为人生的前段时间对未来幸福感有着很大的作用。如果我们希望子孙后代能够享受到较高水平且可持续的福祉,我们可能需要通过投资政策来实现高回报率,从而确保孩子拥有足够的营养、健康照料、教育和家庭教导。第五,一般而言,社会关系越丰富,人们会越幸福。这意味着,通过增加休闲时间、通过呼吁公众为社交和娱乐活动分配更多的支出可以增加福祉。所有的这些研究结果都表明,认为政策仅仅关注国民生产总值的提升并以此作为增加福祉的工具,这可能是一种误解。

现代行为经济学中有一个缺失的元素,就是对人类行为进化起源的认同。就像普通的行为论一样,行为经济学忽略了进化历史,并且依然倾向于将行为视作异常白板的集合。进化框架能够帮助将已被发现的行为顾虑组织起来,形成一项系统的行为解释学说。例如,“公平”似乎是人类普遍认可的一种属性,但是这种属性在不同的文化背景中以不同方式被证实。人类行为和人类文化是永无止境变化的,但是我们有着同样的进化历史和遗传限制。一个有趣的比喻是,与白板相比,人类行为更像是一本上了色的书。神经经济学能够帮助规定出界限和颜色,以及这些界限和颜色如何相互改变和相互促进。

6.5　神经经济学能够提供些什么

乔治斯库的“生物经济学”(eorgescu-Roegen，1977；Gowdy and Mesner，1998)对经济的生产分析产生了巨大影响。人类经济学是生物物理世界的一个子集，他对这个观点的阐述成了环境经济学的中心内容。但是，他对生物经济学的看法也强调了一个事实——人类是生物进化的一个物种。行为经济学和神经经济学可以看作是对这一观点的延伸，但这两个领域还必须采用一种真正的进化方法(Wilson，2010)。行为经济学依然还处于萌芽阶段。神经经济学则更是一个新兴学科，仅有几年的时间。但是，它有潜力改变经济学的面貌，甚至比行为主义革命更能改变经济学的面貌。我们可以将神经科学领域对行为经济学的作品贡献进行分类，从“已确定的”到“推测性的”。

6.5.1　神经科学已经确认了行为实验的结果

通过功能磁共振成像(fMRI)，神经科学已确认了行为经济学所揭露的若干规律——损失厌恶(Tom et al.，2007)、参考依赖型偏好(De Martino et al.，2009)等。这些行为规律是真实存在的。他们既有物理和生物基础，又有文化基础。例如，进行最后通牒(UG)游戏时，在监控大脑活动的实验中可以看出，当受到不公平分配时，大脑的情绪部分(前岛脑)和认知部分(侧前额皮质)都会被激活；拒绝不公平分配时，前岛脑会被激活(Sanfey et al.，2003)。决定是否接受UG游戏分配是一个复杂的过程，其中涉及到情绪、推理和受社会条件控制的公平标准。

6.5.2　神经科学让人们越来越清楚人类大脑如何做出经济决策

涉及大脑的哪个部分取决于大脑如何去定义一个特定的决定，以及这些决策如何形成。人们在折现未来收益时，大脑的不同部分会评估未来事件的影响，这取决于后果的及时性和重要性。例如，双曲贴现被证明是一个持续的现象，而且其存在得到了验证，并且在一定程度上通过神经科学知识获得了解释（Kim and Zauberman，2009；Wittmann and Paulus，2009）。对于人类和其他动物的贴现方式，进化历史也发挥着一定作用。就像人类一样，当倭黑猩猩和黑猩猩被要求在直接奖励和等待获得更大奖励之间做出一个选择时，它们往往会表现出耐心（Rosati et al.，2007）。[①]

功能磁共振成像还证明了，对金钱奖励的反映就像最初执行者对食物的反映一样，使大脑中相同的部分被激活（Elliot et al.，2003）。但是，大脑当中的奖励系统是非常复杂的。大脑的某些部分可以区分金钱奖励的多少，而其他部分只能回应奖励有无。

> 人类奖励处理系统的不同部分可以响应不同的金钱价值。相较于奖励价值，中脑、纹状体和扁桃体等区域更多的是回应奖励的有无。前运动皮层可以线性地回应奖励价值上涨，这可能反映出能效提升，因此更大的奖励控制目标导向行为的

---

① 有趣的是，倭黑猩猩比黑猩猩更加能够容忍其他物种，而且更加配合（Anderson，2007；Hare et al.，2007），这可能是因为成年以后保留了一些青年时的特征（Wobber et al.，2010）。

效力越来越大。(Elliot et al. , 2003, p. 307)

6.5.3 神经科学已经确认了社会脑的存在并描述了其某些特征

其他哺乳动物也是高度社会化的动物，演变出各种各样的行为属性促进社交。但是，人类的社会化程度是独特的，即使是在灵长类动物中也是独一无二的。就人类如何对信息作出反应和如何做出决策而言，要区分“大脑”、“个体”和“群体”是不可能的事。神经科学领域内的一个重要发现是，人类大脑中存在一种神经元(被称作 Von Economo 或者纺锤体神经元)，它的存在明显可以帮助快速做出与他人相关的决策。舍伍德(Sherwood)等人(2008, p. 433)明确表示：

> 根据 Von Economo 神经元的所处位置、神经化学性和形态学特征，研究人员们已假定这些神经元会快速地向皮层下的区域进行输入(Allman et al. 2005)。这些专门的投射神经元类型有趣地存在于情绪处理和认知处理相互作用的皮层区域。考虑到他们的特征，研究人员推测 Von Economo 神经元主要用来在不明确的社交环境中快速发出某种适当的回应信号(Allman et al. 2005)。这种能力在群落割裂融合的环境中显得尤为重要，例如随着复杂网络的社会互动以及潜在不确定性之间的不断融和，许多恐慌其实都始于同一源头。

Von Economo 神经元(VEN)还存在于(数量很少)大型类人

猿、鲸鱼、海豚以及其他高智力且具有复杂社会化系统的物种当中。人类的大多数此类神经元是在出生之后形成的，这再一次指明了遗传与社会化之间的模糊界限。据猜测，这些神经元能够帮助人类进行迅速调整，从而适应快速变化的社会环境。

我们猜测，VEN及相关线路使我们能够将复杂的社会和文化决策标准简化成一种单一的衡量标准，从而促进决策的快速执行。其他动物则不会被上述复杂的社会和文化决策标准影响，因此不需要这种快速直观的选择系统。（Allman et al.，2005，p. 370）

就像行为经济学一样，神经科学显示，自我指认行为的经济模型排除了让人类成为独一无二的物种的所有事物。

6.5.4　神经科学已承认了内稳态在大脑结构和功能当中的重要性，而且这可能是理解可持续性的关键

内稳态是生命系统的一个重要现象。通过一个复杂、高度进化的互动处理系统来维持平衡状态，这是生命系统的一种能力（甚至是目标）。

6.5.4.1　内稳态和个体

就大脑如何工作而言，其中一件最有趣的事情是大脑如何组成复杂结构（物理上、化学上、神经系统上）来维持各种事物的平衡的。传统地来说，经济学家们看到过有关“满足偏好”的行为。人们知道他们想要什么，而且会理性地选择最能够满足他们需求的事物。一种更准确地看待“需求”的方式是将这些需求视作若干能够维持人类思维和人类体质“平衡”的若干机制的一种。凯莫勒等人（2005，p. 27）明确表示：

作为经济学家，我们习惯于将偏好视作人类行为的出发点，而将行为视作结束点。但神经科学却将直接行为视作使大脑维持内稳态的许多机制之一，将偏好视作确保生存和繁衍的瞬息状态可变因素。对于行为的传统经济解释——假设人类行为会最大限度地满足他们的偏好，是在神经科学观点的发展过程中出现的(甚至可能走到神经科学观点的最后)。除了将享乐视作人类行为的目标之外，一种更加现实的解释是将享乐视作内稳态暗示——信息信号。

例如，"消费"是使个体走向或偏离情绪平衡的多种行为的一种。乔治斯库指出，最终目标不是将效用最大化，而是享受生命。从哲学、心理学甚至经济学的反思传统中可以学到很多(Zsolnai and Ims, 2006)。

6.5.4.2　内稳态和人类社会组织

人类社会组织和社会规范的目标也可以说是内稳态。社会组织无法维持稳定，不论是因为外部压力还是内部压力，注定要崩塌(Diamond, 2005)。乔治斯库关于农业经济的作品也体现了这一概念。对于他而言，农村、团体，而不是个人，"构成了农村社会学非凡领域的分析性原子"(Georgescu-R oegen, 1965[1976], p. 205)。他针对农民的选择函数是 $\Omega=\Psi(Y;\ Y_s)$，其中 Y_s代表农村团体，体现了农村制度与个体之间的互惠条件。在农村经济中，个体效用不仅仅是个体福利的函数(Y)，还是农村福祉的函数(Y_s)。他坚持农村制度主要用来确保在不断变化的进化结构当中的持续发展，包括在满足熵定律的前提下对生物过程的最终依赖。

"发展能力"是乔治斯库针对可持续发展经济所采用的一个术

语。如果满足下列条件，那么经济就具有发展能力：(1)采用了不会使不可替代的资源储量下降的技术；(2)不会影响资金要素(劳动力资本和土地)维持自身的能力。例如，这就意味着，一个社会如果无法维持公民日常生活的平衡，那么这个社会就是非可持续性的。

6.6 结论

乔治斯库-罗金和戴利关于经济行为和生产社会性的观点可能与普遍认可的经济正统思想不一致，但是当前在行为经济学和神经经济学领域内的一些研究发现已经验证了这些观点。将整个瓦尔拉斯体系联系在一起的黏合剂是理性行为者模型，这种模型所倡导的思想是，不考虑社会环境或生物环境，经济发展受利己和狭隘理性的个体驱使。当前，这种模型成了关于经济学核心和主导思想的战场。主流队伍如何从经济学的行为变革中汲取养分成了判断新自由主义经济政策能否继续占据主导地位，或者经济学能否在以人类为中心的可持续经济系统发展进程中发挥重要作用的关键。

戴利和乔治斯库因呼吁大家关注经济活动的生物物理限制而最为闻名。20 世纪 90 年代，在生态经济学领域内，围绕着有效配置、公平分配和可持续规模等目标能否单独应对的问题爆发了激烈争论(Daly, 1992; Malghan, 2010)。戴利表示这些目标能够单独应对(Daly, 1991,1992)，并且举例说明可持续规模应当作为环境政策的中心焦点(Malghan, 2010)。其他人(Prakash and Gupta, 1994; Stewen, 1998)则主张这三个目标的相互依赖关系。虽然这一章节重点介绍行为，但是上文所讨论的内容不仅仅对“选择”还对这些更宽泛的生态经济学政策目标有着深远意义。诸如相对收入效应等现象表明，解决规模的政策应与分配效应相结合。当我们同时采取措施增加休闲时间和更丰富的社交活动等无法用价值衡量的活动时，降低消费实际上可能会增加福利。

许多生物物理限制证明了其本身就是公共商品问题，要求集体行动。如果首要经济目标是效用，而且人们天生就是自私且缺乏理性的，那么解决这些问题的方法就会受到限制，而且我们不得不在市场模型下工作。相反的，如果大脑/思维/社会和行为都具有可塑性，则会产生两个重要结果。第一，我们奖励市场制度，从而强化利己行为，那么解决那些问题就会变得难上加难。第二，行为研究显示，我们能够制定出推动合作行为以解决这些问题的规章制度。我们已经进化到了能够在自身所处群体内进行合作的程度，但是还无法进行群体与群体之间的合作。在人类社会，文化选择压力定义了“群体”这个概念。现在我们面临的问题只能通过全球合作来解决。为了解决这些问题，适当的制度规范可以惩罚不配合行为，让合作成为大家默认的行为（Henrich et al.，2006），或者让大家团结在一起来应对那些需要通过合作才能解决的难题（Berreby，2005）。关于行为学和神经科学的文献为“如何成为人类”创造了无数可能性，这在一定程度上让人感到安慰。

参考文献

Akerlof，G.（2007），‘The missing motivation in macroeconomics’，*American Economic Review*，**97**(1)，5－36.

Alexander，R.（1987），*The Biology of Moral Systems*，New York：Aldine de

Gruyter.

Allman, J. , T. McLaughlin and A. Hakeem (2005), 'Intuition and autism: a possible role for Von Economo neurons', *Trends in Cognitive Science*, **9**(8), 367 - 73.

Anderson, J. (2007), 'Animal behavior: tolerant primates cooperate best', *Current Biology*, **17**(7), R242 - 4.

Ariely, D. (2008), 'We're all predictably irrational', Presentation at the Entertainment Gathering, Monterey, CA, 13 December, available at https://www.youtube.com/watch? v5JhjUJTw2i1M (accessed 13 December 2015).

Berreby, D. (2005), *Us and Them: The Science of Identity*, Chicago, IL: University of Chicago Press.

Boadway, R. W. (1974), 'The welfare foundations of cost-benefit analysis', *Economic Journal*, **84**(336), 926 - 39.

Bromley, D. (1990), 'The ideology of efficiency: searching for a theory of policy analysis', *Journal of Environmental Economics and Management*, **19**(1), 86 - 107.

Bromley, D. (1998), 'Searching for sustainability: the poverty of spontaneous order', *Ecological Economics*, **24**(2 - 3), 231 - 40.

Burkett, J. (2006), *Microeconomics: Optimization, Experiments, and Behavior*, Oxford and New York: Oxford University Press.

Camerer, C. , G. Loewenstein and D. Prelec (2005), 'Neuroeconomics: how neuroscience can inform economics', *Journal of Economic Literature*, **43**(1), 9 - 64.

Cassidy, J. (2006), 'Mind games: what neuroeconomics tells us about money and the brain', *The New Yorker*, 18 September, available at http://www.newyorker.com/magazine/2006/09/18/mind-games-3 (accessed 13 Deember 2015).

Chipman, J. and J. Moore (1978), 'The new welfare economics 1939 - 1974', *International Economic Review*, **19**(3), 547 - 84.

Cunningham, W. , M. Johnson, C. Raye, J. Gatenby, J. Core and M. Banaji (2004), 'Separable neural components in the processing of black and white faces', *Psychological Science*, **15**(12), 806 - 13.

Dalrymple, W. (2002), *White Mughals*, New York: Penguin Books. Daly, H.

E. (1991), 'Towards an environmental macroeconomics', *Land Economics*, **67**(2), 255 - 9.

Daly, H. E. (1992), 'Allocation, distribution and scale: towards an economics that is efficient, just and sustainable', *Ecological Economics*, **6**(3), 185 - 93.

Daly, H. E. (1994), 'On Nicholas Georgescu-Roegen's contributions to economics: an obituary essay', *Ecological Economics*, **13**(3), 149 - 54.

Dawkins, R. (1976), *The Selfish Gene*, Oxford: Oxford University Press. De Dreu, C., L. Greer, M. Handgraaf et al. (2010), 'The neuropeptide oxytocin regulates parochial altruism in intergroup conflict among humans', *Science*, **328**(5984), 1408 - 11.

De Martino, B., D. Kumaran, B. Holt and R. Dolan (2009), 'The neurology of reference-dependent value computation', *Journal of Neuroscience*, **29**(12), 3833 - 42.

de Waal, F. (1996), *Good Natured: The Origins of Right and Wrong and Other Animals*, Cambridge, MA: Harvard University Press.

DeCanio, S. (2003), *Economic Models of Climate Change: A Critique*, London and New York: Palgrave Macmillan.

Diamond, J. (2005), *Collapse: How Societies Choose to Fail or Succeed*, New York: Viking.

Diener, E., M. Diener and C. Diener (1995), 'Factors predicting the well-being of nations', *Journal of Personality and Social Psychology*, **69**(5), 851 - 64.

Dostoyevsky, F. (1986), *The House of the Dead*, New York: Penguin Classics. Easterlin, R. (1974), 'Does economic growth improve the human lot? Some empirical evidence', in P. David and M. Reder (eds), *Nations and Happiness in Economic Growth: Essays in Honor of Moses Abramowitz*, New York: Academic Press, pp. 89 - 125.

Easterlin, R. (1995), 'Will raising the incomes of all increase the happiness of all?', *Journal of Economic Behavior and Organization*, **27**(1), 35 - 7.

Elliot, R., J. Newman, O. Longe and J. Deakin (2003), 'Differential response patterns in the striatum and orbitofrontal cortex to financial rewards in humans: a parametric functional magnetic resonance imaging study', *Journal of Neuroscience*, **23**(1), 303 - 7.

Feldman, A. (1987), 'Welfare economics', in J. Eatwell, M. Milgate and P.

Newman (eds), *New Palgrave Dictionary of Economics*, Vol. 4, London: Macmillan Press, pp. 889 - 95.

Ferrer-i-Carbonell, A. and B. M. van Praag (2002), 'The subjective costs of health losses due to chronic diseases: an alternative to monetary appraisal', *Health Economics*, **11**(8), 709 - 22.

Field, A. (2001), *Altruistically Inclined?* Ann Arbor, MI: University of Michigan Press.

Frey, B. (1997), 'A constitution for knaves crowds out civic virtues', *Economic Journal*, **107**(443), 1043 - 53.

Frey, B. and A. Stutzer (2002), *Happiness and Economics: How the Economy and Institutions Affect Well-being*, Princeton, NJ: Princeton University Press.

Frith, C. (2007), 'The social brain?', *Philosophical Transactions of the Royal Society B*, **362**(1480), 671 - 8.

Georgescu-Roegen, N. (1936), 'The pure theory of consumer behavior', *Quarterly Journal of Economics*, **50**(4), 545 - 93.

Georgescu-Roegen, N. (1950), 'The theory of choice and the constancy of economic laws', *Quarterly Journal of Economics*, **64**(1), 125 - 38.

Georgescu-Roegen, N. (1954), 'Choice, expectations and measurability', *Quarterly Journal of Economics*, **68**(4), 503 - 34.

Georgescu-Roegen, N. (1960), 'Economic theory and agrarian economics', *Oxford Economic Papers* (New Series), **12**(1), 1 - 40.

Georgescu-Roegen, N. (1965), 'The institutional aspects of peasant communities', reprinted in 1976, *Energy and Economic Myths*, San Francisco, CA: Pergamon Press, pp. 199 - 231.

Georgescu-Roegen, N. (1967), *Analytical Economics*, Cambridge, MA: Harvard University Press.

Georgescu-Roegen, N. (1971), *The Entropy Law and the Economic Process*, Cambridge, MA: Harvard University Press.

Georgescu-Roegen, N. (1973), 'Vilfredo Pareto and his theory of ophelimity', reprinted in 1976, *Energy and Economic Myths*, San Francisco, CA: Pergamon Press, pp. 307 - 49.

Georgescu-Roegen, N. (1974), 'Energy and economic myths', reprinted in

1976, *Energy and Economic Myths*, San Francisco, CA: Pergamon Press, pp. 3 - 36.

Georgescu-Roegen, N. (1976), *Energy and Economic Myths*, San Francisco, CA: Pergamon Press.

Georgescu-Roegen, N. (1977), 'Inequality, limits and growth from a bioeconomic viewpoint', *Review of Social Economy*, **35**(3), 361 - 75.

Gintis, H. (2006), 'A framework for the integration of the behavioral sciences', *Behavioral and Brain Sciences*, **30**(1), 1 - 61.

Glimcher, P., M. Dorris and H. Bayer (2005), 'Physiological utility theory and the neuroeconomics of choice', *Games and Economic Behavior*, **52**(2), 213 - 56.

Gowdy, J. (1985), 'Utility theory and agrarian societies', *International Journal of Social Economics*, **12**(6/7), 104 - 17.

Gowdy, J. (2004), 'The revolution in welfare economics and its implications for environmental valuation and policy', *Land Economics*, **80**(2), 239 - 57.

Gowdy, J. (2008), 'Behavioral economics and climate change policy', *Journal of Economic Behavior and Organization*, **68**(3 - 4), 632 - 44.

Gowdy, J. (2010), *Microeconomic Theory Old and New: A Student's Guide*, Stanford, CA: Stanford University Press.

Gowdy, J. and K. Mayumi (2001), 'Reformulating the foundations of consumer choice theory and environmental valuation', *Ecological Economics*, **39**(2), 223 - 37.

Gowdy, J. and S. Mesner (1998), 'The evolution of Georgescu-Roegen's bioeconomics', *Review of Social Economy*, **56**(2), 136 - 56.

Gowdy, J., C. Hall, K. Klitgard and L. Krall (2010), 'What every conservation biologist should know about economic theory', *Conservation Biology*, **24**(6), 1440 - 47.

Grist, M. (2009), *Changing the Subject*, Royal Society for the Encouragement of Arts, Manufactures and Commerce (RSA), available at https://www.thersa.org/globalassets/pdfs/blogs/nov28th2009changingthe-subjectpamphlet.pdf(accessed 13 December 2015).

Gull, F. and W. Pesendorfer (2008), 'The case for mindless economics', in A. Caplin and A. Shotter (eds), *The Foundations for Positive and Normative*

Economics, Oxford: Oxford University Press, pp. 3 - 42.

Hare, B., A. Melis, V. Woods, S. Hastings and R. Wrangham (2007), 'Tolerance allows bonobos to outperform chimpanzees on a cooperative task', *Current Biology*, **17**(7), 619 - 23.

Henderson, H. (1996), *Creating Alternative Futures: The End of Economics*, West Hartford, CT: Kumarian Press.

Henderson, J. and J. Quandt (1971), *Microeconomic Theory: A Mathematical Approach*, New York: McGraw-Hill.

Henrich, J., R. McElreath, A. Barr et al. (2006), 'Costly punishment across human societies', *Science*, **312**(5781), 1767 - 70.

Hodgson, G. (2004), *The Evolution of Institutional Economics: Agency, Structure and Darwinism in American Institutionalism*, London and New York: Routledge.

Kahneman, D. (1994), 'New challenges to the rationality assumption', *Journal of Institutional and Theoretical Economics*, **150**(1), 18 - 36.

Kim, K. and G. Zauberman (2009), 'Perception of anticipatory time in temporal discounting', *Journal of Neuroscience, Psychology, and Economics*, **2**(2), 91 - 101.

Kolbert, E. (2009), 'Better measures', *The New Yorker*, 15 September, available at http://www.newyorker.com/news/news-desk/elizabeth-kolbert-better-measures(accessed 13 December 2015).

Layard, R. (2005), *Happiness: Lessons from a New Science*, New York: Penguin Press.

Malghan, D. (2010), 'On the relationship between scale, allocation, and distribution', *Ecological Economics*, **69**(11), 2261 - 70.

Manner, M. and J. Gowdy (2010), 'Group selection and the evolution of moral behavior: toward a coevolutionary foundation for public policy', *Ecological Economics*, **69**, 753 - 69.

Mayumi, K. (2001), *The Origins of Ecological Economics: The Bioeconomics of Nicholas Georgescu-Roegen*, London: Routledge.

Prakash, A. and A. Gupta (1994), 'Are efficiency, equity, and scale independent?', *Ecological Economics*, **10**(2), 89 - 90.

Quiggin, J. (2010), *Zombie Economics*, Princeton, NJ: Princeton University

Press.

Rosati, A., J. Stevens, B. Hare and M. Hauser (2007), 'The evolutionary origins of human patience: temporal preferences in chimpanzees, bonobos, and human adults', *Current Biology*, **17**(19), 1663-8.

Samuelson, P. A. (1967), 'Foreword', in N. Georgescu-Roegen, *Analytical Economics*, Cambridge, MA: Harvard University Press, pp. vii-ix.

Sanfey, A., J. Rilling, J. Aronson, L. Nystrom and J. Cohen (2003), 'The neural basis of economic decision-making in the Ultimatum Game', *Science*, **300**(5826), 1755-8.

Schor, J. (2010), *Plenitude: The New Economics of True Wealth*, New York: Penguin Books.

Schultz, W. (2002), 'Getting formal with dopamine and reward', *Neuron*, **36**(2), 241-63.

Scitovsky, T. (1941), 'A note on welfare propositions in economics', *Review of Economic Studies*, **9**(1), 77-88.

Sherif, M., J. Harvey, J. White, W. Hood and C. Sherif (1961), *The Robbers Cave Experiment: Intergroup Conflict and Cooperation*, Middletown, CT: Wesleyan University Press.

Sherwood, C., F. Subiaul and T. Zadiszki (2008), 'A natural history of the human mind: tracing evolutionary changes in brain and cognition', *Journal of Anatomy*, **212**(4), 426-54.

Shiv, B., G. Loewenstein, A. Bechara, H. Damasio and A. Damasio (2005), 'Investment behavior and the negative side of emotion', *Psychological Science*, **16**(6), 435-9.

Silverberg, E. (1990), *The Structure of Economics: A Mathematical Analysis*, New York: McGraw-Hill.

Stewen, M. (1998), 'The interdependence of allocation, distribution, scale and stability-a comment on Herman Daly's vision of an economics that is efficient, just and sustainable', *Ecological Economics*, **27**, 119-30.

Stiglitz, J. (2003), *Gloablization and its Discontents*, New York: W. W. Norton.

Stiglitz, J., A. Sen and J.-P. Fitoussi (2009), *Report by the Commission on the Measurement of Economic Performance and Social Progress*, available at http://www. stiglitz-sen-fitoussi. fr (accessed 13 December 2015).

Swaminathan, N. (2007), 'Kill one to save many? Brain damage makes decision easier', *Scientific American*, 21 March.

Titmuss, R. (1971), *The Gift Relationship: From Human Blood to Social Policy*, New York: Pantheon Books.

Tom, S., C. Fox, C. Trepel and R. Poldrack (2007), 'The neural basis of loss aversion in decision-making under risk', *Science*, **315**(5811), 515 - 18.

Vatn, A. and D. Bromley (1994), 'Choices without prices without apologies', *Journal of Environmental Economics and Management*, **26**(2), 129 - 48.

Vohs, K., N. Mead and M. Goode (2006), 'The psychological consequences of money', *Science*, **314**(5802), 1154 - 6.

Wexler, B. (2006), *Brain and Culture: Neurobiology, Ideology and Social Change*, Cambridge, MA: MIT Press.

Wilson, D. S. (2002), *Darwin's Cathedral: Evolution, Religion, and the Nature of Society*, Chicago, IL: University of Chicago Press.

Wilson, D. S. (2010), http:/scienceblogs. com/evolution/ (accessed 13 December 2015). (Note: This site has several fascinating commentaries on economics and evolutionary theory.)

Wilson, D. S and E. O. Wilson (2008), 'Evolution "for the good of the group"', *American Scientist*, **96**(5), 380 - 9.

Wilson, E. O. and B. Holldobler (2005), 'Eusociality: origin and consequences', *Proceedings of the National Academy of Sciences of the USA*, **102**(38), 13367 - 71.

Wittmann, M. and M. Paulus (2009), 'Intertemporal choice: neuronal and psychological determinants of economic decisions', *Journal of Neuroscience, Psychology and Economics*, **2**(2), 71 - 4.

Wobber, V., R. Wrangham and B. Hare (2010), 'Bonobos exhibit delayed development of social behavior and cognition relative to chimpanzees', *Current Biology*, **20**(3), 226 - 30.

Zsolnai, L. and K. Ims (eds) (2006), *Business Within Limits: Deep Ecology and Buddhist Economics*, Berlin: Peter Lang.

7

否定赫尔曼·戴利：为何传统经济学家不信奉戴利的愿景

威廉·E. 里斯

7.1 简介：现实的幻觉

本章对比了占主导地位的新自由主义经济学自由市场观点与赫尔曼·戴利的稳态生态经济学之间的关键要素，并对为何学术界更偏向于前者作出了一部分解释。如果严格对比这两个观点，毫无疑问，戴利的观点更合理、更切合实际。然而，半个世纪以来，他的观点并没有赢得公众和政策制定者的支持。

这不仅仅是学术上的争议。如果将渗透影响力视为衡量标准，那么传统新自由主义经济学家可能是全球经济舞台上最被认可的。然而，我的前提是：新自由主义经济学家为了使他们的所有分析显得高大上，他们简直不亚于魔术大师。倘若魔术师制造的玄幻“迷雾”在夜空最终烟消云散，只留下空荡荡的舞台，那么观众有被欺骗之感，或仅仅觉得愚蠢，也是情有可原的。

新自由主义经济学家不应该因为他们的花招被揭穿而大发雷霆。从技术上来讲，所有经济学家——甚至包括戴利——都是魔术师。其实每个人都是。这是我们无法控制的。人类必然会运用比喻，会在毫无现实依据的概念框架基础上进行思考。这是一个值得思考的问题，因为比喻、神话和模型在很大程度上决定了个体和整体文化之间如何相互影响、个体和整体文化与剩余物质世界之间如何相互影响。我的第二个前提其实是：文明的命运很可能要看当代概念模型的内容，尤其是为国内和全球发展政策提供力量和方向的经济模型。

一些人可能会难以接受“社会发展受幻觉驱使”这一主张，尤其是头脑冷静的实干家，他们会认为他们的思想、政治观点和行动源自“真实世界”体验；任何奇思妙想或突发奇想都不会干扰他们的判断。这里的问题在于：实际上，人类即使对于物理现实，也没有多少真正的直接体验。我只能说，我们的行动以经验感知为基础——而且，经验感知就像所有感受认知一样，仅仅是精心制作的模型。

“但是，请等一下，”您抗议称，“我们当然是通过五官来直接感受这个现实世界。视觉、听觉、触觉、味觉和嗅觉都得到了良好进化，使我们能够在这个现实世界中安全前行！”

从一个层面上来讲，这是事实，而且一切证据都证明这个过程发展得非常好。但是，转念一想，仅仅是我们的视觉能力能够做到什么呢，由此推理，我们的其他感觉能力又能做到什么呢。

7.1.1　对根本幻觉的剖析

人类是视觉系统进化良好的视觉动物；视觉可能是我们的五

官感觉中进化最好的。如果你我面对面地坐在桌前且光线良好，毫无疑问，我们能够相互“看到”对方（当然，前提是我们都不是盲人）。如果需要，你我任何一方都能用详细生动的言语描述对方的物质性存在。（若加上自由创意的艺术性语言，基本上就可以开一场颇为有趣的派对了！）

但是，我们实际上是在描述对方这个“物质性存在吗”？

实际上，我们并不是。“看”并不能让观察者深入了解任何事物！我们无法看到物体本身，我们看到的是通过这些物体反射出的光线，而这种光线仅仅包含我们感受整个电磁波谱时可感受到的、物体总信息中一个极小部分。[①]

很幸运的是，进化为我们提供了一种十分精密的工具，让我们能够吸收这部分信息。人眼是一个复杂器官，“专门”用来将感知物体的精确聚焦图像投射到人眼背后被称作“视网膜”的光敏组织上。因此，我们可以主张我们体验到了现实，至少是间接地，正如眼球背面光线下晃动的微小图像所呈现的。

但即便是这样，也不完全真实。我们的大脑无法对光线本身进行解码，无论视网膜成像有多么聚焦和细致入微（再说，视网膜成像是倒立的）。视网膜必须先将图像译成电脉冲，这是大脑能够理解的唯一一种“信息”形式。然后，视神经将电脉冲传递至大脑各个部位进行处理和解析，只有当信号最终（但从表面上看，是同时进行的）到达初级视皮层时，我们才能真真切切地“看见”。（即

① 那里还散发出了大量我们无法感知的电磁能，但确实就像我们能够探测到的那样“真实”。例如，几乎每个广播电视节目的信号能够在数百公里内传播。在附近，每段蜂窝电话对话都可立马穿过您的身体，而您却感觉不到。（很遗憾，人们只能推测）

便如此，大脑如何将连串光学数据组成一幅连贯、完整、几乎实时移动的图像，这仍然是一个不解之谜！）

这一技术揭露出，即使是最生动“真实”的视觉图像，事实上也只是对最初少量信息的神经重构，这些信息通过无意识的眼球过滤，在视网膜中经历至少两次能量转化，然后经历不知多少次神经解析流程（在这些流程中存在多多少少的信息损失或信息污染？），最后形成感觉“体验”。[①] 简言之，我们用来控制与其他生物物理世界相互影响（总体上来讲，是非常成功的）的感觉图像只是不可信的抽象概念——而且我们甚至会让这些抽象概念屈从于我们以教育、社会化和性格为基础的主观解释。底线在哪儿呢？人类一般会凭感觉办事，很不幸的是，这些感觉实际上是相应物质现实的不完整扭曲缩影。有时候，这些不完美和缺失会危及生命。我们无法看出乔装打扮的捕食者，无法尝出食品当中的毒物，也无法感知到最终会使我们罹患癌症的高能辐射。

所有这些都指向了一个有趣的问题：如果大脑对真实世界的重构是如此片面，那么完全从社会角度上构建起来的或者未通过真实世界检验的那些概念、神话和模型，将会是怎样地更加虚无缥缈，甚至危险重重？这个问题非同小可：瞥一下标题，就可以看出，对于人们如何变成社会人这个问题，相较于人类的感觉体验，宗教教条、政治观点、学科理论（包括经济学理论）以及各种形式的文化规范是更加重要的决定因素。

---

① 关于“人类神经系统一般如何处理现实”和“内部[也就是，“主观”]现实的构建如何成为人脑当中的一个持续过程”的详细描述，参见雷加尔（1990）（雷加尔称之为“幻觉器官”）。

7.2 二次幻觉和决斗范式

对这个世界的所有思考都涉及一定程度的抽象化。经济学领先于任何其他社会科学而率先采用了这一原则。（Wolf, 2010）

当前的经济学是一个漂浮不定的理论系统，它与真实世界中发生的事情几乎没有任何关系。（Coase, 1997）

这让我们回到经济学上来。经济学过去常常被认为与人们在“土地”上做了什么来获取他们生存所依赖的物质基础有关。十八世纪的“重农学派”视土地（尤其是农业用地）为国家财富的来源，并将农业劳动力视作获得国家财富的手段。重农主义有时被称作“第一个有组织的经济思想体系”，它也是传统经济思想中最后一个概念上与生物物理现实结合在一起的体系。

今天支配全球发展思想的新自由主义市场经济学已基本完成了这种分化。“大约一个世纪前，经济学发生了一些怪异现象。从古典经济学过渡到新古典经济学时……经济学家在建立理论时去掉了土地——或自然资源的概念。”（Wolf, 2010）作为资本（包括金融资本）要素，土地和资源从主流生产函数中被悄然剔除，并且知识被视为财富的基本来源和增长动力。[①]

从历史观点上来说，这种抽象概念可以保留，原因在于：（1）相

① 这对除经济学家之外的人而言似乎很奇怪，因为多数人依然在“经济圈”中获得能够支撑他们生存的物质基础。

对于其他生产要素，自然资源价位被低估（没有人为我们开采的资源付出代价）意味着，在“成熟”的经济体中，土地和资源本身仅仅为国内生产总值（GDP）贡献了很小一部分；（2）截至最近，科学技术迅猛发展，使原材料开采成本维持在较低水平的同时，又找到了某些稀缺资源的替代品（例如：煤炭可以替代工业革命的基础燃料——木材；养鱼场逐步替代野生鱼存量；化肥替代工业式农业中逐步减少的土壤资源）。底线是什么呢？当代大多数经济模型依然脱离生物物理现实而漂浮不定，无视对人类生存十分重要的能源和材料，以及制造这些能源和材料的“自然资本”存量（专栏 7.1）。

专栏 7.1　可持续性的恒定资本存量标准

当代许多关于“可持续性”的讨论都围绕着英国经济学家约翰·希克斯先生提出的“希克斯收入”概念。希克斯将真实收入定义为：在一段时间内、在财富创造资本维持不变的情况下，某个个体（或国家）可以消费的最大购买水平（Hicks，1946）。换言之，以真实收入为生，就意味着“以收益为生”——并不是通过消耗资本资产引发贫困问题。

如此定义的“希克斯收入”就是所谓的“可持续性的恒定资本存量标准”的中心。正如所料，这里出现了两个相互抵触的版本（Victor，1991）。占主导地位的版本反映出：新自由主义经济学家不理会资源对经济和人类福祉的独特付出（Pearce and Atkinson，1993；Victor et al.，1995）。所谓的“弱”可持续性恒定资本存量标准如下：“从一个会计期到下一个会计期，如果人造和自然资本存量(或者源自这些总存量的货币收入)的总人均值保持恒定或增长，那么经济就是可持续的。”

这一定义明显假设了不同形式资本的共通性和替代性。如果不同形式资本的总市场价值保持不变(或增长)，则社会被视作是可持续的。生态学家害怕看到这个“弱”可持续性标准假设：如果自然资本(或者源自自然资本的收入)的市场价值(即稀缺性价值)上升到能够补偿物质存量的消耗，那么一切都好了。

因此，生态经济学家支持另一个“强”可持续性恒定资本存量标准，即“从一个会计期间到下一个会计期间，如果人造资本和自然资本这两个账户的人均物质存量在各自账户中分别保持恒定或增长，那么经济就是可持续的。”

基于这种定义，人造资本和自然资本不具有共通性和替代性这一观点充其量是不完美的。货币估值还未被牵扯进来(货币本身就是一个抽象概念)。赫尔曼·戴利认为，在多数情况下，人造资本和自然资本能够相互补充而不是相互替代——渔船的增加无法弥补鱼类存量的崩塌(例如，Daly，1991a，chapter 13；Daly，1994)。确实，转念一想，某种形式的自然资源对各种形式的生产资本及其功能而言是一个先决条件。

为什么这个问题如此重要？因为自产式“自然资本”维持着这个生物圈的生命支持功能，所以大家无法接受与自然资源消耗相关的风险，而且也不可能用技术来替代自然资源。与此同时，普遍认可的成本、价格、市场激励制度绝对无法反映出生态稀缺性，对确定适当的自然资本存量水平也起不到任何帮助作用。甚至一些相当主流的环境经济学家已注意到“保护现存的东西可能是一种规避风险的良好政策”(Pearce et al., 1990, p. 7)。

7.2.1 经济如永动机

这个盲区就是赫尔曼·戴利对主流思想提出的最尖锐挑战之一。“交换价值的循环流程”被视为所有传统经济模型的奠基石(Daly, 1991a, p. 195)。经济学教材中一般会出现一幅经济过程标准循环图,即“一个完全封闭的系统中生产与消耗之间的摆动”(Georgescu-Roegen, 1993, p. 75)。商品和服务蕴含的价值从企业流向家庭供家庭消耗(国内产品)。生产要素(劳动力知识、金融资本)转换成所谓的同等价值从家庭流回企业,以换取工资、租金、红利等(国内收入)。

主流教材有时会提出这样的观点,这种简化经济相当于一台永动机,能够“循环地、自我更新、自我供能地产出”(Heilbroner and Thurow, 1981, p. 127)。基于这个观点,经济增长被认为是一个自发且自动催化的过程。更加不可思议的是,这个循环流程模型没有考虑被赋予价值才能生产商品和产生收入(如这个模型所示)的能量和资源,也没有考虑这个系统的废物流出:“循环流程是一个孤立、自我再生的体系,其无投入或产出,不存在与外界任何事物的接触点”(Daly, 1991a, p. 196)。许多主流经济学家从自我生成流程出发,再加上对市场作用和人类创造性的坚定信心,依然毫不掩饰地以乐观态度面对各种全球变革的挑战。

7.2.2 经济如超级生物

> 随后的经济学发展阶段中，当我们差不多在研究生活条件时，我们选择了生物类比法，而不是机械类比法(Marshall, 1925, p. 14)。

新自由主义经济学将经济比作毫无生气的机器，戴利的批判性观点则将其比作生机勃勃的生物。他表示，不考虑单向性产出来研究自生循环经济过程，就如同不考虑消化道来研究生理循环系统。有人可能会让工程专业的学生来探索“汽车如何自己供能跑起来”，或者让生物专业的学生接受“生物能够代谢其自身的排泄物”(Daly, 1991a, p. 197)(专栏 7.2)。

戴利打了一个生命系统的比方，将“人体内部新陈代谢过程(合成代谢和分解代谢)比作人体外部经济过程(生产和消费)”(Daly, 1968[1980])。新陈代谢附加的价值是生命的维续；经济过程附加的价值是生命的维续和享乐。但不论在哪种情况下，“唯一的物质产出是废弃物”(Daly, 1968[1980], p. 251，原文强调)。①

一些读者可能会对最后这个观点提出异议。经济过程的最终目标和主要产出难道不是生产出有益的(和有时不那么有益的)商品和服务吗？看上去是这样，但这是一个非常有限的静态观点。它并没有发现，可用能源只能一次性地经历整个经济过程。有用

① 这个观点催生了“工业代谢”这个完整的子学科，而这个学科在很大程度受到了另一位叛徒经济学家(和物理学家)罗伯特·艾尔斯的作品刺激。(参见 Ayres and Simonis, 1994; Ayres and Warr, 2009)。

功被提取出来之后，剩余降级物质如同红外线一样将100%地从地球上辐射出去。至于物质，实际上进入经济领域的能源和材料资源中只有一小部分被转化成了市场产品。一旦这些产品被消费了或损耗得无法再使用，那么内含物质也就成了废弃物。即使存在一定程度上的再利用（利用额外的能源及至少一些"新鲜"物质），整个能源和资源投入最终会以降级废弃物形式返回到"环境"中。①因此，从"经济圈外"的纯生物物理学角度来看，很明显，经济活动更像是一个消耗过程，而不是一个生产过程。

专栏 7.2 知识救赎

赫尔曼·戴利主张经济如同生物体，这一观点拯救了我的学术生涯。二十世纪七十年代，刚到英属哥伦比亚大学不久（担任政策导向规划学院的一名正式生态学者），我获得了一个机会向全校前辈同仁介绍我早期的一些研究观点。那时，我还很年轻、天真，并且十分紧张。我试图将生物生态概念转换成土地用途规划概念，以便于学生们（大多数是地理学者和经济学者）的理解。我决定介绍温哥华地区（英属哥伦比亚低陆平原）人口容量的粗糙模型，以说明这个地区的生活水平已经超越了其生物

① 数量可能非常庞大。到二十世纪九十年代末，日本每年人均物质废物产出为11公吨，美国每年人均量为25公吨。加入所谓的"隐藏流量"——因为经济活动产生但未实际进入生产过程的流量（例如，土壤腐蚀、采动覆岩和施工过程中的地球移动）时，日本每年人均总废物产出会提升到21公吨，美国每年人均量会提升到86公吨（WRI，2000）。对于美国的每一位男性、女性和儿童，这相当于每一年86 000公斤（198 598磅）！

物理限制。

在我的介绍（很多人礼貌性地听了我的介绍）完成之后，一位资深同事邀请我吃午餐，他是一名杰出的资源经济学家。他展现出了绅士风度和极好的职业尊重和礼节，他告诉我，如果我要继续研究人口容量，那么我的学术生涯将会变得如霍布斯般“令人不快、粗暴和短暂。”他表示，经济学家们有效地否定了所有此类新马尔萨斯主义观点。为什么一个地区或国家的人口或经济要受当地的任何物质短缺限制呢？任何一个地区都能够简单地用服务或多余的资源“a”来换取资源“b”，因此这个地区就不用受制于当地限制而自由发展了（或者说，其交易合作伙伴就可以不用受制于当地限制而自由发展了）。而且，在任何情况下，技术都能够代替自然。他最后建议我去专门研究交易理论、市场的作用、新兴服务经济和技术在提高“要素生产力”方面的作用。

我的经济学家朋友十分确信地给出了他的结论。这些对于我而言是全新的观点。我的正规训练还未超出生物学学科界限；我从来没有接受过这么多经济学知识，就像上了一堂入门课程。午餐过后，我感到泄气和沮丧，双腿就像夹住了尾巴一样迈不开。

但是，我同事的有些指引并不是那么完美。我身上农场男孩和生态学者天性使我无法想象出一个如此脱离了自然的智人。这个问题变成了我心头的一条蠕虫，暗中搞破坏、求生存。即使是这样，一段令人窘迫的时间过去之后（考虑到这一观点的简易性），我突然顿悟了。一部分问题在于将承载力定义为

“一个物种能够占据某一栖息地且不会永远损耗该栖息地生产能力的平均最大数量”的这一标准。自从人类开始进行贸易并且能够提高资源生产力起，地区限制就很明显得到了解决，经济学家的确可以认为“承载力”对于人类而言并没有什么意义。

但是，如果我们来转化承载力比，又会发生什么呢？不用去问在一个给定的区域内能承载多少人口，一个更切题并且可回答的问题是：需要多少生态系统空间来持续支撑这个给定的种群，不论是地球上的哪个水土区域，亦不论这一种群在科学技术上有多么先进。这一简单的角度转变重新建立起了人类与“土地”的关系。同时也让我去构想“生态足迹分析”(EFA)，让它作为一项工具，来估算被任何特定种群用来生产其所消耗的资源和用来吸收其废弃物的生态系统空间。承载力这一话题重新被纳入议程。

但是，真正让我重拾信心将“智人”作为一个重要生态物种来研究的是邂逅赫尔曼。他坚信，经济实际上植根于自然之中，且经济过程须遵从自然定律，尤其是热力学第二定律(一个种群的生态足迹也可以被定义为：持续地再生等于被该种群消耗和损耗的负熵的同等生物量所需要的光合面)。后来，EFA证明了，大多数高收入消费社会都存在与国内生物容量相对的生态赤字，因此在一定程度上要依赖于进口。EFA还表明，世界上其他地方的容量也不够抵消这些赤字(只有少数几个国家有生态盈余)。贸易使整个世界过度发展。不考虑人类科学技术，人均生态足迹仍在扩大。就像赫尔曼·戴利很早以前就提出的一样，人类当前利用自然资本来实现增长目的，而自然资本也已成为一种稀缺的生产要素。这一事实引发了难以克服的发展限制。

7.2.3 消耗这颗星球

这绝不是经济作为超级有机体这个隐喻的终结。通过将经济视作被降级能量和物质的再生系统，我们得到了这样的启示：就像所有生物实体一样，经济受制于物理定律，尤其是热力学第二定律。

第二定律是所有能量和物质转化过程的根本所在，因此可被证明是生物代谢和工业代谢的最终调节器。虽然新自由主义经济学家认为这一事实无关痛痒，但是赫尔曼·戴利（追随他的导师尼古拉斯·乔治斯库-罗金）用了几十年的时间，引导了一批"叛乱分子"将第二定律运用于传统分析中。

第二定律以其最简单的形式告诉大家，在某个孤立系统中，每种自发性变化都会增加该系统的"熵"（一个孤立系统不能与环境交换能量或物质）。这通常意味着，这个系统会变得越来越"无秩序"——能量消散、物质浓度分散、梯度消失。简言之，随着时间流逝，孤立系统必然会逐步退化，不可逆转地慢慢走向热力学平衡态。这是一种最大熵状态，在这种状态下，其他什么都不会发生。

最近几十年中，科学界已确认，熵定律研究也适用于远离平衡态的开放系统。任何复杂分化的系统都将逐渐消散、消失。虽然已采取各种办法来维持，但是每一部闪亮新车最终都会破旧不堪。

而且，这始终是一趟单向旅程——生锈的车身外壳永远不会自发地重回新车展示厅时的光彩。

读者可能会迅速指出许多显而易见的例外情况。确实，一个新形成的胚胎、一个初期自然演替的生态系统、这个世界上的大城市及整个人类群体都证明了，随着时间的流逝，生命系统的质量和复杂性实际上增加了，而不是逐渐下沉达到平衡态。这些系统是如何推翻第二定律的，这个问题一直让哲学家和科学家困惑不解。物理学家埃尔温·薛定谔于1945年才解答了这个难题，"最显而易见的答案是：通过吃、喝、呼吸和（对于行星而言）吸收同化……"就像任何其他系统一样，"一种生物的熵持续增加——[也就是，产生正熵]，因而逐步走向危险的最大熵状态……死亡。避免这种趋势（即活着）的唯一方法是不断地从环境中获得负熵……"(Schrödinger, 1944[1967], p. 70)（"熵减"或"负熵"是可用于工作的免费能量）换言之，用高熵产出（废弃物）来交换低熵投入（资源），生物就可以得到发展。然而，第二定律的无效性也意味着，生物获得的负熵仅仅是全球熵增的一小部分。如戴利所主张的一样，这种陈述"认为逐字解释方才是经济过程的真实描述"(Daly, 1968[1980], p. 253)。

近年来，随着自组织临界开放(SOHO)系统理论的发展，生命系统和经济的近似同源性变得更加明显。系统科学家已发现，自产式系统作为松散、有覆盖的层级结构存在，其中每个构成子系统（"子体"）包含在上一级子系统中，而其自身由许许多多较低层级的关联子系统组成(Kay and Regier, 2000)（他们认为，某个生物个体是生态系统中所包含的某个群体的一个组成部分，而其自身从器官到细胞包含从大到小的子系统层级结构）。关键点在于，在这种层级结构的每个层级上，相关子体只能通过利用从其上一级“母系统”中吸收的可用能量和物质（负熵）并向该母系统回馈降级后的能量和物质废弃物（正熵）来发展和维持自身。[①] 事实上，所有热力学开放自产式子系统都在各自母系统承担代价的前提下得到发展——保证自身远离平衡态（参见 Kay and Regier，2000；Schneider and Kay，1994a，1994b，1995）。[②]

仅就地球而言，SOHO层级结构中最高层级就是生物圈，它是由所有次级生物群落、生态系统和物种构成的宏观子体。由此断定，只有当所包含的子生态系统的生产力和弹性足以支撑低层级子体（例如：一切消耗生物、经济）的无限期发展和维持，并且足以同化/吸收生态系统的总熵产出，生物圈的结构和功能完整性才能得到保证。

一般在生态系统中，某个子系统的资源投入率和废物产出率在短期内是浮动的，但在与母生态系统的总生产率和总吸收率相符的前提下，会因为负反馈而得到维持。因此，每个低层级子体与其母系统往往维持着一定程度的“稳态”关系，所以整个系统层级结构才能维持长远的结构和功能完整性。但是，子系统和各自母系统之间的层级关系包含潜在病理学的种子（Rees，2003）。如果任何子系统所需要的超过了其母系统能够生产的，或者说任何子

① 因为自产式系统通过消耗和减少引进的能量和物质来维持自身“远离平衡态”，所以自产式系统又称作“消耗结构”。普里果金表示，远离平衡将变成自然资源热力学描述中的一个重要变量，就像温度在经典平衡态热力学当中的作用一样（Prigogine，1997，chapter 2）。

② 在某些情况下，主系统在没有子系统（部分子系统）的情况下也能发展良好——例如，生物圈在没有人类存在的情况下也能存续下去。但在其他情况下，子系统和“主系统”存在于相互依赖的状态下——例如神经系统与整个身体之间的关系。

系统所排出的超过了其母系统能够消解的，那么这个子系统的进一步增长必定会以系统层级结构中更高层级系统的消耗、降级和消散为代价。

当前不可否认的是，经济（实际上是人类生态学的真实体现）是地球上的一个实体，因而是生物圈的一个子系统（实际上是多个生态系统的一个子系统）。但是，经济和生物圈这两个子体在一个关键方面是不同的。生物圈通过吸收和消耗太阳辐射能来进化和让自身维持在一种远离平衡的稳态中，太阳是地球外部的负熵来源（更准确地说，是热力学层级结构中的最高层级）。但是，经济只能通过消耗和吸收从生态系统中获取的资源来增长和维持自身。正如所指出的那样，第二定律不可避免带来的后果是，当某个子系统不断扩张且变得越来越复杂时（也就是说，进一步远离了平衡态），其所获得的负熵增益往往比不上全球熵增。① 由此看来，当超过某一个特定点时，人类群体的扩张迫使其母生态系统的熵耗损和消散（表 7.1）。渔业瓦解、景观退化、土壤腐蚀、热带森林滥砍滥伐、生物多样性损失等都是人类过度消耗的症状；海上死区、富营养化加快、海洋酸化、臭氧消耗、食物链毒污染、温室气体累积（气候变化）等都是废弃物容纳不下的后果。SOHO 体系结构清楚地展示，今天的无限期增长经济将会是一个在热力学方面以利用和消耗生物圈为导向的熵黑洞（Rees, 1999）。

---

① 甚至是光合作用，也只能将大约 2%的可用太阳能（“可用能”）转化成生物质（负熵）；剩余的能量主要通过蒸散作为低级红外（热）辐射物消散在空间里。生物圈所获得的负熵相较于整个宇宙所获得的，是很小很小的一部分。

表 7.1 人类参与较少的生态系统与受人类支配的生态系统"第二定律"对比

无人的生态系统	受人类支配的经济生态系统
利用光合作用和蒸散作用，通过吸收、减少和消耗可能太阳能（放射本能）来进化和发展。	通过提取、减少和消耗在生物圈中累积起来的能量充足的"资源存量"（包括其他物种、整个生态系统和化石氢氧化合物）来增长和发展。
合成代谢过程（生物质的生产）稍稍超过了分解代谢过程（减少和消耗）。	分解代谢（能量和物质资源的消耗和减少）超过了合成代谢（人类和人工产品的生产）。
生物质累积占主导地位；物种增加，复杂程度提高；可用能量和物质存量（资源梯度）累积起来。	人类和人工产品累积起来；生态系统越来越简单或者消失，生物多样性下降；资源存量被消耗和减少。
物质在生态系统中循环再生（生物地球化学"营养"循环）；余热消散在地球之外；整个宇宙的熵增加。	废弃物（经济产出），通常是异常的、有毒的，累积在生物圈中；生态系统的功能完整性丢失；生物圈的熵增加（最终，整个宇宙的熵增加）。

7.2.4 规模问题和稳态

正如赫尔曼·戴利很早之前就发现的一样，任何经济过程热力学模型的第一推论都是要将经济体的规模（能量和物质产出）限制在支撑生态系统的容纳范围内（例如，Daly, 1991a; Daly and Farley, 2004 的相关章节）。从理论上来说，经济已经达到了其理想规模或大小，即物质增长的边际利益（递减）刚好等于边际成本（递增）——包括（当前无法解释的）被消耗的自然资本、资本替代物和污染的成本。这个时候，经济增长截至目前的总净收益是最大值。就像戴利最初发现的一样——他经常提醒我们——进一步增长实际上会让我们“变得更穷而不是变富”（例如，Daly，1999）。如果智力和逻辑是决定经济政策的两个重要因素，那么首要目标将是确保增长放缓（因为我们已经达到了理想规模），并保证经济不会超过这个理想大小。

然而，这里有一个问题——实际上是几个问题。我们对收益的衡量存在缺陷（例如，GDP 会使正面条目和负面条目中都出现加号），我们无法确定或用货币衡量很多成本（例如，无人知道我们目前还未发现但过去和当前行为已埋下隐患的未来气候变化成本的现值），而且不断变化的环境条件使最优点的精确“位置”一直在移动，这些事实都意味着，我们事实上无法对经济增长进行有效的收益/成本分析，即使社会倾向于这样做。然而，这绝对不会使基本点无法发挥作用。可持续性的全球能量和物质产出有一些真正的生态和经济限制。被经济增长冲昏了头的政治家应当冷静下来想一想，没有哪个主流经济学家敢肯定地说社会仍未发展到最优点，而且许多生态经济指标和生物物理研究都表明，我们可能早就超过了最优点（例如，Rockström et al.，2009；WWF，2014）。

经济热力学过程的第二个推论是，可持续性意味着一种稳态经济。我们自身的身体就是日常能量和物质平均流入量等于流出量的稳态系统（当然，在流入量中获得负熵，质量就减少了）。因此，如果“我们将资本视作身体的物质延伸，而且我们接受可获得支撑的人体总数有限这一事实，那么按照相同的逻辑，我们应当发现，人体物质延伸存量也是有限的，因此自然而然地形成了一种稳态经济观点”（Daly，1991a，p. 32）。

由此可以看出，在初级增长阶段之后，所有健康生命系统都会变成稳态系统，对进一步扩增的任何追求会被负面反馈所制约（例如，初始资源稀缺、疾病）。生物圈作为一个整体基本处于稳态，这种稳态受恒定太阳辐射通量和因地理位置变化而变化的水和营养物可获得性的限制。由此推断，在生物圈中迅速占据主导地位的经济子系统，如果要想继续维持下去，就必须逐步适应生物圈的运行动态。生物圈的运行动态简单来说就是一种动态稳定状态。

这不会与静态发生混淆。经济无需停止发展，它只需要停止增长。运气好的话，再结合良好管理，经济就能永远地稳定在其"最优规模"，同时又稳定地提升人类福祉。人类改善生活品质的创造力是没有限制的，而限制仅仅在于可用于实现这个目标的产出物数量。而且，即使是在这种限制范围内，新企业和整个工业部门都能继续发展和增长，就算在过时或"夕阳"行业中，他们的热力学等价物已退出舞台。因为赫尔曼·戴利对稳态经济的率先提出和后续提倡将许多逻辑线串在一起，这可能是他最伟大的贡献。

7.2.5 对"更真实"经济的追求

> 如果您愿意，您可以说一切现实都是一个社会建构，但您不能否认有些构想比其他的更加"真实"。他们之所以"更真实"，不是因为他们有特权，而是因为他们"更真实"地反映了社会现实（Postman, 1999, p. 76）。

对于经济过程的研究成果，我们已描述了两种相互抵触的"社会建构"或概念模型。占主导地位的新自由主义观点将经济视作一个独立的实体，一个开放、不断增长并且其生产循环几乎不受其自身之外任何其他生物物理现实制约的系统。相反，生态经济学家将经济视作这个有限、无法一直增长、物质封闭的地球生态系统的一个开放、不断增长但被完全包围并且有依赖性的子系统（Daly, 1990[1991]）。后面的这种结构还承认，生物圈的生物代谢和经济圈的工业代谢都要遵从神圣不可侵犯的生物物理定律。可持续性的重要问题在于，以上哪一种概念模型"更真实地"还原了生物物理现实。

当今世界，经济与生态系统相互作用并对生态系统的生产力和行为产生重大影响，这一点没人能提出质疑。尽管如此，用来治理或管理国家经济和国际发展的主流经济模型依然不受经济所依赖的生态系统的结构和功能所影响，也不受生态系统行为的时间、空间依赖过程的结构和功能影响。确实，主流模型和衍生分析工具（例如，收益/成本分析法）中蕴含的简单、可逆、机械经济行为与这个真实世界中与经济相互作用的复杂能量、信息和生态系统的复杂性、不可逆性、滞后性、阈值和正面反馈动态很不一致（Christensen, 1991）。更引人注目的是，模式化行为也与模型所代表的实体经济的行为很不一致（2008 年金融危机又一次验证了这个观点）。基于所有这些理由，一个理性的人会从生态角度出发，把主流可持续性分析当作致命幻觉不予理会。今天，构成隐藏在全球发展背后、占主导地位的经济模型所依赖的结构假设和关系假设，使这些经济模型无法再对人类与自然的关系提供任何有益见解。

与之形成对比的是戴利观点的相对结构完整性以及其所提供的创见。将经济视作这个无法一直增长的生物圈的一个不断增长且有依赖性的子系统，使人们能够从最开始去推测：在某一个点——甚至是计算了人类智力之后——经济最终将因为稀缺性而受到阻碍，并开始自食其果。如果经济和生物圈事实上是远离平衡态的消耗结构，而且前者包含在后者当中，那么又会怎样呢？这允许了一种同样合理的猜想——不断增长的经济必定会像一种恶意的寄生虫一样消费和消耗生物圈。从渔业瓦解和生物多样性损失，到石油峰值和潜在食物短缺，再到食物链污染、温室气体累积、气候变化和臭氧消耗，今天几乎每一个所谓的“环境”问题都是可以通过戴利提出的经济过程“包含型系统”框架去预测或解释的。

最后，生态经济学承认，复杂系统——社会系统、生态系统和经济系统——都具有非线性（不连续）行为的特征，尤其是滞后性和阈值。后者代表“临界点”——如果这个系统的关键变量超越了临界点（例如：过度开采），那么整个系统可能会不可逆转地“跳”入一个新稳定域，这里的各种条件都对人类目的不利（1992 年北大西洋鳕鱼存量的崩溃就是一个令人印象深刻的悲剧案例——要引以为戒）。确实，复杂系统可能有多重可能性的平衡态或者稳定机制，但到来之前任何人都不知道。这些特性一起证明了有必要严格监测资源开发利用情况，若该系统受到过度压力及时发出预警，从而将人类群体总规模限制在谨慎安全的极限范围内。

考虑到当前情况和全球趋势，戴利对人类群体提出的生物/热力学模型很明显没有主流观点那么深入人心。尽管如此，有人质疑，如果普通人有机会去剖析和评估这两个概念性的“构想”，那么大多数人都会根据证据认为，戴利的观点是对经济—环境关系更加真实的阐述。因此，戴利的构想应在经济政策领域内拥有特殊的地位。

7.3　“那不是看待它的正确方法”

虽然可支撑这一结论的证据资料源源不断地出现，但是许多实践经济学家依然不支持这个结论。他们对这个结论的抵制已经可以书写成一段历史。下面我们来看一个非常有名的示例(Daly，2008)。世界银行1992年《世界发展报告》初稿(专门介绍可持续发展)中展示了一张名为“经济与环境的关系”的图表。一个被标为“经济”的长方形、一个被标为“投入”的流入箭头和一个被标为“产出”的流出箭头就是它所展示的全部。

世界银行环境部的高级经济学家向赫尔曼·戴利咨询其对这份初稿的意见。戴利观察到，这张图应当进行调整，将“环境”纳入到这张图中。照目前情况来看，经济没有投入和产出的交换对象。戴利建议这张图的下一个版本应展现出经济被包围在标为“生态系统”的这个圆圈中，戴利的建议总是有帮助的。这就说明：经济是一个子系统，投入箭头代表从生态系统中提取的资源，产出箭头代表排放到生态系统中的废弃物(即污染)。戴利表示，这会引发若干根本性问题，例如，经济系统压倒整个系统之前能够增长到多大规模。

世行报告第二稿充分地展示了一个无标签的大长方形中包含的原始数据，但是这引起了戴利的抱怨：如果这张图不完整地进行标记，则相当于没有发生任何改变。第三稿将整张图删掉了。世界银行明显意识到这张图有问题，但他们宁愿删掉它，也不愿解决其所显现出来的令人不便的问题。

之后，戴利乘机向世界银行首席经济学家劳伦斯·萨默斯(世行报告在劳伦斯·萨默斯的领导下编写)问起这个问题。首席经济学家是否重视经济系统相对于整个生态系统的规模问题？他是否认为经济学家应当关心，相对于整个生物圈而言经济的最优规模是多大？萨默斯的回答“直接、明确”：“*那不是我们看待它的正*

确方法”（引自 Daly，1996，p. 6）。显而易见，“经济增长应受环境制约这一观点非 1992 年世界银行力所能及，而且时至今日依然如此”（Daly，2008，p. 46）。

另外一些非主流经济学家针对现今的对增长的盲目崇拜主义，也提出了类似的批评意见。据朱莉 A. 尼尔森所述，经济学家在运用内生增长理论（EGT）时，“对为数不多的一些认识论理念、方法论结构和大量假设表现出狗一般的忠诚”（Nelson，2005，p. 9）。EGT 讨论了技术创新和其他要素对 GDP 增长的作用，但是，“不论这一逻辑如何被扭曲，[解释分析]都可以追溯到经济基本要素”。很明显，“内生性”是一个信号——这个模型与历史发展或其他可能破坏模型有效性的考量因素分割开来。避开不谈违背其模型假设条件的证据。“而且，与绝大多数关于经济增长的理论一样，无休止地扩大生产所带来的生态影响被完全置之不理。”（Nelson，2005，p. 9）

主流经济学家在正式承认复杂性理论对普遍认可的经济教条的潜在破坏性影响方面，做得还不够好。因此，经济学家和金融经理应该对 2008 年全球金融危机承担一定的责任（Ormerod，2010）。最近一次尝试从“理性预期的理性动因”的视角来解释经济周期和“繁荣与萧条”，采用了“动态随机一般均衡（DSGE）”模型。DSGE 模型包含正统经济理论的所有关键微观经济假设。在这种框架所制造的幻雾下，“当局”错误地假设经理人和经纪人采用了“正确”模型来设定价格，也就是说，市场上交易的大量贷款和债务都已获得了“理性和最优定价”。如果情况真是这样，而且机构“A”拖欠某笔借款：

> 通过借款的最优定价拨备足够准备金，[将能够]弥补因为任何此类违约行为所造成的损失。如果流动资产当中的多余资本能够租出去赚取利润，那么没有必要将它们作为固定资本。在许多此类借款当中，仅仅在某一笔借款上发生违约不会引发任何问题。(Ormerod, 2010, p. 14)

但是，真正的经济是一个复杂的系统，不怎么像 DSGE 模型，不论模型假设满足与否。复杂系统理论，更明确地说网络理论，“告诉我们，在某个相互影响的系统中，如果我们能够让历史屡次重演，那么相同的初始冲击会导致完全不同的结果”。经济的不确定性很高，而且从本质上来说是无法削减的。大多数时候，“冲击都会得到控制，不会在系统中传播得很远。但理论上，相同大小的冲击可能会导致一连串全球性冲击的出现”。很不幸，正如在其他情况下所指出的那样，“尤其是经济学领域，变得非常孤立，而且对其自身领域之外的科学研究充满敌意”。于是，“经济学家对过去几十年其他学科领域内完成的大量相互影响的系统研究工作几乎一无所知，例如：控制工程师、计算机科学家、物理学家和数学家”。结果是什么？“在这个大胆的 DSGE 新世界中，完全没有想象过可能会发生系统崩溃或一连串的系统故障”(均引自 Ormerod, 2010, pp. 14 – 15)。

詹姆斯·加尔布雷斯发表了对当代经济学的批评意见，将经济学主张包含的领域纳入当中。他表示，经验证据“断然否定了”当代经济学的五个主要观点，并将这种脱离现实世界的现象解释为证明“现代经济学……似乎主要关系到它自身”的证据(Galbraith, 2000, p. 1)。他继续说道：“但是，固执己见和一贯的政策错误刚好是美国主要经济学家的两个普遍存在的问题。更加严重的问题在于普遍认可的经济理论几乎完全崩溃……如此彻底，如此普遍，以至于专家们只能在最开始就通过拒绝讨论理论问题来否认这一点(Galbraith，2000，p. 4)。

7.4 幻觉的胜利

我们该如何解释这种看以放弃的行为呢？人类引以为豪的是，人类是整个宇宙拥有自我意识和智慧的最好证据。我们主张我们是以科学为基础(至少是以知识为基础)的群体。那么，为什么在这么多领域内的当代人都按习惯办事，忽视对立信息，并乐于沉浸在虚构的幻觉中呢？

这种非逻辑行为可能是当代文化潮流的一个部分。半个多世纪前(大约在经济增长开始成为政策议程上一个重要议题时)，德国哲学家马丁·海德格尔观察到“人们今天已经不再思考”(Heidegger，1955[2003]，p. 89)。海德格尔所谓的“思考”并不是指技术社会实际擅长的日常计算思维过程。他认为，当代社会已不再更深层次地批评、质疑或(用他的话来说)“沉思”，这一哲学家和类似爱思考的普通人所用的工具。这种普遍化的不思考(就如同晚间新闻的质量所反映出的一样？)导致我们无法去思考、观察、质疑和展示我们对我们周围实际发生的事情的认知。根据海德格尔的观点，当代社会正在让人类最伟大、最特别的能力“隐藏起来”。带上智能眼镜，这个世界在技术物质潮流中被一扫而空，如果真是那样，就会被未经斟酌的突发奇想引导，并且温顺地遵守普遍认可的神话和理论。

另一方面，也许什么都没有改变。海德格尔可能只是在观察大多数人的本来面目。而且，人类一直懒于思考，在艺术方面更倾向于熟练的魔术师，而不是政治上的现实主义者。想到法国行为心理学家古斯塔夫·勒庞(Gustave Le Bon)在他的1895年“群体思维”经典研究中所提出的观点：

> 民众从来没有渴望过真理。他们不会去理会那些不愿意相信的证据，却会去崇拜他们愿意相信的错误。为他们制造幻觉的人可以很轻松地成为他们心目中的大师；而试图打破他们幻觉的人则会成为他们的牺牲品。(Le Bon, 1895 [2001])

勒庞的观察不仅仅是出于好奇心。“对错误的崇拜”以及电化产生的行为惯性(或者异常行为)最终可以决定国家的命运。一名曾获得普利策奖的美国历史学家巴巴拉·塔奇曼(Barbara Tuchman)通过1984年经典作品《愚政进行曲》(*The March of Folly*)详细阐述了自我欺骗对整个社会的悲剧性影响。据塔奇曼所述，“愚政”是指“追捧与相关社区或国家的自身利益相悖的政策”。要变成真正的愚政，必须要有一个特定的行动路线，虽然“也存在合适的替代行动路线”。另外，在一般情况下，行动或政策必须“是一个群体的(而不仅仅是某一个领袖的)”而且“要在政治生涯中一直坚持下去”(Tuchman, 1984, p. 5)。按照上文界定的愚蠢政治或“愚政”：

> 在政府中发挥了很大作用。它包括以预先设想的固定概念

(如理论)来评估一种情况，同时又忽略掉任何相反的信号。愚政按照意愿行事，同时不允许自己被事实所左右。(Tuchman, 1984, p. 7)

我的观点？勒庞和塔奇曼正在描述看似普遍的感知障碍和行为不妥协——甚至在危险迫在眉睫时——这些是已研究出的长时间形成的、引导人类生活的、根深蒂固的信念系统所展现出来的。(下文详细介绍了这一方面的内容)

让我们回到当前处境，但假设地球村并不是有感知障碍，也就是说，我们能够果断地发挥集体参与精神，并运用智慧来应对全球生态变化问题。这意味着，国家和全球的可持续发展政策将不得不遵循科学事实——生态系统和气候系统处在压力之中，包括人类目前处于过度消耗的状态这一事实(自产式自然资本减少，排放的各类废弃物蚕食着人类的生存空间)。这个世界也必须承认：(1)经济系统是生物圈的一个遵守热力学定律的依赖型子系统，也就是说，为实现经济不断增长和确保自身“远离平衡态”，经济必须要依赖于具有支撑作用的生态系统，并将生态系统作为垃圾场；(2)生态系统的再生能力和同化能力存在上限。推论：就可持续性而言，总体能量和物质流肯定有上限，因此必定要限制现实经济的规模，才能让经济在自然环境中稳定地发展下去。让我们再次假设，作为地球村的良好公民，我们要对他者表示同情——从基本的公平因素考量，需要我们正式承认，今天的总物质失衡水平是无法容忍的。

在此类情况下，富裕国家将接受这一点：他们有责任采取措施缩小他们各自的经济规模，以达到一个全球可行的能源和材料稳态(据 Herman Daly)。例如,北美洲人将不得不将他们的生态足迹减少大约76%左右,即全球人均公顷数从7左右,降低至"地球公平分享公顷数"1.7(Rees, 2006; WWF, 2014)。在最高点进行缩减对于为不断发展的世界预留增长空间是必要的,因为地球是一个有限的星球,而且已经超限了(Rees, 2008; Victor, 2008)。这些可能看上去是不合理的要求和不可能实现的目标,但分析显示,我们实际上拥有实现削减75%－80%能源和(某些)物质消耗(von Weizsäcker et al., 2009),与此同时又能改进穷国和富国的生活质量的技术(请记住,实际上,富裕国家的人们如果收入减少到他们今天人均收入的一半以下,那么他们会更加幸福)。无论如何,正如戴利和其他分析家所说的一样,全球总体增长本身已或许变得不经济、弄巧成拙。

相对于"重新分配稳态"战略,在政治角度上,看上去最为可信的备选方案是现状或某个技术工程变体。但如果最先进的科学是正确的,那么这些备选方案中最为可能的结果是生态系统崩溃、资源战争和地理政治混乱。这一令人沮丧的结果强调,实际上,放弃持续不断地物质增长、学会分享地球的现有馈赠符合每个人的长远利益。这可能是人类历史上的第一次,个人和国家的自身利益与人类集体利益联系在一起了(Rees, 2008)。

当然,就目前情况而论,"重新分配稳态"已经没有讨论意义了。[①] 相反,惨淡的备选方案还在发挥作用。所有国家政府和主流

---

① 而且可能会一直持续下去。哪些军事或经济强国曾主动放弃其在地缘政治阶级结构中的优势地位?就此而言,即便是大多数普通民众,也会根据当前"预测"将这种计划视为对他们生存能力的一种威胁,并因此作出反应。

国际组织（例如，联合国和世界银行）都没能考虑预期中的经济紧缩，一致赞同这样一种神话般的愿景，即受新自由主义经济学启发的、被全球化和贸易扩张助推的、被过度增效和技术自信所夸大的无限制全球扩张。这次单独的、最成功的历史社会工程项目——坚定不移地向全球传播消费文化，确保了民众的支持。价值数十亿美元的“公共关系”和广告部门几乎将所有国家的潜在参与公民转变成了被动消费者。[①] 难怪“紧缩”概念没有在社会的集体意识中引起共鸣— 因为它不是人们习惯于听到的叙事。事实上，我们生存在一个从社会学角度上构建的唯物主义世界模型中，由各类职业魔术师抛出的烟雾、镜子和魔法粉作为支撑，其中最突出的是增长主义经济学家。

公平地说，以增长为基础的经济学在改善一小部分人群物质福利方面取得了令人瞩目的成绩，毕竟最终是在一个生态上“空”的世界(Daly, 1991b)。这为占据主导地位的思维模式提供了表面支撑。在当前这个生态上“满”的世界里，如果能确保人类的智慧能够操控这艘全球增长的船舶绕过浮现的任何浅滩，那么为什么要破坏这一次豪华邮轮旅程呢？因此，依据当前情况，享有最大个人利益的特权精英已与船长同桌，并坚信我们保持在穿过幻觉迷雾的航线上；中产阶级乘客（甚至是对这次航行感到担心的乘客）似乎愿意牺牲那些不确定的但又十分重要的长期收益（即全球生存）来避免确定但不重要的短期疼痛（不得不调整他们的生活方式）；而舵手们别无选择，只能随波逐流，在否认他们所生存的这个

① 在这种程度上，海德格尔是对的——企业部门同时利用了人类的思维懒惰的自然倾向和他们隐藏的欲望和恐惧，让人们不再去沉思。

现实世界的进程中，将希望寄托于扩张主义神话这个救生筏。

7.5 揭示否定戴利观点的根本原因

> 没有人能够逃开它；在某些方面，它是人类生命的基础。奇幻思维是导致普遍痛苦的原因。我们看到我们想看到的，否定我们不想看到的。(Monbiot, 2010)

我们如何来解释这一行为难题呢？是什么刺激了勒庞、塔奇曼等人所描述的毫无逻辑可言的政治观点？无论何时当人们获得具有强大激励作用的知识，或者宣称应当信奉某些理念或社会道德的知识，但坚持忽视或违反它时，很有可能是某些先天倾向无意识地引导他们这样做(Pinker, 2002)。这一部分主张，不仅仅是在进行虚幻的社会构建时让人类思维混乱，而且在基因确定的"生物学动机……也可能通过构建对客观现实的偏见……影响理性决策……"(Damasio, 1994, p. 192)。

理解影响个体和群体行为的先天倾向需要参考认知进化生物学。后者同时涉及人类大脑的进化结构(先天)和试验发育(后天)。首先，考虑到人类大脑是一个复杂器官，已经有了一段冗长且复杂的进化历史。的确，麦克莱恩(1990)曾表示，人类大脑组织粗略地概括为脊椎动物的三个进化阶段，而且这三个阶段有很大部分是重叠的。在预先存在的结构基础上整合持续的解剖学进展，保留原有功能的同时又提高了生物的整体适应性。实际上，人类大脑有三个准独立的子系统，每个子系统都有各自的特有功能——记忆、"智力"和限制：

1. 爬行动物大脑(脑干和小脑)是处理感官知觉和相关协调活动的中枢;其功能也包括处理与身体的物理生存有关的自动功能(例如,循环和呼吸);及本能的社会行为(例如,关于地域性、社会地位、配对和优势)。它还执行打架或打架反应,并控制其他主要本能行为。

2. 边缘(或史前哺乳类)系统是处理情绪(例如,高兴、难过、愉快和痛苦)及相关行为反应(例如,性行为、玩耍、情感连接、分离电话、打架、逃离)的主要部位。它也处理情感(受情绪控制的)记忆,还是价值判断和已知知觉的来源。

3. 新皮质(新哺乳类或"理性大脑")是最新出现的(也是经历最少的),但是它占人类大脑体积的三分之二。这是处理意识及抽象思维、推理、逻辑和前瞻性规划的部位;它可以控制自愿性活动和行动。

当然,正常健康的大脑作为一个综合整体来发挥作用——上述三个子脑不可分割地相互作用,每个子脑都在持续不断地影响其他子脑。因此,个体的自然行为和整体个性通常是思想、情绪和本能的无缝结合。但是,因为意识大部分产生于新皮质,所以个体可能没有意识到他/她也受产生于大脑其他部位的神经和化学(荷尔蒙)刺激物影响。

刺激因素的这种作用不仅仅是三分钟热度。这意味着,智人天生就是一个矛盾的物种。在某些情况下,源于意识的情绪/本能倾向(例如,明显的攻击性、强烈的仇恨、极度恐惧、感官欲望)可能会完全压倒理性,而且在这个时候,个体可能无法意识到大脑中"较为低级"的一个部分已经掌握了控制权。有时,我们渴望将情绪爆发出来,即使是在我们大错特错之时(Burton, 2008)! 就算我们的行动主要受情绪支配，我们也经常欺骗自己，认为我们的行为是完全合情合理的。每个人都会发现内生因素使我们的理性思维与情绪/本能控制中心之间产生无法协调的紧张状态的情况。这些“情况”小到微不足道，大到改变人生。哪些节食者还没有发现他/她无法坚持，以致于要让第三人将他/她从“吃到饱”自助餐中拯救出来？婚外情统计数据已足以证明：当机会出现时，人类的自觉意识和所谓的道德频繁地屈服于原始的性冲动和情绪。在某种特定情况下，理性或者情绪/本能二者谁能胜出取决于种种因素，包括个体的先前经历（例如，社会化程度、教育和宗教洗礼）和天生性格。重点在于人们是否意识到正在发生什么，“我们自身身体和大脑内确实存在一些强力药水，让我们能够做一些我们可以或无法通过坚定决心去控制的事情”（Damasio，1994，p. 121）。

个体的安定感与外生因素之间也可能会出现无法解决的矛盾。在此类情况下，普遍存在的人类撒谎倾向就会显现出来。一般而言，人类在心理上还没有准备好去承担现实的负担。面对这个扑面而来的问题，手上没有一个令人满意的解决方案，人类的自然反应是掩盖它、自欺欺人。在某些情况下，谎言在心理学角度是必需的，“因为没有谎言，许多可悲的行为将变成不可能的事情”（Jensen，2000，p. 2）（这同样适用于愚蠢或荒谬行为）。心理学家桃乐丝·罗表示：“撒谎给了我们一个暂行性错觉，即我们的个人和社交世界是完整无缺的，……毕竟，我们不可能被生活在我们自身无法了解的一个世界里的固有不确定性打倒。”（Rowe，2010，p. 29）

可能，最复杂和间接的自我欺骗形式就是社会中所有子群体的系统性彻底否定，正如资金充足和组织严密的气候变化否认运动或宗教右翼分子对进化事实的持续过度抵制[1]（参见 MacKenzie, 2010）。系统性的否定一般出现在个体或群体的核心信念和价值被围攻时。这体现于面对压倒性相反的数据（例如，经济学家持续地为以增长为基础的经济学抗辩）时，始终忠于原有事物规则的现象，或者体现于承认存在"有一个可怕的问题但没有决定去处理它"的情况中（Pratarelli and Aragon, 2008）（例如，2009 年 11 月哥本哈根气候变化大会的失败）。

这种否定形式其实有一个物理基础，还涉及另一个层面的先天/后天相互作用。近期人类认知研究显示，在个体发育过程中，重复的感官体验和持续的接收固定文化形式（例如，宗教教条、政治理论和学科学说），实际上有助于形成反映和嵌入这些体验的准固定模型的大脑突触回路。简言之，智人已经进化到了其大脑能够提前适应，以记录个体所在群体内所有成员共同分享的关键信念和行为规范的程度（在青少年的大脑中自动印刻到目前为止得到了很好印证的部落/文化规范，可能是对一个相对静态的生物物理环境的高度适应）。当前情况下，关键点在于，一旦突触回路形成，人类就倾向于找出相符合的信念和经验，以强化与之相关联的文化预设。"如果遇到与预先构成的内部结构不相符的信息，他们会否认、怀疑、重新解释或忘记这些信息。"（Wexler, 2006, p. 180）

因此，认知神经生物学为理解在全球变化加速的背景下、个体

---

① 多重刺激都在发挥着作用。例如，对于石油和煤炭巨头而言，让公众对有效碳排放减少政策持敌对态度从经济短期来看似乎是合理的，但如果气候科学是对的，那么这种对抗政策会影响每个人的长期利益。

行为不妥协和文化惰性增加提供了一个多层次的生物社会基础。一旦个人的突触路径确定下来且是适应特定情况的，那么个人就难以接受社会文化或生物物理环境的后续改变。即使有人接受“重新规划”是必需的，这一过程可能是非常冗长和不可预测的。因此，在人类程序化认知与新环境现实之间重新建立认知协调，需要各方都有意愿参与到自身神经路径和心理状态的重构过程中来（Wexler，2006）。

在这种情况下，要达到可持续性要求可能需要这个全球社会共同参与到社会重构计划当中来。也许，已经不能断言人类的集体智慧和理性超越了人类维护现状的倾向。毫无疑问，为了实现之前计划的可持续性目标，建立一个能够适应预期重大变化情况的全球性心态，是执行像“重新分配稳态”战略的唯一方法。[①]

作为以上内容的一个部分，我们将不得不抛弃许多与政治理论、宗教教条和学术观点有关的导致（非）可持续性危机的“预分析视角”。即将经济的主导概念定义为一个开放、增长、自生的系统，它不受生物物理世界干扰。这个观点与赫尔曼·戴利提出的更加贴近现实的观点有根本性的冲突。赫尔曼·戴利认为经济是无法不断增长的生物圈的一个开放、不断增长、被完全包容且具有完全依赖性的子系统。这两种观点的冲突难以弥合。然而，与否定论完全相符，或者可能是对熟悉确定性的下意识需求，主流经济学家一般倾向于“否认、怀疑、重新解释或忘记”戴利的观点，而不会认

① 那些对公益性社会工程畏缩不前的人应当牢记，这一代已经为了企业利益而被社会性地改造了。另一种做法是等待，一直等到大范围灾难来临，使得人们不得不迈出他们的舒适圈。这将迫使他们去重新构建他们的内部“现实”（认知），但是这就不那么令人舒适了。

为他们的基本模型已经瓦解。考虑到全球变化的速度，马克斯·普朗克对普遍问题的解释尤其发人深省：

> 一个新的科学真理不会通过说服其对手和让他们看到曙光而获得胜利，因为其对手最终会消亡，而且新一代在成长过程中会慢慢熟悉这个真理。(Planck, 1949, p. 33)

(当然，如果高等院校继续大量克隆劳伦斯·萨默斯的思想而不是赫尔曼·戴利的观点，那么即便是这样也无法达到预期目的。)

7.6 结尾：赫尔曼·戴利和文化演变

开始我认为：人类别无选择，只能按照社会构建的现实模型生活，而且在这些无意识的抽象物质构建中，我们往往会被"奇幻思维"诱惑。另外，我还认为：这未必是一种毫无希望的处境——社会能够选择有意识地重构其核心文化叙事。当然，我们需要一种精心构建的全新经济模型，既承认人类事实上的生态位是消费的"耗散结构"，又承认人类在群体当中的复杂关系。

从建筑学到动物学的许多人类活动领域中，我们已有意识地构建了真实和抽象模型。而目的始终是简化现实世界的某些方面，同时保留住被模拟的实体的基本特征和行为。我们希望，理解我们在操控关键变量或指标时这些精心构建的模型如何做出反应，将有助于我们去可靠地研究在类似情况下真实世界是如何表现的。这就是良好的实验科学谨慎前行、比照现实世界不断地验证各种假设和假说的原因。如果某一假说不成立，那么科学家将据此重新构建模型，每一次构建都希望能够将模型的表现推导得更加接近这个模型主张所代表的现实行为。[①]

同样值得注意的是，生物进化恰好也以这种“试错法”不断发展。事实上，每次基因突变都意味着相关生物环境的一次实验“假说”。能够提升个体生命力或“适应度”的突变被保留下来并被子孙后代继承，子孙后代就是生物的未来“模型”。不成立的假说被“淘汰”，最终在人类中消失。

难道社会不该运用模型的创造性作用和进化过程来理解当前在物质世界中发挥作用的伟大经济实验吗？我们将新自由主义学说下的经济与外部现实进行了对比，在人类进化中，我们正在进行一场不受控制且存在潜在危险的实验。但结果却是，我们并不愿意调整模型以使之适应“环境”。

这尤其让人失望。对人类进化而言，文化因素的推动作用超过了生物因素，这一事实使得我们比其他物种多了一项潜在优势。众所周知，“基因”是生物进化的基础。基因是遗传信息的基本单位，这些遗传信息与“环境”相互作用来决定个体的物理和行为表型（“外观”）。而我们不太熟悉的是“模因”这一概念。“模因”是传递文化信息的基本单位——包括流传已久的神话、经济模型或工作方式，会影响所讨论的这个社会的“表型”（Dawkins，1976）。因此，模因是文化发展的基础；模因对基因起到了帮助作用，因为模因能够在同一代或同一个群体的生物个体之间快速传播。这意味着，人类进化，尤其是文化部分，潜在地比生物进化快得多。

---

① 有人认为，经济学家的做法正是唱反调，想让现实世界去遵守他们的模型！

但仅仅是潜在地。模因和基因一样都要经受自然选择。如果某一个之前取得成功的模因或模因组合(例如,增长主义经济学)无法适应不断变化的环境条件,那么这个环境可能就会淘汰它。因此,虽然模因进化从理论角度上比基因进化快,但是它无法总是那么快。拒绝抛弃适应不良的模因组合的整个文化——核心价值和信念——已经瓦解坍塌(参见 Diamond, 2005)。

请牢记这一点,一个真实合理的社会很快就会采纳赫尔曼·戴利的稳态经济学理论,因为新自由主义经济学将被"淘汰",而且戴利的观点更好地描绘了当代真实的生物物理世界。简言之,稳态经济学改善了人类适应性,提高了生存价值。

与此同时,我们可能会考虑改善经济生活的社会尺度。除了逻辑智力之外,人类还拥有独一无二的同理心(对其他人和其他物种),有道德判断,能够利用所有这些特质来规划未来生活。新自由主义经济学忽略了人类智慧的大多数方面,避开了道德伦理因素,而且不去考虑长远规划。相比之下,赫尔曼·戴利的政治经济观点再一次充分展示了所有这些特质的作用(参见 Daly and Cobb, 1994)。如果全球文明的目标是与生物圈建立一种公平可持续"稳态"关系,这些特质都是必需的。

让世界觉醒！如果自称是自我意识的智慧和地球生命进化的顶峰的现代"智人",因为自欺和"奇幻思维"在政治上和经济上长期徘徊不定、适应不良,进而导致被生物圈无情驱赶,这将会是一个多么悲剧性的讽刺。

参考文献

Ayres, R. U. and U. K. Simonis (1994), *Industrial Metabolism: Restructuring for Sustainable Development*, Tokyo: United Nations University Press.

Ayres, R. U. and B. Warr (2009), *The Economic Growth Engine: How Energy and Work Drive Material Prosperity*, Cheltenham, UK and Northampton, MA, USA: Edward Elgar Publishing.

Burton, R. A. (2008), *On Being Certain: Believing You Are Right Even When You're Not*, New York: St Martin's Press.

Christensen, P. (1991), 'Driving forces, increasing returns, and ecological sustainability', in R. Costanza (ed.), *Ecological Economics: The Science and Management of Sustainability*, New York: Columbia University Press, pp. 75 – 87.

Coase, R. (1997), Interview with Ronald Coase, Inaugural Conference, International Society for New Institutional Economics, St Louis, USA, 17 September, available at http://www.coase.org/coaseinterview.htm (accessed 19 July 2010).

Daly, H. E. (1968), *Journal of Political Economy*, **67** (3), 392 – 406, reprinted in H. E. Daly (ed.), 1980, 'On economics as a life science', in *Economics, Ecology, Ethics: Essays Toward a Steady-state Economy*, San Francisco, CA: W. H. Freeman, pp. 238 – 52.

Daly, H. E. (1990), 'Sustainable development: from concept and theory towards operational principles', *Population and Development Review* (special issue), reprinted in H. E. Daly (1991), *Steady-state Economics*, 2nd edn, Washington, DC: Island Press, pp. 241 – 60.

Daly, H. E. (1991a), *Steady-state Economics*, 2nd edn, Washington, DC: Island Press.

Daly, H. E. (1991b), 'From empty world economics to full world economics: recognizing an historic turning point in economic development', in R. Goodland, H. E. Daly and El Serafy (eds), *Population, Technology and Lifestyle: The Transition to Sustainability*, Washington, DC: Island Press, pp. 23ff.

Daly, H. E. (1994), 'Operationalizing sustainable development by investing in natural capital', in A.-M. Jansson, M. Hammer, C. Folke and R. Costanza (eds), *Investing in Natural Capital*, Washington, DC: Island Press, pp. 22 – 37.

Daly, H. E. (1996), *Beyond Growth: The Economics of Sustainable Development*, Boston, MA: Beacon Press.

Daly, H. E. (1999), 'Uneconomic growth in theory and in fact', The First Annual Feasta Lecture, Trinity College, Dublin, 26 April, available at http://www.feasta.org/documents/feastareview/daly.htm (accessed 28 July 2010).

Daly, H. E. (2008), 'Special report: economics blind spot is a disaster for the planet', *New Scientist*, **2678**, 46 - 7.

Daly, H. E. and J. B. Cobb, Jr (1994), *For the Common Good*, 2nd edn, Boston, MA: Beacon Press.

Daly, H. E. and J. Farley (2004), *Ecological Economics: Principles and Applications*, Washington, DC: Island Press.

Damasio, A. (1994), *Descartes' Error: Emotion, Reason and the Human Brain*, New York: Avon Books.

Dawkins, R. (1976), *The Selfish Gene*, Oxford: Oxford University Press.

Diamond, J. (2005), *Collapse: How Societies Choose to Fail or Succeed*, New York: Viking Press.

Galbraith, J. K. (2000), 'How the economists got it wrong', *The American Prospect*, **11**(7), 14 February.

Georgescu-Roegen, N. (1993), 'The entropy law and the economic process', in H. E. Daly and K. Townsend (eds), *Valuing the Earth: Economics, Ecology, Ethics*, Cambridge, MA: MIT Press, pp. 75 - 88.

Heidegger, M. (1955), 'Discourse on thinking: memorial address', reprinted in M. Stassen (ed.) (2003), *Martin Heidegger: Philosophical and Political Writings*, trans. J. M. Anderson and E. H. Freund, The German Library, London: Continuum International Publishing Group, pp. 87ff.

Heilbroner, R. and L. Thurow (1981), *The Economic Problem*, New York: Prentice Hall.

Hicks, J. R. (1946), *Value and Capital*, 2nd edn, Oxford: Oxford University Press.

Jensen, D. (2000), *A Language Older than Words*, New York: Context Books.

Kay, J. J. and H. Regier (2000), 'Uncertainty, complexity, and ecological integrity', in P. Crabbe, A. Holland, L. Ryszkowski and L. Westra (eds),

Implementing Ecological Integrity: Restoring Regional and Global Environment and Human Health, NATO Science Series IV: Earth and Environmental Sciences, Vol. 1, Dortrecht: Kluwer Academic Publishers, pp. 121 - 56.

Le Bon, G. (1895), *The Crowd: A Study of the Popular Mind*, reprinted in 2001, Kitchener, Canada: Batoche Press, available at http://socserv.mcmaster.ca/econ/ugcm/3ll3/lebon/Crowds.pdf (accessed 19 July 2010).

MacKenzie, D. (2010), 'Whose conspiracy? Special report on "denial"', *New Scientist*, **2760**, 38 - 41.

MacLean, P. (1990), *The Triune Brain in Evolution: Role in Paleocerebral Functions*, New York: Plenum Press.

Marshall, A. (1925), *Memorials of Alfred Marshall*, ed. A. C. Pigou, London: Macmillan.

Monbiot, G. (2010), 'Towering lunacy', *Guardian*, 17 August, available at http://www.monbiot.com/archives/2010/08/16/towering-lunacy/(accessed 18 August 2010).

Nelson, J. A. (2005), 'Rationality and humanity: a view from feminist economics', Working Paper 05 - 04, Global Development and Environment Institute, Tufts University, Medford, MA.

Ormerod, P. (2010), 'The current crisis and the culpability of macroeconomic theory', *Twenty-First Century Society*, **5**(1), 5 - 18.

Pearce, D. W. and G. D. Atkinson (1993), 'Capital theory and the measurement of sustainable development: an indicator of weak sustainability', *Ecological Economics*, **8**, 103 - 8.

Pearce, D. W., E. Barbier and A. Markandya (1990), *Sustainable Development: Economics and Environment in the Third World*, Cheltenham, UK and Northampton, MA, USA: Edward Elgar Publishing.

Pinker, S. (2002), *The Blank Slate: The Modern Denial of Human Nature*, New York: Viking.

Planck, M. K. (1949), *Scientific Autobiography and Other Papers*, trans. F. Gaynor, New York: Philosophical Library.

Postman, N. (1999), *Building a Bridge to the 18th Century*, New York: Vintage Books.

Pratarelli, M. E. and C. M. Aragon (2008), 'Acknowledging the "primitive origins of human ecological dysfunction": a view toward efficacy and global ecological integrity', *Globalization*, **8** (1), 1 - 17, available at http://globalization.icaap.org/content/v8.1/Pratarelli_Aragon.pdf (accessed 29 July 2010).

Prigogine, I. (1997), *The End of Certainty: Time, Chaos and the New Laws of Nature*, New York: The Free Press.

Rees, W. E. (1999), 'How should a parasite value its host?', *Ecological Economics*, **25**, 49 - 52.

Rees, W. E. (2003), 'Economic development and environmental protection: an ecological economics perspective', *Environmental Monitoring and Assessment*, **86**(1/2), 29 - 45.

Rees, W. E. (2006), 'Ecological footprints and bio-capacity: essential elements in sustainability assessment', in J. Dewulf and H. Van Langenhove (eds), *Renewables-based Technology: Sustainability Assessment*, Chichester, UK: John Wiley and Sons, pp. 143 - 58.

Rees, W. E. (2008), 'Human nature, eco-footprints and environmental injustice', *Local Environment-The International Journal of Justice and Sustainability*, **13**(8), 685 - 701.

Regal, P. J. (1990), *The Anatomy of Judgment*, Minneapolis, MN: University of Minnesota Press.

Rockstrom, J., W. Steffen, K. Noone et al. (2009), 'A safe operating space for humanity', *Nature*, **461**, 472 - 5.

Rowe, D. (2010), 'Liar, liar: why deception is our way of life', *New Scientist*, **2765**, 28 - 9.

Schneider, E. D. and J. J. Kay (1994a), 'Complexity and thermodynamics: toward a new ecology', *Futures*, **26**, 626 - 47.

Schneider, E. D. and J. J. Kay (1994b), 'Life as a manifestation of the second law of thermodynamics', *Mathematical and Computer Modelling*, **19**(6 - 8), 25 - 48.

Schneider, E. D. and J. J. Kay (1995), 'Order from disorder: the thermodynamics of complexity in biology', in M. P. Murphy and L. A. J. O'Neill (eds), *What is Life: The Next Fifty Years-Reflections on the Future of Biology*, Cambridge: Cambridge University Press, pp. 161 – 72.

Schrodinger, E. (1944), *What is Life?*, reprinted in 1967, Cambridge: Cambridge University Press, available at http://whatislife. stanford. edu/LoCo _files/What-is-Life. pdf (accessed 21 December 2015).

Tuchman, B. (1984), *The March of Folly*, New York: Alfred A. Knopf.

Victor, P. A. (1991), 'Indicators of sustainable development: some lessons from capital theory', *Ecological Economics*, **4**, 191 – 213.

Victor, P. A. (2008), *Managing Without Growth: Slower by Design, Not Disaster*, Cheltenham, UK and Northampton, MA, USA: Edward Elgar Publishing.

Victor, P. A., E. Hanna and A. Kubursi (1995), 'How strong is weak sustainability?', *Economie Appliquée*, **48**(2), 75 – 94.

von Weizsacker, E., K. Hargroves, M. Smith, C. Desha and P. Stasinopoulos (2009), *Factor 5: Transforming the Global Economy through 80% Increase in Resource Productivity*, London and Droemer: Earthscan.

Wexler, B. E. (2006), *Brain and Culture: Neurobiology, Ideology and Social Change*, Cambridge, MA: Bradford Books, MIT Press.

Wolf, M. (2010), 'Why were resources expunged from economics?', *Wolfexchange*, London: *Financial Times*, available at http://blogs. ft. com/martin-wolf-exchange/2010/07/12/why-were-resources-expunged-from-neo-classical-economics/ (accessed 13 July 2010).

WRI (2000), *The Weight of Nations: Material Outflows from Industrial Economies*, Washington, DC: World Resources Institute, available at http://pdf. wri. org/weight_of_nations. pdf (accessed 26 July 2010).

WWF (2014), *Living Planet Report 2008*, Gland, Switzerland: Worldwide Fund for Nature.

第三部分
改变目标：什么是社会、心理和道德上的渴求？

8 公平分配在“满”的世界中的重要性

菲利普·朗

8.1 引言

本章旨在论述人类始终追求的分配公平目标，在“满”的世界中(即人造资本非常丰富而剩余的自然资本相对有限的世界)成为一个更为重要的因素。为展开论证，我将聚焦于以下生态经济学的立场——要实现可持续发展，需要达到三个不同的政策目标：(a)生态可持续性(保证物质通量不超出生物圈的再生能力和废物消纳能力)；(b)分配公平(保证收入和财富分配的公平公正)；(c)资源配置高效率(保证所输入资源流向价值最高的生产性用途)(Daly, 1996)。

不过，还有另外两个因素对实现可持续发展至关重要。其一，根据丁伯根(1952)，达到前述所有三个政策目标需要分别采用专门的政策工具，也就是说，不要奢望单一一项政策工具能够实现两个或三个政策目标。[①] 所需要的政策工具包括：

- 对资源通量施加数量限制，以实现生态可持续性；
- 利用税收和转移支付来实现收入和财富的公平分配；
- 由竞争性市场中供需关系决定的相对价格促成资源配置高效率。

其二，追求这三个政策目标，必须遵循上述优先序，即生态可持续性第一，分配公平其次，最后才考虑资源配置高效率。试图先解决资源配置效率问题，然后再矫正所输入资源流向以保证生态可持续和分配公平，是毫无意义的。因为资源配置过程涉及资源输入流在不同生产性用途之间的相对分割（通过交换），借由矫正资源流的物理规模来实现可持续性为时已晚。此外，个人对资源输入流的配置能力取决于其对需求或欲望满足手段的支付能力，在资源配置之后再通过矫正资源输入流在人与人之间的分配来实现公平，为时晚矣。[②]

除了征收资源耗竭税/环境污染税之类的主流手段外，遵循上述显而易见的顺序来实现三大政策目标，也是将市场外部性内部化的良好手段。这是因为上述政策优先序不仅将溢出成本内部

① 参见本书第 13 章，了解另外一种观点，即用来捕获自然资源租金的政策工具是可持续、公平与高效的。

② 当然，在资源配置过程之前保证公平分配未必能确保配置过程之后的分配仍是公平的。因此，总是需要进一步地再分配。但是，相对于一开始就公平分配资源输入流，资源配置过程之后的再分配效果大打折扣并且扭曲市场。最重要的是，必须在资源配置高效率目标之前实现生态可持续性和分配公平的目标。

化，而且还将生态底线与分配底线内化于其中。[①] 这种做法使市场更为顺利地通过宏观调整达到最优规模，即不仅是可持续和公平的规模，而且是经济福利（经济活动的收益－成本差值）最大化的规模。相反，“效率优先”策略不太可能防止经济过度增长、超过最优规模；因为任何效率上的提升都会造成假象，似乎靠节约资源来实现生态可持续性并非那么必要（Daly, 2007）。效率提升给人们另外一种错觉——既然更高的效率意味着同等资源通量能产生更多财富，而大多数观察家假定做大了的蛋糕会自动惠及穷人，那么靠再分配实现公平就不是那么必要。

在促使人们注意这三大政策目标过程中，有必要强调，主流经济学家几乎只关注高效率的资源配置（这在很大程度上是因为他们错误地假定资源配置的高效率能自动带来生态可持续性），而生态经济学家的目光主要局限于可持续的规模问题。人们可能以可持续性的重要性及这一概念的艰涩难懂为由，为生态经济学家的这种局限性辩护。然而，我认为生态经济学家必须为国家和国际层面的公平分配问题贡献更多时间和精力。简短地解释我们为何应当关注分配公平之后，我将简要论述为实现国内和国际的收入

① 然而，在没有实现可持续性和公平分配目标的前提下征收资源耗竭税/环境污染税，这种做法错误地依赖溢出成本内部化来实现资源通量的可持续及收入和财富分配的公平。从一开始就实现可持续性和分配公平目标确保了：(1)这两个关键目标不受随后的资源输入流配置的任何影响；(2)资源输入流的配置由反映生态与分配底线的价格信号决定。关于资源通量与分配的前置决策的价格影响效应，绝非一个小问题。就自然资源而言，已经可以看到，当资源变得越来越稀缺时，资源价格未必会上涨（Bishop, 1993; Hall and Hall, 1984; Lawn, 2007; Norgaard, 1990）。这是因为，除非资源流被明确施加反映生态极限的总量控制，资源价格无法反映绝对稀缺性。还可参见瓦顿（本书第5章），了解关于外部性的有趣讨论。

与财富分配公平，需要施行哪些政策。

8.2 为何公平分配如此重要?

之所以收入和财富的公平分配如此重要，原因是显而易见的——在道义上，社会有义务让每一个公民都获得基本的生活必需品。[①] 然而，公平的内涵远不止于此，限制贫富之间收入和财富在数量级上的差距是社会义不容辞的责任。事实上，公平的这层内涵往往被忽略；企业高管与普通工人薪酬在数量级上的差距猛增，就是一个明证。[②] 极少有公益组织倡议对最高收入施加限制，这意味着超出一定阈值的收入将被征收100％边际税。这有点让人吃惊，根据我的观点，超出一定水平的收入实际上构成一种经济租金[③]，而几乎每一本本科经济学教材都将经济租金描述为非劳动所得，应当被抽税（充公）并再分配。[④]

---

① 参见瓦顿（本书第5章），了解关于增长的社会极限的论述；以及参见高智（本书第6章），了解关于人类对公正和公平分配之普遍关注的论述。

② 戴利（1996）指出，在美国，企业高管和普通工人的薪酬差距从1960年的12倍上升到20世纪90年代的100多倍。这一差距进一步扩大，到2012年达到273倍（Mishel and Sabadish，2013）。在美国本轮大萧条正式结束两年后，99％的民众收入缩减，而位于最高阶层的1％反而攫取了复苏过程中全部收入增长的121％（Saez，2013）。

③ 参见柯布（本书第11章），了解关于经济租金的更详细讨论。

④ 每次提出这个建议，我通常会被问到最高收入应当是多少。有时候，我只能答以一个大致猜测的数据；老实说，我不能对此进行有力论证。对此进行更多思考后，我觉得更有理由认为，较好的起点是对国家总统或总理的年薪作出规定；毕竟，没有人比他们承担更大的责任。从我作为澳大利亚人的眼光来看，这意味着最富和最穷国民之间的收入差距约为15—20倍（澳大利亚总理的年薪约为35万澳元，普通民众的年收入约为5万澳元，而最贫困国民——无其他收入来源的老年退休人员——的年收入约为2万澳元）。

还有另外一条有力理由证明了收入与财富公平分配之重要性。因为经济增长存在负面效应，至少许多生态经济学家都认为，决策者最终需要摒弃增长目标，开启向稳态或去增长经济的转型。[①] 提升国民福利的标准手段是在物质层面推动经济增长。生态经济学家乐于承认，第二次世界大战后工业化经济体中持续的经济增长提升了大多数工业化国家中普通民众的物质福利。生态经济学家的疑问在于，物质财富的增加是否必然能带来这些国家普通民众的境遇改善。

生态经济学家存此疑问是基于以下两条理由。第一条理由与戴利(1973)首创的理论观点有关。第二条理由是最近才出现的，与越来越多支持戴利观点的实证论据相关。戴利的理论观点基于一系列心理学、存在主义和生物物理学原理，我并不打算在本章中予以论述。[②] 简而言之，生态经济学家认为，由于经济增长所依赖的生物圈是有限的、不会增长的，经济增长的边际收益逐渐下降而其边际成本逐步上升，最终会达到一个边际收益和边际成本相等的物理规模。在这一点上，经济达到其最优规模，意味着任何更多的经济增长都是“不经济的”，其成本增加(通常是社会和环境成本)大于其收益增加(通常是经济收益)。因此，超出最优点的经济增长虽能增加民众物质财富，其效应却是降低民众福利。

① 稳态经济是一种规模不再扩大但质量不断提升的经济形态，即新产品的产量等于既有产品的消费量/折旧量，但物质产品的内容、产品的生产和维护方式、产品的设计用途等质量方面因素在改善。若要更多了解稳态经济，请参见戴利(1973，1991)、罗恩(2007)、迪茨和奥尼尔(2013)以及捷克(2013)，还可参考本书第12—14章。

② 若需了解更多相关信息，请参见戴利(1973，1991，1996)、米山(1967，1980)、尼古拉斯·乔治斯库-罗金(1971)、韦斯科普夫(1971，1973)、赫希(1976)、罗恩(2000，2007)和穆勒(1857)。

更糟糕的是，宏观经济最优规模的到来可能远远早于多数人的设想。人们普遍认为，如果真的存在所谓最优规模，在经济达到最大可持续规模（生物圈长期承载力所能支持的最大规模）之前并不会到来。[①] 然而，正因为当经济接近其生态极限时生态系统服务损失的成本（无论它们是否会在市场中反映出来）会急剧上升，经济最优规模的到来将远远早于其最大可持续规模。因此，前者可能远远小于后者。

当然，增进效率的技术进步可能会提高经济增长的边际收益，降低其边际成本，进而同时扩大国民经济最优规模和最大可持续规模（Lawn，2007）。不过，问题在于某些生物物理因素严重限制了人类降低经济增长之边际成本的能力。生物物理因素还会制约在经济系统变得不可持续之前的增长范围。但是，即便存在扩大最优规模的技术可能性，若国民经济已经远大于最优规模，就几乎没有意义。在此情况下，为了国民享受更多的经济福利，国家必须降低其经济体量。

最后一点引出了生态经济学家提出质疑的第二条理由，即最近工业化国家中的经济增长能否转化为人民福利增长。在20世纪80年代后半期，戴利和柯布（1989）在诺德豪斯和托宾（1972）早先为美国设计的福利指数基础上，开发出可持续经济福利指数（ISEW）。ISEW旨在衡量与比较经济增长的收益与成本，现在该指数通常被称为真实进步指数（GPI）。GPI是判断一国经济发展是否迈向其最优规模的有用指标（Lawn，2007；Lawn and Clarke，2008；Lawn and Sanders，1999）。大致上，如果GPI升高，说明一

① 这两个概念被混淆进而被混用是极其常见的事。

国的经济规模小于其最优规模，此时发生的任何增长都是“经济的”。相反，GPI下降意味着经济超出其最优规模，此时发生的增长是“不经济的”。

在几乎每个工业化国家的计算样本中，GPI在随国内生产总值(GDP)一同上升一段时期后，都会下降或停滞(Jackson and Stymne, 1996; Kubiszewski et al., 2013; Max-Neef, 1995)。因为某些国家(如美国、英国和澳大利亚)的GPI在20世纪70年代已折向下行，另外一些(如瑞典与荷兰)则在20世纪80年代出现下行，看来，大多数工业化国家已越过其最优经济规模很久。因此，工业化世界中许多民众的福利可能已经下降或原地踏步较长时间了。

更需要令人警醒的是，许多工业化国家的经济似乎已超出其最大可持续规模。基于一国生态足迹①与有效生物承载力比较的研究表明，世界上大多数工业化国家存在生态赤字(Wackernagel and Rees, 1996; Wackernagel et al., 1999)。② 因此，工业化国家不

---

① 一个国家的生态足迹是指，产出支持现有水平经济活动的可再生资源和吸纳相应废物所需要的土地面积。之所以要在生态足迹计算中强调可再生资源，是因为不可再生资源的耗竭是不可避免的，不能以此为计算依据。要判断一国经济是否越过其最大可持续规模，就要将生态足迹与生物(生态)承载力作比较。一国生物(生态)承载力是指可获得的持续供给可再生资源和吸纳其自身废物的土地数量。若一国生态足迹超过其生态承载力，就会导致生态不可持续性(生态赤字)。

② 有人声称生态赤字国可以从生态盈余国进口资源来实现可持续发展。这有一定道理，然而，有两点值得牢记。其一，当前全球经济的生态足迹已经超过全球生态承载力(Wackernagel et al., 1999)。也就是说，全球经济已经处于生态赤字中。因此，虽然某些国家的生态赤字可以靠资源进口来平衡，但并非每个国家都能做到。其二，因为某些生态盈余国的经济仍在增长，其生态足迹也在增长中。这意味着，全球范围内生态盈余在下降。即便生态债务国能通过与盈余国的合作填平其生态赤字，但后者的生态盈余随着时间推移在缩减，而债务国自身的生态赤字在扩张，这种保持可持续性的合作还能依靠吗？

仅必须缩减其经济体量方能增进其民众福利(即向经济最优规模移动),而且需要经历一定时期的去增长,才能再次实现经济可持续运转。[①]

鉴于缩减经济体量迫在眉睫,很明显工业化国家无法依靠经济增长来提升其最贫困人群的物质福利,它们不得不严重依赖收入与财富的再分配来实现该目标。效率提升(特别是生产中的价值增加)也能提高民众福利,但更高效率并非轻易可得。而且,正如之前所强调,技术效率也要服从于严格的生物物理约束。[②]

如果一个社会或国家选择向稳态经济转型,而转型需要经历一定时期的去增长,公平因素就显得更为重要。在此情况下,公平分配对于将转型阵痛最小化颇为关键。例如,在经济体量缩减时,需要实施创新政策,以便将失业率和绝对贫困率控制在低位。如果做不到这一点,贫困率和失业率将上升到社会无法忍受的高位;在此情况下,社会将无法承受向稳态经济的转型,转而追求增长目标。我将展开论述阻止失业率和贫困率快速上升的政策。

我想阐述的最后一个问题是不少贫困国家中关乎可持续经济福利的、令人不安的新情况。如前文所述,富裕国家的 GPI 从 20

---

① "去增长"是指有计划地让经济体量发生可测量的缩减。这不同于失败的增长型经济(衰退),因为它通过实施一些特殊政策,有条不紊地、以痛苦最少的方式缩小经济规模。去增长是一个相对较新的概念,并在最近欧洲生态经济学会组织的会议上得到了较深入的探讨(参见 www. ecoeco. org/esee/degrowth conference, 2008 年 11 月访问)。还可参考马丁内斯-阿里尔(本书第 13 章)。

② 例如,热力学第一和第二定律决定了物质产品(Q)所蕴含的物质-能量一定少于用于生产它的资源(R)所蕴含的物质-能量。也就是说,技术效率($E = Q/R$)的值一定小于 1。因此,生产过程绝不可能达到 100%的效率。热力学第一和第二定律还排除了同时实现物质和能量 100%循环的可能性。

世纪70至80年代开始下降或陷于停滞。显然，大多数国家的GPI是在其人均GDP达到15 000—20 000美元时停止上升的。[①] 这促使麦克斯-尼夫（1995）提出一个阈值假说——当一个国家的人均GDP达到一定水平，其GPI可能下降。这种观点会使热衷于增长的富国不悦，但对穷国来说是个好消息。当人均GDP远低于收入阈值时，穷国可以放心推动增长；它们清楚，至少在一定时期内，经济增长还能转化为可持续经济福利的提高。

令人沮丧的是，情况看来并非如此。有一本揭示亚太七国GPI研究成果的专著已经面世（Lawn and Clarke, 2008）。其中有三个国家是高收入国家——澳大利亚、新西兰和日本；其余四个国家是低收入国家——中国、印度、泰国和越南。四个低收入国家中的两个（中国和泰国）已经经历人均GPI的下降，尽管其人均GDP远低于收入阈值。[②] 印度和越南的人均GPI仍在上升，但上升速率远小于人均GDP增长速率。而且，因为印度和越南的环境成本显著上升，并可能在近期继续保持强劲上升态势，这两国的人均GPI必将很快迎来下降。

GDP阈值水平如此明显下降的原因是什么？有很多影响因素，但主要因素看来是在一个“满”的世界中，增长的边际成本高出很多。世界上最富国家的早期增长阶段，发生在相对“空”的世界中。资源是充裕的、轻易可得的，全球资源市场中的资源竞争并不激烈。此外，自然界的自净能力还有很大富余，能够大量吸纳和消解排放出的废物。因此，对于早期先发展起来的国家，增长的边际

① 基于2004年价格和汇率。

② 中国和泰国的人均GPI分别在其人均GDP为5 000美元和7 500美元时达到峰值。

成本很低。

如今的情况已截然不同。现在人们需要从遥远的沙漠和深海中开采石油，中国和印度正为基本物资与欧洲和北美展开激烈竞争；同时，全球生物圈还要努力应对不断增长的排入大气层的二氧化碳（CO_2）。因此，就同等发展阶段而言，后发国家的经济增长边际成本要远远高于世界上最富的国家。

这意味着什么？首先，除非采取适当行动，低收入国家可能永远无法达到工业化国家现有的福利水平。其次，富国不仅需要为了提高其自身经济福利而抑制其增长；而且，从公平角度看，必须为了给低收入国家腾出增进福利所需的发展“空间”而停止自己的增长（Lawn and Clarke，2008）。如果富裕国家真这么做，那就构成一种间接的再分配；尽管如我们所见，这种再分配是远远不够的。

8.3 实现公平分配的政策

鉴于前文所述，很明显，要在一国内部和国家间实现公平分配，就需要实施一定政策。达到国与国之间的公平更为困难，因为这需要全球范围内劳动报酬、劳动条件和环境标准实现相对均等化（发展中国家的相关条件需要提升，向发达国家靠拢）。出于显而易见的减贫目的，提升相关标准和条件的努力非常重要。鉴于全球化之势倾向于对此类标准施加下行压力（如各国为出口或引资竞争而竞相压低相关标准），这些努力的重要性就更加凸显，并且需要措施得当，以收获真正的、社会所期望的分配公平效果。

8.3.1 在一国内部实现分配公平的政策

只要国家间物质财富和生产力的差异仍然存在，实现国内分配公平的政策自然就会因国情而异。在低收入国家，社会满足穷人需求的能力是有限的，实现公平分配可能仅限于保证每个人都获得基本生活必需品。相反，在高收入国家，实现分配公平可能是指让穷人也有机会获得某些奢侈性商品和服务。在高收入国家，鉴于相对收入看起来比绝对收入对个人福利的影响更大，对贫富之间合理差距的关注度有上升趋势（Abramowitz, 1979; Easterlin, 1974）。

姑且不考虑最低收入应设置为多高，有一系列推荐措施来保证人们获得最低收入。一些观察家提议实行“基本收入保障机制”，这事实上是一种不考虑个人对社会贡献差异，针对每一个公民的、普遍性转移支付方案（Atkinson, 1995; Baetz, 1972; Clark and Kavanagh, 1996; Van Parijs, 2004）。其他人则主张类似方案，不过是以负向收入税的形式出现（Daly, 1991; Friedman, 1962; Tobin, 1966）。

因为虑及“基本收入保障机制”在宏观上的负面效应，一批经济学家最近提出“岗位保障机制”的概念（Cowling et al., 2006; Mitchell and Watts, 2004; Tcherneva, 2006; Wray, 1998）。“岗位保障机制”是一种需求侧政策，政府充当最终保底的雇主，为所有被私营部门淘汰的从业者提供工作岗位（Mitchell and Watts, 2004）。在“岗位保障机制”下，任何无法在私营部门或常规公共部门得到工作的人，都将自动获得一个保障性岗位。

该制度的一个重要特征是提供最低小时工资，以满足该体系中全职从业者及其家属的基本生活需要。最低工资还意味着政府避免以更高工资与私营部门竞争劳动力。这保证了不会干扰私营部门的工资结构。作为一种额外的政策效应，政府给出的最低工资为整个经济体设置了一条稳定价格体系的工资底线（Mitchell and Muysken，2008）。

“岗位保障机制”的倡导者认为，诸多因素决定了该机制是提供最低收入的最佳办法。首先，由于“岗位保障机制”让收入与工作挂钩，因此无需担忧从业者缺乏激励与依赖社会福利。其次，“岗位保障机制”的倡导者指出，“基本收入保障机制”构成一种无差别的凯恩斯式的经济刺激手段；如果引入该机制，将触发周期性的需求拉动型和成本推动型通货膨胀。因为螺旋式上升的通胀接下来必会引发宏观经济的紧缩，“岗位保障机制”的倡导者认为“基本收入保障机制”将造成高失业率（Cowling et al.，2006）。相反，“岗位保障机制”将从两个主要方面消解任何通胀压力。其一，它将促成对充分就业而言必要的需求扩张——不多一分，也不少一分。因此，就其本质而言不会造成局面混乱。其二，它采用的通胀控制机制等同于“不会加速通货膨胀的失业率”（NAIRU），这是大多数国家政府广泛使用的方法。NAIRU 是指让通货膨胀率保持不变的失业率。能够将失业率降至 NAIRU 之下的真实 GDP 增长将带来与生产率无关的工资上涨，并加速通货膨胀（Dornbusch and Fischer，1990）。正是由于很多人对通货膨胀的忧虑，一旦失业率下降至接近 NAIRU，紧缩型的宏观调控措施就会被普遍采用。基于 NAIRU 的宏观经济政策的不幸后果有目共睹——它造成一个被牺牲的永久性失业群体，他们中的大多数是社会里最脆弱、最弱势的成员。[①]

米切尔和瓦茨(2004)将“岗位保障机制”所关联的通胀控制机制称作“不会加速通货膨胀的缓冲就业率”(NAIBER)。它的工作机理如下：首先，假定在失业率为6%的情况下采用基于NAIRU的政策。[②] 采用“岗位保障机制”只是消除摩擦性失业。因为该机制需要扩大政府支出，它会增加总需求和真实GDP，可以想到经济体内部将产生需求拉动型通胀压力。出于对通胀影响的担忧，政府将借助提高利率的货币政策来抑制私营部门活动。[③] 因此，在私营行业工作的劳动力比例下降，而受雇于“岗位保障机制”下最低工资的劳动力比例上升。若利率得到适当管理，“岗位保障机制”下与私营部门中的劳动力数量比会上升，直至通胀率再次稳定。通胀控制和充分就业将同时实现，就业率将达到NAIBER水平。

当然，“基本收入保障机制”的支持者可能这样回应：如果已经保证每一个国民有最低收入，未必再需要充分就业。他们可能进一步表示，任何由“基本收入保障机制”引起的高失业率都无关紧

---

① 有些专家声称，在很晚近的时候，NAIRU已下降到充分就业时的水平。澳大利亚纽卡斯尔大学充分就业与公平研究中心(CofFEE)的研究表明，考虑到个体不充分就业和劳动力未充分利用的情况，真实的失业率大约是官方数据的两倍。在澳大利亚，有一个时期(2007年末/2008年初)，联邦政府宣布实现了充分就业，官方公布的失业率约为4%，CofFEE(CofFEE劳动力市场指数，参见其连续发布报告)估计接近8%的劳动力处于失业或不充分就业状态。据估计，不充分就业的澳大利亚人中有70%工作时数比期望值至少少10小时。此外，大约1%的劳动力失业至少一年。

② 在大多数工业化国家，NAIRU一般为劳动力数量的6%左右。

③ 在实践中，大多数国家的货币政策工具由相对独立于中央政府的中央银行来操作。言及此，中央银行总是承担将通胀率控制在法定目标区间的货币政策职能，该目标载于中央政府所制定之中央银行章程。因此，尽管货币政策是由中央银行操作的，但它是站在中央政府的立场上运作的。

要。然而，有证据表明，由于失业会侵蚀人力资本、削弱其参与市场经济的能力，将严重阻碍个人发展其完全满足各种人生需求的能力——特别是激活全部潜力、变成最好自己的需求（Maslow, 1954）。因此有人主张，获得有保障的带薪工作机会是一种基本人权，且只有充分就业政策才能支持这种基本人权（Burgess and Mitchell, 1998）。我完全支持这种观点，并认为生态经济学家必须比以往给予就业问题更多关注。“岗位保障机制”是一项值得深入研究的政策倡议。

言及此，需要提到我最近提及的关于“岗位保障机制”的忧虑（Lawn, 2009）。假想一个国家处在生态意义上的悬崖边缘，并且没有被施加资源通量上的约束，以确保其不会超出资源再生和废物消纳的生物圈极限。若引入“岗位保障机制”来消除失业，它在最初阶段将增加真实 GDP，并将国家经济推入不可持续之境。乍一看，似乎“岗位保障机制”与生态可持续目标是相互冲突的，而这可能并非事实。再来假设，将资源通量的约束加诸一国经济，并以全面实施总量—交易体系的形式出现。[①] 在此情况下，当引入“岗位保障机制”，由此刺激的需求扩张将不会转化成不可持续的真实 GDP 增长；相反，资源需求相对于受约束的资源供给有所提高，将导致污染排放或资源开采许可的价格上涨。这将增加生产成本，抬高商品价格，降低真实货币供给（M/P）并推高利率。利率上升将使私营部门支出缩减，减少私营部门就业。当存在“岗位保障机制”，私营部门的失业者将从政府那里得到保障性岗位。因此，即便当生态约束造成总需求扩张无法实现，“岗位保障机制”将使带

① 若要更多了解总量-交易制度，参见罗恩（2007，第 11 章）和戴利（2007）。

薪就业量调整到维持充分就业所需水平(Lawn, 2009)。于是,在一个“满”的世界中,“岗位保障机制”将承担一种价值不可估量的公平分配功能。

无疑,一些观察家会反对将一部分劳动力“赶”出私营部门,在低薪的保障性岗位上就业(即 NAIBER 最初将高于 NAIRU)。我不得不承认,“岗位保障机制”可能造成这一不良后果;不过,请认真思考以下因素。首先,基于 NAIRU 的政策下有多得多的劳动者处于永久失业状态;与之相比,让一些人在低薪岗位就业则显得更为公平。其次,由总量-交易体系带来的资源价格升高往往会:(a)促进资源节约技术的开发和应用;(b)促进资源输入流配置到增值更高的生产活动中。换言之,更高的资源成本将促进劳动生产率不断提高。我认为,长期而言这将使 NAIBER 下降到远低于 NAIRU 的水平,从各方面来说都不可否认是更好的结果。

我将阐述的最后一点与人口增长相关。很明显,在增长所面临的生态极限之下,人口数量必将和人造物资存量一样,最终趋于稳定。然而,若人口数量快速上涨,实现分配公平将变得极其困难;就这一点而言,控制人口增长也是非常重要的。当然,不少国家的人口出生率和迁入率是很低的;对这些国家来说,人口增长控制并非其国内紧要的问题。但是,对那些出生率较高(通常在低收入国家)和迁入率较高的国家(如美国、加拿大和澳大利亚),人口问题就亟待引起更多重视。

8.3.2 在国家间实现分配公平的政策

如前文指出,发达国家所能采取的一种最佳分配公平举措是停止自己的经济增长,不要与发展中国家争夺地球上的资源,让发展中国家得以在一定时期内继续推动增进国民福利的经济增长。而且，高收入国家应当增加提供给世界上低收入国家的资金援助。目前，富裕国家对外援助支出占GDP比重平均为0.3％(OECD，2008)，这显然是杯水车薪。外援支出占GDP比重达到至少0.7％的目标，才显得更加公平。①

增加了的援助资金应当使用于四个主要领域，以减少当前国家间的不公平。首先，鉴于许多穷国需要控制其人口数量，援助资金应当在政府缺乏必要财力时用于资助人口稳定项目。

其次，世界上许多关键生态系统(如雨林、湿地和珊瑚礁)位于需要继续推动GDP增长的低收入国家，这些生态系统在最需要保护之时却承受了巨大压力。由于保护此类生态系统为所有国家带来的是非直接用途效益，东道国不得单方面享有其直接用途的开发和受益权。为促进生态系统保护，富裕国家的政府应当将援助资金用于补偿低收入国家为之放弃的生态系统直接用途效益。受援国可以将援助资金再分配给因不能获得生态系统直接效益而受影响最大的国民。这种再分配可采取直接补偿或建立替代产业的形式(如替代伐木的旅游业)。

其三，援助资金应用于帮助低收入国家增加自然资本投资，如投资于森林恢复项目、湿地恢复和修复项目，及指导农民开展可持续土地管理的项目。

最后，因为富裕国家将从低收入国家降低资源利用强度中间接获益，前者应设立转移支付项目，以帮助后者引进资源节约技术，而实现这一目标的最佳途径是将外援资金用于补贴，进而降低

① GDP的0.7％这一数值，是在1970年联合国大会上，由富裕的捐赠国所认可的。

昂贵新技术的购买价。

我之前提到，全球化将会对环境和劳工等相关标准施加下行压力，只有妥善应对，方能实现我们期望的分配公平。这种对相关标准的下行压力是由于，在以资本自由流动为特征的全球化经济中，国际贸易遵从绝对优势准则(即绝对生产成本决定商品进出口)。[①] 在此情况下，资本将自由流向生产成本最低的地方，不管低成本是否源于：(a)雇用了受到更好训练和教育的员工；(b)采用了更先进的技术；(c)更低的工资或税率；(d)更宽松的环境和劳工标准导致的更低的合规成本。不幸的是，由于长期以来迁移成本是下降的，正是税率、工资、环境和劳工标准的差异对生产成本产生极大影响。因而，正是这些因素对跨国公司的生产选址决策至为关键。

由于担心产业和就业机会流失到其他国家，政府往往试图将高工资、高公司税率、严格环境和劳工标准的产业转移效应降到最低。结果，全球化之势使政府难以引入实现可持续发展所需政策，包括那些在一国内部和国家间促进收入和财富公平分配的政策。

如何在不过度影响国际贸易的情况下缓解这一问题呢？一种可能的方案是允许具有相近工资、税率和环境标准的国家之间开展自由贸易，而对低标准国家加征“绿色”税。为产生良好效果，该关税需要反映由标准差异带来的不正当成本优势，而不是由真实

① 在更传统的模型中，国际贸易所服从的基本准则是“比较优势”，它是由相对生产成本决定的(Ricardo, 1817)。当国际贸易服从于该准则，它通常会让交易各方互惠互利。然而，国际贸易服从该准则的假设前提是，资本是不可跨国流动的，而这已经不再符合现实。因此，支持国际贸易会带来互惠互利的传统理论观点已不再成立。若需了解更多详情，请参见古德兰(本书第2章)。

的生产效率差异带来的成本优势。[①] 因为存在绿色关税体系被滥用的极大可能性，并容易触发变质了的关税战，该体系需要受到国际组织监管。世界贸易组织（WTO）可能是一个较好选择，尽管这会要求 WTO 转变其对国际贸易事务的固有观念。

就许多方面而言，WTO 都不应该反对绿色关税。WTO 不少关于国际贸易的表态都是围绕其可能的效率提升收益。然而，存在社会与环境外部成本差异的国际贸易在阻碍全球资源的有效配置。有一点非常容易理解，那就是对绿色关税的反对意见，很可能集中于将其视作发达国家维持对最穷国家财富优势的工具这一点上。毋庸置疑，该体系将使许多低收入国家向发达国家的出口变得更为困难。然而，这种额外的困难未必是件坏事。事实上，它可能有助于缩小贫富差距。被问及将社会与环境成本纳入第三世界产品价格可能带来的影响时，戴利的以下回应值得注意：

> 提高了的环境和劳工标准会增加穷国的出口难度，包括体面的最低工资、允许自由工会存在和禁止童工。我认为，穷国向美国出口的难度提高，也并不全是坏事。由于出口难度提高，穷国将不再在其全部土地上种植用于出口的香蕉或高价水果和花卉，而是需要为自己的国民种植更多稻米和豆类。然后，为了向其自己的国民出售稻米和豆类，它将不得不为国民的购买力着想——这关乎国内就业机会和体面工资，以及国

---

① 如果是为了保护高收入国家中真正低效的产业，绿色关税就是一种保护主义手段。但如果是为了保护来之不易的社会与环境标准，绿色关税就不是保护主义手段。如果在将社会和环境成本内部化之后，第三世界国家的商品价格仍然低于高收入国家，绿色关税就不会起到保护高收入国家中低效产业的作用。

内的收入分配。于是，穷国不再那么热衷于为了增强在全球市场中的竞争力而削减工资和社会福利，正如它们在 IMF 和 WTO 全力倡导的出口导向型发展模式中必须做的那样。我承认，精英阶层用于购买昂贵玩具的出口收入将缩减，但即便如此，那也算不得什么坏事。可能他们会转向将部分盈余投资于自己的国家。（http://csf. colorado. edu/seminars/daly97/proceedings，2008 年 11 月访问）①

换言之，通过刺激低收入国家更认真地为其最贫穷国民的收入着想，绿色关税体系会迫使其决策者采取促进国内收入与财富公平分配的措施。而且，为了提高在全球市场中的竞争力，低收入国家必须真正提高生产效率，而不是成为更具吸引力的污染和/或廉价劳动力天堂。这有助于缩小富国和穷国之间的生产率差距，并最终减小全球范围内的收入差异。

另一种可能的全球化方案涉及限制国际资本流动，从而将*比较优势*重新确立为国际贸易准则。这还会使任何源于较低社会与环境标准的成本优势变得无效，尽管其促进相关标准提升的效果可能不如绿色关税。我在其他地方简要描述过用来限制国际资金流动的、被称为“进口-出口”（IMPEX）的汇率管理系统（Lawn，2007）。由于篇幅限制，我无法详细描述 IMPEX 系统。我想说，IMPEX 系统并不抵触贸易，它在很大程度上是基于市场的，并且抑制了外债的增长，而外债在削弱许多低收入国家保护最贫困国民的能力方面亦是关键因素。

---

① 该言论来自戴利专著《超越增长》（1996）发布后的一次在线研讨会。

8.4 结语

可持续发展不仅要求实现生态可持续性、分配公平和资源配置高效率三大政策目标，而且要求按照正确的顺序，借助于恰当的政策工具实现这三大政策目标。尽管大多数生态经济学家持此类观点，但是几乎没有人给予公平目标足够重视。许多生态经济学家聚焦于实现生态可持续性所需举措。与生态可持续性同等重要的是，忽视分配公平问题是一个很大的错误，特别是当许多国家的经济已经越过其最大可持续规模。生态经济学家亟需证明他们极力倡导的稳态经济不会导致贫困率上升或令人丧气的高失业率。这要求他们有力地、逻辑严密地论证，在一个"满"的世界中，如何在一国内部和国家间实现分配公平。万一生态经济学家和其他持类似观点的活动家未能论证清楚此问题，人类向稳态经济进行必要转型的可能性就会大大削弱。然而，即便推动了向稳态经济的转型，如若未能实现分配公平（可能是由于低估其重要性），将提高社会重拾增长目标的可能性。鉴于当前局势的严重性，人类无法承受其中任何一种后果。

参考文献

Abramowitz, M. (1979), 'Economic growth and its discontents', in M. Boskin (ed.), *Economics and Human Welfare*, New York: Academic Press, pp. 3 - 22.

Atkinson, A. (1995), *Public Economics in Action: The Basic Income/Flat Tax Proposal*, Oxford: Clarendon Press.

Baetz, R. (1972), 'The Nuffield Canadian Seminar and after: a personal view', in *Guaranteed Annual Income: An Integrated Approach*, Ottawa: The Canadian Council on Social Development.

Bishop, R. (1993), 'Economic efficiency, sustainability, and biodiversity', *Ambio*, May, 69 - 73.

Burgess, J. and W. Mitchell (1998), 'Employment, unemployment, and the right to work', *Australian Journal of Human Rights*, **4**(2), 76 - 94.

Clark, C. and C. Kavanagh (1996), 'Basic income, inequality, and unemployment: rethinking the linkage between work and welfare', *Journal of Economic Literature*, **30**(2), 399 - 407.

Cowling, S., W. Mitchell and M. Watts (2006), 'The right to work versus the right to income', *International Journal of Environment, Workplace and Employment*, **2**(1), 89 - 113.

Czech, B. (2013), *Supply Shock: Economic Growth at the Crossroads and the Steady State Solution*, Gabriola, BC: New Society Publishers.

Daly, H. E. (ed.) (1973), *Towards a Steady-state Economy*, San Francisco, CA: W. H. Freeman.

Daly, H. E. (1991), *Steady-state Economics: Second Edition with New Essays*, Washington, DC: Island Press.

Daly, H. E. (1996), *Beyond Growth: The Economics of Sustainable Development*, Boston, MA: Beacon Press.

Daly, H. E. (2007), *Ecological Economics and Sustainable Development: Selected Essays of Herman Daly*, Cheltenham, UK and Northampton, MA, USA: Edward Elgar Publishing.

Daly, H. E. and J. B. Cobb Jr (1989), *For the Common Good: Redirecting the Economy Toward Community, the Environment, and a Sustainable Future*, Boston, MA: Beacon Press.

Dietz, R. and D. O'Neill (2013), *Enough is Enough*, San Francisco, CA: Berret-Koehler Publishers.

Dornbusch, R. and S. Fischer (1990), *Macroeconomics*, 5th edn, New York: McGraw-Hill.

Easterlin, R. (1974), 'Does economic growth improve the human lot?', in P. David and R. Weber (eds), *Nations and Households in Economic Growth*, New York: Academic Press, pp. 89 - 125.

Friedman, M. (1962), *Capitalism and Freedom*, Chicago, IL: University of Chicago Press.

Georgescu-Roegen, N. (1971), *The Entropy Law and the Economic Process*, Cambridge, MA: Harvard University Press.

Hall, D. and J. Hall (1984), 'Concepts and measures of natural resource scarcity with a summary of recent trends', *Journal of Environmental Economics and Management*, **11**, 363 - 79.

Hirsch, F. (1976), *The Social Limits to Growth*, London: Routledge & Kegan Paul.

Jackson, T. and S. Stymne (1996), *Sustainable Economic Welfare in Sweden: A Pilot Index 1950 - 1992*, Stockholm: Stockholm Environment Institute.

Kubiszewski, I., R. Costanza, C. Franco et al. (2013), 'Beyond GDP: measuring and achieving global genuine progress', *Ecological Economics*, **93** (September), 57 - 68.

Lawn, P. (2000), *Towards Sustainable Development: An Ecological Economics Approach*, Boca Raton, FL: CRC Press.

Lawn, P. (2007), *Frontier Issues in Ecological Economics*, Cheltenham, UK and Northampton, MA, USA: Edward Elgar Publishing.

Lawn, P. (ed.) (2009), *Environment and Employment: A Reconciliation*, London: Routledge.

Lawn, P. and M. Clarke (2008), *Sustainable Welfare in the Asia-Pacific: Case Studies Using the Genuine Progress Indicator*, Cheltenham, UK and Northampton, MA, USA: Edward Elgar Publishing.

Lawn, P. and R. Sanders (1999), 'Has Australia surpassed its optimal macroeconomic scale? Finding out with the aid of benefit and cost accounts and a sustainable net benefit index', *Ecological Economics*, **28**(2), 213 - 29.

Maslow, A. (1954), *Motivation and Personality*, New York: Harper & Row.

Max-Neef, M. (1995), 'Economic growth and quality of life', *Ecological Economics*, **15**(2), 115 - 18.

Mill, J. S. (1857), *Principles of Political Economy*, Vol. 2, London: John W. Parker.

Mishan, E. (1967), *The Costs of Economic Growth*, London: Staples Press.

Mishan, E. (1980), 'The growth of affluence and the decline of welfare', in H.

E. Daly (ed.), *Economics, Ecology, and Ethics: Essays Toward a Steady-state Economy*, San Francisco, CA: W. H. Freeman, pp. 267 - 81.

Mishel, L. and N. Sabadish (2013), 'CEO pay in 2012 was extraordinarily high relative to typical workers and other high earners', Issue Brief No. 367, Economic Policy Institute, Washington, DC.

Mitchell, W. and J. Muysken (2008), *Full Employment Abandoned: Shifting Sands and Policy Failures*, Cheltenham, UK and Northampton, MA, USA: Edward Elgar Publishing.

Mitchell, W. and M. Watts (2004), 'A comparison of the macroeconomic consequences of Basic Income and Job Guarantee schemes', *Rutgers Journal of Law and Urban Policy*, **2**(1), 1 - 24.

Nordhaus, W. D. and J. Tobin (1972), *Is Growth Obsolete?* Economic Growth, National Bureau of Economic Research, No. 96, New York.

Norgaard, R. (1990), 'Economics of resource scarcity: a critical essay', *Journal of Environmental Economics and Management*, **19**, 19 - 25.

OECD (2008), *OECD Development Statistics Online*, Organisation for Economic Co-operation and Development, available at http://www.oecd.org/statistics (accessed 20 October 2008).

Ricardo, D. (1817), *Principles of Political Economy and Taxation*, Cambridge: Sraffa Edition.

Saez, E. (2013), 'Striking it richer: the evolution of top incomes in the United States (updated with 2011 estimates)', University of California-Berkley Working Paper, University of California, Berkeley, available at http://emlab.berkeley.edu/~saez/saez-UStopincomes-2011.pdf (accessed 27 July 2013).

Tcherneva, P. R. (2006), 'Universal assurances in the public interest: evaluating the economic viability of basic income and job guarantees', *International Journal of Environment, Workplace and Employment*, **2**(1), 69 - 88.

Tinbergen, J. (1952), *On the Theory of Economic Policy*, Amsterdam: North-Holland.

Tobin, J. (1966), 'The case for an income guarantee', *The Public Interest*, **4**, 31 - 41.

Van Parijs, P. (2004), 'Basic income: a simple and powerful idea for the twenty-first century', *Politics and Society*, **32**(1), 7 - 39.

Wackernagel, M. and W. Rees (1996), *Our Ecological Footprint: Reducing Human Impact on the Earth*, Gabriola Island, BC: New Society Publishers.

Wackernagel, M., L. Onisto, P. Bello et al. (1999), 'National natural capital accounting with the ecological footprint concept', *Ecological Economics*, **29** (3), 375 - 90.

Weisskopf, W. (1971), *Alienation and Economics*, New York: E. P. Dutton & Co. Weisskopf, W. (1973), 'Economic growth versus existential balance', in H. E. Daly (ed.), *Towards a Steady-state Economy*, San Francisco, CA: W. H. Freeman, pp. 240 - 51.

Wray, L. R. (1998), *Understanding Modern Money: The Key to Full Employment and Price Stability*, Cheltenham, UK and Lyme, NH, USA: Edward Elgar Publishing.

9

希克斯收入、福利、稳态

萨拉·埃尔·塞拉菲

赫尔曼·戴利对环境经济学贡献的范围非常广泛，本章仅就“希克斯收入”展开深入的探讨，这也是戴利深入思考并在环境经济学家中成功传播的概念。国民（或社会）收入的计算，尤其是其中源自自然资源开发的部分，占据了作者相当多的思考时间。[①] 本章探讨戴利提出的“希克斯收入”，另外也涉及他最为感兴趣的“稳态经济学”问题。从另一个角度来看，戴利之所以如此重视收入估计，是因为其不仅可用于衡量产出，也可作为衡量福利的指标。这点戴利明显承袭了庇古的思想，但同时也令人意外地继承了希克斯的思想，这一点将在文中详细阐述。

---

① 希克斯是我在牛津大学的博士导师，我们一直在就收入的话题进行探讨。

9.1　导言

赫尔曼·戴利所定义的"希克斯收入"，在环境学家和其他领域的学者中得到了广泛的普及。一般来讲，"希克斯收入"就是标准的收入概念，这与会计人员，甚至是更为严谨的经济学家所使用的收入概念并无不同。① 如此定义的收入应当不包含任何资本的要素。为了准确地计算收入，应当保持资本的完整性。在此，保持资本的完整性是估算收入的理论工具，无需进行规范界定。戴利则适当地提出扩展资本的类型，他认为自然资源也应当作为资本，因为自然资源显然也是社会资产的一部分。实际上，国民收入计算中并未折算自然资本的消耗，常通过计算林业产品、渔业资源、矿产资源等自然资产销售收益来补充国民收入核算，而往往忽视了这些自然资源储量的减少和退化。这种所谓"标准"的做法显然是国民收入核算中的重大谬误，而大部分国民收入核算数据的使用者却往往忽视了这一点。但是，戴利对这一点的兴趣已经超出了描述收入的事后估计，而是将收入和"产出"结合来考量。事实上，这种结合是国民收入统计者持有的普遍观点，但他们强烈否认他们正在从事福利估计的工作。例如，他们认为国内产品仅仅能代表国内"产出"，因为其在国内市场上进行了交易。简而言之，在不知道人口规模或如何分配个人收入的情况下，国内生产总值(GDP)的增长不能被视为是福利的增加。然而，由于继承了庇古

---

① 与赫尔曼·戴利不同的是，我从来不使用"希克斯收入"一词，因为通常认为的"收入"概念就已经足够了。

(1952)和希克斯(尽管偶尔以希克斯为例)的思想,戴利在一定条件下开始认为国民收入估算值可以代表产品对收入获得者所带来的“福利”。但是,将产出解释为福利的同义词是一件复杂的工作,在此我们也尝试解决这一复杂问题。

希克斯在其代表作《价值和资本》(*Value and Capital*)(Hicks, 1946)中详细阐释了收入的概念,本章就从希克斯的收入概念开始,同时也对希克斯围绕其收入的核心定义所讨论的演变及类似的概念进行阐释。

本章剥离出收入的概念和计量方式,以便能仔细思考与其不无关系的“稳态经济学”概念,这也是戴利持续关注的领域。本章将详细说明,由于存在希克斯收入,也存在希克斯“稳态”与“稳态”,两者都扎根于古典经济学思想。希克斯显然将国民收入作为衡量产出的指标,但在许多时候仍用其表征福利。

9.2 收入的内涵

收入是个人、组织或国家能够经常性得到的一个总量。收入通常源自工资、财产收益、利息或利润,是某一时间段内累计增加的流量,而绝非某一时点的存量。亚当·斯密(Adam Smith)在《国富论》(The Wealth of Nations)中将“财富”用作收入流量的同义词,这种做法致使一些经济学家误认为斯密的“财富”概念与国家的国民收入概念并不相同。(Adam Smith, 1776)[1]从历史来看,会计师

---

① 强调这一点是非常重要的,因为英国剑桥大学的教授帕萨·达斯古普塔就在他作为皇家经济学会会长的退休致辞中出现了这样的错误。(Dasgupta, 2011)

比经济学家更早面对收入的计量问题，而经济学家尽管很晚才涉及这一领域，但他们通过分析阐释了不同视角下的观点。会计师从信用的角度出发，提出了“保持资本完整性（资本保全）”的概念，尽管这一概念并不具有规范性和约束性，但却不可小觑，它是一种可以用来粗略估算虚拟收入量的工具。在中世纪晚期，地中海南北港口的航海商人就让其会计师估算他们收入中有多少可用于家庭消费。会计师的答案是在将贸易盈余作为收入前，要保证有足够的收入可以“维持资本完整性”。毋庸置疑，如果商人们愿意的话，可以将他们节约下的部分收入作为资本，用于扩展业务。但作为会计师，他们从职业角度出发对管理事务并没有发言权，只是对过去一段时间的收入进行核算。

亚当·斯密认识到没有资本的增殖就没有财富的增长，资本的增殖源自资本家的节约。这一观点影响了包括穆勒在内的古典经济学家，但随着新古典经济学家出现，以及各种资本类型成倍增长，在现实生活中几乎已经不可能再保证资本的完整性了。在马歇尔时期，我们已经将资本分为几大类：辅助和设备资本、自由流动资本、社会资本、周转资本、固定和间接资本，以及其他资本。除了机械报废的问题之外，还有机械本身虽未贬值但却因为过时而被淘汰的问题（Hicks, 1942）。包括庇古、哈耶克和希克斯在内的许多经济学家在20世纪30年代针对“保持资本完整性”概念进行论战，最后结论认为，资本完整性这一客观概念根本就不可能存在，更不用说对其进行经验校准了。这是在无限多元化的自然资源被理所当然地列入社会资本的一部分之前的观点（见下文）。

收入和资本之间的联系是显而易见的。被公认为“新古典经济学”之父的阿尔弗雷德·马歇尔指出，斯密所说的“‘某人’的资本是他期望从中获取收益的那部分资财”，此外“历来在使用资本这一术语时，或多或少都将其与收入这一术语并列使用”(Marshall，1920[1947]，p. 78)。因此，试图保持资本完整性应当被视为是产生收入的基础。

与收入和“资本完整性”都息息相关的是期末存量的合理估价，这一估值将计入下一个会计期。基于这种考虑，会计师们设置了经济学家较为抵触的预防性估值规则。这种估值规则可以理解为，当出现任何异议时，选择低估而不是高估。换言之，收入更应当被低估而不是高估。从这个角度来看，会计师的主要作用在于维持短期的持续性，即一个会计期到下一个会计期的可持续性。如果在这一规则下逐年观察，企业(或国家)的短期生存能力将会持续得更长。而经济学家则更倾向于另一种观点——这种观点已经渗透在国民经济核算中——以现值对存量进行核算，而这在实践中常会损害会计师维持可持续性的原则。①

大多数情况下，高估的收入必定包含资本要素，而资本要素应当首先被排除。② “可持续收入”表述其实往往是不当的，因为如果收入能够恰当核算，那么“可持续”这一形容词也就显得多余了。戴利在此以希克斯的名字作为其收入概念的定语确实是恰当的，并且也有可能是为了试图说服那些心存质疑的经济学家，让他们相信收入估算所依赖的可靠经济基础。无论是否是出于增加信服

① 尽管希克斯对会计核算方法进行了大量的思考，但他仍然摆脱不了这一印象，即“期初存量的价值部分取决于年初对期末价值的预期……”(Hicks，1976，p. 136).

② 高估收入的风险在于其鼓励消费，进而可能威胁到未来保持同等收入水平的能力。另一方面，低估收入则常常是无害的，因为其抑制了消费，并有利于增强资本的持续性。

力的目的，经济学家都在使用国民经济核算所产生的宏观经济数据。而且值得注意的是，除了少数情况外，经济学家往往以票面价值取值来分析这些数据，有时从表面上看很复杂。经济学家会得出令人怀疑的经济现象解释，常常导致他们提出一些不太可靠的政策建议。①

对许多国家而言，传统方式编制的国民经济账户②有进一步修正的需求，但对那些自然资源出现严重衰退且并未被计入国民经济账户的国家，这种修正的需求就尤为迫切。较富裕的国家目前更倾向于从制造业和日益增长的服务业中获取大部分的国民收入，这种实际情况使得朝着“希克斯收入”方向的国民经济账户改革在富裕国家的重要性和紧迫性降低了。他们（富裕国家）的国民经济账户既能反映其过去的经济状况，也能为未来的政策提供指导，已经足以满足其宏观经济的需求。大多数情况下，工业化进程使得自然资本储量消耗殆尽，除了一些例外情况，他们更倾向于低估后来被称为“绿色国民经济核算”的价值，甚至出现抵制的情况。另一方面，相对贫穷的国家在经济上更加依赖初级（基础）生产活动，其常规账户也迫切需要大幅调整，但其在主导国民经济核算设

---

① 2006年1月版的《经济杂志》(*Economic Journal*)发表了三位挪威经济学家的论文“制度和资源诅咒”(Mehlum et al., 2006)，作者选用若干因变量，运用回归分析对自然资源丰富国家的“失败的增长”进行研究，他们认为，制度的优劣是解释资源诅咒的关键。我向《经济杂志》投稿，我认为其采用的GDP数据与资源销售过程中产生的价值增值存在混淆，我认为，增长的下降，可以反映开采量的减少，这通常是该国的资源枯竭或节约性的资源管理政策导致的。作者并未意识到他们所使用的GDP核算数据的缺点（根据2006年3月13日的通讯），同时也很关注我的评论中的观点能否被《经济杂志》(Economic Journal)上发表，最终我的评论文章还是以“版面不足”的理由被拒稿了。

② 因为社会核算和国民核算在字面表达上能够同义替换，所以我将会交替使用这两个词。

计的国际论坛上却影响甚微。即使某些发展中国家有充分理由怀疑那些严格遵照国际标准核算的国民经济数据、怀疑这种国民经济核算扭曲了其经济状况,使其比实际情况显得更加繁荣,他们也只能被迫接受国际会计专家的判断,而令人遗憾的是,这些专家也包括联合国的工作人员。直到今天,从自然资源(尤其是渔业资源、木材和矿产资源)的商业开采中获得的税收仍然被作为“收入”计入标准会计账户,而在流量账户中却没有对与资源储量下降相关的撤资情况进行折让。(参见 Commission of the European Communities et al. , 1993)①

9.3 常规核算的调整

戴利在 20 世纪 80 年代参加了联合国环境规划署(UNEP)与世界银行联合组织的系列国际研讨会。② 最初,研讨会的参与者寻找能反映环境和自然资源退化状况的周期性计算数据或者指标。

---

① 1993 年的国民经济核算体系(1993 SNA)曾试图建立“国家资产账户”,将新发现的(自然资源)作为增加值,将已开发的(自然资源)作为扣除,但这个资产账户并未纳入收入流(Commission of the European Communities et al. , 1993)——幸运的是,将新发现的(自然资源)纳入收入并没有经济意义。关于扣除的将(自然资源)消耗的“全部”还是仅限于其“使用价值”,仍然有简短的讨论(Commission of the European Communities et al. , 1993, p. 517),但这一问题被留在 1993 年的国民经济核算体系之外来决定,使用所谓环境经济核算账户(SEEA;后来被称为“环境与经济综合核算”)作为编制环境附属账户的使用指南。尽管 2003 年又发布了另一个版本的指南,但也被证明是存在争议的。

② 我于 1985 年巴黎举行的第三次研讨会上加入了这项倡议,并当选为报告起草人,在此之前,在日内瓦和华盛顿还举行了两次研讨会。随后,我主持了 1986 年在华盛顿举行的第四次研讨会和 1988 年在巴黎举行的第五次研讨会。参见艾哈迈德等人的附录。(1989, pp. 93 - 95)

他们认为这将会让公众和政界人士对恶化的环境状况产生深刻印象，从而开始采取补救行动。经过一些斟酌后，研讨会做出了决定，考虑将一系列国民收入和产品账户的集合作为最佳媒介，来实现其目标。收入核算要在"保持资本完整性"的原则下进行，这一事实作为一个重要主题引起了一系列方兴未艾的讨论，自然资源必须被视为社会资本的一部分。[①] 研讨会所完成的工作对 1993 年修订的美国国民经济核算体系(SNA)做出了不小的贡献，而该体系已有 25 年没有实质性的变化了。[②] 随后，在新国民经济核算体系(SNA)发布之前，举行了多次会议，其中之一就是奥地利国际收入和财富研究协会在 1991 年举办的重要会议。[③] 应强调的是，核算体系的修改进程起初被认为是缓慢和渐进的，并寄希望于能随着时间的推移有更深入的研究并体现独创性，使其能从局部性和暂时性的状态向着综合性和稳健性的方向发展。

联合国环境规划署和世界银行研讨会会议成果选集随后出版，其中包括戴利的论文《可持续社会净国民产品测度》(Toward a measure of sustainable social net national product)(Daly, 1989)。戴利的作品始于希克斯关于收入的基本概念，其定义了"可持续"收入。戴利所谓的"收入"概念的基石是在产品总值的核算中计提自

---

① 参见戴利(1989)，戴利和柯布(1994)，戴利(1996)第 7 章。也可参见(El Serafy)(1991)。

② 1993 修订的国民经济核算体系(SNA)为环境核算引入了"附属账户"，实际上主要账户基本保持不变，尽管此后大量关于创建绿色国民核算账户(从价值角度)的工作似乎走进了死胡同，至少官方层面的工作是这样的。

③ 弗兰兹和斯塔默(1993)在那次会议上提交的论文在两年后发表。该文包含了我的论文"可消耗的资源：固定资本或存货?"，在文中我对折旧和存量的使用进行了区分(EI Serafy, 1993)。

然资源消耗的津贴——资源在此采用其广义的含义“汇”和“源”。[①] 然而应该计提多少难以确定，并且一直是争论的焦点。戴利提出的修正也扣除了常规核算中为了更正生产和消费中有害副作用而产生的“预防性支出”。有趣的是，在戴利简短的作品中，将国民或国内产值（亦作收入）看作是排除任何福利内涵的产出。然而，在他与柯布合著的书籍（Daly and Cobb，1994；1989 年首次出版）中，戴利同时强调国民收入是一项福利的指标：核算收入的增长，意味着福利的增长，相反则意味着福利的下降。在该项研究中，戴利和柯布进一步调整了美国的官方国民收入核算数据，进行了大量从资源损耗到福利设施折旧的扣减计算。这项努力启动并加强了正在进行的研究工作，即把自然资源减少视为福利损失，这样做往往导致收入水平的调整，也经常（但绝非总是）导致据此推算的增长率呈比例减小。[②]

在后来发表的文献中，尤其是与他提出“稳态经济学”相关的成果中，戴利的阐释令人信服，他认为大部分经济学家都倾向于追求无限增长，但这是站不住脚的，因为经济是一个不会无限扩大的有限生物圈的一个子集。戴利坚持强调，经济扩张带来的收益是表面上的，应当与其成本平衡，而在真正的庇古主义观点中，这种成本是以福利为中心的。因为在其著作《福利经济学》（Economics

① 绿色国民经济核算改革的倡导者达成了共识，即对资源退化的估值进行整体扣除，缩减传统宏观经济总量——我反对这一做法，相反我建议仅扣除“使用者成本”。过度修正产生的（反弹）效应，常会使人们更渴望减小修正的数值，进而导致其失去实际意义，这一实际情况会导致整个改革受阻。关于这一点，参见埃尔·塞拉菲（1999，2006）

② 参见埃尔·塞拉菲（1993；2006，p. 75，note23）.

of Welfare)(1932)第四版中，庇古曾认为："经济福利在于使用国家红利带来的满足与创造国家红利带来的不满之间的平衡。"(quoted in Hicks, 1981, p. 307)

9.4 希克斯收入

希克斯对收入的概念和核算进行了大量思考，并在他的多部著作中进行了阐述，然而在其著作《价值和资本》(这里使用的是1946年第二版)关于"收入"的一章中，希克斯对这一问题的观点阐述得十分详细。希克斯会时常回到对这一问题的研究上，将一些新发现加入到分散的各处附言中，但意义最为重大的是其开创性论文"福利经济学的范围和地位"(Hicks, 1975)。然而，忽视希克斯早期著作的做法是不恰当的，其著作《社会框架：经济学概述》(Hicks, 1952；首次出版于1942年)，从理论和实践上阐释了国民收入。在《社会框架》一书中，希克斯系统地阐释了消费、投资、生产要素、人口、资本、社会产品和外汇支出等相关宏观经济概念，并分析它们之间的内在联系。希克斯也大胆地承接了整理1938年到1949年间(后续的年份在1952年第二版中出现)英国社会账目并解释相关定义和数量这一棘手任务。在这一过程中，他适时地进行前后比较，指出实际核算中的困难，以及他如何解决这些困难。这是一次勇敢的实践，向非专业人士揭示了以往(现在依然是)要做出客观核算有多么困难，同时也警示用户不要忽视国民收入统计人员所面对的实际困难。① 在下文中我们也可以看到，希克

① 也可参见米德和斯通(1948)。

斯的收入观点尽管在《价值和资本》中站住了脚，但是站住脚的只有他自己于1957年作出的一种有趣解释——一种与戴利的收入研究工作相关的解释。

9.5 《价值和资本》中的收入

《价值和资本》中关于"收入"一章主要包括两部分：主要论述(Hicks, 1946, pp. 170 - 181)，其后是对第十四章的注解(Hicks, 1946, pp. 181 - 188)——后者将收入连同储蓄和投资(一并)分析，并讨论了预期未来收入流的资本化利率。从《价值和资本》全书的结构来看，"收入"一章出现在第一至第三部分的总结部分，重点在于"静态"分析，希克斯计划将关于收入的讨论作为后文动态分析的跳板和铺垫。可以看到，对静态和稳态的这种聚焦，使其对收入的界定更加清晰。在静态方面，希克斯认为，"收入的困难不会出现：一个人可以将其进款全部作为收入，而不受数量限制(Hicks, 1946, p. 172)。有趣的是，希克斯在这里发现了"稳态"和古典经济学家所谓的静态之间的相似之处，认为稳态是动态经济学的一个分支：在这种状态下，所有事物停止变化(Hicks, 1946, p. 172)。《价值和资本》中关于"收入"一章也包含了对"储蓄、折旧和投资"等相关概念的思考，希克斯坚持这些概念属于"完全非逻辑的类别"，仅仅是满足收入获得者"谨慎行为"的近似值。在从各种角度对收入进行思考后，他认为，为收入寻找一个"精确的"定义是毫无意义的，因为这会"给'收入'这一概念增加其无法承受的精确'重量'"(附加上原本没有"精确性")(Hicks, 1946, p. 171)。他主张，更为粗略地界定"实际上会更好"。

希克斯对收入的分析是一步步进行的，首先提出一个他认为是“基础”或者“核心”的宽泛定义，也就是“他[收入获得者]在一周内可以消费的，并且在一周结束时像一周开始时一样，处理良好处境的最大消费值”（Hicks，1946，p. 172）。在此使用的“一周”是希克斯简化的说法，以确保在短期内预期不发生变化。值得注意的是，在此还有一些宽泛的措辞，例如“最大值”“仍然预期”“处于相同良好处境”——这些词都非常模糊，但与他的收入核算粗略性相一致。希克斯接着讨论了这些基本概念（他将这种对收入的定义称作“收入 1”）的变化，将其认为是“商人和经济学家等”计算出的“近似值”。随后他介绍了“收入 2”，源自对个人预期收益的资本化的货币价值。然而，从灵活性来看，因为利率的预期可能会发生变化，他得出结论，第二种定义是从财产而不是工资的角度来定义收入的，应该更为恰当。在这个时候，他又回头对“收入 1”进行详细阐释，基于资本保全来进一步明细化（收入 1）。“如果预期将维持潜在所得资本价值（货币数额）的完整性，收入 1 系指在一段时期内可以消费的最大数额”（Hicks，1946，p. 173），又补充说，“收入 2”从理论上来说比“收入 1”更为接近收入的核心概念。但他也考虑到了“收入 3”，其明显取决于价格的预期。如果价格预计上升，则收入获得者对一周末的（收益）预期将会减少，因此也会导致“他”目前的收入降低。这是因为收入是收入获得者本期能够花费的，且预期有能力在接下来几个时期内花费同样数量的（扣除物价因素）的最大值。因此，“收入 3”可以被归类为不确定性的（Hicks，1946，p. 175）。随着“耐用消费品”的引入，“收入 4”也进入讨论的范畴。在此，希克斯强调应该区分“花费”和“消费”的区别。收入是在保持资本完整性的同时，可供“消费”的最大量，而不仅仅指

“花费”。如果一部分支出用于购买耐用消费品，那么支出在这种情况下会超过消费。只有耐用消费品的购买与过去获得的耐用品的使用(或消费)重新匹配之时，消费和花费才会匹配。但是如果旧的存货已经用完，而没有购买新的，那么收入获取者将会更加贫穷。

总而言之，希克斯围绕收入核心概念的近似值几乎没有更多的亮点，因此我们也被迫回到核心定义，即“一个人的收入是他一周内可以消费的，并且在一周结束后仍然预期可以像期初一样消费的”。这个定义已经被戴利明确接受，并将其命名为“希克斯收入”。

有趣的是，收入接收者持有的存量(或者是积蓄)的价值，在希克斯关于收入的章节中并没有提及。由于他定义的收入期很短，所以他可以忽视存量在会计期初和期末的单位价值变化。然而，在较长时期内，他的观点是存量的价格无论在期初还是期末都应该按照现价计算。[①] 经济学家普遍倾向于以现价来对存量计价，国民收入统计者也沿用了这种做法，他们有时必须通过曲折的对账操作，来适应存量价值的变化。期初存量的价值无疑等于由上期的期末价值，本期期末保有的存量则需要估价，从会计的角度，其价格为购买价格和当前市场价格两者中较低的那个。低估期末存量价格这一预防性的措施，也可能会导致收入被低估，但这并不会带来危害，因为这会抑制消费并“确保”收入的可持续性。对国民收入核算来说，自然资源(作为源和汇)都必须被视为社会资本的一部分，其在收入核算中需要保持完整性——这一观点可见于戴

① 他认为期初存量的价值部分取决于期末价值的预期(Hicks, 1976, p. 136)，这一观点似乎与他一般的立场相悖。

利的文章(Daly，1989)，以及艾哈迈德(Ahmad)等人(1989)。[①]

9.6　源自递耗性资产的收入

在希克斯关于收入的章节中嵌入了一个重要观点——无论我们选用哪种近似值作为收入的定义，收入计算始终坚持找出某种标准的价值流，这一价值流当前的资本化价值等于未来预期收入的价值流的贴现值。当前进款不应被视作收入，也就是说，当收入获得者实际取得其认为是收入的现值标准价值流之时，收入获得者才算实际取得收入。他进一步强调，任何价值流都有一个由利率决定的资本化价值。基于这个角度，他进而提出一个重要思想，见《价值和资本》第187页：

> 如果一个人的收益来源于对折耗性资产的开发，那么他就应该承担未来的某个时点(资产)耗尽的责任，我们应该认为他的这一收益超过了他的收入，这之间的差距应该估算为对折旧的补贴。在这种情况下，如果他的消费不超过他的收入，那么他必须计提一部分收益；并且利率越低，他需要计提总量越多，这是因为折耗性资产未来预期的收益将会降低，为了使其利息能够弥补(这一损失)，需要计提一部分收益(Hick，1946)。[②]

---

① 同样的观点埃尔·塞拉菲(1979，1981)在有关石油的研究文献中率先提出，并随后扩展到普遍的自然资源(El Serafy，1991)。也可参见埃尔·塞拉菲(1992)。

② 这是这一思想引导我制定了所谓的“塞拉菲方法”，即通过可耗减资源开发中的获取的税收来核算收入。

希克斯对递耗性自然资源收入的看法具有标志性意义——这一思想激发了埃尔·塞拉菲的用户成本法(1981,1989)——国民收入的官方核算还未有过相关表述。

9.7 后期的希克斯收入思想

如前文所述,希克斯对于收入的观点并不在于《价值和资本》。至少有两次他对(书中)所述的观点又重新进行了解释或微调,尤其是在时间角度上收入的地位以及在增长理论中收入的地位。在某种意义上,他是在调整他在《价值和资本》中提及的收入(概念),让它变得更加合理,在另一种意义上说,他也是想证实在早期阐述中是他的想法存在缺陷。

在尼古拉斯·乔治斯库-罗金(Nicholas Georgescu-Roegen)的纪念文集(Tang et al. 1976)中,希克斯贡献了一章"经济学中关于时间的一些问题"(Hicks, 1976)。在强调时间不可逆性的同时,他提及在社会会计中存量的估价,相当奇怪的是,他认为期初存量的价值部分反映了期末存量的预期价值(Hicks, 1976, p. 136)。此外,他还批判了一种观点——消费者的所有可能性选择可以形成一种稳定的、可按序排列的偏好量表,并且可以用无差异曲线来表示。希克斯提及的"从时间角度(in time)"和"不考虑时间(out of time)",其分别意味着动态运转和静态截面之间的差异,他将后者称为"静止状态"(Hicks, 1976, p. 139)。他也对凯恩斯(Keynes)故意混淆他对动态和静态的解释进行了批判,尤其对凯恩斯认为流动性是静止状态的现象进行了批判:

> 凯恩斯的理论有部分是考虑了时间因素的，另一部分则没有考虑时间，这是混合的产物。而我并不是因此归咎他；他试图寻找，并最终找到一种有效的理论。我很愿意相信有效的理论总会是混合体——他们无法（同时）承担那些对当前问题来说并不重要的困难（Hicks，1976，p. 140）。

沿着此脉络，希克斯回顾了他在《价值和资本》一书中关于收入的章节，甄别出他认为的凯恩斯和他共同的缺陷，希克斯声称他仅仅是详细阐释了马歇尔的短期分析。“凯恩斯理论和《价值和资本》存在类似的缺陷。一方面两者都缺乏令人满意的市场理论，另一方面缺乏令人满意的增长理论。”随后，希克斯解释道，他自己提出的“稳态”是一种“均衡增长模型”，是多个宏观经济变量的均衡，技术、投资（包括内生的和外生的——见 Hicks，1950）变量是为了测度经济增长的固定速率。他所谓的缺陷，即没能在《价值和资本》中提出市场理论，这种说法并不能令人信服：他只是简单地假设（他声称）价格是由供给和需求决定的。在这两种自我检讨的情况中，一个公正的评判者会得出这样的结论，希克斯夸大了他自身的缺陷，并试图为其他人进一步发展经济理论勾画出未来的路径。[①]

9.8 稳态和静态的经济

稳态和静态未得到合理充分的解释之前就已经出现在上述文

① 希克斯此处的自我批评可以类比他对他著名的模型 IS-LM 曲线的部分否定。该模型是他在 1937 年提出的，用于解释凯恩斯的通论（Keynes，1936）。参见希克斯（1981）。

献中。戴利的稳态明显与希克斯的不同，他的观点是希克斯强烈反对的。其原因也十分明显，“我不会对稳态经济学谈论太多，尽管稳态经济学对五六十年代的经济学有重要意义，但我认为它更像是一种诅咒”（Hicks, 1976, p. 142）。对希克斯来说，“静态”则是一种更为糟糕的状态：这是一种没有增长的停滞状态。与“静态”不同，希克斯的稳态是一个动态过程，是具有固定增长率的“规律性进化发展的经济”——这一概念基于哈罗德-多玛模型[或者也可能源自冯·诺依曼（von Neumann）]，是他用来分析影响固定增长率因素的有效工具。如何实现这种稳定增长，也可以在希克斯《贸易周期》（*Trade Cycle*）一书中见到（Hicks, 1950）。

我们会发现，在更早之前，经济学家对这一问题的研究十分有趣。亚当·斯密将静态描述为，一国在其土壤、气候禀赋下，以及与其他国家的有关影响条件下，能够获得的全部财富，并且不能再有所改进的一种状态。（Smith, 1776[1937], Book I, chapter IX, p. 94）。[①]

马歇尔也进行了这一领域的研究（Marshall, 1920[1947], Book 5, chapter V, pp. 2 - 4），他将静态称为“著名的构想”[②]。对马歇尔来说，这是一种毫无变化的状态，在这种状态下所有事物都是可以预测的（Marshall, 1920[1947], p. 810），人口和其平均年龄保持不变（Marshall, 1920[1947], pp. 367 - 368），人口特征也是一

① 斯密设想，在静态下，人口的增长会导致利润和工资下降。（Smith, 1776[1937], Book I, chapter IX）

② 熊皮特讽刺地评论说，尽管这是一个构想，“作为一种方法论的构想，静止状态在19世纪90年代并不‘出名’”（Schumpeter, 1945, p. 966）。实际上，熊皮特将静止状态追溯到了柏拉图（Schumpeter, 1945, pp. 55 - 56）

个固定的量。马歇尔将他身边变化的现实与静态世界做了比较。

> 每一个关于生产成本、需求和价值之间关系的朴素和单一的学说都必然是错误的：对(这些关系的)技巧性阐述越明晰，就越像是一个恶作剧(Marshall, 1920[1947], p. 368)。

从分析的角度，马歇尔希望能有一种“状态”可以启发经济学思想，他相信“静态”是空洞的、乏味的。但是他也简单地尝试放宽一些严格的假设，主要是在人口和资本不变方面，以期能让其更贴近现实，并因此使其对经济分析更有用。

在亚当·斯密和马歇尔之间，还有一位经济学家约翰·穆勒(John Stuart Mill)，戴利从他的理论中得到启示。正是穆勒高度评价了“静态”的优点(Mill, 1948, Book IV, chapter VI)，希望未来的社会发展进程在到达物质极限之前放缓。他呼吁要享受孤独，享受自然的美好，追求道德和社会的进步，而不是追求物质上的进步。这种情绪也能在凯恩斯(1930[1963])那里找到共鸣，他也期待未来经济问题能够被解决，人类安定下来追求更高端的休闲和享受，那时经济学家将成为像牙医一样平常的职业。

在接受了希克斯对过去收入的界定后，戴利继续面对未来的收入变化。戴利在大多数经济学家所倡导的无限经济扩张活动中发现了风险，受此推动，他用其说服力来支持“稳态经济学”取代增长经济学。与希克斯不同，他认为无论是以固定还是变化的速率，未来增长都是无法自圆其说的。他非常自信地表示，世界生产和消费的规模已经到达甚至超过了地球难以承受的极限。在这一点上，他触动了经济学家们的敏感神经，他们不仅为了自身利益将经济增长神化，而且将其作为判定经济成功与否的主要标准——即使不是唯一标准。不过，戴利提出的“稳态”关于人口的阐释上是含糊的。该经典之作遵循了马尔萨斯的观点，即随着工资低于生存底限，人口将会受到控制。戴利在 1974 年发表的论文中，坦率地、确切说是试验性地提出，利用人口限额来抑制人口增长，戴利这一观点显然源自鲍尔丁的思想（Daly, 1974, p. 19）。戴利在 1991 年的论文中（1991, p. 17）对这一问题有着更清晰的认识，他在该文中主张，随着人的寿命的延长，生育需求（为补充不可避免的死亡人口）应处于较低水平，而不是较高水平。对许多人来说，这当然是个非常敏感的话题，如果我没有弄错的话，这将不会被写入戴利后续的著作。

9.9 基于成本或者“效用”的估价会有所偏差？

基于庇古的福利观点，希克斯着手对社会产品估值是基于成本还是效用的问题进行了大量研究——这两种估值方式的竞比已经不再是统计核算人员的关注范围——尽管实际上国民收入核算，除了根据市场价格进行标准估值外，有时还会用“要素成本”来表示。根据希克斯（1975），基于成本进行国民产出估价回归到了经典理论上，特别是李嘉图的理论，这种情况下产出是由其劳动力投入来估值的。作为当时另一个主要生产要素，土地要素被排除在外，因为地租已经被视为“剩余”，只有在产品价格确定后才能确定。尽管如此，产出显然是为了某一目标，而这一目标无疑是为了满足需求。由于产品提供了“效用”，因此通过其创造的福利进行估价就可以理解了——后来庇古所强烈支持的一系列观点至少可以追溯到杰文斯，他作为《煤炭问题》(*The Coal Question*)(Jevons, 1865)的作者被环境学家所熟知。尽管在1875年以后，杰文斯的名字总让人们联想到经济学中的边际革命，希克斯给予他更高的评价，因为他领导了(与其他人一起，主要是奥地利学派)一次革命，即试图摆脱用劳动力投入核算成本的经典方法，转而用边际效用来估价。

从根本来讲，无论是作为产出还是福利，社会收入是应通过创造其所花费的成本来估价呢，还是转而用其能提供给收入获得者的"效用"来衡量呢？现在国民经济核算中的标准做法是用市场价格来核算，这事实上的确将成本和效用结合了起来，正如马歇尔对剪刀两个部分的比喻。对马歇尔来说，关心剪纸的过程中究竟用的是剪刀的上半部分还是下半部分是无意义的：两者同时进行。同样的，市场的双方——供给(成本)和需求(效用)——决定了市场的价格，而现在正是市场价格决定了国民收入核算的估值。出于估值的目的，尤其是没有进行交易的自然服务的估值(希克斯对此并没有特别提及)，希克斯详细阐述了马歇尔的观点，并阐明如下：

> 在理想市场条件下，价格既与边际效用成比例，又与边际成本成比例。因此价格可以被认为是边际效用或者边际成本的反映；如果计入经济总量的所有商品在理想市场条件下都被售出，那么他们的售出价格可以代表边际效用，也可以代表边际成本，二者并无分别。如果不是理想的市场条件下，效用和成本将会发生偏离；价格会偏向一边，或者向两方面都偏离。如果市场不存在，那价格也不存在，尽管目前还没有理由

认为其价格是一致的,但是依据效用或者成本的估值依然是可能的。当我们试图对未进入市场的商品进行定价时,我们必须设定的是效用价值或者是成本价值,但(一般情况下)他们并不会相同。一般来讲,有两个估价原则,效用原则和成本原则,两者从根本上回答的是不同的问题。(Hicks, 1981, pp. 190 - 191)

从历史来讲,基于效用的估值并未能获得认可,而基于成本的估值却因为马歇尔剪刀模型而成型,其表现形式是市场价格,并成为新兴国民经济核算的主流原则。作为第二次世界大战的融资工具,这一理论强势回归,在英国和美国尤是如此。经济资源不得不受到管制,并在与国内需求的竞争中,被小心翼翼地用于支持战争。凯恩斯、希克斯、库兹涅茨、米德和斯通的贡献是十分重要的,因为他们制定的收入核算规则对当今国民收入核算起到引导作用。国民经济核算者们否认他们在测度"福利"或者效用,他们仅对市场交易的产出或者产品进行核算。有趣的是,希克斯和库兹涅茨在 20 世纪 40 年代的《经济学刊》(*Economica*)上对国民收入概念及其估值进行了争论。[①] 希克斯似乎希望能用产出和其中能获得的福利共同反映国民收入。希克斯提出,作为其收入思想中(衡量)产出的明确指标(并非是福利的指标),人均收入应该以总人口为基数,而非劳动人口(Hicks, 1952, p. 188)。就这一点而言(如

① 尤见于希克斯(1940)和库兹涅茨(1948)。

前所述），希克斯感叹国民收入也无法反映福利。[①] 对他来说，收入（过去的收入）是消费加上投资，这也派生了欧文·费雪（Irving Fisher）的观点——投资应该从收入扣减，因为其对当前福利没有任何贡献。

9.10　关于福利的补充

戴利对希克斯提出的收入定义仅支持了一段时间，因为他更像是一个“庇古主义者”，而非“希克斯主义者”。希克斯对“福利经济学”表示了极大的怀疑——他曾为此做出了很大贡献，尤其是他认为应该按照序数而非基数来计算“效用”。对希克斯来说，经济学尽管与道德相关，但并非道德标准（Hicks, 1975, p. 311）。就我而言，我相信在试图推进国民经济核算改革时，重点应该主要放在更准确地核算产出上。福利仅仅是产出的衍生物，其带来的愉悦取决于除了国内生产总值（GDP）外的诸多因素。仅看国内生产总值（GDP）并不能反映出人均收入、分配或是创造 GDP 时的额外付出。但戴利提出的用于弥补这一缺陷的方法被广泛接受，并为后期着手证明 GDP 增长并不一定会增加幸福感奠定了基础。希克斯发现在庇古的社会红利中没有考虑成本，为了平衡这种成本缺失，戴利强调了经济增长的负面影响，实际上他使用了典型的庇古外

---

① 在《社会结构》（*The Social Framework*）（Hicks, 1952）一书的前言中，希克斯承认从理查德·斯通（后来的诺贝尔将得主理查德·斯通爵士）对英国国民经济账户的整合中得到帮助。

部性工具。[①] 拥挤、噪声、空气和水污染、资源枯竭，以及其他多方面的成本代价，必须要与表面的经济增长相平衡，这表明在很多情况下，经济增长意味着福利减少。

在此，对规模的聚焦也是戴利的首要关心的一个问题：经济系统也是物质生态系统构架中的一部分，不可能在不引起不可逆危害的情况下实现无限增长。在这一领域中，戴利的研究巩固并激励了其他学者，也反映了他对使用 GDP 作为可持续福利指标的不满。这类指标体系包括可持续经济福利指数（Index of Sustainable Economic Welfare）（Daly and Cobb，1994，pp. 443 – 507）、生态足迹（the Ecological Footprint）（Rees and Wachernagle，1994）、人类发展指数（the Human Development Index）（UNDP，1990）、真实发展指数（the Genuine Progress Indicator）（Redefining Progress，1995）、幸福指数（the Happy Planet Index）（NEF，2006）。

9.11 总结

希克斯的"可持续收入"概念在环境经济学领域有重要影响，而且是生态经济学的核心，本章试图对戴利在传播和发展这一概念方面所做出的贡献进行总结评述。戴利给希克斯定义披上了一层福利色彩，支持和鼓励研究出大量以福利为导向的数据指标来取代传统 GDP。还讨论了戴利的选择，他从希克斯给出的诸多收入定义中选出了一项。他认为希克斯收入概念逐渐转向了庇古的

① 但是，外部性工具的作用依然非常有限，因为要说他们在这里具有一定帮助作用，那么就必须假定存在一个市场，外部性工具是相对于这个市场的。

方向，换而言之，就是从可持续产出的测度转变为可持续福利的指标。这种“转变”实际上与希克斯自己的倾向一致，他将国民收入视为产出和“福利”共同的指标。由于大部分环境（价值）都无法进行交易，并且环境服务的货币价值无法恰当地测度，必须将戴利对环境损失就是福利损失的强调视为一项重要贡献，因为这引起了环境学家的极大关注。然而，主流经济学家和传统国民核算者一直对此持怀疑态度，尤其是将GDP与总体福利相合并时。庇古本人对合并他所定义的社会红利与福利持保留意见，但仍然很快将两者合并。希克斯自己则更为清楚（Hicks，1975，p. 318），他叙述道：“他（庇古）想尽办法证明社会产品增长一般来说是一件好事，然而这个观点却并不能让我们信服。”

因为地球生态系统所带来的物理限制，所以永无止境的经济增长是不现实，戴利坚信这一观点，这也导致他自然而然地成为他所提出的“稳态经济学”的强烈支持者。本章探讨了稳态概念及其与产出和收入的关系，还将其与亚当·斯密和约翰·穆勒等早期经济学家关于“静态”的观点进行了对比。作为一种取代“政治经济学”的“学科”，新古典经济学的出现使得经济学研究倾向于模仿物理科学（自然科学），不允许大肆讨论“边界”，并且只为规范经济学留下了很小的空间。戴利对政策的关注已经成为一种新的动力，重启了对经济活动目的的思考，并试图推动经济学思想向规范经济学方向转变。

参考文献

Ahmad, Y. J., S. El Serafy and E. Lutz (eds) (1989), *Environmental Accounting for Sustainable Development*, *A UNEP-World Bank Symposium*,

Washington, DC: The World Bank.

Commission of the European Communities, International Monetary Fund, Organisation for Economic Co-operation and Development, United Nations and World Bank (1993), *System of National Accounts, 1993*, Brussels, Luxembourg, New York, Paris, Washington, DC: United Nations Publications.

Daly, H. E. (1974), 'The economics of the steady state', *American Economic Review*, Papers and Proceedings of the Eighty-sixth Annual Meeting of the American Economic Association, **64**(2), 15 - 21.

Daly, H. E. (1989), 'Toward a measure of sustainable social net national product', in Y. J. Ahmad, S. El Serafy and E. Lutz (eds), *Environmental Accounting for Sustainable Development: A UNEP-World Bank Symposium*, Washington, DC: The World Bank, pp. 8 - 9.

Daly, H. E. (1991), *Steady-state Economics*, 2nd edn, Washington, DC: Island Press.

Daly, H. E. (1996), *Beyond Growth: The Economics of Sustainable Development*, Boston, MA: Beacon Press.

Daly, H. E. and J. B. Cobb, Jr (1994), *For the Common Good: Redirecting the Economy Toward Community, the Environment and a Sustainable Future*, Boston, MA: Beacon Press.

Dasgupta, P. (2001), 'Valuing objects and evaluating policies in imperfect economies', *Economic Journal*, **111**(471), C1 - C29.

El Serafy, S. (1979), 'Oil price revolution of 1973 - 1974', *Journal of Energy and Development*, **4**(2), 273 - 90.

El Serafy, S. (1981), 'Absorptive capacity, the demand for revenue and the supply of petroleum', *Journal of Energy and Development*, **7**(1), 73 - 88.

El Serafy, S. (1989), 'The proper calculation of income from depletable natural resources', in Y. J. Ahmad, S. El Serafy and E. Lutz (eds), *Environmental Accounting for Sustainable Development*, Washington, DC: UNEP-World Bank Symposium, pp. 10 - 18.

El Serafy, S. (1991), 'The environment as capital', in R. Costanza (ed.), *Ecological Economics: The Science and Management of Sustainability*, New York: Columbia University Press, pp. 168 - 75.

El Serafy, S. (1992), 'Sustainability, income measurement and growth', in R.

Goodland, H. E. Daly and S. El Serafy (eds), *Population, Technology and Lifestyle: The Transition to Sustainability*, Washington, DC: Island Press for the International Bank for Reconstruction and Development and UNESCO, pp. 63 - 79.

El Serafy, S. (1993), 'Depletable resources: fixed capital or inventories?', in A. Franz and C. Stahmer (eds), *Approaches to Environmental Accounting*, Proceedings of the IARIW Conference on Environmental Accounting, Baden (near Vienna) and Heidelberg: Physica-Verlag, pp. 245 - 58.

El Serafy, S. (1999), 'Natural resource accounting', in J. C. J. M. van den Bergh (ed.), *Handbook of Environmental and Resource Economics*, Cheltenham, UK and Northampton, MA, USA: Edward Elgar Publishing, pp. 1191 - 206.

El Serafy, S. (2006), 'The economic rationale for green accounting', in P. Lawn (ed.), *Sustainable Development Indicators in Ecological Economics*, Cheltenham, UK and Northampton, MA, USA: Edward Elgar Publishing, pp. 55 - 77.

Franz, A. and C. Stahmer (eds) (1993), *Approaches to Environmental Accounting*, Proceedings of the IARIW Conference on Environmental Accounting, Baden (near Vienna) and Heidelberg: Physica-Verlag.

Hicks, J. R. (1940), 'The valuation of the social income', *Economica* (New Series), **7**(26), 105 - 24.

Hicks, J. R. (1942), 'Maintaining capital intact: a further suggestion', *Economica*, **9**, 174 - 9.

Hicks, J. R. (1946), *Value and Capital*, 2nd edn, Oxford: Clarendon Press.

Hicks, J. R. (1950), *A Contribution to the Theory of the Trade Cycle*, Oxford: Clarendon Press.

Hicks, J. R. (1952), *The Social Framework: An Introduction to Economics*, 2nd edn, Oxford: Clarendon Press.

Hicks, J. R. (1975), 'The scope and status of welfare economics', *Oxford Economic Papers*, **27**(3), 307 - 26.

Hicks, J. R. (1976), 'Some questions of time in economics', in A. M. Tang, F. W. Westfield and J. S. Worley (eds), *Evolution, Welfare and Time in Economics: Essays in Honor of Nicholas Georgescu-Roegen*, Lexington, MA:

Lexington Books, Heath and Company, pp. 135 - 52.

Hicks, J. R. (1981), *Wealth and Welfare: Collected Essays on Economic Theory*, Vol. I, Cambridge, MA: Harvard University Press.

Jevons, W. S. (1865), *The Coal Question: An Inquiry Concerning the Progress of the Nation, and the Probable Exhaustion of Our Coal Mines*, London: Macmillan.

Keynes, J. M. (1930), 'Economic possibilities for our grandchildren', reprinted in J. M. Keynes (1963), *Essays in Persuasion*, New York: W. W. Norton, pp. 358 - 73.

Keynes, J. M. (1936), *The General Theory of Employment, Interest and Money*, London: Macmillan.

Kuznets, S. (1948), 'On the valuation of social income: reflections on Professor Hicks' article. Part I', *Economica* (New Series), **15**(57), 1 - 16.

Marshall, A. (1920), *Principles of Economics*, 8th edn, reprinted in 1947, London: Macmillan and Co.

Meade, J. E. and R. Stone (1948), *National Income and Expenditure*, 2nd edn, Cambridge: Bowes and Bowes.

Mehlum, H., K. Moene and R. Torvik (2006), 'Institutions and the resource curse', *Economic Journal*, **116**(508), 1 - 20.

Mill, J. S. (1848), *Principles of Political Economy with Some of their Applications to Social Philosophy*, 2 vols, London: John W. Parker.

NEF (2006), *The Happy Planet Index: An Index of Human Well-being and Environmental Impact*, London: New Economics Foundation.

Pigou, A. C. (1952), *Essays in Economics*, London: Macmillan and Co.

Redefining Progress (1995), 'Gross production vs. genuine progress', excerpt from *The Genuine Progress Indicator: Summary of Data and Methodology*, San Francisco, CA: Redefining Progress.

Rees, W. E. and M. Wackernagel (1994), 'Ecological footprints and appropriated carrying capacity: measuring the natural capital requirements of the human economy', in A. - M.

Jansson, M. Hammer, C. Folke and R. Costanza (eds), *Investing in Natural Capital: The Ecological Economics Approach to Sustainability*, Washington, DC: Island Press.

Schumpeter，J. A.（1954），*History of Economic Analysis*，New York：Oxford University Press.

Smith，A.（1776），*An Inquiry into the Nature and Causes of the Wealth of Nations*，reprinted in 1937，London：Edwin Cannan.

Tang，A. M.，F. W. Westfield and J. S. Worley（eds）（1976），*Evolution，Welfare and Time in Economics：Essays in Honor of Nicholas Georgescu-Roegen*，Lexington，MA：Lexington Books，Heath and Company.

UNDP（1990），*Human Development Report，1990*，United Nations Development Programme，New York：Oxford University Press.

第四部分

改变规则：可持续和理想未来的制度

10

生态经济学和乔治主义经济学原理：一个比较研究

克里福德·柯布

目前，有大量的经济学思想流派，这些流派都把对新古典经济学的批判作为其起始点。但是，在这些流派批判经济分析的主要模型时，他们都带着敬意。[①] 这些流派就像学生与老师争辩一般，在争论中承认彼此的观点。

只有当各种批判流派的支持者开始研究彼此的思想并构建另类范式，并建立与他们想要取代的范式一样全面时，具有新古典主义思想特征的双要素、高度形式化的模型才会从经济学的中心向边缘转移。

本章试图描绘出生态经济学和乔治主义经济学原理（以亨

---

① 关于制度和演化经济学，斯帕什和比列纳（1998, p. 26）声称，"制度化文学有种倾向，它集中于对新古典主义方法提出批判，而不是提出有建设性的替代方案"（cited in Ropke, 2005, p. 279）。同样的问题也困扰着经济学中其他形式的异端学说。

利·乔治命名)之间的一些联系。

为了开展这不同学派的对话，我将采用一种相对风格化的视角对这两种观点进行展示。我并非试图对其分歧和相似之处进行全面解释，而仅仅是一个寻找问题的过程，对此而言，这个对话可能是卓有成效的。

10.1　土地的性质

在理论的各个方面，其中一种性质就是土地的集中性，该性质是乔治主义经济学和生态经济学两种理论所共有的特征。新古典主义经济学家声称在工业时代和“信息时代”，土地的重要性一直在下降，与此同时，乔治主义和生态经济学家则认为赫尔曼·戴利所谓的“天使经济学”就是一种既危险又具有误导性的幻想。尽管如此，在他们对土地性质的理解中，这两股非正统经济学却有着天壤之别。

生态经济学根据生物-物理范畴及其特殊性，将土地视为在具体场地发生的复杂生态过程。其既将土地视为供人类使用的一种资源，又将其视为维持生命的基础。生态经济学的关键议题就是定义人类活动的规模，这将会破坏这一基础。因此，当生态经济学家检验土地在城市生活、农业或林业方面的作用时，他们很大程度上根据人类活动和自然过程之间的冲突来进行思考。

从历史角度而言，乔治主义经济学纯粹把自然当做资源。十九世纪后期亨利·乔治写道，在广泛了解热力学第二定律之前，他采纳了地球可以供养1 000亿人，并且几乎进行着无限的物理转换的观点。因此，乔治主义最初是以人类为中心的世界观。在乔治主义经济学中，核心问题一直是人类自由的希望，一个没有人可以支配其他人的世界。土地的重要性体现在两方面，首先是作为人类争夺权力的媒介，其次是作为人类潜在财富的宝库。土地的价值(所有性质)并不是源于其物理特性，而在于相对于经济活动的位置。这一点与新古典主义的土地或空间观点并无太大区别。主要区别是乔治主义经济学十分重视这种价值，同时也是靠这样做来重新定位整个思维框架的。

这两种观点(即土地作为生命基础的生态经济学观点，以及土地作为人类交往载体的乔治主义经济学观点)都被新古典主义经济学忽视了，而新古典经济学则是假设劳动和资本在某种数学关系中共同发挥作用。因此，尽管这可能会抨击生态经济学和乔治主义土地观之间的区别，但是更有价值的是，这两种理论都有助于解决新古典主义经济学因忽略一些重要因素而导致的大量问题。

这两种方法都具有变得比较片面的风险。土地的生态经济学研究方法有变成纯粹的物理主义方法的风险(即将生态复杂性或负熵视为唯一值得考虑的价值)，反之，乔治主义方法则具有忽视必须限制人类入侵脆弱生态系统的风险，包括地球气候。因此，每种方法都需要其他方法配合来达到平衡。

10.2 增长和环境

迫切需要平衡的一个议题是评估经济增长或扩大规模产生的效益和成本。乔治主义经济学家和生态经济学家同意经济增长带来了各种严峻的问题，但是他们却无法就这些问题是什么而达成一致。对于乔治主义者而言，经济增长对生产或提供更多的商品或服务具有积极影响，而在不断增加的污染和不平等方面则具有负面影响。然而，后面这一类问题都可以得到纠正；因此，乔治主义者支持经济不断增长。相比之下，生态经济学家则认为，人类活动规模的不断扩大是造成环境破坏的罪魁祸首，为此他们支持稳态经济，即没有材料增长和能源损耗，而是只有服务和商品质量提升。

乔治主义和生态经济学在增长问题上的一个合适的平衡点并不是沿着高增长和零增长之间所在连续体上的某个点。相反，则是需要考虑两种传统的关注点。在本节内容中，重点将关注环境问题。不平等的问题将在后面部分进行阐述。

一种明智的增长方法涉及以下两个方面：(1)区分增长的良性和有害要素；(2)基于这些区别制定策略。分析增长的要素需要撇开高度程式化的观点，即将不同活动划分为单一类别，如 IPAT(环境影响 = 人口规模 × 人均财富[收入/人口] × 技术水平[环境影响/收入])或者有关人类活动的最终生物-物理限制。仍待解决的一个关键问题就是经济增长必然需要大量的物理资源消耗、污染和浪费的程度。从技术层面上来说，经济增长是一种能够记录人类交流和交互量变的计算工具。经济增长的影响很大程度上取决于消耗每单位能量所产生的价值比例，以及发生人类互动关系所依存的制度体系，尤其是与财产权利及公共物品提供有关的制度体系。

还有一些环境问题，其中经济规模问题(增长的结果)似乎是唯一值得考虑的因素。这些问题都反映出生态经济学家曾对增长做出的普遍批评。例如，从历史观点上来说，经济增长需要更多的能源消耗，而这些消耗几乎都会产生一些破坏性影响。除非是在瑞士和德国之类特殊情况下，它们各自已经实现了零或负的能源-GDP 弹性系数[①]，但大多数国家是随着其 GDP 的上升而增加其能源消耗(Fang and Chen, 2007)。但是这种关系并不是一成不变的。在经济合作与发展组织(经合组织)国家中，能源弹性值范围从 1975 年到 1995 年都在 0.6 和 0.9 之间(Energy Information Agency, 1995, p. 13, table 5)，但是该弹性值自 2000 年起下降到0.55(Gately and Huntington, 2001)。在非经合组织国家中，早期阶段能源弹性值在 1.1 到 1.4 之间，但是从此以后，能源弹性值大幅度下降(Energy Information Agency, 1995, p. 13, table 5)。2005 年，印度的能源弹性值下降到 0.8，预计到 2021 年下降到 0.67(Krishnan, 2006)。[②] 中国的能源弹性值短暂上升，从 20 世纪 80 年代的平均水平不到 0.6 上升到 2003 年至 2004 年的 1.5，但是随后在 2005 年下降到 1.02，接着在 2006 年下降到 0.87(Logan, 2005)。[③]

在这一系列的统计数据中，最重要的一点就是能源消耗和 GDP 增长之间关系的可变性，这最终证明两者之间没有*必然*的联系。[④] 因此，经济增长和因能源消耗带来的损害之间的联系是制度上的联系，且以政治选择为基础；这种联系并不是一种纯粹的自然联系。[⑤]

---

① 能源消耗的百分比变化与国内生产总值(GDP)的 1%变化相关。

② 另请参阅原子能部(印度)的《印度电能增长战略》，http://dae.nic.in/?q=node/123 (2015 年 12 月 16 日访问)。

③ 另请参阅 Zhang 和 Zheng(2008, p. 99)。

④ 但是，能源弹性值的下降更多地是由于能源结构的变化(从煤炭到石油和天然气)，而非由于节能技术创新。随着石油和天然气价格上涨，替代品的成本变得更高，弹性值大概会下降得更慢(Kaufman, 1992)。

⑤ 能源密集度(单位收入的能源消耗)是发展中国家的两倍之多，这一事实证明，在实现经济效率方面制度化的重要性，尤其是准确的市场信号(Energy Information Agency, 2004, p. 25, figure 25)。

如果在很久之前就已经设定较高的能源税，并且能够很快获得能源税以抵消较高收入带来的影响，则在许多情况下，可能随着时间推移用资本来代替能源，同时收入可能会持续增长。[①]

当然，这种想法，即应当引入能源消耗税来防止损耗影响，是以生态经济学的基本前提为条件：如果快速消耗这些有限的资源，那么未来几代人很可能就会遭殃。新古典主义经济学家向其子孙后代提出的标准补偿就是承诺未来将会像过去六十年或七十年一样，那时廉价的石油和高品质的矿石使得原材料的价格可以下跌。新古典主义经济学家还提出了技术乐观主义，即技术变化将完全抵消损耗。但是，审慎和代际公平原则要求这些资源在数代人之间进行公平合理分配，而不是在几代人之内被大量消耗。

*如果*制度改革（包括征收环境税）可以实现更加有效的资源利用，并增加对环境影响小的服务的交换，则经济增长本身*可能*不再是一个迫在眉睫的问题。但是，这些改革需要经受考验，以确定在多大程度上变更后的价格信号以及文化规范方面的变更将继续推

---

① 并不是只有生态经济学家在能源消耗没有相应增加的情况下，会质疑增长能否继续。另外，新古典主义经济学家往往从物理的角度考虑生产力并且假设增长与廉价能源密切相关。1974 年和 1979 年的“油价冲击”和随后的经济衰退之间的关系成为大多数经济学家的一个信条，但相关证据并没有证明这一结论。在仔细查阅美国、德国、日本和英国的分类行业数据时，博伊发现这些国家从 1973—1974 年和 1979—1980 年冲击中经历了不同的后果。例如，日本在 1979—1980 年油价冲击之后设法避免经济衰退，尽管其他三个国家并没有这么做。另外，在四个经济体的能源密集型行业中，就业和集资并没有比其他行业更受影响。博伊认为，与其说石油危机是导致失业和经济衰退的其他征兆，不如说是旨在防止通货膨胀的限制性宏观经济政策造成了失业和其他经济衰退的征兆，而非石油危机（Bohi，1989，1991；Bohi and Toman，1996，pp. 50 - 51；Helliwell，1988）。在石油价格冲击期间，巴西的经历也有悖于常理预期（Wachsmann et al.，2009）。

动经济增长，并稳定或减少能源和材料消耗。

因此，既要实现经济增长又要进行保护的关键一点可能取决于为实现增长而采纳的各种政策。由于经济学家还不清楚增长的先决条件，所以仍然存在相当大的误差范围。

当能源受到一些政府的补贴时，人们将错误地认为能源和资本是快速发展的关键要素，很显然，这些政策与资源保护是背道而驰的。同样地，旨在保护本国工业而收取的关税或许也会阻碍对新技术的投资，这些新技术往往比老旧的生产方法消耗的能源更少。

和这些旨在通过浪费资源来促进增长的政策一样愚蠢的，是通过制定宏观经济政策阻碍增长的方式来保护资源的错误做法。如果生态经济学家为了保护环境而说服某一政府停止经济增长，他们应该怎么做呢？这是一个悬而未决的问题。如果货币或财政限制被应用于某种旨在减少增长的反凯恩斯主义中，那么结果将很可能不只降低可支配收入（预期影响?），而且还会产生大量失业（非预期影响）。旨在保持经济稳定性和增长的宏观经济管理与其说是一门科学，不如说是一种艺术。如果生态经济学家建议限制经济增长，他们需要界定限制经济增长的准确机制，以便评估任何提案所带来的全部后果。

从乔治主义（和新古典主义）角度来看，仅仅为了防止经济消极方面的不良作用而去干扰经济向前发展的势头，是很荒谬的。在任何情况下，可支配收入的减少并不一定会减少对环境造成最有害影响。确定具体损害的原因，要比粗略地总体放缓经济发展更有用。例如，即使在人均收入较低的国家，他们都会大量使用农药。旨在放缓经济增长的政策可能不会减少镍镉蓄电池的消耗（相比于碱性电池而言），或者加大妥善处理废物的可能性。在偏远地区，贫穷可能导致森林砍伐的速度比富裕更快。一般而言，某一项活动造成的损害可能和与之相关的增值几乎没有联系。

通过征收使边际外部成本内在化的环境税、达到有的放矢的损害预防方法可能是生态经济学、新古典主义和乔治主义经济学家已经达成一致的一个观点。但是，在原则上达成共识并不意味着会采取一致行动。由于以货币形式衡量对人类健康以及对生态系统造成的损害存在困难，征收足够高的环境税来改变行为（这是他们的目的）还存在巨大的行政和司法障碍。首先，对损害的来源设定司法上许可的税率存在诸多障碍，从法院和立法程序中所要求的各类损害证据开始，都有许多困难。只有当证据开始累积，方能显现确定的因果关系，但仍然没有任何证据是完美的。其次，在测量和执行方面也存在一些问题，尤其是在扩散性或长期性损害发生之时。第三，现有公司希望无偿分配可交易排污许可证而不愿为获得排污权买单。因此，总量-交易系统是以税收方面的政治优势为起点。出于这些及其他方面的原因，征收环境税将会继续更多地以违规的形式而非守约的形式被遵守。迄今为止，一种可以在法律上防范不可预见的风险但不抑制有益创新的预防原则仍然难以实现；若无该原则，就几乎无法为污染制定公平价格。

虽然可以对污染或堵塞设计有效的税项，但是这些只能解决经济增长带来的小范围类型的损害。与“繁重的不良效果”相比，需要更深层次的原则。这就是乔治经济学所提出的与众不同的要点，一些比吸收外部成本的税款更多的方法。

有时将乔治主义的贡献缩减为一项政策：对土地价值进行征税。但是，在这一政策背后，隐藏着一项简单有力的原则，而这一原则普遍被忽视：解决问题的最佳办法就是采用间接手段。间接就意味着结果与原因没有明显的联系。根据这一定义，对有害物质进行纳税以阻碍该等物质产生或使用，就是一项直接政策。为实现更平等的收入而进行的收入转移也是直接的。相比之下，乔治主义政策对人类和环境具有二阶或三阶影响。这些影响中大部分还有待进行分析，但是由于这些影响通过检验并不明显，所以它们的确属于间接的范畴。①

从逻辑上讲，人们期望生态经济学家制定出的政策建议，与源于乔治主义土地观（基于区位）而制定的政策相比，对自然带来的影响更少。但是，在一个充满矛盾的反馈回路世界里，这种逻辑思维并不总是占上风。乔治主义政策建议的中心思想是依据土地的市场价值总和对所有土地进行征税，并在可能的情况下用该税项取代所有其他税项。然而，亨利·乔治和其大多数追随者在二十世纪都未曾设想到这一税项将成为一项环境政策，他们只是将这一税项看作是实现公平增长的一种方式。

然而，具有讽刺意味的是，土地价值税通过间接手段比直接征税更能有效保护土地、水源和其他资源。例如，土地价值税对远离城市中心的土地开发计划没有直接影响，其对城市扩张的影响完全是间接性的。鼓励对已建成区域进行密集开发，而这只是减少了对偏远郊区、郊外或非正式定居点（在发展中国家）土地的需求。在对

① 间接效应的另一个例子，是因 1974 年到 1995 年将州际高速公路限速在每小时 55 英里而引起的死亡率的上升，如果人们考虑到双车道农村公路使用的增加（双车道的农村公路比分车道公路更加危险），这个矛盾也就解决了。对每小时 55 英里限制的净效应的争论十分激烈，而我并不是加入这个争辩。我的观点很简单，就是高速公路类型的转变可能引起了违反直觉的后果，因此它是间接效应的一个例证。这也揭示了间接效应通常与常识背道而驰。

土地实施重赋的制度下，城市中心的空地或未充分使用的土地实际上将被迫进行生产。[①] 这并不需要对各公园进行铺路。大城市通常有10％到30％的可开发土地，而这些土地都被停车场、破旧建筑或杂草及垃圾场所占据。在需要建高层建筑的区域，只建一两层楼的建筑是另一种形式的土地低效利用。对目前那些为了投资性目的而囤积可用土地的人们施加持续的经济压力，那么市中心和近郊区将会从目前的衰退中崛起，同时远郊的发展需求将大幅下降。[②]

---

① 从蒂德曼(1999)那里可以发现土地价值税对发展影响的数学论证。在下面的举例中可以直观地看到对土地价值税的响应。如果在城市中心一英亩的空地价值为1 000万美元，土地年租金价值将约为300 000美元。设想一下，土地目前被每年创收180 000美元(每天约500美元)的柏油路停车场(没有任何构筑物)占用，或被不产生任何收入的废弃建筑占用。所有者有权继续这样做，即便所有者失去了开发该场地或向他人出售的机会成本。市场规律并不会驱逐那些未充分利用场地的低效所有者。但是，地方政府只需要对土地征收6％的税收，该停车场的市场价格将会下跌到333万美元(通过资本化过程)，并且每年将收取200 000美元的税收。无论土地是被用作停车场还是被弃置，所有者都不得不用现金来维护它。不论哪种方式下，征税将会有效地迫使所有者进行建设或出售。

② 一些经济学家认为土地税完全是中立的。他们认为降低建筑税将会鼓励发展，但是他们对于对裸地征税将会促进发展这一说法持怀疑态度。他们认为对超边际收入征税不会影响土地利用行为。这一观点的前提是：(1)只有因征税产生的相关激励才属于价格效应，而不是收入或流动性影响；(2)目前将所有财产开发至其最高和最佳用途。其中，第二个前提是决定性的。与之相应，在20世纪90年代，工程师和经济学家之间展开了一场争辩，即关于能源消耗税是否会鼓励对能源节约的投资。经济学家辩称，由于已经做出可盈利的节约成本投资，征税并不会促进节约。运筹学工程师有大量的证据表明，有数千万或数亿美元的未开发的保护投资，其每年的内部回报率从20％到50％不等。尽管理论战胜了经验性证据，但这是一个错误的理论。赫伯特·西蒙提出的“满意度”或“有限理性”的概念表明，经济活动者并不会寻求所有的获利机会，而是只在有限的选项中进行优化(“寻找令人满意的选择，而不是最优的选择”)(Simon，1979，p. 501)。在没有外部压力的情况下(竞争或税收)，管理者和财产所有人并没有考虑所有的机会成本，没有尽力利用一切盈利机会。因此，当采纳某一税项时，土地管理者将尽量通过投资高收益的节能项目(若征收能源税)或者通过投资收益型开发项目(若征收土地价值税)来有效地减少缴税额。这就是为什么两种税都具有有益的社会影响。

在恰当落实这一税收的情况下，城市中心不断增加的住宅和就业密度将会大大降低距离城市中心 30 或 40 英里的城市边缘农田的开发压力。较高密度不仅降低了农村的发展压力，而且还将通过提供更加经济可靠的交通服务来提高城市的能源效率，从而减少对私家车的依赖性。

对干旱地区用水权征收的类似税款将减少农业对水资源的需求（例如，种植耗水量较低的作物和鼓励滴灌），从而减少了建造大坝的需求，也减少了给鱼类和其他野生动物带来的所有问题。较高优先水权持有人放弃了他们的部分水权主张（目前处于低效利用中），因此将会有更多的水用于夏季的生态基流。

在拥有较多无地人口的热带国家，对土地价值征税将迫使那些持有大片优质农田（目前这些农田主要用于放牧）的人们向那些将土地权利转让给那些可高效利用土地的人。这样将减轻无地人员摧毁雨林的压力，而在任何情况下，这些雨林都不适合耕种。[①]只有在不迫使穷人利用该土地的情况下，才可保护水域和稀有物种的栖息地，而其根源正是富人囤积了最高产的土地。

因此，乔治主义理论提供了一种间接且无意地减少了经济增长和环境之间冲突的发展模式。通过同步强化推动经济增长的动机，降低了人类活动横向扩展对环境造成的压力。该模型也并非主张只有更高的收入才能对治污设备进行更多投入，这里也不需要这种假设。乔治主义模型提出，增长可以减少对环境造成的广泛影响，而不仅仅是污染。

就环境保护而言，乔治主义模型的另一个优势是，其为更多的

① 在亚马逊流域只有 6%的土壤对农业没有严重限制（Fearnside，1990）。

公众接受对破坏性行为的限制带来的潜力。对未知的恐惧阻碍了这种改变，同时各种机遇也减轻了对未知的恐惧感。如果不用太多麻烦就能取代它，那么人们更愿意放弃他们目前所珍视的想法。较高的平均工资和较低的失业率（因资本货物的较高周转率所致）都将使政策动态变得更加灵活（Gaffney，1970）。[①] 在一个机会有限的世界里，商业利益与环境价值相抵触的僵局似乎是永久性的。如果经济机遇比比皆是，那么这些僵局可能会被打破。

乔治主义政策对人口增长将产生一种不明确的环境影响。任何形式的经济理论都没有明确地证明，哪种政策将会阻止人口增长（饥荒和疾病除外）。高压政治在民主社会（印度）面临惨败。但是，大量实例研究表明，为妇女提供更多就业机会的政策在降低生育力方面是成功的。纵观人类历史，城市化同样降低了生育率。如果这些政策在限制生育力方面是两个最重要的变量，那么乔治主义经济学可以通过增加男性和女性的就业机会，以及让城市变得更加宜居而获得不错的成绩。

虽然乔治主义政策的间接影响将产生巨大的环境效益，但是

---

① 加夫尼（1970）已经探讨了乔治主义政策的各种二阶和三阶效应。土地价值税将导致资本周转率增加，这是他最具独创性和独特性的贡献之一。简单来说，土地价值税将以下列方式发挥作用。高税率促使更加有效的城市土地利用，对于在任何土地上进行翻修或重建而言，其周期将缩短。第一，这意味着在空置的可建造土地上（但并不包括公园）进行建设。空置土地占到城市面积的5%到25%。第二，这将鼓励重建或拆除旧建筑，并建造新的建筑物。较高的资本周转率仅仅意味着每年单位面积上将有更多的建设。这直接产生了更多建设和维护方面的工作岗位，以及其他辅助性工作岗位，其数量取决于当地乘数效应（因为以向在外地居住的土地所有者支付租金的形式“漏出”的资金将减少，这种乘数效应会扩大）。基本原理是长期资本节约人力，而短期资本（根据高周转率）增加了对劳动力的需求。对劳动力的更大需求提高了劳动者的权利，并为社会一般成员增加了机会。

重要的是不应该去夸大这一偶然的结果。人类活动的增长和其他物种未破坏栖息地的可用性之间仍存在固有的冲突。乔治主义政策将以更加积极的方式重新引导增长，并争取时间研究出其他方法，以控制人类社会造成的破坏。但是，乔治经济学还不能够拯救地球。为了最终成功创建一种可持续发展的经济，乔治主义需要向生态经济学家学习限制人类活动负面影响，同时后者也需要向乔治主义学习通过间接手段来实现环境目标的政策。只有通过彼此学习，他们方能明了各自知识领域的局限性。

10.3 公平性

在过去两个世纪里，相互矛盾的经济理论之间的核心意识形态争端一直是关于私有财产和社会公平之间的紧张关系。资本家偏爱前者，这是因为前者带来个人主动性，并且提升生产力。社会主义者强调后者，声称只有公共管理和经济规划才能避免剥削和明显的不平等。

生态经济学家在这场辩论中倾向于支持资本家。[①] 在其权威文章《公地的悲剧》中，加勒特·哈丁(Garrett Hardin)论证，被视为公共财产的资源受到滥用和强夺，因此有必要利用私有产权防止地球遭到破坏(Hardin, 1968)。哈丁后来修订了这一观点，区分了具有开放获取的公地和有限获取的公地，但是他对于私有财产的

① 参见本书瓦顿(第5章)、高智(第6章)获取支持合作、集体行动和共同所有权的论点，该等论点在生态经济学家之间越来越受到公认。

最初抗辩，将会是令人难忘的(Hardin, 1991)。[①] 因此，公共财产或许不像哈丁最初所维持的那样站得住脚。但是，在埃莉诺·奥斯特罗姆(Elinor Ostrom)、邦尼·麦卡(Bonnie McCay)以及国际公共财产研究会的其他人编著的有关公地管理的大量文献中，公地只不过是拓宽了私有财产的界限。[②] 受管理的公地要求可强制执行的界限，防止公地以外的人们实施入侵。按照这一观点，可以在某一群成员之间共享资源，但是要更广泛地与整个地区、国家或世界共享这些资源，会招致灾难。

在私有财产解决了开放获取带来的各种问题的同时，也制造了其他一系列问题，尤其是在逐渐增长的经济方面。随着平均收入的增长，获取固定资源的价格甚至上涨得更快。这意味着所有者们逐渐富裕起来，与此同时，那些没有财产的人们为了生存而被迫缴纳其大部分收入。资产所有权和财产收入随着时间的推移变得更加集中，而对于无地的人员而言，贫穷日益加剧。在这种情况下，穷人总是受苦最深的一方，但是在财富倾斜的社会中，其所有

---

① 一位乔治主义学者编著的书中似乎出现了哈丁的这篇文章，这并不是巧合。在与编辑的私下通信中(复制于本书第8页)，哈丁写道："我知道……亨利·乔治工作了很久，且一直认为他不能提前两个世纪出生，并为新世界的发展制定基本法则是一种遗憾。"(这里哈丁忽略了乐观主义者威廉·戈德温——某种程度上是乔治的先驱，是反对托马斯·马尔萨斯在18世纪晚期所写内容的陪衬者。甚至约翰·洛克，早在乔治之前两个世纪写出了《政府论(下篇)》，与哈丁相比，对公地的普遍主张表示出了更多的同情。)

② 他们的管理思路并没有使公地仅仅成为私有财产的延伸。其作用表明，实际上，在管理流动性资源方面(成群的陆地动物、渔业、地下水等)，或者需要根据地方知识体系制定长期制度管理的资源方面，公共财产优于私人所有制。我的目标并不是诋毁公共财产的作用。我的目的仅仅为了表明其适用性的限制问题。

成员的健康亦遭受了损害(Daniels et al.，1999)。[①]

或许，在有关公平问题上，比较生态经济学和乔治主义经济学最有用的方法就是考虑不同类型的公平。我界定了三种类型(可能存在更多的类型)：(1)代际公平；(2)收入和财富分配公平；(3)权力分散。

10.3.1 公平一：代际公平

许多生态经济学家都考虑了代际公平的问题(Howarth，1998；Howarth and Norgaard，1990，1995；Lind，1995；Padilla，2002)。他们提出了将使资源在数百年甚至数千年时间内实现可持续生产的政策。这种分析所涉及的基本道德原则是：在利用资源来维持当前的富足时，不应当剥夺后代在这些资源上享有的同等价值并减少后代的财富。

这里我没有深入讨论生态经济学家对这一问题的分析。我姑且认为本书的大部分读者都已经熟悉戴利和其他人有关可持续性强弱形式的篇章，而可持续性的强弱形式取决于在经济价值的长期生产中，资本如何彻底替代自然的问题。我只是强调，戴利在这些问题上的见解是他对经济学领域做出的最重要的贡献之一。

不幸的是，乔治主义经济学家忽略了代际公平的议题(而大多数其他类别的经济学家也是如此)。当亨利·乔治写到，熵原理并不广为人知，而这一原理也没有在其追随者的思潮中发挥重要作用。因此，资源枯竭问题还不是乔治主义理论的组成部分。

① 在美国，在管控了州中位数收入差异之后，收入不平等约占各州之间死亡率差异的四分之一。参见肯尼迪等(1996)和《英国医学期刊》中的纠正(1996，312，p. 1194)。另请参见本书瓦顿(第5章)。

事实上，生态经济学家和乔治主义经济学家倾向于直接就保护问题展开争论。鉴于生态经济学家很可能支持诸如加征会提高原材料（包括砍伐木材）成本的疏伐费或立木采伐费之类的政策，而乔治主义者倾向于对当地资源直接征税，这具有鼓励更快速开采原材料的效果。但是，乔治主义对不可再生资源的这种定位是一种偶然的观点，而不是乔治主义原理的必然推论。因此，生态经济学家和乔治主义经济学家之间在代际公平问题方面的一些思想交汇，似乎是可能发生的。

10.3.2　公平二：收入或财富公平

在生态经济学领域，很少有关注代内公平或者收入和财富分配的主题。在 Science Direct 数据库（www. sciencedirect. com）利用搜索引擎搜索发现，在《生态经济学》期刊中搜索“收入分配”时，只显示出 12 篇文章，而对于“财富分配”搜索，却没有任何结果。那些显示出的有关收入分配的文章，都只是关于环境库兹涅茨曲线、资源有效定价对收入分配的影响或者真实发展指数。没有人谈及提高收入和财富分配的建设性政策。虽然一本杂志并不能完全代表生态经济学领域，但这似乎增强了负面刻板印象，也就是说那些关心环境问题的人更多关注动植物方面，而非人类。

赫尔曼·戴利一直是一般研究模式中少有的特例。[①] 在他整个职业生涯中，他都谈到了收入分配的问题。戴利在他《稳态经济

---

① 关于生态经济学领域，洛卜克（2005，p. 267）写道：“考虑到后代的利益，必须对经济规模进行限制，因此提出了公平和分配问题。由于环境限制，穷人无法被持续的经济增长所照顾，因此，照顾其他人类的伦理挑战呼吁对再分配提高关注度。”这一说法准确反映了戴利持续的担忧，但是在他的作品之外，生态经济学家很难找到这一点的任何证据。

学》一书中，再一次对收入设置下限和上限的激进想法进行呼吁。[①] 他认识到生态经济学家建议征收的多数保护和反污染税都是呈递减趋势的，因此需要找到一些抵消穷人负担的方法。[②] 在《为了共同的福祉》一书中，戴利和柯布并没有提出对收入设定上限和下限，而是提出将“收入和遗产税……社会分红、工人的企业所有权以及保证就业相结合”(Daly and Cobb, 1994, p. 331)，以及对低收入征收负所得税，征收砍伐税和污染税，同时应用准乔治主义将不动产税转化为双重标准税，对土地征收之税率将重于对建筑物征税。[③]

戴利呼吁总量-拍卖-交易(cap-auction-trade)计划，将对自然资源和环境容量的利用降低到可持续水平之下。但是，除了这些提议的累进退税问题以外(他至少承认这一点)[④]，还存在另一个严峻的公平问题，对此他并不承认。任何产权制度，无论是以免费分配权利开始还是以拍卖该权利开始，都允许所有人获取之后的价值增加，而所有者们什么都不做就可以得到这些价值。这种制度还鼓励囤积，以减少这一领域的新加入者，因此也就扼杀了竞争，从而维持了低效率和高价格。一个较为公平的解决方法就是不断上涨的年

---

① “如果我们因增长是不经济的而必须停止总体增长的话，那么我们如何应对 SSE[稳态经济学]中的贫困问题？答案很简单，就是再分配——通过最低收入和最高收入来限制许可不平等的范围。”(Daly, 2008, p. 4)

② “累退税率……根据许可上限和下限收入之间不平等的有限范围，以及黑手党和其他之前的所得税作弊者都将必须支付该税收的这一事实情况，消费税可能通过逐步支出收益来予以抵消。总量管制拍卖交易体系还会增加政府收入，并且可能会逐步分配拍卖收入。”(Daly, 2008, p. 8)

③ 作为政治演变的理想目标，而不是目前可接受的提案，讨论了低到高收入的一比十比率的概念。

④ 提高消费价格的任何政策都可看作是一项消费税。就当期收入而言，消费税是急剧递减的，某种程度上，对永久收入(全生命周期收入而言)也是递减的。

租赁款项，或者一些针对公众获得资源价值的自然上涨的其他备付金。尽管他对穷人的困境很敏感，但戴利忽视了这一基本要点。[①]

对公平问题而言，戴利思想较为重要的局限性就是他在“再分配”而不是“分配”方面倾向于弄清财富和贫穷的问题。也就是说，尽管不经意提到相反的意见，但是戴利对初始权利（财产权利）的特定分配视为理所当然，据此掩饰了不平等的结果。他在讨论政策选择时认为，仅在转移收入或财富之后，市场已经造成其流动性的高度倾斜。他认为，通过对土地价值进行征税来变更资产的基本所有权结构不是一种可行的选择。在探讨房租税时，他似乎认为这纯粹就是一种创收策略。[②]

如何实现收入和财富之间更多公平的问题，是亨利·乔治提出的两个主要问题之一（他提出的另一个主要问题就是高效利用资源，尤其是城市用地。由于这一点与新古典经济学的效率取向相吻合，许多乔治追随者已经在实际排除公平问题上强调了这些问题）。

乔治主义政策的核心方法（对土地价值征税）是为了实现更大的公平，但是在某种程度上，这与大多数的提议完全不同。[③] 这里

---

① 但是，戴利和法利（2010年）承认投机和租金潜力获得了限额和贸易计划，而不是呼吁根据频繁的拍卖及无任何后续交易制定“总量和租金”体系。

② 在他2010年版的教材中，戴利再一次反复讨论了房租税，这是促进公平分配财富和资源的一种政策，明确引用亨利·乔治。参见下文获得与戴利主张（即每项政策工具应当仅有一个目标）相关问题的探讨。

③ 土地价值税并不是来源于乔治主义者分析的唯一政策处方。另一个非劳动收入的主要来源是基于专利和版权获得的垄断力量。乔治本人支持版权，但是认为应当取消专利。一种对于知识产权更加平衡的乔治主义方法是将所有形式的知识产权作为私有财产保护，但是将知识产权的垄断方面限制在几年（或许是五年或十年），然后对其征收累进税，该费用将会鼓励将知识产权授权他人使用或者转移到公共领域。该目标应当是为了平衡创新的保密性方面（个别作者的“理想主义”想法）与知识创造的社会性质。这还将会提高从市场上持有信息的成本；该等信息若被广泛使用，将会使社会受益。

关注的不是通过税后再分配实现平衡收入，而是在税前通过变更兑换发生的条件来创建一个更为公平的收入分配。因此对土地价值征税的目的（以及其他税项的抵消减少）并不是为了提高收入，这些收入可能被用于改善贫困。相反，其目的是为了减少因不劳而获的成果带来的收入以及提高税前工资。土地价值征税将如何改变市场条件的问题，比较复杂，在本章节无法充分解释，但是我在这里会给出一个简要概述。①

为了了解对土地价值征税的影响，人们必须首先承认对于经济租金或土地价值方面征收的每一种税（针对工资、销售额、总收入等）已经因降低总收入而下降。相反，这一点更容易被认可。联邦所得税随着房地产价格的上涨几乎立即出现消减，在同样机理下，农场补贴会转化为农场价格的升高。通过增加总体需求，减税促进了所有商品的生产。由于所有的经济交易都发生在某个地点，生产和销售额增加最终将导致对土地的需求增加，而土地的供应完全是非弹性的供应。因此，总体需求的增加导致土地价格上涨。如果所得税或销售税增加，那么整个过程正好相反。因为所有的税收最终都会从租金或土地价值中扣除，这就意味着每一项本期税收都是对土地价值征收的税款，以及对生产活动施加的负担或阻碍。② 为了估算土地应税价值，计税基数将会是在其他税收

---

① 哈里森（1998 年）是一个良好的起点。另请参见梅森·加夫尼的多篇文章（www.masongaffney.org，2015 年 12 月 12 日访问）以及 Nicolaus Tideman 和 Florenz Plassman 所写的有关生产税无谓损失的作品（in Harrison，1998，pp. 146 – 174）。

② 为什么当时社会没有将所有的税收直接转移到土地价值的基础上，并忽略了与其他税收相关的所有无谓损失呢？答案在于负担的分配。土地价值税只针对土地所有者。（税收转嫁取决于某种程度的供给弹性）对其他人和土地所有者征收工资或消费税，并且该等税项提高了土地所有者的相对权力。在实际的历史条件下，开（转下页）

减少或消除之后土地的价格。

正是由于其他税项的减少将会提高土地价格，对土地价值征税的一阶效应将会是减少该税项。对土地价值征收30%的年度税，这意味着把从私人手中获得的土地价值的约90%转移到公共资金中。①

与其他资产相比，土地价值税对财富分配的影响，取决于土地总价值。② 为了对该价值进行估算，将需要揭开纸面资产的面纱（股份、债券、抵押）以便核查基础资产，对这些纸面资产赋予其价值。成本核算的框架并不是为了提供这方面信息。会计师认为属于公司、合伙企业和独资企业"利润"的很大一部分实际上都是经济租金，即其办公地点、生产场所、仓库等租赁物的增值。会计实务只是在发生交易时，通过按照惯例分配成本和收入，并且以土地的历史成本而非其市场价值入账，当然也不是以其对已实现收益的当年贡献来入账，从而进一步模糊了这一痕迹。因此根据对非贬值资产（即土地）进行推算收入，完全避开了这一征兆，因为当有人在沃尔玛购买DVD或者去看医生，并没有记录任何与租赁相关

(接上页)始了解竞争税收基础的政治学，人们可能会比较新英格兰的民主制度。人们可能会将自十七世纪起高度依赖财产税的新英格兰的民主制度与通过避开对财产直接征税而使劳动人民更加贫困的南方种植园经济相比较。拉丁美洲的土地贵族制，如美国东南部的奴隶制度，同样极力避免土地税，现在仍然是这样。

① 对土地市场价格征税导致该价格的下跌，因此使得拥有资产的那些人的资产价值减少。税后价格：价格 = 年租金/(实际利率 + 税率)。如果实际利率为3%，那么，相对于无税收的价格而言，土地价格的12%税收将会使价格减少约83%（因为x/0.15约为83%，少于x/0.03）。剩下的部分将以土地交易的市场价格进行资本化。如果土地价值税率为27%，税收将会获得资金的90%，而市场价格将是在没有任何税收的情况下价格的10%。

② 读者应当注意土地价值的90%—95%集中在城市区域，而不是广阔的农场和森林，其每英亩的价值较低。曼哈顿市中心区域的一英亩土地具有与一千英亩的中西部农田一样的市场价值。

的交易。但是，租赁绝对是每笔此类交易的重要组成部分，它增加了这些交易的价值。（就连邮购仓库都位于人口中心，而不是内华达沙漠的中部。）信息系统（会计程序）只是未能记录土地的增值。因此，企业和政府账户大大低估了土地对产值的贡献；在这一点得到纠正之前，研究者们都必须依赖间接应对措施。①

经本人粗略估算，美国土地的总价值大约为 GDP② 的七到八倍，而固定可再生资本的净值大约为 GDP 价值的两倍。这意味着经济租金约占国家收入的 20%—30%，并且大约一个季度返还固定资本。如果土地价值占所有固定资产价值的三分之二，对此股票、债券和抵押贷款均已发行，那么将收取 30% 的土地价值税，这将使这些纸面资产的价值减少约 60%（占 67% 中的 90%）。因为前 10% 的财富持有人持有这些资产的 80%—90%（Kennickell,

---

① 大多数经济学家认为，土地在工业或信息化经济中并不具有重要意义。官方统计数据印证了这种偏见，这是以错误的方法为基础的。首先，经济租金的官方估算并没有考虑通过现有税收获得的土地价值。这个因素就意味着估算并不只是略微的不准确，而是有一到两个数量级。加夫尼（2009）探讨了有严重缺陷方法的其他方面，而雷蒙德·戈德史密斯据此进行的国家收入核算和研究已经估算的租金总额。

② 我估计该比率是 1995 年“重新定义进步”项目的研究成果，其中，我们试图估算所有“绿色税收”来替代加利福尼亚州现有税收的能力。来自土地价值税的潜在收入要比所有其他环境税（空气、水污染、用水权、堵车费、噪声、固体废物）高出一个数量级。我们的报告从未被发布，这是由于资助初步工作的基金会几乎完全由土地租金资助，基金会大概不喜欢我们得出的结论；因此他们切断了资金供应。估算土地价值的方法，涉及加州财产价值官方统计的工作，并且根据《加州宪法》1978 年修正案第 13 条关于不动产价值评估和不动产税收的限制，作了评估偏差调整。将这些发现推到国家层面，涉及估算土地价值的所有联邦税的资本化价值（在估算土地的应税能力的大多数其他工作中，这是被遗漏的至关重要的一步）。我欣然承认这些结果的不准确性，但是我认为在数量级方面，它们比许多经济学家所依赖的官方估算或者戈德史密斯的估算更为准确。据报道，凯恩斯曾说过：“模糊的正确要好于精确的错误。”（这一说法的实际来源可能是维尔东·卡尔，一位与凯恩斯同时期的哲学家。）

2006，p. 55，table A－4)，向公众转让了这些纸面资产价值的60％，将会导致财富分配发生巨大转变。美国的财富分配也将从世界最不平等的国家之一转变为最公平的国家之一。(在美国，当前资产净值的基尼系数约为0.8，这与发生崩溃之前的巴西和津巴布韦相差无几)①

最富有的社会成员持有的资产价值大幅减少，这是土地价值税均富效应的一部分。另一个效应就是减少对工资征税。

亨利·乔治提出的革命性观点是：(1)富有生产力的城市用地并未得到充分利用(不是追求最优化而是为了满足某一最低要求)；(2)目前劳动力和资本被迫转移到城市边缘地区，这与在较好地段相比，同等投入产生的价值更少；(3)土地价值征税将鼓励更集中使用黄金地段(用于商业、工业或居住之目的)；(4)其结果将会是生产力的普遍提高，从而导致平均工资上涨以及给资本设备带来更高的回报。消除劳动税(从工资税开始)还将给低收入家庭带来额外的净收入。所有这一切都将使低收入的工人获益，正是土地价值税及减少劳动税的激励效应，导致中产阶级的出现，而不是因为税收带来的收入再分配。

乔治主义经济不会给每个人带来公平收入或者其他结果。更确切地说，这里提出的主张是，其将会改变机遇结构，因此，这种特权不会成为财富和不平等的基础。

10.3.3 公平三：权力的分散

如果我们将对公平的分析扩大到政治权力的舞台，那么大型

---

① 美国财富的基尼系数请参见肯尼克尔(2006，p. 10，table 4).

企业的财富和权力的集中问题就会引起人们的关注。企业的组织形式(有限责任)和追究这些企业责任的法律难题都不是他们在现代社会获得这些权力的主要原因。相反，它们的权力主要源于以其资产衡量的企业规模。这些企业并不是严格意义上的垄断组织，并且它们甚至可能面临来自类似巨头的价格竞争。然而，它们主导着世界各地的决策制定，这是因为，与大多数公共机构的实力相比，它们集中化的经济实力让它们有能力获得更多的科学专业知识和法律人才，同时它们的政治影响让它们有能力使外交政策服从于它们的要求，包括推翻它们不喜欢的政权[例如，危地马拉的联合果品公司、智利的国际电话电报公司(ITT))]。

对于不平等这一方面，无论是生态经济学家还是乔治主义经济学家都没有太多发言权，[①]两者都趋向于以工业组织为前提。但是事实上，不同的监管和税收方法都会给企业所有权的集中度带来影响。

环保主义者所支持的各种政策偏向于大企业，而非小企业。对排污权的监管、总量-交易和拍卖都对现有公司有利，而对挑战者不利，因为这些提高了新公司进入的门槛，并允许现有公司囤积排污权。只有对持续的社会成本征收全额补偿的污染税，才对不同规模的公司具有中立性质。

乔治主义的税收政策的目的并不是有意识地减少工业和商业所有权的集中度，但可能带来类似的效果。大型公司的可观权力和规模源于它们对产生经济租金的资产的控制(这包括城市用地、石油储量、矿产、森林、渔业，以及专利和其他知识产权)。按照定

---

① 例外情况就是戴利和法利对与不平等权利相关问题的讨论(2010，p. 447)。

义，租金是无需成本的收入；这些都是无需人们工作即可获得。这都源于对战略区位、储备和信息的拥有并将他人排除在外。能够产生租金的资产使那些大企业得以供养庞大的研发、法务和游说团队，以维持其优势地位。将经济租金作为主要征税对象不会消除企业过大的权力，但是会抑制这种权力。

大型企业（尤其是资源公司，如石油、矿产和木材公司）也都是土地和资本密集型公司。大型零售商和金融公司可能不会拥有自然资源或者大量的设备，但是他们对商铺和分公司形式的房地产进行了大量的投资。因此，大型企业往往具有很高的人均资本比率（Gaffney, 1976）。① 尽管企业可能会抱怨工资税和所得税的影响（因为在劳动力需求缺乏弹性的情况下，他们会部分地依赖雇主），但是工资税给大型公司带来了相对优势，并且允许这些大型公司能够发展壮大。这是因为工资税给小型、劳动密集型公司带来的伤害比大型、资本密集型公司多得多。因此，土地价值税将使小型公司受益，并抑制大型公司的所有权集中度。

10.3.4 为什么公平对环境很重要

在公平方面，生态经济学家和乔治主义经济学家有很多可以互

---

① 根据加夫尼（1976, pp. 113－114），"要素组合也会随着企业规模和个人财富的变化而变化。作为一个广泛的统计检验成果，生产中应用的劳动力-财产比例是递减的。财产总量越大，与单位财产所对应的劳动力数量就越低。"由于大型企业一般比小型企业要投入更多的土地价值（根据净财富来衡量）来产生同等数量货币收入，与小型企业相比，土地价值税将对大型企业产生更大的影响。这将会导致大型企业向土地使用强度更高的小型企业出售土地。然而，在本文中，加夫尼的一个主要观点是降低劳动税具有类似效应，加入一个"即"字鼓励更高的单位土地和劳动力的资本周转量，从而为相对较小的劳动密集型企业带来经济优势。

相学习的地方。但是两者需要理解的是，这不仅仅是对人类而言公正或公平的问题，所有形式的公平都有必要以保护环境为前提。

可以体现这一原则的一个示例就是，埃里克·埃克霍姆在几十年前所讲述的一个故事，那是在埃塞俄比亚开展的农村植树造林项目，其目的在于控制侵蚀并为村民提供木柴（Eckholm, 1976, p. 109）。[①] 一些无地劳动者被雇佣去种植幼苗，当项目经理去现场评估该项目完成情况时，他们发现许多幼苗都被颠倒种植了。那些劳动者们并非那样淳朴，他们完全知道自己在做什么。这样做是因为他们知道该项目会给这一区域的土地所有者们带来收益，从而扩大他们和土地所有者之间的贫富差距。

如果忽视了平等的问题，所带来的结果不仅仅是加剧贫困；实现保护的努力同样将会不断受挫。野生动物保护区是维持濒危物种栖息地的最后努力，但是只有在周围土地上的农民有了合法获得足够收入的手段，保护区才能发挥作用。如果以足够的奖励替代偷猎的收入，他们就更有可能尊重保护区的边界以及反对偷猎的规则。

绿色革命是不公平与环境损害紧密相关的另一个例证。引进新的种子品种能提高投资效益，但是实现这些投资效益将：(a)降低种子之间基因多样性；(b)增加农药、化肥、机械拖拉机（取代水牛）的使用；(c)提高对灌溉系统的依赖性，这使得建设大型水利工程变得必要并且改变了自然系统。同时，生产力的提高，也使得土地价格上涨，并且取代了数以百万计的农民，这让他们失去了土地并且迫使其向土地所有者支付更高的租金。

---

① 埃克霍姆(1976)的故事源于托马斯的一段叙述(1974, p. 307)。

10.4 设计解决方案

生态经济学和乔治主义经济学之间最深刻的哲学冲突，是行文至此留下的唯一伏笔。如果在方法论上达成共识，那么有关自然极限、经济增长和公平的具体问题得到解决，这似乎是有可能的。在这方面，存在方法论上的争议，这一争议可能阻碍了生态经济学和乔治主义经济学之间的互通。

关键问题是单一政策手段是否有可能实现双重目标。令人惊讶的是，作为生态经济学的代表，赫尔曼·戴利的回答是否定的，而乔治主义经济学以单一政策可能带来超出想象的多重效益为出发点。生态经济学家支持以强调稀缺性、权衡得失和“天下没有免费午餐”的马尔萨斯为开端的传统观念，而[1]乔治主义学者则支持将物质利益供给大众的传统观念，并且认为“鱼与熊掌不可兼得”(被迫进行权衡和取舍)仅仅是因为缺乏想象力。

戴利在《珍惜地球：经济学、生态学、伦理学》中提出了挑战，在书中他声称：“简·丁伯根(Jan Tinbergen)曾经强调，针对每一项独立政策目标，我们必须采用独立的政策工具这一基本法则，[2]但是在最近的讨论中，似乎遗忘了这一法则。然而，我们都知道，如果鸟儿们单独飞行，您至少‘不能一箭双雕’。如果它们排成队列一起飞行或者停在同一个栅栏上，那么“一箭双雕”可能会成功。这

① TANSTAAFL是“There ain't no such thing as a free lunch(天下没有免费的午餐)”的简写。

② 参考指的是丁伯根(1952)。

本书提出，因为鸟儿们是独立飞行，所以我们需要第三块石头。这里‘鸟儿’便是资源高效配置、公平分配和可持续规模三个目标。前两个在经济学理论方面具有很长的历史，并且拥有各自对症下药的政策工具。第三个目标即可持续规模其尚未得到正式承认，也没有对应的政策工具。”(Daly and Townsend, 1993, p. 1)

只是，当人们读到《土地经济学》中的文章时，才对戴利提出这一基本原理的原因有所了解，文章中描述了《珍惜地球》中的本章内容。在早期的期刊文章中，戴利解释道：

> 下文中的两难境地证明了，不承认可持续规模问题独立于资源配置效率问题，将带来理论上的困惑(Pearce et al. 1989: 135)。哪种情况会给环境带来更多的压力——高贴现率还是低贴现率？一般的答案会是高贴现率对环境更不利，因为其加速了不可再生资源的消耗速度，并且缩短了开发可再生资源的更新和休养生息周期。高贴现率会促使资本和劳动力流向以更高强度开发自然资源的项目。但是这限制了所要开展的项目总数。而低贴现率将允许开展更多的项目，尽管每个项目资源开发强度更低。高贴现率的资源配置效应是增加物质，但其规模效应是降低吞吐量。很难说哪种效应更加强烈，尽管人们怀疑，从长远发展来看，规模效应将占主导地位。这一难题的解决方法就是承认两种独立政策目标需要两种独立政策工具——我们无法利用贴现率的单一政策工具同时满足最优规模要求，以及最优配置的要求(Tinbergen 1952)。(Daly, 1991, pp. 257-258)

这里有些奇怪。在丁伯根法则背后的分析前置愿景则是，现实被分割成符合我们分类的碎片，每个分类都拥有其自身的最优形式。这种碎片化有悖于戴利对具体性错置谬误的批判及其宗教世界观。[①] 在他选择的示例中，贴现率实际上是长期利率的函数，这是从市场内做出的千万次决策得出的结果；很难将这种函数视为一种政策工具。央行可以设定短期利率，但是还没有人学会管理长期利率的秘诀。由于存在许多与高低利率有关的道德取舍（在利害关系方面比配置效率和最优物质吞吐量更为重要），或许最好的办法就是借助复杂的社会模式，而不是有意识的设计来确定长期利率。

实际上，政府在试图管理人类社会方面，其杠杆非常有限：税收、补贴、货币政策、条例和直接服务提供（包括军事行动）。一个世纪过去了，我们仍然对大多数此类政策工具的二阶和三阶效应知之甚少，并且在有些情况下，我们仍在试图弄清楚一阶效应。当然，我们对二阶和三阶效应的潜在相互作用，以及不同政府部门和不同区域政府在目标不一致时所采用的方式知道得更少。

丁伯根所提出的不同目标需要各自不同政策工具的观念，在用联立方程所代表的世界里很有意义，但是它迅速在管理不合规、激励机制紊乱、信息信号混乱、反馈循环复杂和后果不可预见的世界里，失去了解释力。一旦踏入历史的洪流中，这些政策工具的影响便无法显现出任何线性关系。的确，令人惊讶的是，丁伯根法则

---

① 如果现实是由“无窗的单体”组成（莱布尼兹提出）或者如果现实是按照休谟的杂乱经验主义或者康德的自在之物概念，但是在怀特海德的有机互联的世界观里进行运转，或许这细分的世界才有意义，这是《为了共同的福祉》的主旨，而这种分裂的现实是有问题的。

将会进入生态经济学领域。正如洛卜克就这门学科的起源所说："广义上来说，《系统思维》是几个发起者的共同装备，尤其是那些来自自然科学的发起者，但是同样也是部分经济学家的共同装备。"（Ropke, 2005, p. 267, emphasis in Original）

乔治主义哲学假设没有将政策和其效果分成单独且不同子集的人为边界。实际上乔治主义的主要主张就是其主要政策工具，土地价值税将不仅促进社会公平，而且还会提高效率（减少土地市场的起伏，并限制囤积）。正如亨利·乔治在1880年写道：

> 我写此书的目的……是为了将史密斯和里卡多的……真理与蒲鲁东和拉萨尔……所认为的真理相结合；证明自由主义……为实现社会主义崇高梦想开辟了道路。（《进步与贫困》第四版序言）

简言之，乔治的目标是合成而不是分化。这直接与丁伯根-戴利规则的逻辑背道而驰，即每项政策只能有一项有效结果。

乔治的追随者注意到乔治的结论具有双重目的性，即土地价值税至少在没有牺牲他人利益的情况下，同时解决了两个问题。但是将这一发现从特定情况中扩展到较为普遍的原理中并不费什么功夫。

对于乔治本身而言，普遍原理就是：如果人类制度符合自然法则的话，那么自然便是良性的，且最终有利于共生关系而非竞争。这一点符合微生物学家林恩·马古利斯的观点，即细菌和宿主之间共生起源或共同进化的关系，比在进化发展中决定适应能力和差异生存率方面的竞争更为重要（Margulis, 1970）。

在乔治主义思想中对普遍原理的另一种解释就是：在某些协同系统中，可能没有必要进行得失权衡（“鱼与熊掌可兼得”）。与更为传统的耕作方式相比，自然活力耕作法可能既多产，又很少依赖化学物质。从历史的观点来说，超出一定阈值的城市化使人口更具抗病能力以及更有经济效益（McNeill，1998）。用来抵消其他消费税或所得税的温室气体排放税可能具有“三重红利”：减轻气候变化，更加公平地分配收入，同时推动经济增长。（“双重红利假设”得到验证还是被推翻很大程度上取决于评估专家是否获得石油公司或公共机构的资金支持。）

由于“鱼与熊掌可以兼得”（没有必要进行二选一的权衡）的说法往往受到质疑，协同效应的主张比较少见，尤其是在社会科学方面。这正是为什么需要多学科共同努力，以开放的思维研究这一现象的原因。如果自然要免费赐予我们一些东西，我们却还要进行二选一的权衡就显得很愚蠢。

10.5 结论

生态经济学和乔治主义经济学往往都将自身界定为反对新古典主义经济学，并且忽略了彼此的存在。他们是时候开始互相学习，以及从经济学的其他“备选”学派中学习，如奥地利学派、制度经济学派、后凯恩斯主义学派、二元主义学派等。

乔治主义和生态经济学家明确就一个议题达成一致：需要再次引入土地经济学的重要性。但是，他们对土地的定义完全不同。为此，双方对彼此的恰当回应就是学习尊重潜在伙伴的观点。由于他们主要聚焦点不同（生态经济学关注可持续发展环境，而乔治主义关注社会公正)，他们彼此之间并不矛盾。那么，以多种方式将土地重新引入经济学论述中应该是有可能的。

关于增长问题及其对环境的影响，生态经济学家和乔治主义经济学家在理论层面上的确存在分歧。生态经济学家强调经济增长的负面影响，而乔治主义毫无保留地支持经济增长，且并未感到有何不妥。不过，乔治主义提出的政策在防止因经济增长带来的损害方面，也许实际上比生态经济学家所支持的政策更有效。

生态经济学家和乔治主义经济学家都关注了公平的问题，但是他们在各自所强调的公平类别上有很大不同。生态经济学重点关注代际公平，而乔治主义者重点关注当前财富的不公平。两者都没有对权力的不公平现象建立理论模型，并且双方对不公平与环境破坏之间的关系似乎都不太感兴趣。因此，他们可能不仅要互相学习，而且每一方都有新的研究领域，这些对未被探索的主题方面，可能是卓有成效的。

在方法论上，生态经济学家和乔治主义经济学家在关键问题上有分歧——丁伯根法则，即每项政策目标需要一个独立的政策工具。对生态经济学家来说，赫尔曼·戴利曾多次赞同丁伯根法则。乔治主义经济学家则质疑该法则的有效性，因为如果该法则是正确的，乔治主义思想政策协同(协调效率和公平的目标)的可能性将会丧失。

最后，生态经济学和乔治主义经济学(以及科学研究的许多其他分支)并不是争夺学术追随者的竞争对手。它们各自都包含一些真理要素，我们若忽略了这一点，将自食其果。如果我们用知识来解决这些问题，则只可能通过超越人为壁垒——通常立于相互竞争的理论观点之间——来实现这一目标。

参考文献

Bohi, D. R. (1989), *Energy Price Shocks and Macroeconomic Performance*, Washington, DC: Resources for the Future.

Bohi, D. R. (1991), 'On the macroeconomic effects of energy price shocks', *Resources and Energy*, **13**, 145 - 62.

Bohi, D. R. and M. A. Toman (1996), *The Economics of Energy Security*, Boston, MA: Kluwer Academic.

Daly, H. E. (1991), 'Towards an environmental macroeconomics', *Land Economics*, **67**(2), 257 - 8.

Daly, H. E. (2008), *A Steady-state Economy*, London: Sustainable Development Commission, available at http://www. sd-commission. org. uk/data/files/publications/Herman_Daly_thinkpiece. pdf (accesssed 12 December 2015).

Daly, H. E. and J. B. Cobb, Jr (1994), *For the Common Good*, Boston, 2nd edn, MA: Beacon Press.

Daly, H. E. and J. Farley (2010), *Ecological Economics: Principles and Applications*, Washington, DC: Island Press.

Daly, H. E. and K. N. Townsend (1993), *Valuing the Earth: Economics, Ecology, Ethics*, Cambridge, MA: MIT Press.

Daniels, N., B. Kennedy and I. Kawachi (1999), 'Why justice is good for our health: the social determinants of health inequalities', *Daedelus*, **128**(4), 215 - 51.

Eckholm, E. (1976), *Losing Ground*, New York: W. W. Norton.

Energy Information Agency (1995), *International Energy Outlook*, US Department of Energy.

Energy Information Agency (2004), *International Energy Outlook*, US Department of Energy.

Fang, J. M. and J. C. Chen (2007), 'Empirical analysis of CO_2 emissions and GDP relationships in OECD countries', *Sci-Tech Policy Review*, **1**(1), 37 - 60.

Fearnside, P. (1990), 'Reconsideracao do cultivo continuo na Amazonia', *Revista Brasileira de Biologia*, **50**(4), 833 - 40.

Gaffney, M. (1970), 'Tax-induced slow turnover of capital, I.', *American*

Journal of Economics and Sociology, **29**(1), 25 - 32.

Gaffney, M. (1976), 'Toward full employment with limited land and capital', in A. Lynn, Jr (ed.), *Property Taxation, Land Use and Public Policy*, Madison, WI: University of Wisconsin Press, pp. 99 - 166.

Gaffney, M. (2009), 'The hidden taxable capacity of land: enough and to spare', *International Journal of Social Economics*, **36**(4), 328 - 411.

Gately, D. and H. G. Huntington (2001), 'The asymmetric effects of changes in price and income on energy and oil demand', *Working Papers 01 - 01*, C. V. Starr Center for Applied Economics, New York University.

George, H. (1879), *Progress and Poverty*, reprinted in 1979, New York: Robert Schalkenbach Foundation, available at http://schalkenbach.org/library/henry-george/p1p/ppcont.html (accessed 12 December 2015).

Hardin, G. (1968), 'Tragedy of the commons', *Science*, **162**, 1243 - 8.

Hardin, G. (1991), 'Tragedy of the *unmanaged* commons: population and the disguises of providence', in R. V. Andelson (ed.), *Commons Without Tragedy*, London: Shepheard-Walwyn, pp. 162 - 85.

Harrison, F. (ed.) (1998), *The Losses of Nations*, London: Shepheard-Walwyn.

Helliwell, J. F. (1988), 'Comparative macroeconomics of stagflation', *Journal of Economic Literature*, **26**, 1 - 28.

Howarth, R. B. (1998), 'An overlapping generations model of climate-economy interactions', *Scandinavian Journal of Economics*, **100**, 575 - 91.

Howarth, R. B. and R. B. Norgaard (1990), 'Intergenerational resource rights, efficiency, and social optimality', *Land Economics*, **66**(1), 1 - 11.

Howarth, R. B. and R. B. Norgaard (1995), 'Intergenerational choices under global environmental change', in D. W. Bromley (ed.), *Handbook of Environmental Economics*, Oxford: Basil Blackwell, pp. 111 - 38.

Kaufman, R. K. (1992), 'A biophysical analysis of the energy/real GDP ratio: implications for substitution and technical change', *Ecological Economics*, **6**, 35 - 56.

Kennedy, B. P., I. Kawachi and D. Prothrow-Stith (1996), 'Income distribution and mortality: cross-sectional ecological study of the Robin Hood index in the United States', *British Medical Journal*, **312**, 1004 - 7.

Kennickell, A. B. (2006), *Currents and Undercurrents: Changes in the Distribution of Wealth, 1989 – 2004*, Washington, DC: Federal Reserve Board, available at http://www.federalreserve.gov/Pubs/oss/oss2/papers/concentration.2004.5.pdf(accessed 12 December 2015).

Krishnan, N. R. (2006), 'To power 7 – 8% GDP growth', *Business Line*, 9 May, available at http://www.thehindubusinessline.com/2006/05/09/stories/2006050900491000.htm (accessed 12 December 2015).

Lind, R. C. (1995), 'Intergenerational equity, discounting, and the role of cost-benefit analysis in evaluating global climate policy', *Energy Policy*, **23**(4 – 5), 379 – 89.

Logan, J. (2005), 'Statement of Jeffrey Logan, Senior Energy Analyst and China Program Manager, International Energy Agency', in *EIA* 2005 *Annual Energy Outlook: Hearing before the Committee on Energy and Natural Resources, United States Senate, One Hundred Ninth Congress, First Session*, 3 February, Washington, DC: US Governmernt Printing Office, available at http://purl.access.gpo.gov/GPO/LPS60425 (accessed 12 December 2015).

Margulis, L. (1970), *Origin of Eukaryotic Cells: Evidence and Research Implications for a Theory of the Origin and Evolution of Microbial, Plant, and Animal Cells on the Precambrian Earth*, New Haven, CT: Yale University Press.

McNeill, W. (1998), *Plagues and Peoples*, Garden City, NY: Anchor Press.

Padilla, E. (2002), 'Intergenerational equity and sustainability', *Ecological Economics*, **41**(1), 69 – 83.

Ropke, I. (2005), 'Trends in the development of ecological economics from the late 1980s to the early 2000s', *Ecological Economics*, **55**(2), 262 – 90.

Simon, H. A. (1979), 'Rational decision making in business organizations', *American Economic Review*, **69**(4), 493 – 513.

Spash, C. L. and M. G. Villena (1998), 'Exploring the approach of institutional economics to the environment', *Environment Series*, **11**, Department of Land Economy, University of Cambridge.

Thomas, J. W. (1974), 'Employment creating public works programs: observations on the political and social dimensions', in E. O. Edwards (ed.), *Employment in Developing Nations*, New York: Columbia University Press,

p. 307.

Tideman, N. (1999), 'Land value taxation is better than neutral: land taxes, land speculation, and the timing of development', in K. C. Wenzer (ed.), *Land Value Taxation: The Equitable and Efficient Source of Public Finance*, Armonk, NY: M. E. Sharpe, pp. 109 - 33.

Tinbergen, J. (1952), *On the Theory of Economic Policy*, Amsterdam: North Holland Press.

Wachsmann, U., R. Wood, M. Lenzen and R. Schaeffer (2009), 'Structural decomposition of energy use in Brazil from 1970 to 1996', *Applied Energy*, **86**(4), 578 - 87.

Zhang, Y. and C. Zheng (2008), 'The implications of China's rapid growth on demand for energy and mining products imported from Australia', *Economic Papers: A Journal of Applied Economics and Policy*, Economic Society of Australia, **27**(1), 95 - 106, available at http://onlinelibrary.wiley.com/doi/10.1111/j.1759-3441.2008.tb01029.x/abstract (accessed 16 December 2015).

11

生财之道

约翰·B. 柯布

11.1 什么是货币?

人人都知道钱是重要的。在某种意义上我们都“知道”它是什么。我们钱包里有一些纸币,我们的银行账户里有更多的钱。我们用纸币来支付,购买想要的东西。我们会把一部分钱放在银行,确保我们能够支付以后想要购买的东西。当我们要把我们的钱取回来时,银行会给我们纸币,我们认为这部分钱银行代我们保管,是我们携带货币的一种延伸。事实上我们一般会使用支票和信用卡而不是现金,这一点似乎并不重要。

很多人认识到我们口袋里的纸币是政府制造的。我们发现它包括联邦储备券,但是我们假定联邦储备是政府的一部分。货币是我们通过工作挣来的,一部分我们会花掉,还有一部分我们会存下来以备将来不时之需。基本上我们理解了货币是一种交换媒介。

我们认为银行接受我们的存款部分是为了安全保存,但同时也是为了将存款借给其他人。银行会付给我们一点利息，但却向借款人收取更多。这似乎是合理的也是适当的。如果我们有不少储蓄，我们可以把其中一部分借给企业或政府，以获得更高的利率。很显然，这是货币的另一种功能，但是我们把它当成是货币媒介功能的延伸。

当没有急用时，我们花的会比挣的少得多，目的是备不时之需。似乎其他人或者组织也是这样。例如，我们假定，除了紧急情况下，企业和政府也应该别借债。

虽然我们很多人都这么想，但我们发现现实世界完全不是如此。企业常常会借钱，各国政府年复一年地增加他们的债务，而这些并没有明显的危害。我们大多数人都放弃尝试理解这一点，并且把这些问题交给专家们。

11.2 债务货币

虽然我知道我没有理解这些，直到我和戴利一起研究什么会成为“我们共同的利益”(Daly and Cobb, 1989)之前，我都不知道它们是如何的神秘。我们运用怀特海关于“错置具体性的谬误”的思想作为基础，对若干标准经济学理论运用其概念的方式进行了批判。这种谬误是把抽象的概念视作与完全的实际情况相对应。例如，经济学家所说的理性经济人。这个术语指明了人的欲望和活动的特征似乎与市场行为最相关。① 只要充分认识这一抽象性，这

① 关于理性经济人以及人类行为的进一步讨论参见瓦顿(本卷的第5章)，高智(第6章)和里斯(第7章)。

个概念可能会相当有用。但是现在的趋势是，人们认为利用这一抽象性，就可以得出人的所有市场行为，甚至人的一般行为。这是错误地将具体性归咎于抽象性。实际上，同一个人出于某种目的可以被理解为理性经济人，而出于其他目的却更容易被理解为理性政治人或者理性宗教人。但是即便整体看待所有这些抽象性，也无法获得作为个体人的完整状况。

货币可以看作是一个"错置具体性谬误"的最好解释，我们很容易把它看作是它本身是有价值的某种东西，但实际上它毫无使用价值。所以我向戴利提议关于这个问题要写一章，他的回答是没有人知道货币是什么，所以他还没有准备好尝试写这一章。这本书一开始的版本中没有关于讨论货币的这一章。

这似乎是一本经济学著作的明显短板，而且这个问题也越来越困扰我。另一方面，这一点最不可能是我初稿的主题。所以我说服戴利，在我们准备第二版的时候，最重要的变化就是增加了关于货币的"编后语"。

本书的大部分章节是合著的，所以我们没法说这一章是他写的、那一章是我写的，我对这一"编后语"的贡献仅仅是提出需要澄清的问题。货币是债务的这个观点和商业银行创造货币的观点一样，对我来说是非常新鲜的。我的质疑说服戴利做了有益的澄清，但是仅从某种意义上来说，这些说法中包含着我的观点，戴利说服了我，认为这些说法基本上都是对的。

戴利开导我说银行可以把同一笔钱反复多次借出去，银行在放出每一笔贷款时增加了货币供应。当然还款会减少货币供应。现在，我理解了贷款产生的货币数量仅足够用于偿还本金，尽管偿还贷款还必须支付利息。利息可能与贷款一样多甚至多于贷款本身。

当我们考虑单笔贷款时，这种观点是没有意义的，这样说有可能产生误导。很显然，贷款并不是真的用借出去的那笔钱来归还。那笔钱可能用于扩大生意，由此产生的利润可以用于逐年逐月归还利息和本金。只要扩大生意是成功的，借款人不仅挣到了他们的贷款，还增加了收入。

为了理解筹钱支付利息的问题，我们最好想一想银行在某一年借出去的所有的钱。进入流通的货币数量与贷款的本金相同。现在我们假定这一数量多年来保持稳定。在这种情况下，偿还所有贷款本金所需要数额全部投入到经济，但是却不剩下钱来支付利息。有些借款人可能有足够的钱用于支付利息，但不可能所有的借款人都这样做。除非通过其他贷款向经济注入额外的货币，这样的话货币供应会不断增加，否则流通中的货币不足以保证所有借款人都能够偿还他们必须支付的贷款利息。这意味着，只有通过不断借贷使货币供应有巨大的增长，整个经济才能蓬勃发展。在经济扩张时期这似乎运转良好，此时存在许多借款人，还有银行提供大量贷款，这又提供了用以偿还以前计息贷款的资金。

另一方面，当新增货币供应不足以偿还利息时，贷款也无法偿还。银行的应对策略是紧缩信贷。货币供应停止增长，更多的贷款无法偿还。依赖银行贷款的经济也因信贷紧缩导致衰退，正如贷款增长刺激经济增长一样。换句话说，银行创造货币加剧了周期性增长和收缩的问题。

戴利强调人类社会经济是在包容性的全球经济背景下运转。后者是不会增长的。在不增加全球资源利用的前提下通过技术改进可能会增加产品。标准经济学告诉我们，稀缺性导致价格上涨进而导致技术进步或者更丰富的资源替代。这一观点常常是说得通的，但是是有限额的，价格信号不能保证稀缺资源替代是明智之举。

关于石油达到和超越限额是当下的新闻。石油需求上升，但是为了提高生产力，满足这些需求，就必须提取更脏的、更不容易获取的石油，也造成越来越高的环境成本。例如，由于政治和军事的干预，这些问题有些是暂时的。而且，由于环境原因，有些石油没有被开采。但是，现在有少部分人质疑石油的供给将无法跟上不断增长的需求。价格在不断上升，几乎可以肯定的是，在未来几年里涨幅会更大。一些看到这种趋势的人开始寻找替代物并发现了技术解决方案。这一步伐正在加快。

但是，当前应对策略远不能解释解决了一个问题同时又带来了另一个问题的这种趋势。石油可以从农作物中提取，如玉米。对乙醇的热衷导致了玉米从用作食物的种植作物转变成用作生产乙醇的种植作物。这种"石油峰值"问题的"解决方案"突然加剧了食物的短缺。具有讽刺意味的是，过去食物短缺是通过所谓的绿色革命来规避的，而这种绿色革命却大大提高了农业对石油的使用。现在大量的石油被用于农业，而农产品用来生产乙醇，以至于燃料的净增加并不十分可观，但是食物生产的减少却给全球贫困人口带来巨大痛苦。

戴利关于现实的极限违背标准经济学用之不竭的资源的观点，得到了相关证据的强力支持。几乎每个人都认识到，处理废弃物的沉降能力已经耗尽，目前导致全球变暖的气体排放也受到大家关注。人类社会的经济增长是有极限的。美国人的消费水平不可能推广到全球人口。事实上存在一些没有极限的经济增长类型，但是这种增长的目标总体上在加速灾难的到来。适当目标是将“发展”理解为实际情况的改善。

戴利已经认识到，我们现有的经济组织方式有增长的要求。就像一架飞机，为了保持在空中的状态就必须向前飞行。但是他认为，存在一种像是直升飞机的经济，在满足所有人需要的同时可保持不动。正如我开始理解货币体系，我相信如果我们准备迈向稳态经济，货币体系必须从根本上改变。

11.3 有没有替代方案?

目前几乎所有的货币创造都是通过商业银行以借贷的形式实现的。这就是为什么戴利和其他人说，如今货币是债务。为了保障这一体系的运行，银行必须持续地增加货币供应。因此，相应地就要求经济必须增长。如果银行国有化，创造货币的利润就进入国库，那会有很多优势。但是银行如果继续收取贷款利息，货币体系就仍要求经济不断增长。稳态经济的目标就无法实现。

还有另外一种可以增加货币供应的方式。那就是通过政府投入新的货币以实现增加。这种货币不需要偿还，也不需要支付利息。例如，如果政府决定改善基础设施，这部分新的货币可以用来支付建设基础设施的工人以及材料的供给。债务没有增加，因此无需支付利息。值得注意的是美国联邦政府目前正通过政府投入实现货币供应，尽管是以一种迂回的方式。在其量化宽松政策之下，目前(2014 年 3 月)美联储每月大约购买 400 亿美国中期国库票据。联邦政府一定要连本带利偿还这些债务，但是根据法律，美联储把 94%的收益返还给美国政府。实际上，美联储是在帮助美国政府把钱注入经济。

这并不意味着永远不需要税收。如果政府注入经济的货币多于经济的需求，就会引起通货膨胀。有些国家政府因此导致了恶性通货膨胀。就像偿还贷款减少了银行贷款注入经济的货币供给一样，纳税减少了政府注入经济的货币供给。因此为了避免通货膨胀，需要征税。税收也可以用于再分配。税收也能够阻止稀缺资源的利用，鼓励开发替代品。但是在任何情况下如果银行货币供给的增加降低，同样类似于政府支出新增的货币增加，这并不引起通货膨胀。自从2007年金融危机以来，私人银行已经减少了他们的对外借贷，但同时继续尽可能地收回贷款，这相应地减少了货币供给。这解释了为什么近些年来美联储的量化宽松政策没有引起通货膨胀。而且由于这些货币是免息的，不需要为了提供未来还款资金而扩大货币供给。

为了解决偿还贷款利息产生的货币需求问题，有人可能会建议我们遵循圣经教导，禁止所有的利息。但是，借款的需求总是存在的，尽管我们面临的问题与此有关，但是总是有理由向借款人收取利息。

维持一个有息贷款的体系并不一定意味着持续地以这种方式创造货币。人们可能为了把盈余的资金有息借出去，而把这些资金集在一起，由机构来管理这些钱也是有可能的。这并不增加货币供给。把他们的贷款总量限制在他们的存款总量之内不会终结创造新货币去支付利息的需求。但就会避免用借来的钱去支付利息。这种货币扩张是免息的。随着时间的推移借款需求会减少，或者至少把这种需求稳定在一个不变的水平。这种类型的金融体系能够在稳态经济内运行。

这类借款机构可以由政府来运行，世界各国很多都是如此。但是，反对所有银行国有化的观点认为，届时可能所有的借款只有一个来源，那就是政府。那些偏向于支持政府的人可能会理解。在借贷方面，像其他领域一样，竞争是可取的。

各级政府都可能参与货币创造。北达科塔州设立一家州银行，目前一些其他州正在考虑设立这类银行。艾伦布朗领导了一场银行国有化运动，即把设立州银行作为对困扰其他州的诸多金融问题的一个解决良方。

还有运行在美元体系之外的当地货币的试验。如果我们认为目前的金融体系可能崩溃，这种试验的重要意义将远远超出其现有的规模。这些试验提供了一种当官方货币失去效用或者太稀缺时、除了以物易物以外的交易方式。

但是，我将集中讨论国家层面可以做些什么来帮助其他层级的政府。摆脱债务经济的倡导者主张联邦政府为州政府和地方政府提供长期的免息贷款，特别是基础设施领域。

目前，地方政府认识到有很多需求他们无法满足。基础设施累计需求稳步增长。联邦免息贷款可以快速扭转这一无法维持的现状。这还能提供社会需要的就业岗位，减少失业。

例如，城市会有因减少对汽车的依赖、减少拥堵而建设地铁的需求。假定这一成本是 10 亿美元，预计一年的收入足够用来偿还 3 000 万美元。20 年期利率为 6%的商业贷款每年需要还款 8 500 万美元。即使经济学家计算结果表明，公民可以从减少对私家车的需求、减少污染、节约时间中节省更多，但是城市政府还是没有经济能力来建设地铁。但是如果国家政府提供了 50 年期贷款，而且仅收取管理贷款的成本，每年的还款额大约接近 2 000 万美元，那么可以用这部分逐渐注入经济的货币来建设地铁。(数据来源于 Priestman，2008，p. 4)。

11.4　北美货币创造的故事

谁创造货币以及它是如何创造出来的问题是主流政治讨论的一部分。在这部分，我会用从艾伦·霍奇·森布朗的《债务网络》(Brown，2008)所学到的关于美国货币创造是如何完全私有化的，以及因此货币如何被等同于债务的内容，来补充从戴利那里所掌握的内容。如果在某一金融体系中，货币等同于债务不适合稳态经济，我们应考虑一种替代方案。

布朗(2008)研究表明，在欧洲人定居北美的早期历史中，如何创造货币的重要性被广泛认识的程度远远超过现在。在美国独立战争前，美国的一些殖民地创造了货币，并由此获得了相当程度的繁荣。本杰明·富兰克林是这种政府支出融资的主要倡导者。1764 年，英格兰银行说服英国议会禁止殖民地发行自己的货币。这产生了严重的经济影响，与对茶叶征收小额税收相比，更具革命性的变化。

大陆会议通过创造货币支持美国独立战争的开支。最后大陆通货失去价值，这也意味着政府支出融资失去了优势。而大陆币的这段夸张的贬值历史也成就了一个常用词汇——“一文不值”。但是，一些研究者注意到，英国战略的一部分就是通过在市场上充斥假币来摧毁大陆币的价值。这是大陆币币值衰落的主要原因。

亚伯拉罕·林肯通过发行“林肯绿币”资助美国内战。这是法定货币，和大陆会议发行的大陆币一样。货币通过消费注入经济，不产生债务。战争期间再次发生大范围通货膨胀，如果林肯不是发行货币而是从银行借钱，不管通货膨胀是否会减少，增益都是不明确的。因为战争期间，很多生产设施都没有投入生产，一定程度上的通货膨胀是难以避免的。

"林肯绿币"的反对者得到了"常识"观点的支持，他们认为货币应该得到具有真正价值的某些物理实体的支撑。黄金是银行首选的储备。由于黄金的稀缺性，货币的创造受到限制。一个主要的政治问题是：美国是否要从金本位转到银本位。威廉·詹宁斯·布赖恩不辞辛劳地为这一变化进行游说，他认为，这会赚更多的钱，会让普通人民更富裕，这一点可能是对的。

公众舆论反对中央银行，但是1907年银行业危机开启了对这一问题认真的讨论。这场危机可能是银行家们自己操纵的。无论如何，1910年，主要的银行家利用新的公众情绪，汇聚在哲基尔岛起草了关于对中央银行的建议书，这份建议书很大程度上被华尔街控制。但是，当时无论是总统还是国会都没有准备实施这一计划。伍德罗·威尔逊对银行利益集团很友好，因此他在1912年的竞选，部分缘于银行家支持，创造了更加有利的局面。

国会的支持依赖于布莱恩的支持，但是他对银行家们持有根深蒂固的不信任。刚好在1913年圣诞节前，银行家们提出了一个新的法案。法案的用语非常具有技术性且难以理解，布莱恩受到蒙蔽而相信"政府发行货币的权力不是屈服于银行；政府对于所发行货币的控制不是政府放弃权利"（Brown, 2008, p. 125）。在他的支持下，《联邦储备法》于1913年12月22日获得通过。第二天威尔逊签署了这一法案。当时，威尔逊并没有完全理解这一法案的意义。在他去世之前说："我糊里糊涂地毁了我的国家。"（Brown,

2008，p. 126）

布莱恩和威尔逊不是唯一被误导而认为联邦储备银行是美国政府一个部门的人。实际上，联邦储备银行由每一个地区的商业银行所拥有的 12 家地区银行组成，这些银行共同拥有整个体系。纽约联邦储备银行拥有 53％的股份，当然纽约联邦储备银行也是由那里最大的几家银行掌控。

布莱恩之所以认为这一体系的创造并没有将对经济的权力转移到商业银行，部分是由于财政部长以及货币监理署署长都是委员会成员。实际上，商业银行的利益显然受到控制。

富兰克林·罗斯福（Franklin Roosevelt）把大萧条很大程度上归因于银行，并且改变了美联储的治理模式。他用由总统提名的 7 名委员组成的治理委员会取代了原有的治理结构。原则上，这给了民选政府相当大的权力，但是为了避免委员受到不当的政治影响，委员任期被定为 14 年。罗斯福运用这一权力，委任那些不会削弱他计划的人为委员，他认为委员会会和他配合，由此提高了委员会的权力。

当时有国会议员强烈呼吁，由联邦财政部发行货币而不是向银行借款。但是罗斯福并没有像大陆会议和林肯那样，用财政部的法定权力通过支出把货币注入经济。相反，遵循了银行的意愿，通过税收和借款增加支出来努力摆脱大萧条。后来的政府采用了这种模式，因此，国家债务由 1913 年的 150 亿美元、约占当年 GDP 的 15％，增长到 2013 年 17 万亿美元、约占当年 GDP 的 75％。罗斯福法案使得联储委员会权力增强，但是却没有切断美联储与纽约银行之间的紧密联系。

其后的政府没有通过支出把货币注入经济，而是从银行借款并支付利息，虽然有迹象表明在肯尼迪被暗杀前曾试图考虑向这方面转变。总之，肯尼迪总统遇害后担任总统的约翰逊的首个法案之一就是把政府从制造货币的生意中完全脱离出来，用联邦储备体系的债券取代了所有美国政府的中长期国债。之后，银行的接管彻底完成。

相反，加拿大银行是政府的一个部门。通过加拿大银行制造货币，加拿大政府支付了绝大部分第二次世界大战的成本，在随后的若干年里，用同样的方式为社会项目提供资金。但是，银行的影响在加拿大也已经导致了严重的政府货币创造的限制，政府维持早期提供的服务的能力受到了质疑。银行家抱怨政府把钱注入经济导致通货膨胀，他们游说立法机构限制这一做法。

一旦政府把货币创造的职能移交给银行，政府就成了除其他身份以外的借方。但是，政府债永无止境地滚动，其问题是也必须支付利息。但是，如果预算没有大幅增长，可能将不足以偿还国债需要支付的利息。为了继续循环下去，债务体系要求经济不断增长。即便如此，偿还利息的成本快速增长，以至于超过了总体经济和总的预算的增长。

事实上，更加复杂的是越来越多的负债是借其他国家的，这导致了超越国家财政的相当大的权力。如果中国停止购买美国国债，特别是如果中国不继续持有手中大量的美国国债，可能导致较高的通货膨胀率。美元可能会快速失去它的大部分价值。因为中国持有的美国国债的价值可能和美元一起收缩，从此美国将不再可能买得起中国工厂生产的产品，中国并不希望毁了我们。但是这种我们头上的国家之间的权力游戏是一种巨大的威胁。同样，国债利息扩大了美国国际收支赤字。

11.5 结论

我认为为了迈向稳态经济，必须终结银行创造货币的权力，重新把这一权力赋予政府。显然，支持这一变化的观点不会有太大变动，特别是在经济学家中间。截至目前，稳态经济的追随者并不多。

正因为如此，有必要强调要实现这一转变还有其他原因。每年大规模增加国家债务是不可持续的。同样，忽视国家基础设施也是不可持续的。我认为，财富集中在越来越少的人手中也是不可持续的。如果形成了对这些问题，或者至少是扩大这些问题是由于货币创造的私有化这一点的广泛共识，政府重新获得这一权力的可能性就会成为公众辩论的议题。这就是进步。如果国家的财政状况变得足够重要，那么甚至政府也可能采取必要的措施。

许多人为了恢复经济增长可能倾向于支持这一变化。如何利用新的经济可能性的问题，则完全是另外一个问题。但是，情况可能更有利于这个问题的讨论。至少在那样的背景下，为此所需进行的变革的框架是可辨别的。超越星球极限的结果也越来越清楚，为下一步举措而举行听证也将成为可能。

参考文献

Brown, E. H. (2008), *The Web of Debt: The Shocking Truth About Our Money System and How We Can Break Free*, Baton Rouge, LA: Third Millennium Press.

Daly, H. E. and J. Cobb (1989), *For the Common Good: Redirecting the Economy Toward Community, the Environment, and a Sustainable Future*,

Boston，MA：Beacon Press.
Priestman，R.（2008），'Municipal cash crunch'，*COMER*（*Journal of the Committee on Monetary and Economic Reform*），**20**(6)，4.

第五部分
稳态经济

12

稳态经济

彼得·A. 维克多

12.1 简介

赫尔曼·戴利对生态经济学作出了许多贡献，其中最重要的贡献是他对稳态经济的分析和主张。戴利教授的许多工作借鉴了前辈们的经验，其中最著名的是约翰·穆勒、弗雷德里克·索迪以及尼古拉斯·乔治斯库-罗金。与此同时，赫尔曼·戴利拥有自己的想法和见解，他非常擅长以简单的术语表达复杂的观念。可以这样说，赫尔曼·戴利仅靠自己就成功证明了在经济与社会未来可能性的探讨中，稳态经济是值得考虑的一项因素。

在本章中，我们对稳态经济的发展脉络追根溯源。在归纳多位作者的理念时，我们考虑了他们对稳态经济的定义、记录下稳定的对象、为稳态经济所举的例子，以及与使用戴利教授的措辞的政策及工作原理有关的建议。

通过回顾稳态经济的历史，陈述该作者为了稳态经济而进行的宏观经济条件调查，调查基于若干模拟模型，本章着重讨论其中两个模拟模型。第一个是美国经济简单模型，利用该模型探索长期（100 年）情景，说明经济增长与能源价格的关系以及不可再生能源转换为可再生能源的可能性。第二个模型是加拿大经济模型，该模型更加详细，是一种中期（30 年）的模拟模型，生成宏观经济情景，其中的经济增长率将最终减为零，同时重要的经济、社会、环境和财政目标将得以实现。

目前稳态经济还存在许多问题，例如其与资本主义的相容性。进入二十一世纪后，我们必须解决这些问题，否则当我们在力争实现持续经济增长时，会面临不利后果，因为越来越多的证据已表明经济增长已接近极限。所幸的是，我们能够在戴利教授及其他人的工作的基础上，力争取得胜利。

12.2 稳态经济的简史

约翰·穆勒并不是第一位论述稳态经济（约翰·穆勒称之为“静止状态”）文章的经济学家，但他是第一位乐于研究稳态经济的经济学家，而不是像亚当·斯密、托马斯·马尔萨斯和大卫·李嘉图一样，带着反感的情绪。在于 1848 年发布的《政治经济学原理》（Mill, 1848[1970]）中，约翰·穆勒花了整整一章的内容阐述“静止状态”（他将静止状态定义为“资本与人口的稳态条件”），但并未指出“人类发展的静止状态”（Mill, 1848[1970], p. 116）。根据穆勒的看法，“在最富裕和繁荣的国家”，“如果生产技术没有任何提高，并且资本不再从这些国家流入其他不发达或落后的地区”，将出现静止状态（Mill, 1848[1970], p. 111）。

约翰·穆勒因若干理由认为静止状态的前景比较乐观，就连现在，这些理由都能被当代的学者所接受，纳入到他们的理论当中，其中包括戴利教授的观点。约翰·穆勒提出了具有说服力的看法：

> 我并不醉心于某些人所主张的理想生活，认为人类的正常状况就是为生存而奋斗；认为现存生活方式中的相互蹂躏、倾轧、挤兑和践踏是人类最理想的命运，而不是工业发展阶段中的丑恶症状……人类最好的状态就是，没有穷人，没有人对财富有更高的期望，也不会担心因为其他人想要出类拔萃而把自己甩在身后。(Mill, 1848[1970], pp. 113 - 114)

穆勒注意到“在落后的国家……提高生产力仍然是一项重要的目标”，并且他认为“在最发达的国家，在经济方面，需要的是进行更好的分配，这也就意味着必须对人口进行严格限制”(Mill, 1848[1970], p. 114)。但是，穆勒并未详述如何实现这种限制。

针对静止状态，穆勒强调，即使能保证良好的物质生活标准，人口过多仍会带来诸多不利条件。“哪怕所有人均衣食无忧，但人口还是太多。人类被迫成天面临着不计其数的同类，这并不是一件好事。一个再也没有清幽闲静之所的世界，其实是很糟糕的……”(Mill, 1848[1970], p. 115)。人们不禁要问，如果穆勒看到人口从七十亿上升到九十亿的世界，而且越来越多的人口依赖于持续的电子通信，他会作何感想呢？

就静止状态、技术(即穆勒所谓的“工业艺术”)和费时工作而言，穆勒最先提出：

> 当人们不再专注于获得成功的艺术，那么将会有很大空间来改进生活的艺术，而且生活的艺术很有可能会得到改进。即使认真地、成功地培养出了工业艺术，唯一区别在于：除了财富增加，没有其他目的，但是工业改进将会发挥出他们的合法作用，即缩减劳动力。(Mill, 1848[1970], p. 116)

可以说，穆勒预料到了当前针对稳态经济的很多环境争论，它们成了最近参与者之间的核心话题。然而，当穆勒发出以下感叹时，我们想到了一些现代分析工具，例如，生态足迹（Wackernagel and Rees, 1996）以及净初级生产力的人类占用（HANPP）（Haberl et al. , 2007）。

> 想象一下，如果我们的世界是这个样子：大自然没有自由发展的空间；每一寸能够供给人类食物的土地都拿来种植；每一片荒地或天然牧场都拿来耕种，所有非驯养的牲畜或鸟类都成为人类的盘中餐；所有绿篱或多余树木以开发农业为旗号而被全部被连根拔除，唯有荒草丛生、凋敝衰败……那这个世界将会多么黯淡无光。(Mill, 1848[1970], p. 116)

穆勒在这个颇有影响力的静止状态章节的末尾，加上了他对未来的祈愿，“为了子孙后代着想，我诚挚地希望，他们人类在被迫满足于静止状态之前，能够自觉地满足于静止状态”（Mill, 1848[1970], p. 116）。

相对于稳态经济的研究理论，卡尔·马克思更知名的是他对资本主义的分析以及对资本主义最终崩溃的预测。十九世纪中叶，大部分经济学家都十分关注单一和多方市场静态平衡的条件和影响，而马克思则更关注于资本主义的运作。马克思利用“再生产”的概念，即通过再生产流程，经济（或者从更广泛的角度上来说，社会）在每个时期结束之时重新创造进入下一个时期所需的条件。通过对资本累积以及发展中的资本主义经济下滑的利润率的分析，马克思认为，资本主义最终无法再生产其赖以生存的条件。

在进行上述分析之前，马克思对“简单再生产”的要求进行了分析：工人获得足以再生产的工资、资本家更换用尽的资本但不进行资本扩张。伯克特（2004）认为马克思充分意识到了简单再生产所需的“自然条件”。有些人认为马克思是错误的，认为他和主流经济学家[①]一样，让经济脱离了所依赖的生物圈，而伯克特反对这些人的看法。通过对稳态经济更广泛的探讨，马克思告诉我们，哪些经济、社会和环境条件是需要再创造的，哪些是能够在不放弃稳态经济的要求的前提下变化的。经济系统不仅本身必须能够再生产，并且再生产时还必须与合理稳定的社会及环境系统相一致。

与马克思一样，约翰·梅纳德·凯恩斯在研究稳态经济时没有使用该术语。与马克思不同的是，凯恩斯认为，稳态极有可能在21世纪20、30年代左右实现，即在他写下《我们孙子辈的经济前景》一文后100年左右（Keynes，1930[1963]）。考虑到英国从1580年（在这一年，德雷克抢夺了西班牙的财富）开始的经济增长，凯恩斯认为：“如果没有发生重要的战争，并且人口没有大量增长的话，经济问题可能也就解决了，或者至少有在百年内解决的希望。”（Keynes，1930[1963]，pp. 365－366，emphasis in original）

---

① 参见 Victor（1980）。

凯恩斯并没有解释什么样的战争才是“重要战争”，什么样人口才属于“大量增长”，大概就是像第二次世界大战以及1930年开始的世界人口三倍式增长差不多。因此，我们可以将凯恩斯预测的经济问题得以解决的时间进一步推到二十一世纪，但这都不是关键所在。凯恩斯预测，由于科技的进步，经济产量将大量提高，他认为，“展望未来，经济问题并不是人类的永久性问题”(Keynes, 1930[1963], p. 366, emphasis in original)。

在考虑未来的情况时，凯恩斯关心“技术性失业……在找到使用劳动力的新方法之前，发现节省使用劳动力的方法，因此导致失业”(Keynes, 1930[1963], p. 364, emphasis in original)。若干年后凯恩斯在《就业、利息和货币通论》(Keynes, 1935)中关于保持充分就业的观点在一定程度上防止了上述情况成为现实，至少凯恩斯在其考虑的时间范围内进行了预先警告。

与本章的主题更相关的，是凯恩斯对于工作习惯及道德准则变化的担忧：“各种社会习俗和经济实务，影响着财富以及经济奖励和处罚的分配；我们不惜一切代价维持着这些社会习俗和经济实务，不论这些社会习俗和经济实务有多么令人反感和不公平，因为这些社会习俗和经济实务在促进资本累计方面起着巨大的作用，但最终会被我们所抛弃”(Keynes, 1930[1963], pp. 369－370)。凯恩斯尤其认为：“与把钱当作享乐及生活现实的方式不同，喜欢占有钱财会被视为一种病态，是一种准犯罪和准病态性的癖好，需要接受精神疾病医生的治疗。”(Keynes, 1930[1963], p. 369)

凯恩斯对稳态经济的看法不够全面，未在任何方面回应“让经济处于与自然相平衡的状态”的需要，而穆勒早在100年之前就已探讨过这个问题。但是,凯恩斯关于情况改变所带来的挑战的意见是有用的,提醒了人们向稳态经济转换时可能面临的难点。

很久之前,经济学被人们称为"悲观科学",因为马尔萨斯主义者预计,粮食生产的速度将赶不上人口增长的速度。由于资源和环境的限制,与大多数经济学家相比,自然科学家更容易相信经济增长的最终要求已结束。拥有生命科学背景的自然科学家特别相信这一说法,因为在生命科学中,承载能力是一个被广泛采用的概念,用于限制人口的增长。当然,人类是生物物种,同时也是社会物种,因此很多人也认为我们必须服从某些承载能力的限制。这种看法是否适用于经济增长以及人口增长是一个复杂的问题。问题的答案取决于增长对象的定义、所缺乏的东西的替换可能性,以及技术在提高地球对人类的承载能力方面的作用。

地质学家 M. 金·哈博特也是对稳态经济进行探讨的众多自然科学家之一。哈博特最著名的就是他的石油峰值论以及 1956 年作出的预测(即预言美国 48 个州的石油产量将在 1970 年达到峰值)(Hubbert, 1956)。1974 年,哈博特在美国众议院内政和岛屿事务委员会下属委员会提出了自己的观点。他在证词中表示:"如果一个系统中的各个成分不会随着时间发生变化,或者随着不会随着时间而变化的重复循环发生循环性变化,那么这个系统就处于稳定状态"(Hubbert, 1974, p. 2)。哈博特将稳定状态与"瞬态"进行对比,瞬态是指"各种成分在量级方面发生非循环性变化(不论增加或者减少)"(Hubbert, 1974, p. 3)。哈博特采用这些概念,说明人类社会从稳态转变为瞬态,而这一历史转变可能是使用化石燃料而造成的。

长远来看,从过去 5000 年到未来 5000 年这段时间,哈博特认为80%的化石燃料（包括煤、石油、天然气、焦油砂和油页岩）（Hubbert, 1974, p. 7）将在大约300年内使用完，我们已经进入了这一短暂时期：化石燃料时代是一个短暂的事件，但是却给人类带来了有史以来最深远的影响（Hubbert, 1974, p. 8）。

哈博特认为"在过去几个世纪，在人类活动中处于主导地位的工业增长对数期将要结束了……因为从物理和生物学上来说，任何物质或能源部分的对数生长期都不可能加倍，就算可能也已经发生过了（Hubbert, 1974, p. 10）。有趣的是，哈博特在其证词中承认，就以基于裂变的核能代替化石燃料而言，自己关于这件事的看法已有了改变，因为"这是最危险的工业运作，可能是人类历史上发生的最具灾难性的后果"（Hubbert, 1974, p. 8）。

哈博特表示，由于"我们的体系、法律制度、金融体系以及最珍贵的习俗和信仰都是基于持续增长这个前提的……不可避免的是，由于实体增长速率的下滑，我们必须进行相应的文化调整"（Hubbert, 1974, p. 10）。但是，我们并不清楚哈博特是否对这些调整持赞成态度，可能像穆勒一样，也可能只是觉得调整是不可避免的。

肯尼斯·鲍尔丁帮助人们了解了经济对于其所在生物圈的依赖性。肯尼斯·鲍尔丁发表的名为《即将到来的宇宙飞船地球经济学》（Boulding, 1966）的文章非常有名，描述了未来的生态经济框架。正如我在其他地方所写的一样：

> 鲍尔丁的文章共11页，说明了经济以及经济与环境的关系（以区别与物质和能源有关的开放和封闭系统）；将经济描述为生物圈的子系统；思考能量、物质和信息热力学第二定律

的重要性以及适用的熵流程范围;认为知识或信息是经济发展的关键所在;认为化石燃料是短期内对太阳能的补充,可能被用尽,并且裂变能量不会改变这一局面;考虑通过生物革命,更好地利用太阳能的前景;认为人类福利可被理解为一种库存而非流量;提出了保存的理论依据;承认人类对环境的影响已从局部扩张到全球;注意到了纠正性税收的有限影响;认为科学技术进步由于计划报废、竞争性广告、质量低劣及缺乏持久性而失去效果。鲍尔丁在概括自己的分析时,将旨在实现生产量最大化的"牛仔经济"(国民生产总值为粗糙测度)与"宇航员"经济(其中的存量维持着最低生产量)相比较(Victor, 2010, p. 237)。

鲍尔丁表示"未来封闭的世界需要的经济原则,与过去开放的世界中的经济原则是不同的",以此暗示稳态经济(Boulding, 1966, p. 9),并在文章中进行了详细说明。鲍尔丁在另一篇文章中进一步提出了自己的观点,将"静止状态"(Boulding, 1973)称为"经济想象不可缺少的部分"(Boulding, 1973, p. 89)。鲍尔丁在文章中强调:"静止状态的质量,完全取决于将存量与流量维系起来的动态功能的性质……"以及"当然,所有的存量并不需要同时保持静止状态"(Boulding, 1973, p. 92)。鲍尔丁还区分了若干"准静止状态,其中一些系统元素是静止的,另外一些元素却并不是静止的"(Boulding, 1973, p. 92)。与穆勒相似,鲍尔丁将该状态描述为"静态人口以及静态股本……股本特性变化……"但是,将该准静止状态与"更大生产量,更多产品并且耗费相同规模股本"相联系时(Boulding, 1973, p. 92),又并不包含宇宙飞船经济所需的不同经济原则。

鲍尔丁处理静止状态时，最重要的一点是“不论系统内存在何种静止元素……关键的问题是相关控制机制的性质”（Boulding, 1973, p. 92）。这些机制可能非常严苛（例如强制性人口管控）或者更加被动，甚至是自发性的，或者如鲍尔丁所言，可能产生“黑手党类型的社会，该类型社会的政府将受益分配给权势者，而非弱势群体”（Boulding, 1973, p. 95）。在从探讨稳态经济的基本原理，到讨论稳态经济的实施情况时，我们应注意这种警告：“建立对抗剥削的政治和宪法防御问题，可能成为静止状态的主要政治问题”（Boulding, 1973, p. 95）。在哈博特之前，鲍尔丁在评价制度性考量因素时，对现有体系及其与静止状态的相容性提出了尖锐的看法：“由于现有体系，即政治、经济、教育和宗教体系，在快速发展的社会中展现了生存价值，因此在缓慢或静止社会中的生存价值就成了一个开放性的问题。”（Boulding, 1973, p. 100）

在1966年发布的文章中，鲍尔丁对热力学第二定律（包括熵和经济学）进行了一到两段的说明。他并不是第一个这样做的人。戴利教授之前也提到过（Daly, 1996），弗雷德里克·索迪也在40年之前（Soddy, 1926）做过，但是没有人注意这些重要的事情。尼古拉斯·乔治斯库-罗金发表权威性论文《熵的定律和经济过程》后，情况发生了改变。他在该论文中对热力学第二定律的关联性进行了强有力的论证，让人们了解了经济过程（Georgescu-Roegen, 1971）。尼古拉斯·乔治斯库-罗金对该定律的解释引发了相当大的争议，尤其是他尝试反驳该解释在统计学上来说是不可能的说法，并且将该定律运用到物质和能量中。尽管如此，他成功地让许多生态经济学家相信，有必要将热力学第二定律纳入分析工具组中。一些专家,例如戴利教授,将热力学第二定律作为稳态经济基本原理的一部分(Daly, 1996),他的看法与尼古拉斯·乔治斯库-罗金并不完全一致。尼古拉斯·乔治斯库-罗金将"专门证明发展的不可能性"的马尔萨斯主义描述为"被广泛传播但实际错误的三段论所欺骗。因此有限世界的指数增长会导致各种灾难,生态救治处于静止状态"(Georgescu-Roegen, 1980, p. 66)。尼古拉斯·乔治斯库-罗金反对该说法,并提出三个反对理由。首先,增长率(不管是正增长、负增长或者零增长)都会耗尽资源的固定存量,增长过程最终会结束。其次,如果将稳态理解为一种热力学稳态,尼古拉斯·乔治斯库-罗金认为,稳态的特别条件和微妙平衡必须维持。第三,尼古拉斯·乔治斯库-罗金质疑该机制是否合理,技术进步能够弥补衰退的资源基础,资本存量将始终保持不变,不管这意味着什么。

尼古拉斯·乔治斯库-罗金在总结对稳态经济的探讨时,通过举出许多历史上的反例,质疑了穆勒和其他人的假设,即稳定状态能让思想活动变得活跃,他认为"在中世纪这个准静止状态的社会中,艺术和科学实际上都停滞不前"(Georgescu-Roegen, 1980, p. 68)。虽然对稳态进行了强烈批判,但是尼古拉斯·乔治斯库-罗金提供了源自"生物经济"原理的政策导向,这些政策导向与支持稳态的专家提出的导向非常类似。尼古拉斯·乔治斯库-罗金(1980, pp. 69 – 72)的政策导向包括:

- 不仅要停止战争,还必须停止生产用于战争的所有工具。
- 帮助不发达国家尽快过上舒适(但不是奢侈的)生活。

- 逐步降低人口，让有机农业能够填饱所有人的肚子。
- 在能够普遍使用太阳能或者实现受控聚变之前，应避免浪费任何能量，并且（如有必要）严格管控能量。
- 矫正人们苛求奢侈生活的病态心理。
- 摒弃时尚，强调耐久性。
- 将耐用品设计成可修理的，以便更加耐用。
- 明白舒适生活的重要先决条件是以智慧的方式度过大量闲暇时间。

对稳态经济具有意义且具有持续影响的著作是《增长的极限》（Meadows et al.，1972）。该短篇描述了“世界体系”的模拟模型，其中包括了几种情景，模拟的是世界体系在二十一世纪的某个时间崩塌。在其中一个情景中，“标准”世界模型运作着，其中在历史上支配着世界体系发展的物理、经济或社会关系未发生任何重大改变……系统的行为模式……很明显超出和崩塌……（Meadows et al.，1972，p. 124）。基于不同假设的其他情景显示了在模型运转期间（即直到2100年）系统保持稳定的方式，接近于稳定状态。

《增长的极限》遭到了大量批判，由于被证明有错，因此现在已被抛弃（更多讨论内容请见 Victor，2008，第89－94页）。将《增长的极限》出版后发生的实际情况与该著作描述的情景进行比较后，Turner 注意到“30年的历史数据与‘标准运作’情景……的关键特性相比较，导致全球体系在21世纪中途倒塌”（Turner，2008，p. 1）。Turner 在后续40年的数据分析中巩固了这个发现（Turner，2012）。

赫尔曼·戴利是尼古拉斯·乔治斯库-罗金最有名的学生，我们现在注意的是他对稳态经济作出的贡献。戴利教授从 20 世纪 60 年代开始撰写稳态的文章(Daly, 1968),并且持续到今日。1996 年,戴利写道:"25 年来,稳态经济的概念一直是本人思考和写作的中心"(Daly, 1996, p. 3)。戴利的著作《稳态经济》(Daly, 1977)仍然是对该主题最有力的见解,与时间的流逝更有关联。著作的副标题"生物物理平衡与道德成长经济学"概述了戴利教授检验稳态经济学的基本原理。

1977 年,戴利教授在文章中将稳态经济定义为:

> 人口和人工制品存量保持不变的经济,通过较低的"生产量"维持率保持在期望的足够水平,即从生产的第一阶段(耗尽来自环境的低熵物质)到消费的最后阶段(高熵废物和特殊材料导致环境污染)物质和能量的最低可行流量。我们应始终记住,稳态经济是一种物理概念。非物质的东西大概能发展得更快(Daly, 1977, p. 17, emphasis in original)。

最近,戴利教授简要地表示:"穆勒之后,我们可以将稳态经济定义为带有恒定人口和恒定资本存量的经济,由较低的生产率维持在生态系统再生和同化能力范围内"(Daly, 2008, p. 3)。

这两个定义重点是将人口和人工制品存量保持较低的生产率,将环境有效容量与产生资源和同化废物联系在一起。计算人数相对来说比较简单。我们定期通过人口普查了解人口数量,因此可以知道人口有什么变化,当然,不一定非要知道例如平均体重变化这种数据。举例来说,1960 年到 2002 年期间,美国成年人的平均体重增加了 24 磅多(Ogden et al. , 2004)。

计算人工制品数量则完全不一样。统计机构并未保存人工制品的系统性完整存量，并且就算保持了，通常也是纳入使用市场价格的货币单位（而非物理单位）中。按价值计算，人工制品的恒定存量与戴利教授的主张（即稳态经济是一种物理概念）相悖。按实物计算，将人工制品存量保持不变有什么意义呢？将人工制品按重量或体积加在一起不太有用，因此这样做没有考虑到存量的质量改进以及材料成分的变化。

当然，戴利教授知道这一点，因此提出了另外一种更具操作性的稳态经济定义，重点关注流量而非存量："我们可按照在可持续的（低）水平的恒定不变的生产流量来定义稳态经济，人口和资本存量可自由调整到任何规模，而该规模通过开始于消耗、结束于污染的恒定生产量来维持"（Daly，2008，p. 3）。

获得有关经济及环境流入或流出的流量的物理量大小的全面信息比较容易，问题在于确定物质流入量和流出量是否上升、下降或保持不变，除非我们完全获取其构成中的变化。但这样就忽视了等量物质和能量流量完全不同的环境影响，不符合要求。没有恰当的聚集程序，基于流量的稳态经济定义的经验主义性实施是有问题的。

戴利教授分析稳态经济的多种方法中，其中一个方法是区别发展与增长。戴利教授将增长定义为"尺寸方面的数量增长，或者生产力的增长"，将生产力定义为"原材料和能量，从全球生态系统低熵来源流出，通过经济，回到全球生态系统的高熵废物的污水池中"（Daly and Farley，2011，pp. 486，493）。戴利教授将"必须结束"的增长与能够无限期持续的质变发展相比较，因为这是"（由提高人类福祉的质量定义的）商品及服务质量的改进，由特定生产量所定义”(Daly and Farley, 2011, p. 483)。

表面上看,发展的定义以及发展能够无限制持续的假设与他的老师尼古拉斯·乔治斯库-罗金的批判性意见(即稳态经济最终注定会失败)相悖。可以说,两人观点不一致主要是因为时间范围不同所致,而非生物物理世界性质及其对经济的依赖所导致。在很长一段时间内,当太阳陨落或在此之前,人类在太阳系的经济必然会失败,从这种意义上来说,尼古拉斯·乔治斯库-罗金的看法是正确的。但是,在差不多几百年、一千年或两千年的时间上来说,戴利教授的观点更加合理且明确。

更加迫切的问题是,缺乏测量戴利教授所定义的增长所需的度量标准。戴利教授在测量经济增长时,没有考虑国内生产总值(GDP)或者国民生产总值(GNP)的变化,因为GDP或GNP的变化包含了数量和质量变化。“稳态经济并不是根据国民生产总值来定义的,不应该被认为是“国民生产总值零增长”(Daly, 1996, p. 32)。但是,戴利教授未提供稳态经济的替代性度量标准,只是暗示性地提到了生产量总吨数,但遇到了与之前提到的不同质量的聚集流量有关的严重问题。若没有这种度量标准,一些分析家(包括该作者)会因为一些实用原因,利用传统的增长测量方式,解决关于依赖连续经济增长的替代方案的问题:拥有足够统计数据的真实GDP及人均GDP的变化(Victor, 2008)。

戴利教授(根据尼古拉斯·乔治斯库-罗金的著作)强调的另一种有用的分析区别,是存流量资源与资金服务资源之间的区别。存流量资源“主要转化为其生产的物质……可按照几乎任何比率使用……;存流量资源的生产率,按照其转化成的产品的物理单位数量予以测量;能够囤积;被使用完,而不是被耗尽”(Daly and

Farley, 2011, p. 492)资金服务资源“并不会转化为其生产的产品……仅可按特定的比率使用……；生产率为每个时间单位的产量；无法囤积；被耗尽，而不是被使用完”(Daly and Farley, 2011, p. 485)。

人造机器是提供服务的基础。人造机器会被耗尽，但是其生产的材料不会以其生产的产品而结束。原材料和半成品作为存流量资源，用以组成制成品。资源带给经济的东西可被归类为存流量和资金服务资源。与典型的非此即彼的人工制品不同，自然对人类经济的支持(有时被称为自然资本或绿色基础设施)可同时是资金服务和存流量类型的资源。例如森林作为一种资金，能够提供诸如栖息地和土壤稳定等服务，同时作为存量又能提供木材。存流量资源与资金服务资源之间的差别，能够帮助人们更好地理解人类向环境施加的过度压力。物质流(例如木材)的市场价格通常比来源于相同资源的非物质服务的市场价格高，非物质服务尽管拥有价值但可能没有市场价格。这导致资源作为存量而言的市场价值超过其作为资金而言的市场价值，导致资源的损耗而非保存。即使是在发展中的稳态经济中，应分别并结合地注意维持存量和资金。

除了说明稳态经济的含义外，戴利教授还设想了由发达经济体带头实现稳态经济的情况。戴利教授认为，如果人类想要以谨慎且最平稳的方式过渡到稳态经济，需要懂得运作原理。为此，他提出了一套可持续发展的原理(理解为稳态经济)：

1. 可再生资源：收获率应等同于再生率(持续产量)。

2. 废物排放率应等于废物排放处生态系统的自然吸收能力。

3. 将自然和人造资本保持在最优水平。(原理 1 和原理 2 与

自然资产有关）

4. 同时进行不可再生资源开采投资以及可再生替代性资源的补偿性投资。

5. 强调提高资源生产率（发展）的技术、增加每单位资源提取的价值量，而非提高资源生产量（增长）的技术。

6. 限制资源生产量的总体规模，确保经济规模（人口乘以人均资源使用量）在地区承载能力的范围内，避免资本消耗（根据戴利，1990 年，第 2—3 页概括）。

这六条原理相互关联并且互相支持。例如，为了实现原理 3，需要原理 1 和原理 2。这些原理不只是这样。道格拉斯·布斯完全改变了戴利教授的“稳态……原始构想”（Booth，1998，p. 143），强调控制排放（而非生产量），以及“……结果为能量的可持续生产量”。布斯提供了美国稳态经济的原理（布斯称之为“组件”），如下：

1. 在下个世纪将二氧化碳的预计排放量降低 90%，随后保持排放稳定性。

2. 保护国家森林剩下的所有未遭到破坏的栖息地和生态系统，将之前开发利用的国家森林土地转换为自然栖息地。

3. 将非点源污染降低至合理水平，以便保护和恢复天然水生生物的栖息地。

4. 减少并消除对人类、物种和生态系统有害的农药（Booth，1998，p. 143）。

布斯的原理是对戴利教授原理的补充而非取代。需要在经济的输入端和输出端对生产量进行控制。经济中的物质和能源投入与物质和能源垃圾产量有关，是突出的问题和挑战。仅仅关注一方面是不够的。此外，布斯的原理包含了栖息地保护和恢复，这对于保护其他物种而言是非常关键的，因此，人类人口和经济的扩张，正给其他物种的生存带来持续且愈发严重的压力。

这些原理的其中一个缺点是，在不清楚测量方式的情况下很难实施。可能这是因为，戴利教授将包含了他提出的六条原理的著名文章定了“可持续发展的某些运作原理”(Daly, 1990)的标题。鉴于仅使用物理量大小可能导致的歧义，以及综合数据的缺乏，替代性的方法是利用真实国内生产总值，检验将其始终作为稳态经济的定义能够有何种成果。提供能量和物质强度(每一美元的国内生产总值的物质量)在国内生产总值恒定的情况下将固定或下降，此时按照国内生产总值定义的稳态经济将与恒定或下降的材料和能量生产量相一致，所有的议程也将得以满足。

在本章的剩余部分，我们将继续用真实国内生产总值和人均国内生产总值来探讨稳态经济，利用两种不同的模型来模拟稳态经济。第一种模型是简化模型，明确基于戴利教授的文章，是美国经济模型。第二种模型是更加详细的加拿大经济模型，本章使用该模型检查稳态过渡的情况。

12.3 稳态经济模拟

我们很大可能性地描绘出了戴利教授定义的稳态经济的模拟模型的结构。在模型中，我们通过较低的生产量将人口和人工制品的存量维持在合理且充分的水平，满足上述所有的原理。

由于之前阐述的原因，即缺乏物理数据以及恰当的度量方法，并且(尤其是北美洲的)统计机构并未收集相关存量、流量、资金和

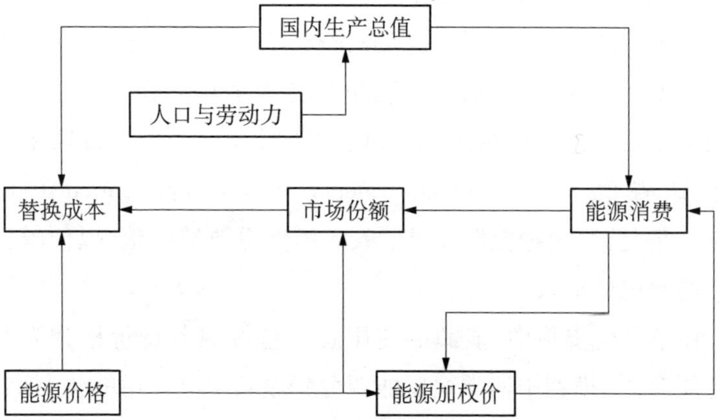

图 12.1 稳态经济模型的高级结构

服务的综合数据，很难利用现有数据进行模拟。

图 12.1 显示了稳态经济模型的高级结构，包含戴利教授及其他专家强调的一些方面，但利用恒定的真实国内生产总值以及恒定人口数量来定义稳态，而不是完全依赖于非货币方式。该模型高度聚合，仅用于说明关于稳态经济的一些想法，着重于能源方面。该模型利用系统动力学软件（Stella）建立，能够帮助探究生成不同情景的替代性假设。为了接近现实情况，该模型利用美国数据校准。

在发达经济体内，在很长一段时间内，能源使用的增长速度远低于国内生产总值的增长速度。该种关系在模型中被发现，能源需求收入弹性低于 1。[①] 模型使用 0.55 的缺省值位（Gately and Huntington，2002），但在模拟中可以更改。可利用更高的弹性值

① 能源需求的收入弹性可按照能源百分比变动除以国内生产百分比变动予以计算。

来反映能源节约力度的加强。

能源的使用总量还受到能源价格的影响。因此，将分两个步骤做模型。首先，能源的使用总量与能源加权价相关。加权价基于四类主要能源的价格和数量计算。[①] 模型使用的能源需求价格弹性缺省值为 -0.5（US Energy Information Administration, 2008），但是，可根据能源需求的收入弹性更改缺省值，以便模拟能源节约力度的加大。

在第二个步骤中，能源的使用总量将按照各自价格分为四类主要能源。[②] 模型中四类主要能源分别是：发电使用的化石燃料、用于其他用途的化石燃料、核能、用于发电的可再生能源。在计算能源的使用总量后，将采用一种方程式计算四类主要能源取得的市场份额，该方程式按照相竞争的能源资源的相对成本分配市场份额（Rivers and Jaccard, 2005）。能源成本的变化以外生方式设置。市场份额对相对成本的敏感性可在0（无敏感性）至5（高敏感性）的范围内变化。选定的缺省值为2.1，因为该数值产生的市场份额与模型基准年（即2013年）的普遍数值接近。在简化假设中，主要能源的四种来源都能最终提供美国使用的所有能源。

在模型中，国内生产总值的增长速度以外生方式、按照生产率变化率（工人人均产量）设置。与劳动力结合后，三种变量将确定

---

① 更确切地说，每一类主要能源的生产成本都用在模型中，而不是市场中，这是为了避免出现复杂性（用于解释征税差额、一个国家不同区域分配成本以及能源消费者及使用的多样性）。2013年发电平准化成本来自 www.renewable-energysources.com（2015年2月12日存取），美国能源信息管理局（2014年）提供。化石燃料成本信息来自美国能源信息管理局（2013年）。

② 由于市场价格反映了这些成本（即便不能完美反映），成本的变化将影响整体能源使用的变化以及在替代性能源间的分配。

失业率(Victor，2008，pp. 156－158)。人口与劳动力增长率(假设两者相同)以外生方式设定。

图 12.1 所示模型的最后成分为替换成本。这是以可再生替代性能源代替不可再生能源(化石燃料和原子能)的成本的预估。模型中提供了两项意见：(1)通过合并所有可再生能源替换；(2)通过太阳能、风能和生物能(用于发现)替换。这与戴利和柯布(1994，pp. 484－487)在开发可持续福利指数时采用的方法相类似。在此情况下，替换成本(在国内生产总值的百分比)是美国经济可持续性(至少能源是可持续的)方式的一个指标。

可利用该模型检查美国各种不同的情景。本文仅讨论四种情景。2013 年为基准年，模拟时间范围为 50 年。情景如下：

情景 1—基本情况：国内生产总值增长率、人口增长率与劳动力增长率、过去二十年标准速率的劳动生产率、工人每年人均工作时数、不可再生能源的能源成本(每年增长 1％情况)以及可再生能源的能源成本(每年保持不变)。

情景 2—稳态、可再生能能源的不变价格：国内生产总值增长率、人口增长率与劳动力增长率设为 0，以便提供稳态。商业情景与普通情景下劳动生产率的增长速率维持相同水平。工人每年人均工作时数降低的速率与生产率增加的速率相同(工作时间降低，反映了戴利教授定义的发展的一个重要方面，那就是人民生活的性质变化和有益变化)。商业情景与普通情景下能源成本的假设也相同。

情景 3—稳态、可再生能能源价格降低：该情景与情景 2 相同，除了所有可再生能源的成本每年会下降 0.5％，以此反映技术进步的收益以及规模经济(由于市场份额增长)。

情景4—稳态逐步采用：该情景结合了情景1和情景2。国内生产总值增长率、人口增长率与劳动力增长率的价值以情景1的方式开始，在50年中逐步按照情景2的方式降为0。工人每年人均工作时数降低，但比情景2低，以便取得相同的失业率。在50年结束时，经济的国内生产总值、人口和劳动力都保持稳态。

前三个情景的假设概括在表12.1中，模拟结果显示在图12.2至图12.7中。图12.2显示了基本情况下国内生产总值、能源使用和人口的指数值（2013=100）。美国国内生产总值在50年间增加了250%，预测年均增长率为2.5%。能源使用量在相同期限内增长了50%，按模型内收入和价格弹性来讲，与国内生产总值增长量相比较小。失业率从7.4%下降至6.7%。

图12.3显示了情景1及情景2中四类主要能源提供的百分比（两种情景下的成本预测相同，因此预估的市场份额也相同，虽然能源使用量明显不同）。在情景1中，2013年的非用于发电的化

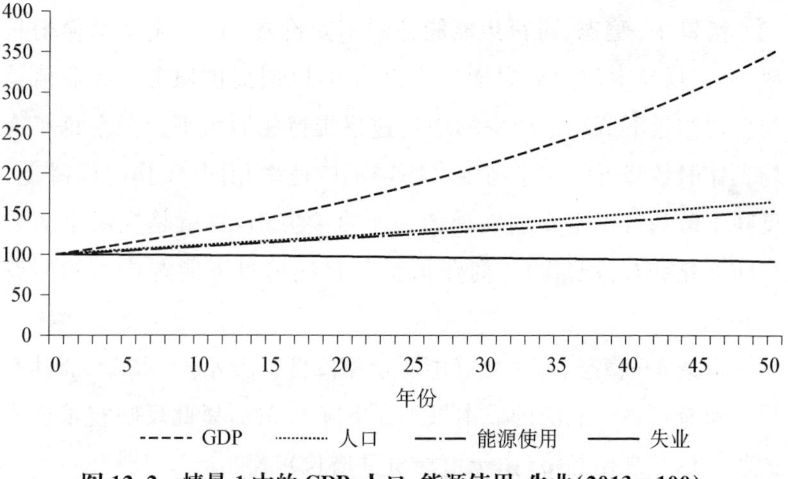

图12.2 情景1中的GDP、人口、能源使用、失业(2013=100)

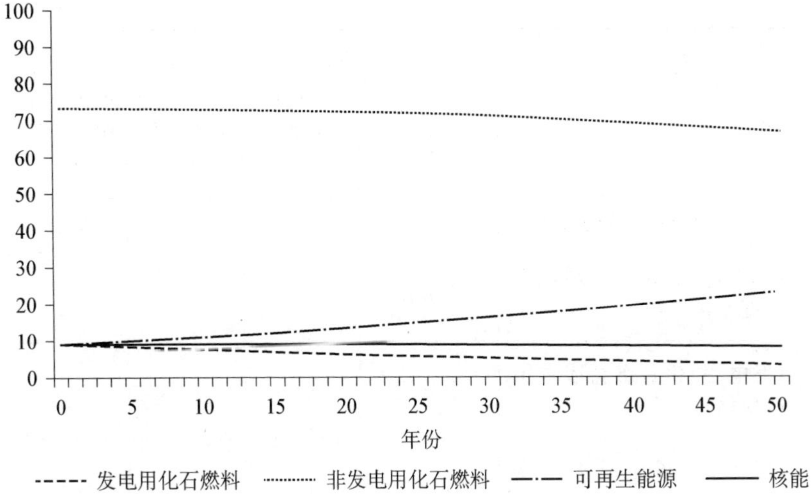

图 12.3 情景 1 及情景 2 中的主要能源的市场份额(%)

石燃料的使用量为 73%,50 年间下降至 66%。用于发电的化石燃料使用量从 9%降为 3%,核能使用量大致保持在 8%—9%,可再生能源使用量从 9%增加到 23%。市场份额的变化取决于不同能源的相对成本。

表 12.1 假设总结

		1. 基本情况	2. 稳态可再生能源不变价格	3. 稳态可再生能源下降价格
国内生产总值增长率	百分比	2.5	0	0
生产率增长率	百分比	1.5	1.5	1.5
人口和劳动力增长率	百分比	1.0	0	0
年均工作时数增长率	百分比	0	−1.5	−1.5

(续表)

		1. 基本情况	2. 稳态可再生能源不变价格	3. 稳态可再生能源下降价格
技术扩散对价格的敏感度	0－20	2.1	2.1	2.1
(非发电用)化石燃料成本年度变化	百分比	1	1	1
(发电用)化石燃料成本年度变化	百分比	1	1	1
(发电用)核能成本年度变化	百分比	0	0	－0.5
可再生能源成本年度变化	百分比	0	0	0

图 12.4 显示了第一个稳态情景，其中的国内生产总值和人口从 2013 年开始保持不变，而能源使用量和失业率下降。图 12.5 显示了该稳态情景下主要能源的份额。显然，50 年后，可再生能源占能源总供应量的 23%。在情景 3(未显示)中，可再生能源成本降低，可再生能源份额在 50 年后占主要能源的 33%，主要是因为非发电用化石燃料的下降。

图 12.6 说明了三个情景中的替换成本在 GDP 中的百分比。该测量将说明经济在能源方面如何保持可持续性。有意思的是，在图 12.6 中，替换成本(作为 GDP 的百分比)在基本情况中比稳态情景中的替换成本低，说明基本情况比稳态情景更接近于可持续性。这是因为分母(即国内生产总值)增大，而非分子(即替换成本)减小。确实，在基本情况中，以可再生能源替代不可再生能源

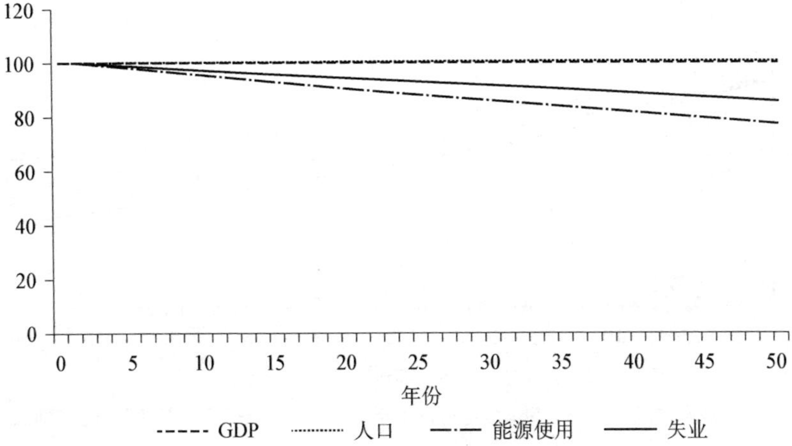

图 12.4 情景 2 中的 GDP、能源使用和人口情况(2013=100)

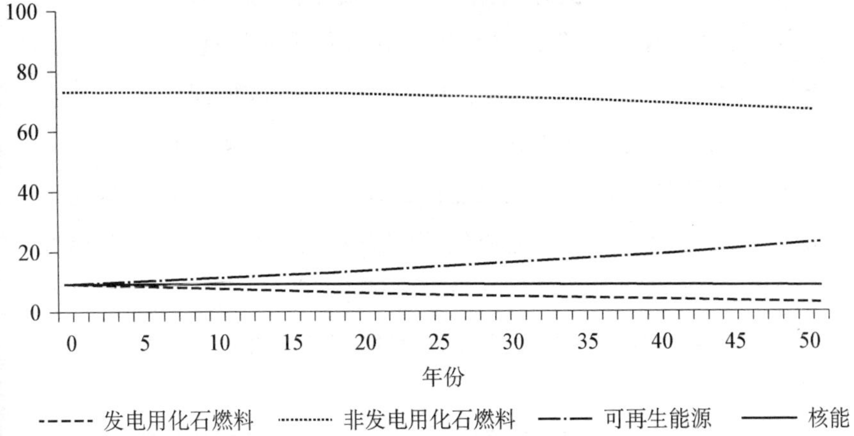

图 12.5 情景 2 中的主要能源份额(%)

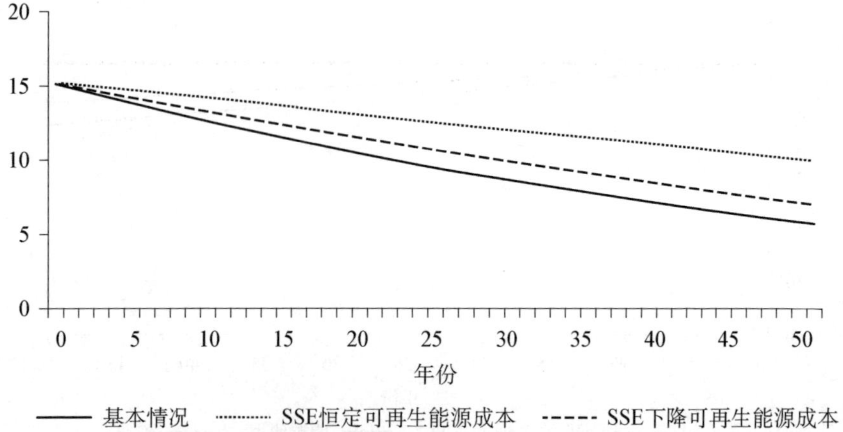

图 12.6　情景 1、情景 2 和情景 3 中替代成本在 GDP 中的百分比

的成本从 2013 年的每年 2.2 万亿美元增加至 50 年后的 2.8 万亿美元。在第一个稳态情景中，替换成本降低至每年 1.4 万亿美元，第二个情景中降低至每年 1.0 万亿美元。这种结果说明，替换成本作为国内生产总值中的一项百分数，可能受到经济在能源方面的可持续性的限制。此外，本文中定义的替换成本是以可再生能源替代不可再生能源的总成本，并不是净成本，这也能够说明减少不可再生能源使用量而实现的避免成本。在模型中，与这些情景有关的额外运输和分配成本，以及后备发电量的可能性寻求（为了应对可再生能源的间歇现象）并未获得任何补贴。

然而，情景说明了，在确定不可再生能源与可再生能源用途时，能源价格是非常重要的一项因素。同样，也对国内生产总值与人口持续增长各自能源需求产生非常不同的影响（能源使用量大幅增加,稳态下降)。这些能源使用情景带来的不同的环境影响也十分显著。

若政府没有通过大量补贴、税金、直接投资、采购和管理采取足够的干预,市场是不能够决定能源价格的。政府干预主要影响能源价格,例如直接通过汽油税,或者间接通过更加严苛或宽松的监管限制。未来的情况也是如此。因此,虽然我们能够发现成本与价格对可再生能源替换不可再生能源的潜在影响,但与地质学、生物学和工程学一样,成本和价格将成为公共政策和国际政治问题。

当然,美国的经济不会突然就变成模型中所使用的术语定义的稳态(稳定的国内生产总值和人口),或者戴利教授提出的完全物理化的定义规定的稳态。更加真实的情况是在几十年中逐渐变为稳态。情景 4 中逐步减少的国内生产总值增长率、人口增长率以及工人每年人均工作时数均反映这种转变。该情景如图 12.7 所示。

图 12.7 显示了经济增长减速,直到在 50 年后完全停止增长,而人口数量也是如此。能源使用量和失业数量在 50 年的模拟期限内也都减少。情景 1 和情景 2(图 12.3)中主要能源的市场份额相同,因为都是受相同成本假设的影响。在第 50 年,替换成本为 1.4 万亿美元,为基本情况中的一半,与国内生产总值相比较低(5.3%相对于 5.8%)。基于此,情景 4 与其他情景相比,更接近于能源可持续性。

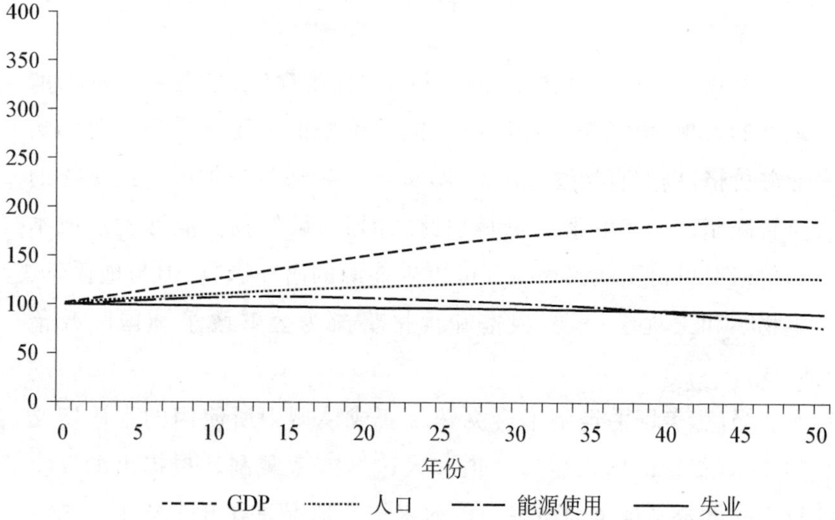

图 12.7　情景 4 中的 GDP、能源使用和人口稳态(2013=100)

12.4　经济不增长时的应对方法[①]

上文所述情景来源于一种模型，该模型对经济增长率和人口增长率进行了假设，而失业、能源使用、能源及替换成本则基于能源成本及年均工作时数的假设进行模拟。本节描述的建模方法则不同，在宏观经济稳态设置框架内涵盖了更加广泛的社会与环境维度，包括贫困、政府财务状况、就业、投资以及温室气体排放。

LowGrow 是加拿大经济的交互式计算机化模型，用于探索与

① 本节改编自 Victor (2008)第 10 章。Victor (2008)第 10 章提供了更多关于 LowGrow 及其他情景的详细信息。第 11 章探讨了无增长情况下的管理政策。

经济增长速度下降有关的不同假设、目标和政策措施。图 12.8 显示了 LowGrow 的高级结构。在顶部，总需求（国内生产总值）按传统方式计算，等于下列各项的总和：消费支出（C）、投资支出（I）、政府支出（G）、出口（X）和进口差异（I）。模型各部分有独立的方程式，加拿大的数据从 1981 年预估至 2005 年。经济产量则按照 Cobb-Douglas 生产函数预估，其中产量（国内生产总值）为就业劳动力（L）与已运用资本（K）的函数。时间变量（t）代表技术、劳动技术和体制改进引发的生产力变化。生产函数显示在图 12.8 底部。该模型预估了在考虑时间内生产力变化的情况下，产生国内生产总值（总需求）所需的劳动力（L）和已运用资本（K）。①

图 12.8 所示总需求与生产函数之间存在第二个重要联系，图中以箭头连接总需求与生产函数。

投资支出（净折旧额）作为总需求的一部分，加入经济资本存量中。随着时间推移，资本和劳动力也变得更加具有生产力。若国内生产总值未增长，资本和生产力的增加将减少劳动力需求。除非采用替代方法，为了防止失业率增加，随着经济生产能力提高，国内生产总值也需要增长。

LowGrow 包括外生性人口增长以及劳动力增长（劳动力增长作为国内生产总值和人口的一项函数进行预估）。人口也是确定经济消费支出的一项变量。

LowGrow 中没有货币体系。简单来说，模型假设加拿大银行

---

① 柯布-道格拉斯生产函数并不代表制造资本与自然资本之间经济的生产力及替代可能性。在 LowGrow 中，该生产函数仅用于预测产生按国内生产总值测定的输出量所需的劳动力投入与资本投入之间的关系。

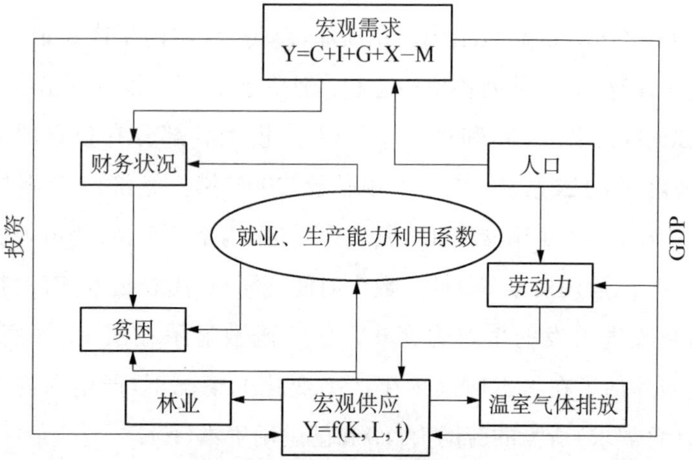

图 12.8 LowGrow 高级结构

注：Y = GDP；C = 消费；I = 投资；G = 政府；X = 出口；M = 进口；K = 资本；L = 劳动力；t = 时间.

及加拿大央行对货币供给进行管控，将通货膨胀控制在每年 2%左右的目标水平。LowGrow 包含以外生方式设置的利率。较高的借款成本阻碍了投资，降低了总需求。另外还提高了政府偿还债务的成本。当失业率降低至 4%以下，LowGrow 将提醒有通货膨胀压力，但模型并未将价格水平列为一项变量。

若 LowGrow 缺少这些特性，将包含与探究低增长或无增长情景特别有关的其他特性。LowGrow 包括二氧化碳及其他温室气体的排放、烟尘排放税、林业子模型、收入和 HPI－2 的重新分配、联合国选定之经济合作与发展组织（OECD）国家人类贫困指数（United Nations Development Programme, 2006）。LowGrow 允许将额外资金投入到卫生保健和减少成年文盲计划中（都包含在

HPI－2当中),并根据文献中取得的方程式预估对寿命及成年文盲的影响。

LowGrow可通过多种财政政策(包括平衡预算以及随时间变化的年度百分比变动)模拟政府开支水平变动的影响。LowGrow追踪所有政府的整体财务状况(按照政府所有级别的合并债务与国内生产总值的比率进行测量)。

在LowGrow所代表的经济中,经济增长受净投资影响,体现在生产性资产、劳动力增长、生产力提高、贸易差异(出口与进口的差额)增长、政府开支增长以及人口增长方面。可通过降低各项因素及合并因素中的增长率,来检测低增长和零增长情景。在依赖经济增长的经济中,任何及所有经济增长推动因素突然失去作用,就会导致极具破坏性的影响,就像2008年开始的全球经济衰退一样。但是,戴利教授提醒大家:“不增长的经济和稳态经济是两码事;这正是我们面临的选择”(Daly, 2008; O'Neill, 2008)。LowGrow可以说明,当经济增长的推动因素突然全部失去作用时,经济增长停止能够带来怎样严重性的后果(Victor, 2008, pp. 178－180)。该模型还可说明,在若干年内采取系统的方式能够更加有把握地实现稳态。

图12.9展示了加拿大经济的稳态情景,显示了五条关键变量的时间曲线,这些关键变量的数值在2005年都为100。人均国内生产总值、失业率、温室气体排放、贫困,以及债务占国内生产总值比例。在该情景中,从2010年开始的10年中,逐步采用了多种措施。人均国内生产总值增长率开始减缓,并在2030年左右降为零。由于人口增长率在差不多的时间降为零,因此国内生产总值(未显示)也不再增长。

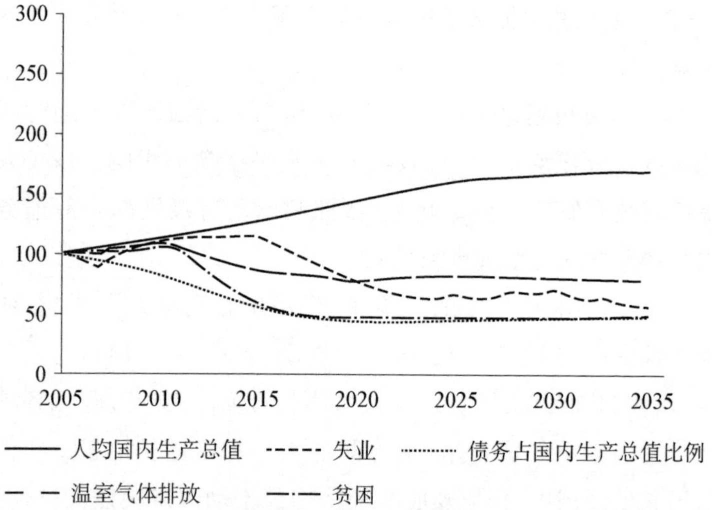

图 12.9　走向稳态经济

如图 12.9 所示，由于经济增长速度减缓，失业率在 2035 年左右降为 4%（在加拿大通常为充分就业）、联合国人类贫困指数测量的贫困水平大幅降低、温室气体排放量减少 25%、债务占国内生产总值比例的下降以及随后的稳定。

这些结果都可追溯到一种或若干种特别的变化，虽然也都起因于 LowGrow 结构所含的交互及反馈。由于净投资额降低、生产力增长率放缓、增幅开支稳定化以及国际贸易的平衡状态，人均国内生产总值增长降低。由于此等其他变化，经济增长率降低，继而造成消费支出增长放缓。在该稳态情景中，人口增长率的降低伴随着人均国内生产总值的下降，因此国内生产总值增长率也降低，最终变为零。

2035 年之前，加拿大平均工作时数降低了 15%，导致失业率也降低，有效地在大量劳动力中分配了稳定的劳动水平。加拿大人均工作时数，比 2007 年某些欧洲国家已达到的水平要稍微高一点（OECD, 2008 年）。

如图 12.9 所示，由于失业率降低，并且收入重新分配，所有加拿大人都达到了“最低收入标准”（该标准是在加拿大广泛使用的解决经济贫困的非官方措施）（Zhang, 2010），因此贫困也减少了。在该情景中，通过扩大成人识字率计划以及卫生保健计划，解决联合国人类贫困指数中的问题，最终减少贫困。

由于 2005 年（模拟基准年）加拿大的财政制度，政府负债占国内生产总值的比率开始下降并趋于稳定。在 2005 年至 2009 年期间，该财政支付因若干原因发生了变化。特别是联邦政府将营业税从 7%降低至 5%，大幅降低了已持续若干年的联邦预算盈余水平。在 2008 年年底，全球经济衰退在加拿大蔓延，在模拟中，从 2010 年开始实施的多种措施起作用之前，三个级别的政府收入降低，政府开支增加，导致图 12.9 中情景开始之时显示的债务与国内生产总值的比率降低。这种结果也很好地说明，与模拟短期经济变化相比，LowGrow 可有效说明长期的各种可能性。

如图 12.9 所示，由于温室气体浓度持续降低（假设温室气体浓度的持续降低速度等同于综合生产力水平的提高速度，在本情景中，温室气体浓度在降低，但仍然为正），以及对能源相关的温室气体排放收取收入中性碳税的实施，温室气体排放量降低了。在总量限额交易体系中，这些温室气体排放量折算成碳税，获得类似价格，因此，该体系也具有类似效果。

2035 年以后，需要对某些增长驱动因素进行进一步调整，保证人均国内生产总值的稳定，以便图 12.9 所示情景为准稳态情景。

若由于有偿工作所耗费时间降低（而非产量增加）而获得收益，在国内生产总值不增加的情况下，生产力可能继续提高。

这种对潜在的稳态经济转变的概述，回答了某些问题（即能够实现充分就业、极大减少贫困和温室气体排放，保持财政平衡，并且不依赖于经济的增长），但是也提出了一些问题。例如，政府是否需要采取严厉强硬的措施？鉴于基础的变化，稳态的出现是否重要且必要呢？稳态经济是否会产生更加严苛、具有政策和社会控制力的体系呢？人们是否能够更加自由地选择个人、家庭和社区消磨时间的方式呢？在稳态经济中，由于其他成功方法将取代物质生活水平，因此实现公平的收入和财富分配会变得更加困难还是更加简单呢？有偿工作以及资本私人所有制是否继续作为主要的收入分配方式呢，或者将需要新的安排？如果需要新的分配安排，又是否会影响到工作、储蓄和投资的奖励呢？当世界上其他国家都寻求正常的经济增长时，单一一个国家是否能实现稳态经济呢？若富裕国家追求稳态经济，这会阻碍还是有利于发展中国家实现发展目标呢？对于利润率和利率来讲，稳态经济意味着什么呢？鉴于资本外流的目的是在别的地方寻求更高的利润，是否有必要限制资本外流呢？在 2035 年人均国内生产总值的稳态水平（预计比 2005 年的人均国内生产总值高 50％）下，需要何种资源使用和废弃物产生水平来维持经济呢？这些水平，是否与作为思考未来稳态经济的主要原因的生物物理限制相符呢？这种情景是否符合资本主义呢？是否需要新的不同类型的商业组织呢？

对于倒数第二个问题，罗伯特·索洛，现代经济增长理论的奠基人之一，表达了如下看法："资本主义在经济增长缓慢或为零时无法持续是没有理由的"（Stoll, 2008, p. 94）。布斯的态度更加慎重，他认为“稳态宏观经济想要有效运作，在宏观经济层面，需要出台相应收入政策、扩大政府部门并减少一周的工作时间，而在微观经济层面，最主要的需求是建立新的组织形式，包含经济民主原则……”（Booth，1998，p. 155）。

就稳态经济更大的基本原理而言，索洛注意到了主流经济学家们并不经常关注的地方，他发现“美国和欧洲国家将发现……经济持续增长会对环境造成毁灭性影响，但又过度依赖于稀少的自然资源，或者利用提高的生产力”（Stoll，2008，p. 94）。这已经是对稳态经济最简要的描述了。

12.5 结论

约翰·穆勒正面地写下稳态经济著作距今已 160 多年，赫尔曼·戴利也早在 30 多年前就发表了相关文章。同时，经济继续飞速增长，这也是过去长达半个世纪以来，大多数国家及其政府采取的经济政策目的。随着 20 世纪 80 年代出现“可持续发展”这一另类范式，经济增长的首要性遭到质疑，在某些领域，人们开始更加关注发展的环境和社会维度。人们提出了新的发展方式，例如可持续发展指标（Daly and Cobb，1994，pp. 443 - 507）、真实发展指数（Talberth et al.，2007）、真实财富（Hamilton，2006）以及人类发展指数（United Nations Development Programme，2006）。这些新的理念，对发展有着更加广泛的看法，而不仅仅局限于国内生产总值或者人均国内生产总值上。同样地，例如生态足迹（Wackernagel and Rees，1996）、地球生态指数（Hails et al.，2006）和人类拨款净初级生产力（HANPP）（Haberl et al.，2007）等理念对人类及人类经济对地球施加的环境负担进行了定量预估。

不管在较大或较小的范围上来讲，这些另类指标的基本原则的来源，与稳态经济的许多编著者表达的想法相类似，本章对他们的一些观点进行了探讨。现在，认为稳态经济已被提上政府或政治议程，还为时尚早。例如，经济合作与发展组织仍然致力于经济增长，虽然其提出了关于可持续发展的观点，并且尽力将经济增长需求与地球生物物理限制相结合(Strange and Bayley, 2009)。相反，英国可持续发展委员会对经济增长在长期的可行性提出质疑，慎重考虑了在无经济增长的情况下实现繁荣的可能性(Jackson, 2009)。进一步来讲，玻利维亚、古巴、多米尼加、洪都拉斯、尼加拉瓜和委内瑞拉政府在 2009 年宣布"世界经济、气候变化以及食品与能源危机都是资本主义衰落造成的结果，这将会毁灭人类的生活以及地球的生命。为了避免这一后果，我们需要发展新的模型，代替资本主义系统现有的模型"(ALBA, 2009)。

在没有官僚作风的发达国家，特别是法国，人们对"退行发展"(*décroissance*)(Latouche, 2007)进行了探讨，美国稳态经济促进中心(CASSE, 2009)运作的一个活跃的稳态经济讨论网站以及其他许多能源、环境及其他性质的团体，越来越关注经济的特性与行为。

赫尔曼·戴利表示："经济越接近地球的规模，就越要遵循地球的物理行为模式，也就是稳态行为模式，一个允许质的发展而不是总体量的发展的体系。"(Daly, 2008, p. 1)经济是否会谨慎转换为稳态仍有待观察，但是，至少根据戴利教授的文章以及他带给我们的启发，我们能够更好地理解我们面临的选择。

参考文献

ALBA (2009), *Document of the Bolivarian Alternative for the Peoples of Our Americas (ALBA) Countries for the Fifth Summit of the Americas*, Cumana.

Booth, D. E. (1998), *The Environmental Consequences of Growth: Steady-state Economics as an Alternative to Ecological Decline*, London and New York: Routledge.

Boulding, K. E. (1966), 'Economics of the coming Spaceship Earth', in H. Jarrett (ed.), *Environmental Quality in a Growing Economy: Essays from the Sixth RFF Forum*, Baltimore, MD: Johns Hopkins University Press, pp. 3 - 14.

Boulding, K. E. (1973), 'The shadow of the stationary state', in M. Olson and H. H. Landsberg (eds), *The No-growth Society*, New York: W. W. Norton & Co., pp. 89 - 101.

Burkett, P. (2004), 'Marx's reproduction schemes and the environment', *Ecological Economics*, **49**, 457 - 67.

CASSE (2009), Center for the Advancement of the Steady-State Economy, http://steadystate.org (accessed 1 February 2015).

Daly, H. E. (1968), 'On economics as a life science', *Journal of Political Economy*, **76**, 392 - 406.

Daly, H. E. (1977), *Steady-state Economics: The Economics of Biophysical Equilibrium and Moral Growth*, San Francisco, CA: W. H. Freeman.

Daly, H. E. (1990), 'Toward some operational principles of sustainable development', *Ecological Economics*, **2**, 1 - 6.

Daly, H. E. (1996), *Beyond Growth: The Economics of Sustainable Development*, Boston, MA: Beacon Press.

Daly, H. E. (2008), *A Steady-state Economy*, UK Sustainable Development Commission, available at http://www.sd-commission.org.uk/publications.php? id5775 (accessed 26 December 2014).

Daly, H. E. and J. B. Cobb Jr (1994), *For the Common Good: Redirecting the Economy Toward Community, the Environment, and a Sustainable Future*, Boston, MA: Beacon Press.

Daly, H. E. and J. C. Farley (2011), *Ecological Economics: Principles and Applications*, 2nd edn, Washington, DC: Island Press.

Gately, D. and H. G. Huntington (2002), 'The asymmetric effects of changes in price and income on energy and oil demand', *Oil Price and Policy*, **23**, 19–56.

Georgescu-Roegen, N. (1971), *The Entropy Law and the Economic Process*, Cambridge, MA: Harvard University Press.

Georgescu-Roegen, N. (1980), 'Selections from "Energy and Economic Myths"', in H. E. Daly (ed.), *Economics, Ecology, Ethics: Essays Toward a Steady-state Economy*, San Francisco, CA: W. H. Freeman and Co., pp. 61–81.

Haberl, H., K. Erb and F. Krausmann (2007), 'Human appropriation of net primary production (HANPP)', in E. Neumeyer (ed.), *Internet Encyclopedia of Ecological Economics*, International Society for Ecological Economics, pp. 1–15.

Hails, C., J. Loh and S. Goldfinger (2006), *Living Planet Report 2006*, Gland, Switerland: World Wildlife Fund.

Hamilton, K. (2006), *Where is the Wealth of Nations? Measuring Capital for the 21st Century*, Washington, DC: World Bank.

Hubbert, M. K. (1956), 'Nuclear energy and the fossil fuels', Publication No. 95, Shell Development Corporation, Houston, TX, available at http://www.hubbertpeak.com/Hubbert/1956/1956.pdf (accessed 26 December 2014).

Hubbert, M.K. (1974), 'M. King Hubbert on the nature of growth', National Energy Conservation Policy Act of 1974, Hearings before the Subcommittee on the Environment of the Committee on Interior and Insular Affairs House of Representatives, 6 June.

Jackson, T. (2009), *Prosperity Without Growth? The Transition to a Sustainable Economy*, London: Sustainable Development Commission.

Keynes, J. M. (1930), *Essays in Persuasion*, reprinted in 1963, New York: W. W. Norton & Co.

Keynes, J. M. (1935), *The General Theory of Employment Interest and Money*, New York: Harcourt-Brace.

Latouche, S. (2007), 'De-growth: an electoral stake?', *The International Journal of Inclusive Democracy*, **3** (1), available at http://www.inclusivedemocracy.org/journal/vol3/vol3_no1_Latouche_degrowth.htm (accessed December 2015).

Meadows D. H., D. L. Meadows, J. Randers and W. Behrens III (1972), *The Limits to Growth: A Report for the Club of Rome*, London: Earth Island.

Mill, J. S. (1848), *Principles of Political Economy: With Some of their Applications to Social Philosophy*, reprinted in 1970, London: John W. Parker.

OECD (2008), 'Average annual hours actually worked per worker', Vol. 2008, Release 01, OECD Factbook 2008, Paris.

Ogden, C. L., C. D. Fryar, M. D. Carroll and K. M. Flegal (2004), 'Mean body weight, height, and body mass index, United States 1960 - 2002'. Advance data from *Vital and Health Statistics* No. 347, 27 October, National Center for Health Statistics, Hyattsville, Maryland, pp. 1 - 20.

O'Neill, D. W. (2008), 'Steady state economies and recession: the same or different?

Preliminary results of an empirical analysis', in *Proceedings of the Green Economics Institute Conference 2008*, Oxford: Green Economics Institute, pp. 116 - 22.

Rivers, N. and M. Jaccard (2005), 'Combining top-down and bottom-up approaches to energy-economy modeling using discrete choice methods', *The Energy Journal*, **26**(1), 83 - 106.

Soddy, F. (1926), *Wealth, Virtual Wealth and Debt: The Solution of the Economic Paradox*, London: Allen & Unwin.

Stoll, S. (2008), 'Fear of fallowing: the specter of a no-growth world', *Harper's Magazine*, March, 88 - 94.

Strange, T. and A. Bayley (2009), *Sustainable Development: Linking Economy, Society, Environment*, Paris: OECD.

Talberth, J., C. Cobb and N. Slattery (2007), 'The Genuine Progress Indicator 2006. A tool for sustainable development', Redefining Progress, available at http://rprogress. org/publications/2007/GPI% 202006. pdf (accessed 26 December 2014).

Turner, G. M. (2008), 'A comparison of the limits to growth with 30 years of reality', *Global Environmental Change*, **18**(3), 397 - 411.

Turner, G. M. (2012), 'Have we reached the limits to growth?', *Chemistry in Australia*, October, 24 - 7.

United Nations Development Programme (2006), *Human Development Report 2006*, New York.

US Energy Information Administration (2008), *Renewable Energy Trends in Consumption and Electricity*, 2006 edn, available at http://www. eia. gov/totalenergy/data/annual/ (accessed December 2015).

US Energy Information Administration (2013), *Annual Energy Outlook* 2014 *Early Release*, December, available at http://www. eia. gov/totalenergy/data/annual/(accessed December 2015).

US Energy Information Administration (2014), *Annual Energy Outlook* 2014 *with Projections to 2040*, April, available at http://www. eia. gov/totalenergy/data/annual/ (accessed December 2015).

US Energy Information Administration (2015), *Monthly Energy Review*, January, available at http://www. eia. gov/totalenergy/data/annual/ (accessed December 2015).

Victor, P. A. (1980), 'Economics and the challenge of environmental issues', in H. E. Daly (ed.), *Economics, Ecology, Ethics. Essays Toward a Steady-State Economy*, San Francisco: W. H. Freeman and Company, chapter 13.

Victor, P. A. (2008), *Managing Without Growth. Slower by Design, Not Disaster*, Cheltenham, UK and Northampton, MA, USA: Edward Elgar Publishing.

Victor, P. A. (2010), 'Ecological economics and economic growth', *Annals of the New York Academy of Sciences*, **1185**, 237 - 45.

Wackernagel, M. and W. E. Rees (1996), *Our Ecological Footprint: Reducing Human Impact on the Earth*, Gabriola Island, BC and Philadelphia, PA: New Society Publishers.

Zhang, X., (2010), 'Low income measurement in Canada: what do different lines and indexes tell us?', Statistics Canada Research Paper 75F0002M-No. 3, available at http://www. statcan. gc. ca/pub/75f0002m/75f0002m2010003-eng. pdf(accessed 26 December 2014).

13

社会可持续的经济去增长

琼·马丁内斯-艾利尔

13.1 概要

我们发现，自2007年以来，政府间气候变化专门委员会(IPCC)从未预计(或许是自我审查)过发达国家的国内生产总值(GDP)会下降到5%的水平，并且之后仍将保持在非增长的状态。对于经济合作与发展组织(OECD)成员国整体而言，在危机爆发后的七年里，公共债务增加了，但是经济却几乎未从2008—2009年的衰退阴影中走出来。这种情况在经济学家的脚本中从未出现过。这20年来，可持续发展(联合国世界环境与发展委员会，1987年)一直被视为东正教口号，这意味着经济增长应当是环境可持续性的。然而，我们都知道，经济增长并非如此。40年前，由尼古拉斯·乔治斯库-罗金提出的有关去增长的讨论，现在正是发达国家应该讨论的话题，因为衰退期已经到来。现在正是在宏观层面用社会和环境指标替代国内生产总值(GDP)的时刻，并且应通过这些指标的运行状况来追踪社会生态转型的进展情况。

2008—2009年的经济危机为发达国家走向物质还是能源流的道路提供了一个选择契机。在2008年之前，世界二氧化碳的年增长率为3%，且许多发达国家的二氧化碳排放量于2007年达到峰值。而现在很可能成为将社会生态长久地过渡到更低能源和物质消耗的时机，其中也包括降低人类所占用的净初级生产力(HANPP)。此外，这场危机也可能为社会机构的重组提供机会。在2008—2009年期间，受到戴利的稳态经济学(Daly, 1991)的启发而于同期脱颖而出的两项里程碑式的研究分别是：蒂姆·杰克逊(2009)的无增长繁荣和彼得·维克多(2008)的无增长管理。其陈述的发达国家的目标应该是无需经济增长条件下的民众富足安康。

此外，曾经一度有望于2050年达到85—90亿峰值的世界人口正在经历下滑，这也减轻了21世纪下半叶资源消耗和有害气体汇集的压力。

杰奥尔杰斯库-勒格尔在1979年便明确提出支持去增长(décroissance)的概念(Grinevald and Rens, 1979[1995])；戴利关于稳态的观点始于20世纪70年代初期；而瑟奇·拉图什(Serge Latouche)过去十年间在法国和意大利取得的成就源于坚持不断的推行经济去增长(Latouche, 2006)，此外，彼得·维克多(2008)和蒂姆·约翰逊(2009)对于生态宏观经济学无增长理论的贡献也已经奠定了基础。在环境正义运动与“穷人的环境保护主义”以及“全球南方土著”结盟的当下，正是发达国家实施社会可持续的经济去增长的时机(Martinez-Alier, 2012)。在我看来，生态经济学家们对于当代环境的正义运动并未予以足够的重视。按照卡普所预见的、“外部性”所导致的不断增长的环境正义运动，并非源于市场失灵，而是“成本的成功转移”。而成本的转移除了会对子孙后代和其他物种造成影响，有时还会在当代的贫困人口中引发抱怨和冲突。

13.2 经济的三个层次

弗雷德里克·索迪于1922年和1926年分别出版了《笛卡尔经济学》和《财富、虚拟财富与债务》两部著作。正如我在《生态经济学》(Martinez-Alier, 1987)一书中所叙述的那样，弗雷德里克·索迪曾经获得过诺贝尔化学奖，并且是牛津大学的一名教授。对于那些研读过杰奥尔杰斯库-勒格尔的《熵法》和《经济过程》(1971)的生态经济学家而言，索迪教授在20世纪20年代的授课变得更加容易理解。索迪的主要观点不仅简单，而且也适用于我们这个时代。他认为金融体系很容易增加私人和公共债务，并且错误地将这种信贷扩张误解为创造了真正的财富。然而在工业时代，源于生产和消费的增长都意味着对于化石燃料开采和最终销毁的增加。能源消耗殆尽，却无法回收。而真正的财富应当是来自太阳的能量流。采用经济核算的方法是错误的，因为它除了会导致资源枯竭殆尽，还会增加财富创造的熵。

通过暂时压缩债务人，可以实现福利偿还债务。其他偿还债务的方法包括：通货膨胀(货币贬值)、经济增长。后者由于低估了可耗尽能源的使用以及未被估价的环境污染，属于虚假衡量。经济核算无法正确地计算增长对于环境造成的破坏和对资源的消耗，这正是索迪的观点的核心。他也当之无愧地成为生态经济学的先驱（详见 Daly，1980；Martinez-Alier，1987）。

换句话说，经济共分为三个层面。最顶层的金融水平可以通过向私营部门或国家提供贷款的方式来实现增长，但有时也会面临类似目前金融危机的情形，没有任何的还款保证。金融体系着眼于向未来借款，并寄希望于无限的经济增长来解决利息和债务的偿还。因此，金融体系创造的财富是"虚拟的"。银行发放的信贷远远超出了其存款，这至少能在一段时间内推动或拉动经济增长。第二个层面便是经济学家口中的实体经济，即所谓的生产经济。《经济学人》（2009 年 4 月 8 号刊）曾采访过德国卡车制造公司 MAN 的主席哈坎·萨穆埃尔松，他对于金融体系和实体经济做过明确的区分，他说："未来的价值很难通过金融杠杆来实现，因此，我们需要回归实体工作，通过技术、创新，以及高效率的制造业来创造产业价值。"

当经济学家们所谓的实体经济开始增长时，确实能够偿还部分甚至是全部债务；然而，当增长不足时，债务将被拖欠。2008 年堆积如山的债务已经远远超出了国民生产总值（GDP）增长所带来的回报。这种情况从财务上来讲是不可持续的，更何况 GDP 本身也不具备生态可持续性。接着往下，在实体经济之下，作为经济建筑的底层和基础的，便是经济的第三层：生态经济学家所谓的真实经济，（由卡车和船只运载的）能源和原料的流动。处于该层次的经济增长部分依赖于经济要素（如市场类型、价格），部分取决于物理限制。目前，各类限制既包括资源约束，也包括明显的排污制约。气候变化主要是由于过度燃烧化石燃料引起的。

再次回到"债务驱动型增长"模式，其不仅在经济运行上存在危险，而且由于银行仍旧充斥着"有毒资产"，并且许多国家公共债务在增加，目前的实施也存在困难。而“债务驱动型增长”这个说法本身就存在误导性。因为经济的增长并非由债务和金钱推动前行，确切地说，是由煤炭、石油和天然气“助燃的”。而化石燃料也并非源自经济生产，它们是由于久远的地质变化产生的。

2008—2009年的经济危机让约翰·梅纳德·凯恩斯（John Maynard Keynes）重回主舞台。用凯恩斯的理论解释的话，我们可以认为经济存在未被使用的生产能力，使得有效需求与劳动力和工业设备的全产能利用率之间还存在着差距。通过适当地增加公共支出来补救失业率不断上升的方法被称之为“赤字支出”。公共支出的意图是好的，它可以间接导致车辆的消费，偿还抵押贷款，甚至是购置新的房产，从而使得相关行业摆脱困境。而各级政府所面临的不仅是增加公共投资或消费时的压力，还要为这类无法偿还的“私人债务”（“有毒资产”）向银行再融资，并在一定程度上将这类私人债务转化为公共债务。

凯恩斯希望尽快摆脱1929年的经济危机。而前凯恩斯主义的解决方法则是等待市场自然回归均衡，等到失业率不断提高从而将工资压榨到足够低时，雇主将愿意再次雇佣工人，而这剂处方无异于灾难。为了说明这一点，凯恩斯曾说过：他并不关心从长远来看，经济一旦从危机中复苏会发生什么。到了20世纪50年代，罗伊·哈罗德和叶夫谢维多·马尔这类经济学家将凯恩斯主义转变为一种长期的增长理论。假设在消费和投资方面有充足的私人或是公共支出，以保持有效需求与潜在全能利用率之间的平衡，经济就不会陷入危机。与此同时，投资也会潜在增加，用来避免下一轮经济陷入危机时对于支出的新的需求。这看起来是一条维系经济持续增长的良性道路。然而，这类经济模型从某种意义来讲是形而上学的，因为模型中并没有考虑到可能被耗尽的资源或产生的污染。

在20世纪60年代石油价格极低的时期，凯恩斯主义取得了空前的成功。随后，无论是短期还是长期增长，都对凯恩斯主义置若罔闻。此时，新自由主义思想复苏，其代表人物哈耶克（Hayek）认为市场比国家政府知道得更多。然而，新自由主义对于环保主义者提出的一个反对意见并未作出回应，即市场不会重视未来的代际稀缺问题（正如奥托·诺伊拉特于20世纪20年代在维也纳的社会主义计算辩论上，反对文·米泽斯和哈耶克时所陈述的观点，参见Martinez-Alier，1987）。

自2008—2009年经济危机以来，新自由主义由于自身的缺陷一直饱受质疑。一些银行家甚至提出由政府接管银行的要求。此时，凯恩斯主义在一定程度上有所抬头，而斯蒂格利茨和克鲁格曼是其转世。作为生态经济学家，我们想要知道这是一个能将经济从危机最糟糕时期解救出来的短期凯恩斯，还是一个将经济带入可持续发展之路的长期凯恩斯？

与生态经济学家的主张最为接近的，便是那些将短期绿色凯恩斯主义或绿色新政作为临时措施的提议。如果一定要通过增加公共投资来抑制失业率攀升的话，那么最好是将投资引入到公民的社会福利和“绿色”能源生产中，而非投资建造高速公路和机场。然而，即便如此，绿色凯恩斯主义也无法成为经济可持续增长的理论基准。到目前为止，经济的增长也都是伴随着煤炭、石油和天然气的消耗完成的。绿色凯恩斯主义认为，增加对于能源节约、光伏安装、城市公共交通、住房改造，以及有机农业方面的公共投资，这些做法似乎是可取的；而坚持经济增长的信念貌似是不可取的。

在一些发达国家，经济已然出现了小幅回落，而且这种趋势很容易在社会上持续下去。我们所处的时代不再是20世纪30年代了，现在的欧洲，有些国家的人均收入甚至超过了25 000欧元。如果采用再分配机制，我们可以通过相应减少能源和资源的流动，来管理经济下滑的10%。这样就能进入一个社会生态的转型期。欧洲已经达成了一项降低二氧化碳排放量的协议，即与1990年的排放量相比，将目前的排放量下降20%。事实上，排放量和GDP的下降速度远比要达到这个目标更为迅速。因此，在2008—2009年间，政府支出在凯恩斯主义者的推动下大幅增加。而这些支出中，有一部分是不关心债务增加的绿色支出，而这部分债务负担可以在适当的时候通过通货膨胀来削减。与此同时，欧盟的金融机构以及包括退休人员在内的一般金融债权人（在希腊被称之为"债务民主"），纷纷支持"德国"反凯恩斯主义的紧缩政策，因为这些政策会让凯恩斯主义者感到沮丧。

生态经济学家所做的既不是为了增加债务（因为我们不相信"债务驱动型增长"），也不是为了提倡社会自杀式紧缩政策和增加失业率。我们站在第三个角度，目的是为了"金融审慎"（Jackson，2009）和一个稳态经济（在发达国家经历了一段经济衰退之后），从而实现社会和环境的可持续性。

几十年前的女权运动已经明确指出，GDP从不重视市场之外的事物，例如，无偿的家务劳动和志愿者工作。一个富含"关系商品和服务"的社会其GDP将会低于一个（不可能）完全由市场调节私人关系的社会。可持续的去增长运动坚持实现当地非盈利性的互惠服务价值。此外，经济学家（或者称之为，社会心理学家）们也一致认为，GDP的增长在达到某种程度后，并不一定会带来更大的幸福感。这项研究也更新了所谓伊斯特林悖论的相关研究。现在看来，“GDP”至上的观点不应该占据政治的主导地位，会不利于环境和社会方面的考量。

然而，在去增长的理念被社会广泛接受之前，我们还需直面去增长所导致的一些社会问题。如果劳动生产率的年增长率为2%（例如，一个工人每年生产的汽车数量），而经济的增长率却不能同步的情况下，就会导致失业率的增加。这个答案具有两重含义。生产力的提高并没有被全面衡量。如果用机器替代人力，那么能源的价格是否考虑到对资源的消耗和对环境的改变？我们都知道事实并非如此。此外，我们还应该将获得报酬的权利与实际受雇的事实区分开来。这种分离存在于许多情形（儿童与年轻人、领取养老金的人，以及领取失业救济的人），而且在未来还需要进一步扩大。在考虑到无报酬的家政服务和志愿者部门之后，我们需要重新定义什么是“工作”。此外，我们还需要引入或扩大全民基本收入或公民收入的覆盖范围。①

另一个反对意见是，如果经济停滞不前，谁会为堆积如山的债务、抵押贷款，以及其他私人和公共债务埋单？答案必定是无人为此埋单。我们无法强迫经济按照债务累积的速度进行增长。金融体系必须具备异于当前的规则。② 因此，在美国和欧洲出现的新思潮并不是凯恩斯主义，甚至算不上是绿色凯恩斯主义。所谓的新思潮是指，为了实现可持续的去增长而不断开展的社会运

---

① 朗（第8章）建议将就业保障作为解决失业问题的办法，而维克多（本卷第12章）则建议通过缩短工作周来降低失业。

② 参见柯布（第11章）关于其他金融体系的讨论。

动。这场经济危机则为这些新制度和社会习俗的出现提供了契机。

13.3 石油价格

大学里所讲授的经济学课程仍然将经济看作是围绕消费者和生产者的旋转木马。消费者和生产者在消费品市场或生产要素服务市场(例如,用劳动时间换取工资)彼此相遇。价格是既定的,而产品数量是用来交换的。这是理财学的范畴。宏观经济账户(GDP)用以汇总产品数量与其价格的乘积。然而,经济可以通过另一种方式进行描述,即将(可耗尽的)能源和材料(包括水资源)转化为有用的产品和服务,最后变为废品。这才是生态经济学家所研究的内容(参见 Boulding, 1966; Daly, 1968; Georgescu-Roegen, 1966,1971; Kneese and Ayres, 1969)。

对于传统经济核算的批评总是强调来自生态系统的环境服务中被遗忘的当前价值。来自珊瑚礁、红树林,以及热带雨林的环境服务可能会按照每年每公顷的名义货币价格来计算,而失去的公顷数则被转化为虚拟的经济损失。尽管这种做法倾向于抛开诸如人类生计、土著居民的领土权利,以及"自然权利"等非经济价值,但是对以此来让公众意识到环境损失的重要性而言,这种做法可能是最好的选择。无论如何,单纯地掌握经济与环境之间的关系都是远远不够的,因为我们的经济不仅仅依赖于当前的光合作用,同时也依赖于数百万年前作为主要能量源的光合作用。它取决于未经替代却被我们肆意浪费的远古生物化学对其他矿物资源的循环。以石油为例,我们可能已经达到了哈伯特(Hubbert)曲线所描述的开采峰值。2013 年，按照卡路里来计算，我们每天接收的石油量高达 9 000 万桶（mbd），相当于全世界人均每天 20 000 千卡的热量（大约是食物能量摄入的十倍），而在美国等同于每人每天100 000千卡的热量。就外生能量而言，石油的重要性远超于生物能量。

欧盟、日本、美国以及中国和印度的一些地区都是能源和材料的净进口大国。美国早在 20 世纪 70 年代就达到了内部对石油需求的高峰期，在采用水力压裂技术提高对石油和天然气的开采量之前，美国有近一半的石油需要进口。而欧盟和日本仍旧是能源的净进口国。这些进口到发达国家的能源和材料必须相对便宜，才能保持社会新陈代谢的正常运行。正如 Hornborg（1998）所述，“市场价格就是由世界体系的中心国向外围地区攫取可用能源的手段，有时还需要军事力量的协助”。艾伦·格林斯潘在他的回忆录中遗憾地讲述到，试图让伊拉克每天额外生产 2 百万—3 百万桶石油的努力，在 2003 年之后的几年里宣告失败。1998 年，在石油价格下跌之后，石油输出国组织（OPEC）通过委内瑞拉乌戈·查韦斯的努力，以及中国和印度经济繁荣的协助，成功地控制了石油的供应量限制。之后，石油的价格在 2008 年达到顶峰，并在经济危机出现时开始下降，直到 2013 年才稳定下来。之后，由于石油和天然气的新的“非常规”供应以及世界经济的放缓而有所回落。

在美国的建筑热潮中，房屋被卖给那些无力支付抵押贷款的人，或者建好房屋（例如在西班牙新建的大型空置房屋）等待具有信誉的买家出现。在过去的几年里，美国实际的平均工资并没有增加多少，而消费者的信贷却在不断增加。收入分配也变得越发不均。家庭储蓄在经济危机开始之初降至最低水平。很显然，银行家们以为经济增长仍将继续，从而推动抵押房屋的价值。他们将抵押贷款“打包”，并出售给其他银行。而这些银行出售抵押贷款或是试图将这些抵押物推销给无辜的投资者。房地产的繁荣盛世终结于 2008 年。之后在一些国家，私人建筑业几乎全面停止。

欧盟和美国一些银行的部分国有化躲过了此次突发的大规模倒闭灾难，但付出的代价是提高了公共赤字。在总需求不足的情况下，凯恩斯提出的赤字支出方案是被认可的。此时的支出应该被用于解决最为紧迫的社会问题和环境投资，而不是(以保护石油的借口)用于补充军力或投资于汽车和高速公路行业。无论如何，这场金融混战绝不是导致金融危机的唯一原因，而由于石油输出国组织的寡头垄断以及石油价格一路攀升所造成的高油价，才是真正的罪魁祸首。事实上，经济理论并没有提出要按照其边际提取成本来出售可耗尽的资源。当然也可能会有人提出质疑，如果从公平的代际分配和生产外部性的角度来看，在 2008 年石油价格达到峰值的时期，按照每桶 140 美元的价格计算，石油价格依旧很便宜。

目前的经济危机不仅是金融危机，即这场危机不仅仅是由于美国的新建房屋供给超出了可持续的融资需求，同时也是高油价导致的。股市早在 2008 年 1 月就开始下跌，但是直到同年 7 月石油价格还在持续上涨。随着经济危机的不断加剧，石油价格下跌，但本质上是回归到实际价格。这里要提到一个经济的自动“去稳定器”。当我们沿着哈伯特曲线向下时，就很难找到新的石油。此外，由于减少对高边际成本领域的投资，油价走低也意味着石油的供给量将在几年内下降。除此之外，石油输出国组织还试图在危机期间减少石油的开采量，以确保石油价格的上涨。页岩气压裂技术的兴起在一定程度上弥补了获得廉价石油的困难性。不过，页岩气能持续多久，并且对当地的环境责任有多大，还都有待观察。

13.4 经济去增长和二氧化碳排放量

经济危机给二氧化碳排放量这一完全不可持续增长的事物，带来了可喜的变化。1997 年制定的京都议定书对发达国家十分慷慨，其赋予了这些国家碳汇和大气的产权，以换取在 2012 年前将二氧化碳排放量相对于 1990 年减排 5%的承诺。这一目标相对宽松，大多数缔约国都兑现了承诺。人们可以轻易预见到，2008 年 10 月之前，除非采取更低的二氧化碳总量限制，否则碳交易将面临崩溃。2008 年下半年，许多欧洲国家和美国的航空旅行、住房开工和汽车销售的数量都有所下降。美国人于 2008 年 10 月初购买的汽油比 2007 年 10 月初减少了 9%，因此经济危机期间二氧化碳排放量下降并不足为奇。

然而，那些倡导经济增长的人并不愿意利用当前的危机将经济转向不同的技术和消费模式。相反，他们有自己的理由：几乎每个符合驾车年龄的美国人都有一辆车，而每 100 个中国人所拥有的汽车数量少于三辆，而这一数据在印度则更少，因此汽车销售将保持强劲势头。《经济学人》曾发表过这样的评论："当一个人居有定所，吃穿不愁，工作稳定时，接下来他想要的就是一辆汽车。"(2008 年 11 月 13 日)这说明，在未来的 40 年里，世界汽车数量预计将从现如今的约 7 亿辆增加到近 30 亿辆。

此外，印度和中国的经济(由内需推动)很可能会在未来几年内继续以不低于4%或5%的速度增长。与经济增长速度相比，汽车制造业的增长速度更快，并将推动经济增长和建筑业的发展。然而，拥有30亿辆汽车的世界需要消耗更多的能源。那么实体经济将如何影响实际的实体经济？又将以何种燃料为汽车提供动力？

能源获取成本上升是历史性的趋势[能源投资回报值(EROI)较低]。2006年，巴西在数千米海底发现了约300亿桶的海底石油储量(相当于全世界一年的石油消耗量)，而这可能就意味着源源不断的能源和金钱的投入。全球石油产量将依循哈伯特曲线，达到最大值之后逐渐下降，而这无论是在政治上还是环境上都很困难。在尼日尔三角洲、秘鲁亚马孙流域、厄瓜多尔等重要石油产区，始终冲突不断。尽管非传统能源的供应有所增长，但能源冲突也随之增加。科学家呼吁大家使用生物质燃料和核能等其他能源，但这将使能源问题变得更加复杂。值得庆幸的是，风能和光伏能源近年来不断飞速发展，这将有助于弥补未来几十年石油供应的减少。此外，煤炭供应也在增加(二十世纪已经增长了七倍)，但因为煤炭会增加二氧化碳排放量，所以它对当地和全球环境也是有害的。

13.5 二氧化碳排放峰值何时来到?

由于经济危机，全球二氧化碳排放量在2009年出现了短期下降，为稳定二氧化碳排放提供了独特机会。然而，2010年全球碳排放量达到了创纪录水平，与以往的金融危机时期相比更快地回到了先前水平。

根据夏威夷莫纳罗亚气象台的测量数据，截至发稿时（2014 年 3 月），大气中二氧化碳浓度徘徊在 401 ppm 水平。这较斯凡特·阿伦尼乌斯于 1896 年所著文章中记录的 300 ppm 增长了 33%，同时他于 1903 年所著书中提到：燃烧煤炭会增加大气中二氧化碳浓度，进而使全球气温升高。1970 年至 2000 年的三十年里，二氧化碳浓度每年增长 1.5 ppm；而在 2001 年至 2007 年的六年里，二氧化碳浓度年增长量达到 2.1 ppm。2008 年初，二氧化碳浓度仍在持续增加，预计 30 年后将达到 450 ppm。2008 年 7 月，石油、天然气和其他商品价格的大幅上涨，加上 2008 年下半年至 2009 年的金融危机，导致经济增长暂时停滞，并一定程度上减缓了二氧化碳排放量持续增加的趋势。对于仍深陷经济衰退的国家，与先前水平以及其他国家相比，其二氧化碳排放量相对较低；而其他国家，如德国，似乎正处于真正意义的能源结构转型之中，这将永久性地减少化石燃料的份额。从气候变化的角度来看，经济危机当然应该受到欢迎。

联合国政府间气候变化委员会在其报告中指出，二氧化碳排放量应降低 80%（而不是 2009 年达成的仅降低 2%或 3%）。减少 80%的目标和现实情况差距巨大，此外 2015 年制定的《巴黎协议》与这一目标也相差甚远。

西班牙是在欧洲经济面临“泡沫”的背景下，仍然没有履行京都议定书的欧洲国家中最不配合的一个，其次是意大利和丹麦。虽然西班牙的人均排放量“仅”为世界平均水平的两倍，但西班牙的情况着实有趣，值得讨论。2007 年，西班牙的二氧化碳排放量仍比 2006 年增长了 2%，与《京都议定书》的基准年 1990 年水平相比，增长了 52.6%。按《京都议定书》，2012 年，西班牙在欧洲境内的二氧化碳排放量应至多增加 15%，但事实上西班牙在 2007 年碳排放量累计增长幅度已经超过了 52.6%。西班牙政府于 2008 年宣称其将从东欧购买碳排放配额，并采用《京都议定书》中的弹性机制。

西班牙在 2007 年达到排放峰值似乎已成定局。尽管西班牙人均收入水平很高，但经济低迷，失业率增加，其汽车和电力市场也难以像中国和印度那样快速增长。经济危机过后，有大量电力产能闲置。2008 年 12 月，西班牙风能和太阳能有所增加，但工业产量较上年同期下降近 20%。建筑热潮曾将水泥产量推高至 5 000万吨的峰值，同时导致大量房屋和公寓空置以及巨额的财政债务，而到了 2013 年，西班牙国内的水泥产量锐减到了 1 100 万吨。

由于缺乏需求，一些行业在 2008 年底出售了他们的碳排放配额。西班牙和欧洲其他国家一样，经济危机导致大量碳排放配额剩余及配额价格下降。低廉的碳配额价格一定程度上阻碍了低碳技术变革的引入。值得注意的是，碳排放配额的数量是基于经济预期而确定的，但这种经济预期并没有将经济危机考虑在内，导致目前的碳排放配额数量过高，因而欧盟应该迅速减少碳排放权的分配。尽管欧盟官员一向消息灵通且富有能力，但他们没有预料到经济的去增长。必须强调的是，二氧化碳排放交易市场是一个人为市场，碳配额的供应取决于限制排放的政治意愿，而非降低到必要的水平(例如，减少 80%)。欧盟官员认为即使是最富有的国家，其经济依然能持续增长，这种思维方式导致其在政治和经济层面都可以容忍二氧化碳排放量持续增加。从 2014 年开始，西班牙的碳排放量又开始缓慢增长。

13.6 《气候变化框架公约》的失败

2009年，世界GDP下降了2%以上，而美国、欧盟和日本的经济负增长幅度更甚，造成发达国家化石燃料使用量和二氧化碳排放量的显著下降，这与当时政治上承认的目标相比也是非常高的。然而，由于审查问题，联合国政府间气候变化委员会和尼古拉斯·斯特恩都未能在报告中设想到，世界经济轻微负增长后欧盟和美国经济停滞的情景，这导致2007年二氧化碳排放量峰值成为一个个例。

中国和印度的二氧化碳排放量持续增加，增长幅度或多或少与印度的经济增长水平保持一致(约为5%)，而略低于中国的经济增长率。印度的人均排放量远低于世界平均水平(印度占世界人口的15%以上，而排放量约占总排放量的4%)。中国的人均排放量更接近世界平均水平，是目前最大的二氧化碳排放国。自2009年以来，印度、中国和其他一些国家的经济在金融危机期间也从未停止过增长，这些国家增加的碳排放量超出了许多排放量减少的国家，例如美国、欧盟、其他欧洲国家和日本。此外，二氧化碳的排放量于2010年创下了新的纪录。到目前为止，二氧化碳排放量于2007年达到峰值只是一个孤立的事件。

究其原因，可能是在2009年12月举行的哥本哈根《联合国气候变化框架公约》缔约方会议上未能充分利用这些减排，也没有真正认识到经济危机的积极影响。缔约方并不认为，经济小幅去增长以及发达国家社会生态慢慢转向平稳是合理有益的。原油出口国并没有改变他们的一贯准则，希望通过引入自然资本消耗税以及补偿当地负外部性的税收，来减少原油出口并提高原油价格。石油输出国组织(OPEC)于2007年提出针对石油出口采用达利-科雷亚(Daly-Correa)税来为世界能源转型提供资金的提议也未被缔约方会议所采纳。诞生在厄瓜多尔的亚苏尼-ITT倡议提出，不开采生物多样地区以及人权受威胁地区的石油，尽管这一倡议富有创意，并在政治层面上也获得通过，但却没有取得任何进展。因此，随着经济复苏，碳排放量将再次增加。

13.7 有毒资产和有毒负债

对未偿还的债务采取债权形式的资产被赋予“有毒资产”这一有趣的名称。在银行的资产负债表上，“有毒资产”的值将被难以避免地缩减或注销，而负债一栏通常不包括对环境的损害。巨大的“碳债务”是对子孙后代的亏欠，也是对世界上那些产生温室气体较少的贫穷人群的亏欠。应该由私人公司承担这笔巨大的环境负债。厄瓜多尔法庭曾于2011年和2012年宣布，对雪佛龙-德士古公司处以190亿美元的环保精神损害罚款。随后在2013年的第二次上诉中，厄瓜多尔最高法院宣判，将罚款减半至95亿美元(因为厄瓜多尔法律并没有预见到“惩罚性赔偿”)。2014年，美国一家法院禁止在美国实施此类罚款，雪佛龙-德士古是否会为其在厄瓜多尔的环境负债买单，仍然是个悬而未决的问题。力拓集团因安达卢西亚而得名，自1888年以来对安达卢西亚的环境造成巨大伤害，同时雪佛龙-德士古也同自由港-麦克莫兰公司一起在布干维尔岛、纳米比亚和西巴布亚等地区排放了大量二氧化碳。壳牌公司也对尼日尔三角洲的环境造成巨大伤害。不过不必担心，虽然会计账簿上并未记录，但这些有毒债务已经被记录进了历史书中。

就拿位于奥里萨邦省纳亚姆吉利山的韦丹塔铝矿业来说，如果再次发生经济危机或经济危机加重，铝价下降可能会拯救纳亚姆吉利山。在2008年的最后几个月里，铝的价格下跌了50%以上，铝土矿也变得更加便宜。然而，这种下跌趋势只是暂时的。我们可能还会问：一个部落或一个濒临灭绝的物种价值多少吨铝土矿？如何用财政部长能理解的价值来表达这些生态价值？如果用欧元和美元的经济逻辑来衡量，基本可以忽略农民和部落的话语权，也包括反对外来开发的领土话语权。国际劳工组织（ILO）169号公约保证优先批准原住民的土地项目，或通过宪法和法院的判决对印度原住民加以保护，同样还呼吁保护生态和美学价值。纳亚姆吉利山对东加里亚孔达部落来讲十分神圣，我们可以问问他们：你们的神价值多少？你们的神为你们提供的服务价值几何？

13.8　来自南方的启示：穷人的环境保护主义

人们可能会同意，传统的经济核算带有一定的误导性。帕万·苏克德夫（同哈里普利亚·冈德梅达和普旭攀·库马尔）试图将森林生态系统提供的非木材产品和其他环境服务（例如碳吸收和水土保持）的价值货币化，他们的相关经验对联合国环境规划署所提出的生态系统和生物多样性经济学（TEEB）来说，无疑是一种激励。帕万·苏克德夫带领的团队指出，对清洁水、木材、牧场和药用植物的生态系统服务估值，无法真正衡量穷人对这些资源和服务的依赖程度。

虽然可以通过对传统经济核算中被低估的或不被重视的环境资源和服务进行估值，来完善相关公共政策，但还要考虑其他因素：首先，不能忽略我们对生态系统工作原理以及新技术未来影响的认识仍比较模糊的现状；第二，在决策过程中应将非货币价值考虑在内，但也不要盲目崇拜虚拟商品。

在国民收入核算中，无论是在附属账户（实物和货币）或调整后的 GDP 账户（“绿色账户”）中，都可以引入生态系统和生物多样性损失的估值。但是对于那些造成了生物多样性损失的项目价值评估，项目产生的经济利益往往高于其生态系统损失的估值。那么，哪一类人群在生态系统损失中的福利受损最严重？在“印度绿色核算”项目中，苏克德夫、冈德梅达和库马尔发现，森林生物多样性以及生态系统服务最直接的受益者是穷人，减少或拒绝此类投入主要影响的是穷人的福利。受益者本身就很贫困，这使得穷人的损失更加明显，与印度平均水平相比，这部分损失在其“生计收入”中所占比例更高。可以通过一个例子理解“穷人的国内生产总值”的概念：当地河流或含水层的水由于采矿而受到污染时，穷人无力购买塑料瓶装水（生态系统与生物多样性经济学中期报告，2008）。因此，当穷人看到自己的生存机会受到采矿、水坝、树木园或大工业区的威胁时，他们会抱怨，但这并不是因为他们是专业的环境保护主义者，而是因为他们需要环境服务才能得以生存，这就是“穷人的环境保护主义”。世界上有成千上万这样的环境冲突，受害者不计其数。我们正通过一个名为“环境正义组织、负债和贸易”（EJOLT）的项目收集他们的相关信息，并建立了名为阿特拉斯环境正义的网站（www. ejatlas. org）。

苏尼塔·那雷恩的《Down to Earth》（2008 年 8 月 15 日）列举

了发生在印度的一些例子：在国内消费、廉价石油进口和国内煤炭开采及公共支出的推动下，印度经济仍保持强劲增长势头：

> 在锡金，迫于当地抗议，政府取消了11个水电项目；在阿鲁纳恰尔邦，正在以惊人的速度清除大坝项目；上个月在北阿坎德邦，恒河上的两个项目被迫暂停，其他项目也受到越来越多的关注；在喜马偕尔邦，大坝建设饱受争议，选举候选人甚至通过声称不准许再建设大坝以获得选举胜利。许多其他项目，无论是热电站还是“绿地”采矿，都受到了抵制。此外，韩国庞大的浦项制铁铁矿、钢铁厂和港口也遭受到攻击和批评。韩国总理已经向总统保证，于8月之前开始该项目的建设，但是当地人不予理睬。他们不想失去土地和生计，也不相信政府承诺的补偿。在马哈拉施特拉邦，芒果种植者竭力反对拟建的勒德纳吉里热电站。在每个地方，只要土地被征用、水源被占用，或土地用于工业开发，人们都会为了自身权利而斗争到底，即使最后造成创伤、暴力和绝望……他们看着自己的邻居流离失所，政府许诺的工作和金钱也只是空头支票。他们深知自己的贫困，也深信经济现代化会加深自己的窘境。即使是在繁荣的果阿邦亦是如此，在那里我发现一个又一个村庄都在反对强大的采矿公司……(Narain, 2008)

这些运动将生计、社会、经济和环境问题结合在一起，重点在于资源开采和污染问题。他们把“道德经济”与石油、矿物、木材或农用燃料开采的商品化对立起来，捍卫生物多样性和自身生计。许多情况下，这些运动体现了当地人的认同感(土著的权利和价值，如土地的神圣），但也很容易使人联系到左倾政治。然而，欠发达国家的传统左派仍然倾向于把环境保护主义视为富人的奢侈品。

13.9 来自南方的启示：拒绝提供廉价商品？

鉴于经济学家们已经建立起环境商品和服务，或是市场之外负外部性的货币价值评估方法，问题不再是经济价值是否只能由现有的市场决定，相反，问题变成在既定的冲突环境下（例如，从秘鲁的铜矿和黄金，或是奥里萨邦的稀土矿开采，到印度东北部水电大坝的建造，从孟加拉国、洪都拉斯或巴西为谋求虾出口利润而破坏洪湖林，再到决定欧盟二氧化碳的适度排放水平），是否所有的经济评价都必须简化到单一的维度。这种将价值观排除在外的做法应该被摒弃，取而代之的是接受不可融通的多元化价值观。

经济危机的到来是否会终结由能源和原材料出口所带来的经济繁荣，从而减轻商品边界的压力？在巴西总统卢拉及其继任者迪尔玛·罗塞夫大力推动下，拉丁美洲越来越多的石油、天然气、煤、铜、铁矿石、大豆、纤维素、生物柴油和乙醇经过公路、管道、港口、水路得以出口，这已经成了卢拉总统和罗塞夫的信条。2008 年 10 月，在巴西农民和无土地农场工人运动（MST）的完全反对下，卢拉仍在推动农产品出口，帮助巴西农产品打开世界市场。他前往印度参加多哈回合多边贸易谈判，要求农产品进出口自由化。出口的增长为卢拉的公共事业提供了资金，同时增加了他的支持率，并有助于罗塞夫赢得选举。与雷普索尔或美国西方石油公司相比，巴西国家石油公司对环境和拉丁美洲原住民的威胁更大。

巴西领导人执着于初级产品出口，使得他们对砍伐亚马孙流域原始森林的行为无动于衷，这也成为 2008 年巴西环境部长玛丽娜·席尔瓦提出辞呈的原因。2008 年至 2009 年的金融危机也没有影响巴西领导人、使得他们放弃或暂停这一战略。继续坚持乙醇出口是错误的，因为农业燃料的能源投资回报很低（特别是考虑到在种植农用燃料之前已经存在的植被），此外农业燃料还增加了人类占用的净初级生产力（HANPP），挤压了其他物种的生存需要，同时还意味着大量未付费的“虚拟”水的出口。

事实上，这场经济危机本应激励人们关注内部发展，而不是如此廉价地出售环境资源，因为廉价商品出口牺牲了太多社会价值和环境价值。在 2007 年维也纳召开的石油输出国组织峰会中，厄瓜多尔重新回到该组织，峰会通过了亚苏尼- ITT 倡议（不开采生物多样地区以及人迹罕至的土著人生活地区的石油），同时峰会对所谓戴利-科雷亚的生态税也进行了讨论。基于赫尔曼·戴利的理念，科雷亚总统于 2001 年在石油输出国组织峰会中提出了戴利-科雷亚的生态税（Daly, 2007）。石油输出国组织成员国曾否认温室效应的存在，这种生态税显示了他们对气候变化的关注。对石油井口征收碳税而非试图通过调整尾气排放（通过碳税或限额交易）的做法，对出口国家更为公平，或许对减少全球二氧化碳排放量更有效果。这一生态税将使石油出口国更容易接受气候变化（而且，如果效仿的话，也可以用于天然气和煤炭出口国）。其原则是出口价格越高，出口量更少。生态税产生的资金将用于新能源开发以取代化石燃料，帮助世界各地的穷人，帮助厄瓜多尔和尼日利亚等国家，这样这些国家就不需要开采生态系统较为脆弱地区以及文化敏感地区的石油（或天然气、煤炭）（Martinez-Alier 和

Temper，2007)。

因为需求减少，经济危机降低了包括石油在内的各种商品的价格，但危机过后，许多商品又恢复到了原价。尽管如此，这个价格仍然是便宜的。事实上，世界经济的发展依赖于这种将能源和原材料从原料国家转移到工业国家的低价出口。然而，如果欠发达国家拒绝提供廉价商品，征收自然资本消耗税并实施出口配额，将有助于发达国家（包括中国部分地区）慢慢转向低能耗、低物耗的发展道路。

13.10　自下向上的新马尔萨斯主义

如果世界人口转型完成，甚至如一些预测显示的那样，在达到90亿峰值后下降到50亿（Lutz等，2001），这将有助于社会生态向低能耗、低物耗的转变。要记住，世界人口在二十世纪从15亿增加到了60亿，增加了四倍。而人们的环境意识可能会影响出生率（如1900年的欧洲新马尔萨斯主义和自1980年起中国实施的计划生育）。

人口增长在社会新陈代谢增长中的重要作用不言而喻。只要T（技术）指标适合，保罗·欧立希的IPAT方程将能够贯穿历史一直应用。

1900年前后，世界范围内曾围绕"地球能养活多少人"的问题展开大量的争论，当然这些争论只聚焦于人类的需求。19世纪晚期和20世纪早期的新马尔萨斯主义者都是政治激进分子和女权主义者。托马斯·罗伯特·马尔萨斯时期的旧马尔萨斯主义和1900年的新马尔萨斯主义存在很大差异。在新马尔萨斯主义的学术研究历史上，明确记载了1900年左右欧洲和美国的激进女权主义都支持限制生育政策。在法国，这项运动叫做“la grève des ventres”（子宫在罢工）。在印度南部，E. V. 拉马沙米（贝利亚尔，一位泰穆勒思想家和政治活动家，生于1879年、卒于1973年）所发起的“自尊自重”运动与之相似。在巴西，女权主义者、新马尔萨斯主义者、无政府主义者玛利亚·拉塞尔达·莫拉（Maria Lacerda de Moura）在书中这样写道：“彼此相爱，但不要繁衍过多。”从这一思想文化史和社会历史的梳理中，我给出了如下定义。

马尔萨斯主义：如果没有战争和瘟疫、不婚主义和晚婚，人类人口会呈现指数增长。同时由于收益降低，食物的增长与人口增长不成正比，因此会出现生存危机。

1900年的新马尔萨斯主义：人类人口的增长速度可以通过避孕来调节，同时妇女的自由是必需的，这也是出于其自身的目的。贫穷的原因是社会不平等，需要“有意识的生育”来防止低收入陷阱和对自然资源的压力。在欧洲和美国等国家，这是一项成功的针对国家（需要更多的士兵）和教堂的、自下而上的运动（Masjuan，2000；Ronsin，1980）。

1970年后的新马尔萨斯主义：这是由国际组织和一些国家政府发起的相关理论和实践。该观点认为贫穷和环境退化的主要原因是人口增长，因此，即使没有女性的事先同意，各国也必须引进避孕方法。

反马尔萨斯主义：这种观点认为，正如埃斯特·博塞鲁普和其他经济学家所主张的那样，人类人口的增长对自然环境没有大的威胁，并且有利于经济增长。

13.11　可持续的经济去增长

向可持续性过渡需要我们重新思考人口统计学和社会生态转型。维也纳IFF的玛利亚·费舍尔-科瓦尔斯基和赫尔穆特·哈布勒受到环境历史学家罗尔夫·彼得·菲尔弗以及生态人类学家、生态经济学家和工业生态学家的影响,出版了《社会生态转型和全球变化》(Fischer-Kowalski 和 Haberl, 2007)一书。这本书以量化的方式,揭示了人类从狩猎社会到农业社会再到工业社会,所使用的能源和材料、人口密度、土地利用和工作时间。他们还试图告诉我们,未来哪些可能得以实现而哪些无法实现。例如,假设全世界80亿人口每人每年消耗能量300千兆焦耳,消耗材料16吨,这样合理么?相反,我们是否处于社会生态转型的边缘,发达国家正在慢慢转向低能耗、低物耗的发展道路,即使这意味着经济去增长?

转型需要改革社会机构(处理失业问题),也需要改革金融机构,以防止金融系统在不考虑实体经济的情况下无序增长。金融衍生产品的销售以及不受监管的离岸银行业务已经引起了公众舆论的关注。应以适当的政治力量提出明智的建议使银行业务转变为国有公共服务。除此之外,这次经济危机让我们重新思考真正的实体经济。应引入资源税,以帮助社会环境可持续发展。也有必要减少富人的能源消耗和材料使用。经合组织国家呼吁促进人口增长以增加就业,这将有助于养老金支付,但从经济角度来看,这根本没有说服力,因为失业率太高;从生态角度来看,也是错误的。这是开始社会生态转型的机会。

在一些国家,不仅是原材料的绝对消耗量,材料的消耗强度

（材料吨数/国内生产总值）也对环境产生越来越大的压力。若现有的人口都以欧洲平均每人每年 16 吨材料（只有材料，不包括水）为基准消费原料，将会使世界物质流动扩大三倍。经济的特点可以以这样的物质流动来表述，也可以用来分析对外贸易模式。虽然一些南美国家的出口量是其进口的五倍，但欧盟的进口量是其出口量的四倍。我们可以这样理解社会冲突的典型模式，例如采矿和石油开采冲突，或抵抗作为纸浆、农用燃料原料的人工林的种植，或因二氧化碳进入（海洋）或临时“蓄水池”（大气）的不平等而引起的国际冲突。如果人均消耗能源量按照 300 千兆焦耳的标准计算，意味着全世界能源消耗量增加五倍。如果增加的能源采用天然气，特别是煤炭，就将使二氧化碳排放量增加四或五倍。在许多国家，人类占用的净初级生产力也有所增加，因为人口增长、土地利用、畜牧业发展、纸张生产和生物燃料的增长都会增加净初级生产力的占用。这项值越高，可供其他物种使用的生物量就越少。

初看起来，欠发达国家会有所损失，并且从发达国家的经济去增长中获益较少，因为商品和成品的出口机会减少，信贷和捐赠的可获得性也有所下降。不过，环境正义运动和南部贫困人群环境保护主义是发达国家可持续经济去增长（或稳态经济）运动的主要盟友。环境正义运动反对不成比例的污染（在地方和全球层面，包括要求偿还“碳债务”），他们反对将废品从发达国家出口到欠发达国家（例如，克莱蒙梭号和许多其他航船在古吉拉特邦阿朗港大肆拆卸，或者电子废物的出口）。他们反对生物剽窃，也反对消费经济，即生态上不平等的交换，以及“资源开采”对自然和人类生计的破坏。他们还认为跨国公司应履行社会环境责任。

世界自然保护运动应该批判传统的生态经济核算，推动引入更好的经济学语言来反映我们与自然的关系，同时也不应忘记其他因素的合法性，包括领土权利、环境和社会公平、民生、宗教。正如国际自然保护联盟（IUCN）手册《向可持续性转型》（Adams 和 Jeanrenaud，2008）所提出的那样，这是自然保护运动和贫困人群环保主义之间联盟所必需的。然而这样的联盟却很难实现，因为就世界保护大会赞助商的知名度而言，世界保护运动已经将其操控权卖给了壳牌和力拓这样的公司。面对如此窘境，约翰·缪尔可能会震怒。

穷人的环境保护论结合了民生、社会、生态效益和环境问题，重点在于资源开采和污染问题。在多数情况下，这些运动利用了当地人的认同感（土著的权利和价值，如土地的神圣），并且明确反对政府或贸易公司吞并土地、森林、矿产资源和水资源。

关心生物多样性丧失的自然资源保护者可能包括：推动利用太阳能的气候变化关注者、希望这个世界有更多经济正义的社会主义者和工会成员、宣讲“自治”的城市居民、农业生态学者、新农村和大型农民运动（以 Via Campesina 为代表）参与者、对风险和技术变化不确定性（后常规科学）的悲观主义者（或现实主义者），以及要求保护环境来维持生计的“穷人”。国际环境正义运动有自己的目标，就是实现经济的可持续发展，满足人们对食品、健康、教育和住房的需求，为大家提供尽可能多的生活乐趣。他们知道，在决策过程中，经济学变成了一种权力工具，不仅表现在对个别项目进行成本收益分析时，也表现在宏观经济层面上，对国内生产总值增长的关注超过了其他方面。问题是，谁有能力简化这种复杂性并采用一种特定的评估手段？环境正义运动深信传统的经济核算是错误的，其未将经济发展消耗的物质和生物价值考虑在内，也忽略了无偿的家庭工作和自愿工作的价值，并不能真正衡量人类的福利和幸福感。我们需要的是一个由经世概念为指导的亚里士多德式的美好生活，而不是只注重理财的生活。

参考文献

Adams, W. And S. Jeanrenaud (2008), *Transition to Sustainability: Towards a Humane and Diverse World*, Gland, Switzerland: IUCN.

Boulding, K. (1966), 'The economics of the coming Spaceship Earth', in H. Jarrett (ed.), *Environmental Quality in a Growing Economy*, Baltimore, MD: Johns Hopkins Press, pp. 3 - 14.

Daly, H. (1968), 'On economics as a life science', *Journal of Political Economy*, **76**(3), May-June, 392 - 406.

Daly, H. (1980), 'The economic thought of Frederick Soddy', *History of Political Economy*, **12**(4), 469 - 88.

Daly, H. (1991), *Steady-state Economics: Second Edition with New Essays*, Washington, DC: Island Press.

Daly, H. (2007), *Ecological Economics and Sustainable Development: Selected Essays*, Cheltenham, UK and Northampton, MA, USA: Edward Elgar Publishing.

Fischer-Kowalski, M. and H. Haberl (eds) (2007), *Socioecological Transitions and Global Change: Trajectories of Social Metabolism and Land Use*, Cheltenham, UK and Northampton, MA, USA: Edward Elgar Publishing.

Georgescu-Roegen, N. (1966), *Analytical Economics*, Cambridge, MA: Harvard University Press.

Georgescu-Roegen, N. (1971), *The Entropy Law and the Economic Process*, Cambridge, MA: Harvard University Press.

Grinevald, J. and I. Rens (eds) (1979), *La Décroissance: Entropie, écologie, économie*, reprinted in 1995, Paris: Sang de la Terre (a selection of writings by N. Georgescu-Roegen).

Hornborg, A. (1998), 'Towards an ecological theory of unequal exchange: articulating world system theory and ecological economics', *Ecological*

Economics, **25**(1), April, 127 - 36.

Jackson, T. (2009), *Prosperity Without Growth: Economics for a Finite Planet*, London: Earthscan.

Kneese A. and R. U. Ayres (1969), 'Production, consumption and externalities', *American Economic Review*, **59**, 282 - 97.

Latouche, S. (2006), *Le Pari de la Décroissance*, Paris: Fayard.

Lutz, W., W. C. Sanderson and S. Scherbov (2001), *The End of World Population Growth in the 21st Century. New Challenges for Human Capital Formation and Sustainable Development*, London: Earthscan.

Martinez-Alier, J. (1987), *Ecological Economics: Energy, Environment and Society*, Oxford: Blackwell.

Martinez-Alier, J. (2012), 'Environmental justice and economic degrowth: an alliance between two movements', *Capitalism Nature Socialism*, **23**(1), 51 - 73.

Martinez-Alier, J. and L. Temper (2007), 'Oil and climate change: voices from the South', *Ecological and Political Weekly*, 15 December.

Masjuan, E. (2000), *La ecología humana en el anarquismo ibérico*, Barcelona: Icaria.

Narain, S. (2008), 'Learn to walk lightly', *Down to Earth*, 15 August.

Ronsin, F. (1980), *La grève des ventres; propagande malthusienne et baisse de la natalité en France, XIXe-XXe siècles*, Paris: Aubier.

Soddy, F. (1922), *Cartesian Economics: The Bearing of Physical Sciences upon State Stewardship*, London: Hendersons.

Soddy, F. (1926), *Wealth, Virtual Wealth and Debt*, 2nd edn in 1993, London: Allen & Unwin.

TEEB (The Economics of Ecosystems and Biodiversity) Interim Report (2008),

http:/ ec. europa. eu/environment/nature/biodiversity/economics/pdf/teeb _ report. pdf (accessed December 2015).

The Economist (2008), 'Saving Detroit. Politicians, business and the unions all want a bail-out of Ford and General Motors. That would be a mistake', 13 November.

The Economist (2009), 'Flight of the locusts. Will the retreat of activist investors give industrial bosses more leeway to manage?', 8 April.

United Nations World Commission on Environment and Development (1987), *Our Common Future* (*Brundtland Report*), Oxford: Oxford University Press.
Victor, P. (2008), *Managing Without Growth*: *Slower by Design*, *Not by Disaster*, Cheltenham, UK and Northampton, MA, USA: Edward Elgar Publishing.

14

稳态经济政治学

布莱恩·杰克

在野外与麋鹿、大角羊、熊、山狮和更多“迷人的巨型动物”一道开心工作了15年以后，我希望继续在全国范围内为野生动物保护贡献自己的力量。于是我从圣卡洛斯阿帕切保护区（我曾经是该保护区的康乐与野生动物部主任）转到亚利桑那大学，并攻读可再生自然资源研究博士学位。我兼修了政治学，所以也能够投身于公共政策研究。我的学位论文是“濒危物种法案（ESA）政策分析”，我运用的是一种名叫“政策设计理论”的研究方法（Schneider and Ingram，1997）。

政策设计理论要求分析人员考察某一政策发挥功效（或未发挥功效）的环境。我从各个角度分析了环境，但我始终认为其中最直接和最相关的因素是引起物种濒危的各类原因。毕竟，如果不是因为这些原因的存在，我们根本就不需要濒危物种法案。反之，濒危物种法案根本上就是为了防止或纠正这些原因。厘清各类原因是一项艰巨(往往也是令人沮丧)的任务；由此产生的数据库包括了当时被列为受威胁或濒危的所有 877 个物种，还有 18 个代表了主要危害原因的栏目。尽管这些原因对于分类来说具有足够的独特性，但是“平均”起来，各物种大约被四个这样的原因所威胁，而且所有的原因似乎都是彼此交织在一起的(Czech et al, 2000)。

在很长时间地夜以继日构建填充这个数据库后，我对政策设计理论进行了一些反思，我突然想到物种濒危的原因可能正是美国经济发展的重要刺激因素！我觉得这是一个重要发现。从某种意义上说，这看起来似乎是一件容易的事情，但却很重要，因为在濒危物种法案这样一个政策背景中，在公众和政治上，美国两党长期的共同目标是经济增长。因此，这里我们可以看到美国的两个明确目标：经济增长和物种保护，这两者似乎是完全矛盾的。同时，20 世纪 90 年代，经济增长作为政策目标的首要地位表现得尤其明显。在 1992 年总统竞选期间，当被问及什么是最重要的政策问题时，候选人比尔·克林顿回答说：“最重要的政策当然是经济，真蠢！”当选之后，他和他的内阁喜欢说：“经济增长与环境保护之间没有冲突！”

在《科学》杂志上发表有关物种濒危原因的论文后(Czech and Krausman, 1997)，我开始在课堂上、各类自然资源专业学会会议上及撰写的文章中研讨经济增长与野生动物保护之间的冲突这一问题(例如，Czech, 2000a；Czech et al., 2000)。各方的回应令我震惊。一方会说，“不，杰克，你错了，经济增长和野生动物保护之间没有冲突”，如同总统内阁成员所说。相当奇怪的是，另一方则提出：“经济增长与野生动物保护之间当然是有冲突的！但我们是野生动物学家，我们不处理经济政策问题。”总之，这些回应的效果就是“走开!”

所以我离开了,走向图书馆。相较于不同意我个人观点的前一方中那些好辩者,我当时其实更不在意第二阵营当中的宿命论者。他们真的懂一些我所不懂的东西吗?他们好像根本还没有研究过这个话题,却对此直言不讳,所以我不得不作进一步调查研究以使他们和我自己都确信,我的确了解我所谈论的。通过使用诸如“经济增长”、“野生动物保护”等许多关键词和短语,我终于偶然地找到了生态经济学的文献,此类文献当时还没有像现在这样出名。我还注意到,“戴利”这个名字经常与“经济增长”一起出现。

生态经济学文献,特别是戴利有关稳态经济的著作(例如,Daly, 1973, 1991; Daly and Cobb, 1994; Daly and Townsend, 1993)给了我一种感觉,使我突然间想到了为野生生物保护而著的最有力的政策意涵!它基本得到了“这个”答案:在这种稳态经济中,野生生物和生物多样性大体上可以无限期地保留下来。在更长一段时间后,我才意识到,戴利著作中的含义,要远远超出野生动物保护的范畴。

当我“发现”生态经济学和戴利的著作时,我尚未完成我的濒危物种法案学位论文。这是一件好事,因为这样我就还有时间来得出我的结论,即濒危物种法案是稳态经济的一个隐含解决方案,尽管无数物种都排着队不可逆转地走向灭绝(Czech and Krausman, 2001)。但是,我的论文结论只是本人对生态经济学研究的开始,我后来又发现了稳态经济是生态经济学中最显著的特征,还是对生态与经济可持续性而言最重要的概念(Czech, 2009,2013)。

14.1　稳态政治的试水

在生态经济学和“稳态经济”概念的支持下，我重新回到野生生物领域，去澄清经济增长与野生生物保护的关系。我发现野生生物学会（TWS）中的，特别是一些较为资深的成员，或多或少地都了解戴利的成果。我非常困惑，为什么他们不让其他成员也了解认同其观点（后来，我的疑惑也更多地集中在这一点）。我提议野生生物学会在经济增长方面采取这样的立场观点，即以稳态经济替代经济增长，并且将稳态经济作为一种与野生生物保护协调一致的替代方案（Czech，2000a）。我指出野生生物学会立场有助于驳斥“经济增长与环境保护之间没有冲突”这种荒谬的政治言论，当时我已意识到这一言论是两党共同的而不仅仅是克林顿一派的。

据我所知，这是第一次让一个专业自然资源团体介入经济增长政策的尝试。这也是一次猛然觉醒。事实证明，我在野生动物行业遇到的两个早期阵营并不打算改变他们的原有立场并认同此提议，不愿成为支持我的伙伴。相反，他们攻击我的建议就好像是围着马车不停射箭——射了很多箭！在让野生生物学会最终采纳经济增长立场这一过程中所发生的污秽细节不方便在本书中描述（或者可以说不方便在任何印刷品中描述）。可以说，它远远不止是表面上显现出的六年内的各类辩论、专题讨论会、论文、委员会、工作组，以及其他各类专业学会的沟通。各种讲座、拜访、电子邮件、群内讨论、电话、玩笑、辩论、协商、劝诫、要求……没有出版发表的书面和口头文字的数量与最终出版发表成果的比例，就好像试图创设学术出版记录的人所付出的高昂代价一样。事实证明这是值得的，但这也成了对主张稳态经济的年轻人（或老年人）的警告：我们要时刻准备着应战大量愚蠢的，甚至是恶意的诽谤指责。有些人认为，你可能已经是共产主义者、精英主义者、悲观主义者，或者是这些人与各类贱民特征的组合。

这些年来我已经意识到，很多人只是不想听到限制经济增长、经济增长与环境保护有冲突，或稳态经济。人们总体上对冲突感到不适，不管那些被他们认定的对经济增长的"悲观"分析多么有道理，许多人根本不愿意接触这些分析。还有一些人出于各种策略上的考虑，认为总是想着这种"负面的"前景将无法使他们立身于令人愉悦的多数派，而这对于获得政治和资金更有优势和便利。让我们为此做好准备吧，这与纳粹闪电入侵波兰时，同样出于这种方便、可逃避现实的想法，张伯伦首相和欧洲其他国家对此袖手旁观，也许他们是在进行积极的思考吧。

虽然有些人可能最初认为这个比喻是无稽之谈，但仔细研究就会发现，这是非常贴切的，我们理应进行深入思考。德国人对土地、空间和自然资本的需求即他们所谓的生存空间，是促使纳粹入侵行动的潜在压力之一。象牙塔小世界里的所有诺贝尔经济奖获得者都没法让纳粹相信，在德国国土范围内就能够实现经济的无限制增长！在现实世界中，经济增长需要更多的土地，那些对增长抱有过于强烈渴望的人必然会从其他人手里夺取土地。这不是负面或正面远景的问题，这是现实。

我们只能期待，在远远早于欧洲战争呈现出工业化、全球化和种族灭绝性之前，稳态经济或至少是朝着建立稳态方向进步，能够成为文明民族自豪感的源泉。如果真是那样的话，第二次世界大战之后产生的国际金融机构肯定会走上不同的路线。如世界银行(或许被叫作别的名称)将会更关注生态可持续性和国际经济正义而非全球经济增长。不幸的是，世界银行直到1988年才有了赫尔曼·戴利，到那时，危机已经过去了，世界银行也不准备听从他的意见了。

14.2 戴利的作品到底带来了什么？

我曾无数次听到人们在问，我觉得那是大家共同的问题："戴利的作品到底带来了什么？"诸多文章和书籍的发表出版，伴随政策分析同步而兴，尽管这些推测分析极少进入现实政策领域。早些时候，例如，在参与野生生物学会活动期间，我也问了同样的问题。现在，在倡导稳态经济十五年之后，我已经非常清楚戴利的成就到底带来了什么，并且能够把它写出来。其带来的影响有以下几个基本类别：(1)政治经济学，特别是"大钱"效应；(2)学术与政体内的跨学科经验缺乏；(3)稳态经济的非新闻特性；(4)学术界和政界中领导能力方面的自我意识与竞争。以上类别是按照估测的重要性顺序排列的，但这些类别往往也是相辅相成、互为补充的。

14.2.1 政治经济与可持续性

生态经济学尤其是其宏观经济分支——稳态经济学近期不会得到"大钱"的支持，这使它更难进入纽约家庭、广播媒体、大屏幕纪录片，以及政策领域本身。这里的"大钱"我指的是最能引起诸如世界银行、华尔街及各大公司和美联储系统(Beder, 2002)等关注的、可带来极显著和极有力度增长利益的东西。首先，"大钱"不太可能接触到戴利作品。其次，即使接触到，其更可能的反应是忽视或打压而不是研究或传播。这并不是说“大钱”系统内没有人曾经研究和认同戴利的说法。当然有这样的人。但是在这里我们讲的是政治经济学。在政治和经济完整体系的系统运作中，充满了趋势和可能性（Czech et al.，2003）。戴利的每一篇论文可能会在公司股东中传阅，可同时又有多少篇对抗性文章会在企业董事会或企业智库中传播？或者在公司资助开展研究的大学院校的经济系里传播呢？

对比戴利，后来的经济学教授朱利安·西蒙认为，持续的人口增长不仅是可能的而且是可取的，因为它会不断产生更多智慧以解决各种增长的问题，当然远不止这些。他把这种游说术称为“宏大理论”，各种各样形式的“企业机构”都排着队地赞美这样一种“乐观的看法”和“积极正面的描绘”，这使得西蒙的著作大量出现在书架上，而且他被塑造成了一类支持增长的民族英雄，他证明了所有消极的环保人士都是错的。

西蒙的游说术得到了新一代企业机构的缩影——自称为“怀疑环保主义者”的比约恩·隆伯格的传承。与此同时，那些素有抱负的戴利主义者因缺乏支持而不断被削弱。这种经历可能会让戴利主义者们既沮丧又惊讶，因为他们中的大多数人出身于学术背景，并且习惯于看重那些基于同行评议和科学价值而位列顶阶的学术出版物。但这就给我们带出了跨学科经验的话题。

14.2.2　学术界和政界跨学科经验缺乏

生态经济学的兴起一部分原因是经济学家不太懂生态学，生态学家也不擅长经济学。这种情形在传统经济学和生态学界相当普遍。生态经济学是令人耳目一新的一个例外（尽管其中混杂着一些既不新奇也不例外的东西）。经济学与生态学之间的彼此不了解，对于能否阐述增长的局限范围，或者生态经济学中已知晓的“规模”问题，都让人怀疑这一切都要感谢戴利。

根据我的经验，生态学家们的无知令人更为头疼，他们往往并不了解经济增长的含义。辩解说经济增长和环境保护之间没有冲突并不难，当你对于经济增长创设出自己的解释时，“大钱”会含笑并以你和你的计划为荣。“经济增长”这个词经常被经济学家们自己以各种方式来使用，这一现实又必然会加剧这个问题。但这不是一个很好的借口。“猫”这个词有很多用法，但这并不会由此引起关于猫的有意义讨论。如果术语可能有一个以上的含义，仅在必要时才需要进行说明。这就是戴利长期致力于区分经济增长和经济发展，对于政策目的是如此重要的原因所在。但需要重申的是，出于谈论过的所有这些原因，还没有多少生态学家熟悉戴利。在涉及宏观经济政策时，生态科学界内还存在一些其他问题，包括对回避社会与政治事务的可以理解倾向（Czech，2002）。

这并不是说，新古典经济学家们对生态学的无知会比生态学家对经济学的无知让人产生的烦恼就少一些。也许在技术层面上它会更令人苦恼，因为正如戴利早期指出的那样，经济学家是从一个不同的预分析视角着手，这个视角并不是基于对一些基础自然科学的关注而推导出来的。生态经济学中最重要也是最突出的一点就是忽略了热力学的前两个定律。现实世界的一些物质和机械设备方面的实践经验有助于对两大定律的熟练把握，这对于“获取”增长的限制是非常必要的。相反的，如果不引用这些定律，生态学家就无法以权威的方式反驳经济学家（或任何技术乐观主义者)的观点,即我们可以通过技术进步获得永久的经济增长(Czech, 2008)。

经济学家似乎更加不可能熟悉生态学原理。这就是为什么他们不能意识到生态学家也可以成为经济学家;即,成为探究生产、消费、竞争、资源分配以及与"正规"经济学家研究相同的许多现象的自然界经济学家(生态学家也没有意识到这一点)。生态学家只是碰巧与任何或所有物种一起,实践他们的经济学理论,当然他们的行话是不一样的。也许人类经济中唯一真正的、完全不同的只有货币那部分。具有讽刺意味的是,货币经济学从生态学的基础知识中受益最多,最著名的是营养理论,这非常清楚地表明了,真实货币源自农业和提取的盈余,因此其是对生产能力的现实反映(Czech, 2000b, 2013)。

这里的重点不在于四处诽谤,而是为了帮助读者理解,生态经济学不适合用话语片段引述或口头传达。生态经济学并不是公认的高深难懂科学,它是社会科学和自然科学的典型结合物,许多学者还没有打算去了解。在现实中,人们如果引用戴利将熵定律应用于生产效率的理论,是无法参加美国经济学会的会议并得到开放包容性评判的。在这样的场合下,极有可能会被当做怪人一样,被彻头彻尾地予以批驳并受到严厉批评。经济学家和生态学家一样都需要至少去了解生态经济学的基础知识,至于这些基础知识,我依然推荐第 36 页的"对走向稳态经济文章的介绍"(Daly, 1993, pp. 11 – 47)。

遗憾的是,许多在戴利学说方面拥有扎实基础的生态经济学家却缺乏稳态政治生产率的知识。生态经济学本质上是跨学科的,但迄今为止,生态经济学界在政治学领域基本没有理论建树,更不用说采取行动。把戴利主义者运动引入到公共政策领域需要对修辞学的结构框架、政治权力的发展和宏观经济政策舞台的政治特征等相关概念有更深入的了解。当在校园和政体本身面临政治压力时，需要有更加坚定的意志“讲真话”。

14.2.3 稳态经济学的非新闻特性

如果新闻媒体积极调查和报道稳态经济的话，将对提升稳态经济的政治生存力产生很大帮助。不幸的是，稳态经济并不是可以吸引媒体注意力的那类事物。它不是一个人、地点或事件。生态经济学家不是当选官员、电影明星或枪杀无辜者的疯子，他们极少能产生新闻。

有时候，一些改变世界的想法具有新闻性，不过这是因为该想法能导致一个看得到的、引人注目的事件，或者是可引发看得到的、引人注目的效果。说到从经济增长的目标和过程转向稳态经济的目标和过程，或许一点儿可见性或引人注目性都没有。这不是那种能够激发(感谢上帝)热血革命的转变。当然，如果稳态经济作为政策目标已被制定为法律，就像“充分就业法”(Czech, 2013)修正案那样的话，那么这将会成为一个非常重大的新闻，但是遗憾地说，相当多的向稳态经济演化发展的增量政策，不会成为什么新闻，因而也不会有助于推动促成稳定状态(Dietz and O’Neill, 2013)。

例如，考察一下美联储调整联邦基金利率。这当然会成为新闻。其特征是一位拥有很高知名度的人(美联储主席)、宣布一项导致看得到的、往往也是引人注目事件的决定(纽约证券交易所的混乱)。我们假设美联储已经在计划降低利率以刺激经济增长，新闻关注的问题是费率会降低多少。如果这个决定由美联储主席做出，而他又碰巧最终阅读了戴利应对另一场金融灾难的“超越成长”说，可以想象，美联储主席将会抱着对非经济增长全新和不安的想法，把他或她原本决定的利率降幅再降低八分之一个百分点。这算是一种妥协，从某种意义上说，甚至可以被归类为一个趋向稳态货币政策的举动，因为它相当于是略微弱化促进增长的调整。然而，这仍然不会成为新闻。甚至没人会知道这件事，除非主席公开承认。在这种情况下，依然需要坦率和坚韧方能使稳态经济具有新闻价值，并明确地将其与货币政策联系起来。

不过稳态经济学的新闻价值是会变化的。在撰写本文时，稳态经济似乎比以往更频繁地出现在观点专栏、社论和寄给编辑的信件中（例如，Dietz，2013；Hamilton，2013；Revkin，2013；Ura et al，2013）。毫无疑问，其中部分原因是 2008 年的金融危机造成的，历史上，各地人民都在找寻传统经济思想替代品之际，即为一个“受教时刻”。但是稳态新闻学的兴起不应该被夸大。生态经济学和稳态经济在政治与政策领域依然是虚拟未知的，除非媒体长期大肆报道，否则这是不太可能改变的。

这把我们带回到前面“大钱”和跨学科的两个分支。主流媒体被“大钱”的高度操控着，编辑们和记者们也与经济学家、生态学家们一样受到缺乏跨学科专业知识的困扰。涉及稳态经济的新闻和新闻广播不是不可能，但它需要富有魅力的人、创造性加工制作了的事件，以及或许还要有足够运气，才能吸引主流媒体。

14.2.4 学术界和政界中领导能力方面的自我意识与竞争

政客中的学者并不多，但学者中却有相当多的政客。与当选官员一样，学术界的许多人物都出于自负而被吸引或驱使到聚光灯下。许多学生和偶然到访校园的访客对知名学者们的傲慢态度做过评论。这里不是分析或推测学术心理的地方，但它是一种现象并且阻碍稳态经济在政治方面的进步。

本质上，出于各种不同缘故，学者们能够比政客本身上升到更加显著地位。政客成为名人只是因为他取悦或安抚到了足够多的选民。通常学者出名是因为他们做了一些智力方面原创的东西，或者至少是他们能够以一种原创方式进行包装。后者是与稳态政治所直接关联的重要区别。学者正在争夺可持续科学中领导者的地位。某学者可能完全认识到可持续经济是属于一种稳态经济。问题在于，“稳态经济”这个词已经在学术界被“采纳”。当谈到这个短语时，它总是涉及赫尔曼·戴利这个名字。因此，围绕稳态经济发展的一个研究或团体的服务计划，至少从那个名字上来说，将会使在可持续发展科学的更高层面上开拓一个独特的生态位变得更加困难。其结果是不断进行重新包装和品牌重塑，在此过程中，宝贵的原创贡献极少。在对 20 世纪 90 年代狂热且最早的“生态系统管理”运动论述中，我曾谈及这点。这个运动带来的拓展空间和经费为许多学者创造了写作机会(Czech, 1995)。

不幸的是，在做出的决定将会影响或创设公共政策的实时政治活动中，名称识别是一个关键变量。这意味着学术界不断创造新的词汇用语将会产生一种后果，即消除了政府组织内的共同主题——本例中为经济可持续性。这是学院派的一个真正悲剧。

14.3 稳态政纲的基础

由于稳态经济的跨学科和非新闻特性，稳态经济不大可能激发基层政治运动。某些基层运动(例如,远离炫耀性消费)将有助于建立稳态经济,但是,把稳态经济作为一个经济政策目标来建立的话,就需要戴利主义者中具有奉献精神的骨干们开展专注的政治活动。那么我们从哪里开始着手呢?

首先,我们需要考虑我们出身于哪里。绝大多数戴利主义者是或将是接受相对高等教育的跨学科学生和学者,这意味着推进稳态经济的合逻辑出处是科学界或学术界。这里才是我们所处的地方,也是我们熟悉的人所在的地方。我们这个政治群体也许不是出生富贵、没有在国会山占据一席之地,尽管如此,我们仍然处于政治与经济改革的关键位置。那是因为我们能够影响这样一些个体和组织,这些个体和组织正是形成舆论和制定公共政策的"玩家"。

我们思考一下专业协会立场声明作为促进稳态经济的手段问题。这些立场对于推进稳态经济并对其在一旦达到政治事务发展的临界水平时保持支撑至关重要。专业的社会立场声明不是建立稳态经济的唯一手段或绝对必要条件。对于任何目标来说,神奇的替代方案在理论上都是存在的。然而,我认为,在考虑到我们的出发点和主题性质,以及反对理由和经济政策领域时,专业协会的立场声明在此刻对戴利主义者而言是最适宜的进路。大量的这些立场声明汇合起来,将为相关组织和政治家在力图劝告公众增长存在的巨大危险,以及提出宏观经济政策改革建议时提供坚实基础(Czech, 2007)。

在经历了15年时间在各专业自然资源协会宣扬这些立场后,即便是从最小的结果来看,我都比以往更加坚信,不仅是那些立场自身,还有付出的各种努力,对于建立稳态经济都是非常关键的。起初,这些努力已经帮助戴利主义者找到彼此并发挥出互补优势。

例如，野生生物学会内的稳态经济工作组，名副其实，汇集着野生生物学会的成员，可以放心地认为，他们的确都是醉心于推进稳态经济的人士。该工作组向野生生物学会的其他利益集团和领导层发出统一的官方声音，帮助宣扬稳态经济作为宏观经济条件是野生动物保护所必需的这种意识。仅仅是其存在，再加上庞大的数量，就有助于其他专业性自然资源社团中的个人和单位也能形成具有相似特征和影响的群体；生物保护学会里的生态经济学和永续发展学工作组就是这样的例子。

在努力达成这一立场的过程中，被忽视的一个收获是参与者得到了政治经验。一个专业的自然资源社团，以及这类任何规模相似的学会或团体，就好像一个熔炉，里面许多相同类型的问题、利益关系和人物被挤压在一起并迫使他们发生反应。总而言之，不同专业学会的这些努力分别成为各种各样的一次试验，一次包含“适应性管理”要素的非受控性试验。参与者从中学习到了稳态经济的技术问题、政治问题、有事业心的成员的关注事项、不同场合（例如，专题研讨会、委员会会议、开放性论坛之间彼此相比）下发言风格的比较效果，以及影响集体决策的政治权运用和滥用情况。在这个熔炉里，在从国内市镇到国际联盟依次排序的这些“真正的”政府部门中，推进稳态经济的政治领导力被打造出来。投身于这些专业性学会工作中的一些人已经在推进稳态经济，力图使之成为城市、州和国家政治机构的政策目标，发起运动以向选民宣扬稳态经济。

而这还只是采纳专业协会立场的附加利益！奖赏应是立场本身，或者说更应是这些立场。到目前为止，美国生态经济学会（2003），野生生物学会（2004），生物保护学会北美分会（2004），美国哺乳动物学家学会（2007）和不列颠哥伦比亚野外鸟类学家组织

(2007)都采纳了这些立场文件。半专业性组织,包括不列颠哥伦比亚省博物学联合会("卑诗自然")(2008年)也通过了这些立场文件。这些立场文件具有一定的意义;它们不只是一些纸张。例如,作为美国鱼类及野生动物管理局办公单位的一名保护生物学家,我在克林顿政府第二任期结束时曾建议我们(鱼类及野生动物管理局)发起一场活动,以教育公众在经济增长与野生动物保护之间进行取舍。助理主任(介于我与主任之间的那位)把我带到他办公室,简单明了地说,"布莱恩,你把野牛生物学会和其他一些协会关于经济增长立场的文件给我们,然后我们对此进行讨论。"被任命的政治家如果要支持一项可能会给任命他的政治家带来麻烦的倡议,那么即便他是在做一项正确的事,他也需要找到掩饰的理由或立足的基础。这一点也是值得注意的,即这位被任命人修改了他自己的言辞以避免对增长-保护双赢夸夸其谈,并帮助教育公众去权衡取舍。

我可以列出几十次,并且在更佳的记忆状态下很可能列出数百次的经历,在这些经历中,存在或缺乏一个经济增长的专业协会立场声明,对于能够调动重要资源、推进稳态经济的领导的决策或决策过程将产生很大不同。坦率地说,认为这些立场观点不会造成政治上差异的看法是愚蠢的!另一种观察专业协会立场声明功效的方法是,抛开这些立场观点考虑初期对稳态情况的研究。例如,在美国环境保护运动进入尾声,《增长的极限》(以及戴利的《稳态经济学》)出版发行之后,一些环保组织开始讨论人口增长与经济增长的话题。举个例子,"地球之友",开始提升了对增长极限的意识,甚至获取了《美国新闻与世界报道》对此的一些报道。但是他们很快就被政经浪潮冲淡消散了,只留下"地球之友"而已。如果他们当时是把其宣教活动建立在确定无疑地阐明经济增长与环境保护之间根本冲突的一系列坚实、科学、专业立场的基础之上，那么这场运动将会更加持久和有效。这应该属于一个常识问题，但在与我交谈时，布兰特·布莱克维尔德（当时的“地球之友”总裁）证实说，事实上，专业协会立场声明本来会且仍将会有很大的帮助。

不过，怀疑论者会说这些立场是没有任何用处的，也许对他们来说是无用的。车辆的用处不会比驾驶员大。我将从赫尔曼·戴利本人那里得到启发，他曾告诉过我，这些专业协会立场声明，是他所看到的稳态经济向前进步中最令人鼓舞的发展，尽管当时这些声明还很少（即便是在撰写这篇文章时也依然不多）。

14.4　其他手段和运动

大量政治努力与运动已经表明稳态经济是一个潜在可行的政策目标。对于任何怀疑这一观察结论的人，我建议使用谷歌新闻快讯去监控“稳态经济”这个词汇一段时间。你会看到世界各地写给编辑们的稿件都在敦促政治家和政府要迈向稳态经济。作家们对增长限制和稳态经济又重新产生或开始产生新的兴趣。政治家到处鼓吹稳态经济。这是自2008年以来确定的一直在加速发展的一种趋势，当然，我们无法保证这能长久持续下去或维持于高水平。目前需要的是一个不断壮大的戴利主义者群体：那些具备相当生态经济学知识、有毅力和悟性能在政治体系中有效发挥作用的人士。

专业协会立场声明的基础必须要铺设得更加厚实与稳固。应当有更多这样的专业社团采取这样的一些立场，而且这些立场必须比现有的一些立场更加强大（例如，参见 Gates et al.，2006）。但采纳专业协会立场不必拖延所有其他预定的工作。现在是时候让那些被称作“非政府组织社团”的弱学术性非政府组织为稳定状态而工作，可以先从保护性和环境性非政府组织开始。目前已经有了一个足以支持他们的平台，这个平台上充斥着各种科学专业协会技术论文和立场声明供他们利用。他们应该开展教育活动，以驳斥“经济增长与保护环境之间没有冲突”这种谬误的政治言论，并且不应该回避使用“稳态经济”这个词以确定可持续的经济政策。

任何关注稳态倡导的个人或组织将从戴利的原创著作、专业性社会（专业协会）立场声明，以及不断增加的稳态经济促进中心（以下简称为“稳经中心”）经济增长立场声明的签署者名单中得到鼓舞。截至 2014 年 3 月，此立场声明已有 11 000 多人签署，并得到了超过 200 个包括环境、社会正义和公共卫生等在内的涉及广泛问题领域组织机构的承认。甚至某共同基金也认可稳经中心的这个立场观点。在这一点上，没有人觉得他们倡导稳态经济是在冒险。有了戴利作为董事会关键成员和顾问，稳经中心正在为稳态经济发展提供前所未有的政治支持，而且稳经中心关于经济增长的立场（专栏 14.1）会被采纳和量身定制，从而产生出更专注于社会福利某些方面的立场观点。例如，生物保护学会北美分会在经济增长方面采取的一个观点，实际上就与稳经中心的相同，只是额外增加了对生物多样性保护的考虑。

专栏 14.1　稳态经济促进中心关于经济增长的立场观点

鉴于：

1. 经济增长，如标准经济学教科书中之界定，乃是货物与服务方面生产和消费的增加，且；

2. 人口与人均消费之积增加，则表示发生经济增长，且；

3. 全球经济作为一个由农业、采掘、制造和服务部门组成的综合整体，其增长需要物质投入且会产生废物，且；

4. 经济增长通常从总体上来看是以增加实际国内生产总值（国内总产值）或实际国民生产总值（国产总值）为表现的，且；

5. 经济增长一直是许多社会和绝大多数政府的长期首要目标，且；

6. 基于物理学和生态学的既定原则，经济增长存在一个极限，且；

7. 越来越多的证据表明，全球经济增长对长期生态和经济福利具有负面影响……

因此，稳经中心持有的立场观点是：

1. 经济增长与环境保护（如生物多样性保护、清洁的空气和水、大气稳定度）之间存在根本的冲突，且；

2. 经济增长与支撑人类经济的生态功能（例如授粉、分解、气候调节）之间存在根本冲突，且；

3. 技术进步具有许多积极与消极的生态和经济影响，并可能不会依赖于经济增长与长期生态和经济的福利之间冲突的调和，且；

4. 以 GDP 增长来衡量的经济增长是一个越来越危险和不合时宜的目标，这在普遍富足的发达国家尤其如此，且；

5. 稳态经济（即人口和人均消费量相对稳定且波动幅度较小的一种经济）是具有可行性的经济增长替代方案，并且已成为大型富裕经济体的更合适目标，且；

6. 稳态经济的长期可持续性要求其建立的规模足够小，以避免在预期或意外的供应冲击如干旱和能源短缺期间，生态和经济能力下降所带来的冲击，且；

7. 稳态经济并不排除经济发展，这是一个动态的、定性的过程，可以采用不同的技术，而且经济部门的相对突出性可能会发生演化，且；

8. 一旦稳态经济建立起来后，建议发达国家协助其他国家把经济增长目标转向稳态经济目标，可以从目前人均高消费的那些国家开始，且；

9. 对于普遍贫困的许多国家来说，提高人均消费（或者，作为另一种选择，更公平地分配财富）仍然是一个适当的目标。

当有足够的立场声明和宣教活动开展起来时，那么稳态经济进入政治上主流和决策机构的时机就到了。事实上，就较小的政体而言，把稳态经济作为政策目标的严肃对话的足够影响力已经存在。例如，印第安纳州布卢明顿的一个委员会，调整了稳经中心有关经济增长的立场观点，以便在布卢明顿政府组织内发展稳态，并将其推广至更大范围的全美政府组织（布卢明顿环境委员会，2008）推动稳态经济。该委员会现在正在与市议会合作，寻求在整个城市推广宣扬该立场观点。

随着稳经中心立场观点的签名人数和认可度的提升，更大的政治和决策单位将会跟进。很显然，这些实体将包括市议会、县委员会、州和国家的立法机构、执法机构，甚至司法机构。例如，对生态经济学家，尤其是对戴利主义学者来说，2007 年美国最高法院对凯洛(Kelo)诉新伦敦案的裁定无疑是声名狼藉的，它判决利用经济增长和发展为借口对长久存在、低碳生活的房主行使征用权的市政当局胜诉，这可能会被作为先例。稳态支持者应该做好准备、发布一个有大量附注的法庭之友摘要，指出当增长实际上已经变得不经济时，增长就不是“公共目的”（该用语被凯洛用于描述日益增长的经济活动）了。这个摘要可能不会在开庭当天获胜，但它肯定会制造一个使人受教的时刻，还可能是一个经久的受教。

政党是促进稳态经济的另外场所。美国绿党在其 2004 年的政纲上增加了一条有关稳态经济的内容。全球其他几个绿党，包括英格兰和威尔士绿党、爱尔兰绿党，以及稍显含蓄的荷兰绿党，都明确支持稳态经济。安大略省和不列颠哥伦比亚省的省级政府的纲领上也认可了稳态经济。

政治运动并不一定要详尽解读作为政策目标的稳态经济，才能产生促进稳态的效果。例如，源自法国并发展到欧洲其他地区的“降低增长”（la Decroissance）运动中，有追随者和观察者好奇，“降低增长”时代之后又将迎来什么，因为从长远来看，降低增长比增长更加不可持续。他们一样也将会清楚地“发现”，稳态经济体是可持续发展的替代方案，这些人非常像我们中的那些发现稳态经济是一般性生物多样性保护和环境保护的一个解答的人。事实上，降低经济增长以促进生态可持续性和社会公平的会议宣言(Paris, 2008)中，就包括了把稳态经济的建立作为长期目标的内容。至少还有另外两场的经济运动——泰国的“自足经济”和不丹的寻求国民幸福总值——有助于提高对稳态经济是一种明确而可取经济政策目标的认识。同样的话也可以用于英国和欧洲其他地区出现的“转型城镇”上。在美国，一家名为社区解决方案的非政府组织以及其他非政府组织正在协助当地社区，以适应石油峰值并建立自给自足、稳定的经济。社区解决方案同样也赞同稳经中心关于经济增长的立场看法。

14.5 未来的展望

在公认增长存有极限的生态经济学中，成功的衡量标准是质的发展，而非量的增长。然而，当这个标准到了政治领域之时，许多质的结果被归结到数量，如选民、动议、候选人、政党和政策提案的数量。我们需要大量支持稳态经济的人和事：大量的生态经济学家、戴利主义者和一般稳态主义者，从而在大量组织中发起大量活动。

只有当这些数目有了足够的量之后，我们方拥有在国家立法机构和总统过渡团队等场所合法正当地发挥作用的机会。我们可以与美国商务部、经济顾问委员会，甚至美联储进行对话，但是除非我们有成千上万的个人和数以千计的登记组织机构支持建立稳态经济，否则他们不太可能会对此留下深刻印象。然而，让广大社区参与到稳态人口和生态足迹的当地稳态经济建设工作中去当然不算太早。

也许在将来的一本书中，作者们将欣然地研究已采纳了稳态经济理念的无数政治运动和主流政党。或许，由此再过若干年后，稳态经济将成为国际外交中普遍采用的公共政策目标和好公民的标准。这是对未来的充分展望。我们已经了解需要做些什么才能实现目标。希望会有很多戴利主义者来做这件事！

参考文献

Beder, S. (2002), *Global Spin: The Corporate Assault on Environmentalism*, revised edn, White River Junction, VT: Chelsea Green.

Bloomington Environmental Commission (2008), *Position of the City of Bloomington Environmental Commission on Economic Growth in the United States*, available at http://bloomington.in.gov/media/media/application/pdf/3465.pdf(accessed 7 January 2016).

Czech, B. (1995), 'Ecosystem management is no paradigm shift: let's try conservation', *Journal of Forestry*, **93**(12), 17–23.

Czech, B. (2000a), 'Economic growth as the limiting factor for wildlife conservation', *Wildlife Society Bulletin*, **28**(1), 4–14.

Czech, B. (2000b), *Shoveling Fuel for a Runaway Train: Errant Economists, Shameful Spenders, and a Plan to Stop Them All*, Berkeley, CA: University of California Press.

Czech, B. (2002), 'The imperative of macroeconomics for ecologists', *Bioscience*, **52**(11), 964–6.

Czech, B. (2007), 'The foundation of a new conservation movement: professional society positions on economic growth', *Bioscience*, **57**(1), 6–7.

Czech, B. (2008), 'Prospects for reconciling the conflict between economic growth and biodiversity conservation with technological progress', *Conservation Biology*, **22**(6), 1389–98.

Czech, B. (2009), 'Ecological economics', in *Encyclopedia of Life Support Systems*, developed under the Auspices of UNESCO, Oxford: EOLSS Publishers, available at http://www.eolss.net (accessed 7 January 2016).

Czech, B. (2013), *Supply Shock: Economic Growth at the Crossroads and the Steady State Solution*, Gabriola Island, BC: New Society Publishers, p. 367.

Czech, B. and P. R. Krausman (1997), 'Distribution and causation of species endangerment in the United States', *Science*, **277**, 1116–17.

Czech, B. and P. R. Krausman (2001), *The Endangered Species Act: History, Conservation Biology, and Public Policy*, Baltimore, MD: Johns Hopkins University Press, p. 212.

Czech, B., P. R. Krausman and P. K. Devers (2000), 'Economic associations among causes of species endangerment in the United States', *Bioscience*, **50**,

593 - 601.

Czech, B. , E. Allen, D. Batker et al. (2003), 'The iron triangle: why The Wildlife Society needs to take a position on economic growth', *Wildlife Society Bulletin*, **31**(2), 574 - 7.

Daly, H. E. (ed.) (1973), *Toward a Steady-state Economy*, San Francisco, CA: W. H. Freeman.

Daly, H. E. (1977), *Steady-state Economics*, San Francisco, CA: W. H. Freeman.

Daly, H. E. (1991), *Steady State Economics: 2nd Edition with New Essays*, Washington, DC: Island Press.

Daly, H. E. (1993), 'Introduction to *Essays Toward a Steady State Economy*', in H. E. Daly and K. Townsend, *Valuing the Earth: Economics, Ecology, Ethics*, Cambridge, MA: MIT Press, pp. 11 - 47.

Daly, H. E. (1997), *Beyond Growth: The Economics of Sustainable Development*, Boston, MA: Beacon Press, p. 264.

Daly, H. E. and J. B. Cobb, Jr (1994), *For the Common Good: Redirecting the Economy Toward Community, the Environment, and a Sustainable Future*, Boston, MA: Beacon Press, p. 534.

Daly, H. E. and J. Farley (2003), *Ecological Economics: Principles and Applications*, Washington, DC: Island Press.

Daly, H. E. and K. Townsend (eds) (1993), *Valuing the Earth: Economics, Ecology, Ethics*, Cambridge, MA: MIT Press.

Dietz, R. (2013), 'Call for economic overhaul', *USA Today*, 18 August, available at http://www.usatoday.com/story/opinion/2013/08/18/economy-hpi-gdp-column/2669337/ (accessed 7 Janaury 2016).

Dietz, R. and D. O'Neill (2013), *Enough is Enough: Building a Sustainable Economy in a World of Finite Resources*, San Francisco, CA: Berrett-Koehler.

Gates, J. E. , N. K. Dawe, J. D. Erickson et al. (2006), 'Perspectives on The Wildlife Society's economic growth policy statement and the development process', *Wildlife Society Bulletin*, **34**(2), 507 - 11.

Hamilton, C. (2013), 'Geoengineering: our last hope, or a false promise?', *New York Times*, 26 May, available at http://www.nytimes.com/2013/05/27/opinion/geoengineering-our-last-hope-or-a-false-promise.html? pagewanted5 all(accessed 7 January 2016).

Meadows, D. H. and Club of Rome (1972), *The Limits to Growth: A Report for the Club of Rome's Project on the Predicament of Mankind*, New York: Universe Books, p. 205.

Revkin, A. (2013), 'Scientists propose a new architecture for sustainable development', *New York Times*, 21 March.

Schneider, A. L. and H. Ingram (1997), *Policy Design for Democracy*, Lawrence, KS: University Press of Kansas.

Ura, K., W. Ryerson, D. Furchgott-Roth and A. Nigam (2013), 'When "growth" is not a good goal', *New York Times*, 16 January, available at http://www.nytimes.com/roomfordebate/2013/01/16/when-growth-is-not-a-good-goal(accessed 7 January 2016).

第六部分
结语

15

生态经济学未竟之旅：走向生态公民的伦理之路

彼得·G. 布朗

> 我们必须摒弃与地球的基本关系——“利用”，熟悉它的奇迹和其深层的意义——什么使得人与地球之间不可或缺的关系发挥作用。这是人类实现真正的繁荣，同时尊重凡人其他模式的唯一可能性。地球村的成就将被卷入现存的伟大之中，同时赞美着那些已经出现的神秘力量。
>
> 贝瑞(Berry)(2000，p. xi)

15.1 引言

生态经济学的基本观点认为，人类经济必须被视为嵌入地球生物物理系统的一部分。这些系统的一个基本特性是，它们能从太阳中获取能量，但却与物质相封闭，因为在所有实际用途中，任何东西都不能离开或到达地球。这种观点来源于 20 世纪 60 年代的经济学家肯尼斯·博尔丁和20世纪70年代的尼古拉斯·乔治斯库-罗金的作品，并且在赫尔曼·戴利的作品中得到发展，在这里我们正是要庆贺他的工作成果。罗伯特·科斯坦扎和其他许多在物理学、生物学和生态学方面受过教育的人在此基础上取得了进一步的发展。[①] 这种深刻的范式转变还是比较新的。主流经济学家根本不知道该如何应对有限的世界，因此这个问题被他们所忽视。事实上，在很多情况下，主流经济学已经能够在“环境经济学”的标题下发起反击——这似乎是生态经济学的代名词。[②] 生态经济学提出的这一认识转变建立在我们对人类经济与其宿主星球之间的关系上。这对于确保生命在地球上的长期逗留至关重要。对于那些开创这一领域的人看来，现在和未来所有地球上的生物都应怀有感激之情。

然而，这一范式在许多重要的方面是不完整的，因此，实现新世界观的任务仍有待完成。目前我在这里讨论的理论有两个主要的局限性，但未来更多的任务是制定生态政治经济的基础。首先，生态经济学家坚持认为，经济应该被看作是嵌入在生物圈内的，但在很大程度上，他们想要推翻的经济模式的价值体系却被保留了下来。在这个时候，这个领域包含了许多关于其伦理基础的观点。在这些方面，这与他们试图逃离的新古典主义观点非常相似，但也有一些人希望强调对自然的尊重。这种缺乏共识的情况使得生态经济学家很难从寻求推翻世界观的其他假设中解脱出来。第二，

---

① 在本人一些早期的作品中，已经就该等转变的伦理维度进行阐述（Brown，2007；Brown and Garver，2009），并且对于本文的许多观点，我很感激我的同事及合著者。

② 我很感激布兰登·麦基提醒了我这一点。

这也有阻碍新词汇发展的效果——我们必须讨论其意义的词汇，比如金钱、成本、效率，等等。这两个因素在一定程度上是由于“柏油娃娃效应”(tar baby effect)[①]在其成熟阶段打磨着这一学科：它仍然依附于它试图逃避的事物。只有当它发展出一种内在的道德规范，以及从道德体系中衍生出来话语时，它才会得到自由，进入“荆棘谷”(继续说到这个比喻)。通过“嵌入式伦理学”，我指的是一种完全因现代科学发现而变得活跃并形成的伦理，而不是形成现代科学发现的伦理。既然生态经济学坚持在热力学的背景下看待经济，那么就会发现这些定律对伦理的影响。当然，这只是构建一种科学的、明智的伦理这一巨大任务的开始——这一任务远远超出了这一章的范围，但对人类存在于这个繁荣的地球至关重要。

因此，在这个简短的章节中，我的目标有四个。首先，要说明生态经济学是如何走向未竟的；其次，提出一些嵌入式伦理学的特征；第三，描述这种重新定位对我们讨论所涉及的问题时的一些影响。最后，我简要地讨论一下生态政治经济学的概念，这是完成这个过程的一个基本要素。

15.2 从一种世界观到另一种世界观的未竟之旅

在过去的150年中，西方文化经历了关于世界的本质和在世界中所处地位之间巨大分歧的剧痛。一方面，有包括自然神论和

① “兔子布雷尔的故事”是关于一只兔子的故事，兔子被粘到用沥青做成的并用稻草覆盖的稻草人上。当狐狸布雷尔捉住这只受困的兔子时，兔子乞求狐狸不要将他扔进会让他安全无恙的“荆棘地”之中。最终，狐狸由于不清楚这是一个诡计，而将兔子扔进了荆棘地，从而放了兔子一条生路。

牛顿力学在内的托马斯启蒙运动的综合体(TES)。另一方面，从19世纪早期开始，在地质学和热力学领域，科学的进化范式(SEP)强调了热力学、进化和诞生。达尔文(Darwin)发表于1859年的《物种起源》(Darwin, 1859)，当然是这一世界观的核心部分。

15.2.1　以神和以人为中心的世界观

TES的综合是由13世纪托马斯·阿奎那从旧约和新约中巧妙地构造出来的，亚里士多德的著作在被穆斯林学者保留和研究后，被西方世界重新发现。这种合并范式的基本要素至少有三方面。首先，造物神给最初的混乱提供了一种形态，随后又在很大程度上与之分离，但同时却能够介入历史，至少在这个世界观的大多数版本中都是如此。因此，上帝既是内在的，也是超脱的。其次，另一个关键因素是人类优越性的观念——人类被视为以上帝的形象创造，凌驾于自然之上并且脱离自然。在旧约的叙述中，自然由于人类的堕落而从它的完美状态退化。第三，从一开始就有了基本的二元论：上帝脱离了人性和自然，人类脱离了自然的其他部分。在某些犹太基督教神学中，这些分离并不突出。阿奎那还从亚里士多德那里收获了一个二元特征，即强调人是唯一理性的动物。

哥白尼(1473—1543)、伽利略(1564—1642)、开普勒(1571—1630)和牛顿(1642—1727)所进行的科学革命，保留了这一范式的许多基本结构，但承诺以物质的角度去解释世界，上帝将其降格为这一进程的发起者。在这一概念中，鉴于诸如艾萨克·牛顿等科学家所描述的宇宙的合法性质，上帝通常被称为钟表制造者，他启动了宇宙的进程，但之后并没有干预，且不可能干预。在这个时代，与亚里士多德所理解的目标形成对比，科学发现一个主要目的被认为是对自然的控制。在这种理解中，核心科学方法是分析：目的是从概念上，并尽可能按照原意，将事物分解成不同的部分，以便更好地理解它们。因此，它的认识原子论先于十九世纪的科学原子论。正是在这个概念性发源地内，当代经济学在亚当·斯密的作品中得以培育和诞生，特别是 1776 年出版的《国富论》(Smith, 1776)。斯密接管了这个范式的神论者假设，并认为经济学是研究这个钟表制造者所预先规定的合法行为。试图干扰市场的自然运作就是干扰上帝的计划——因此无法避免地会让事情变得更糟。

现在，整件事真正令人惊讶的是，二十世纪及二十一世纪初的新古典主义经济学并没有否定，甚至没有检验其 18 世纪的假设。正如罗伯特·纳多所指出的，“新古典经济学的创造者在数学形式主义的伪装下掩盖了斯密自然经济学定律的科学和形而上学基础，大量借用了 19 世纪中叶一种构思拙劣、很快就会过时的物理理论的方程式”(Nadeau, 2006, p. 100)。对进化论、量子物理学、复杂性理论、生态学及其远离平衡热力学的关系等方面的科学研究在过去和现在都被简单地忽略了，或者说充其量只是给予边际的关注程度。经济学家忘记了自己的根源，忽略或误解了十九世纪和二十世纪的科学发展，所以没有质疑他们这个基本理论的相关维度。

15.2.2　以演化为中心的世界观

虽然脱胎于托马斯主义-启蒙运动综合论(TES)，科学演化范式(SEP)强烈反对 TES 的其中两个维度：(1)世界于某一特定时间以某种最终形式被创造出来的观点；(2)将人类(以及神)与自然分离的二元论。对于第一个维度，在这一观点范围内的当前共识是当前的宇宙始于约138亿年前的所谓"大爆炸"（对于在此之前存在的东西，如果有的话，则未知）。自当前的宇宙开始以来，存在一个漫长的演化过程，其以突现的实体与过程为特点（Chaisson，2006）。突现实体或系统的特征是整体具有的属性超出其各组成成分的属性。水分子具有组成其的氢原子或氧原子，不具备，甚至亦未提示会出现的物理化学属性。像蝴蝶这样的生物具有其构成原子或分子均不具备的属性。结果，整体可能与其组成部分所提示之物有惊人的差异。

其次，突现的概念有助于解释二元论思想试图描述特征的现象。同时，它有助于以更能提供信息的语言来重新框定问题。蝴蝶与其构成分子不同——但并非完全不同。人类具有比蝴蝶复杂得多的意识形式——所以我们是不同的，但并非完全不同。人类的意识并非宇宙的特殊创造物，相反，虽然意识从宇宙中突现，但也包含于其中。我们的演化遗产印刻在我们的血肉、骨骼、大脑和思想之中。我们不仅仅处在这世界中，而且属于这个世界（Lakoff & Johnson，1999）。

在20世纪的上半叶，我们还不清楚生物的基本理论——演化论——如何与宇宙的根本论述热力学第二定律相容。这一定律认为所有事物都趋向于简单、混沌或缺乏复杂结构；而演化论则是关于生命多样性和复杂性渐增的学说。要融合这两种貌似截然不同的观点，热力学中至少有两个概念至关重要。首先是区分孤立、封闭和开放的能量系统。孤立的系统既不交换能量也不交换物质，封闭的系统接收能量但不接收物质，而开放的系统两者均接收。宇宙是孤立的，作为整体，其特征就是熵总体在增加。

但在宇宙之内，存在对物质封闭但是从外部接收能量的系统。地球就是其中之一。像人类和蛇等生物对物质和能量都是开放的，用薛定谔的名句来说，这是因为它们从周围"吸收有序性"。人们吸收诸如三明治和奶昔等事物形式的新能量和物质。它们使我们能够将身体维持在所谓的"远离平衡态"，其特征便是37℃左右恒定体温，通常情况下要高于所处外界环境的背景温度。利用外部能量创造复杂性这一观点从宏观上解释了"远离平衡态"是如何得以维持的。但三明治和奶昔可能是怎样存在的呢？解决这一问题时，植物的作用至关重要。

光合作用生物体（如绿色植物）吸收特定的、经过高度选择的波长的光。植物以多种方式利用光。有些光被吸收进入植物和周边空气并分解为热量。热量使水从树叶蒸发出去，有助于通过树木的根茎将更多水从地面汲取到树叶。而有些波长的光则被植物叶子中的光合装置用于分解出水分子中的氧原子，使剩下的水分解产物能够与大气中的二氧化碳发生作用。通过其本身进行的这一复杂的过程，水和二氧化碳结合形成单糖，由植物保留，而氧气则释放到大气中。虽然在新的糖分子中储存的能量要少于进入制作过程的光能和热能，糖分子可以多种方式进行利用和储存，形成地球上大部分其他新陈代谢的基本能量来源。有些形式的储存能量非常稳定，以至于能够成为化石，以煤、石油和天然气的形式在地下储存数百万年。通过利用这一瞬态光能，更为稳定的能量得以创造，可以说是延缓了有时缓慢、有时快速的无序性增加过程。生物整体的存在就依靠这一以无序为终点的坍塌过程的减速。所储存的能量始终都少于输入的能量，但这一转化已经使地球上出现大量繁荣的生命、形成其从亚细胞级细胞器官到生态圈各种规模的令人惊叹的复杂性。通过光合作用过程捕获能量、再通过复杂生命系统实现该能量的后续储存和利用，从而将无序化过程减慢——这正是生命本身的定义内容之一。[①]

但远离平衡态是如何能够开始的？万物为何彼此不尽相同？为什么像你和我这样的复杂系统会存在？宇宙的特征之一是温度的巨大差异——而根据热力学第二定律，宇宙在“尝试”达到热平衡。它设法尽可能地降低温度（Schneider & Sagan，2005）。为此就需要机制来减少温度梯度——以消除热量。这里，普里高津所提出的概念“耗散结构”发挥了关键的作用（Schneider & Sagan，2005，p. 81）。当我们在炉子上烧水时，当水达到沸点时，几乎没有泡泡形成。当过了沸点时，这些泡泡随着水到达我们所称的“沸腾”状态而变大。这些泡泡即是耗散结构——将温度变低的机制。地球上的宏观温度均化机制就是风和洋流，它们分别想要冷却空气和海水——因为太阳光照射地球的角度问题，赤道处的空气和海水要比两极处的温度更高。地球上的另一热耗散器就是生命本身。包括植物在内的地球生命从光合作用吸收高等级的能量并降解它，实现净冷却。复杂的生态系统就是高效的热耗散器，如无干扰，其会“在各种情形下尽其所能”地分解其从太阳接收的外源辐射能量（Schneider & Kay，1995）。宇宙的演化和生物演化都是宏观的耗散过程。但复杂的生态系统通过将部分能量储存在复杂的碳化合物或长或短的时间，使这些能量的耗散得以减慢——虽然整体而言，它们还是加速了能量的耗散。

如上文所提及的，主流的经济学不仅仍隔绝于热动力学的影

---

① 我很感激保罗·赫尔顿帮助我起草本段内容。

响，还与演化思想、复杂系统理论和生态科学等隔绝。这一概念框架没有系统性地融合支配这颗行星的生物和物理过程，因此与最近两百多年来发展的科学出现了矛盾。在人类人口大幅增长、经济产出扩张规模甚至更为广泛的背景下，世界宏观经济系统出现空前的影响力，在不肯花费力气来理解我们这个世界的情况下便想要统治它。科学可提供有趣的类比或比喻以方便我们考虑经济过程，但这并非我要在这里阐述的观点。我想要说的是，我们必须将经济系统和金融理解为地球生物物理系统不可分割的组成部分。在我们将宏观经济学和金融学的根基置于科学以及尊重地球的伦理观前，我们能期望的不过是更多的灭绝和破坏。

15.2.3 我们知识体系所处的位置

想要了解我们自身所认为的对世界的认识有何特征，一个方法就是看看大学是如何组织安排这一认识的。大学里通常按院系进行组织，即将我们对世界的理解进行分割——该种方式最终很可能成为我们毁灭的主要因素。想象一下，我们拿了一把剪刀并剪出这些单位的名称，将它们磁化并放入罐子中。而后我们将两块相对比较强的磁铁放到桌上——一块代表 TES 范式，另一块代表 SEP。如果我们之后摇晃罐子，让所有磁化的纸片掉出来，很多会被吸引到 SEP——通常是科学，而其他领域，如心理学——至少会临时性地——落于中间某个位置，虽然随着神经科学提供越来越多的信息和影响，它会缓缓朝 SEP 移动。但有些纸片会直接向 TES 磁铁前进，或牢牢粘在其上面或留在其磁场内。这些纸片的名称诸如新古典经济学、金融学、伦理学以及大部分哲学和神学、法学以及政治学等。

如此来看，生态经济学正在努力从一种范式到达另一种范式——逃脱TES的磁场并进入SEP的磁场。这就是经济学范式转移的主要特征：从标准经济学教科书中的想象之物（即为封闭循环流）转变为内置于地球生物物理系统之物，并因此受制于热力学定律和其所施加的限制，以及在这一生机勃勃的行星上所发挥作用的其他法则。它是这场重要旅程的起点，但这并非其终点。生态经济学目前悬停于两者之间——因接纳热力学和“经济学内含于地球”的概念而被拉向SEP，又因属于TES的伦理观（以及神学、政治学以及通常情况下的哲学）而被拉向TES。

15.3 生态经济学的伦理观

本章第一节将：（1）证明大部分生态经济学家当前所使用的伦理观牢牢扎根于其试图逃离的TES范式；（2）探讨在奥尔多·利奥波德的作品中找到的另一出发点；（3）阐明内含伦理观对我们如何考虑在地球系统以及宇宙中的自身地位的一些启示。

15.3.1 “柏油娃娃”问题

生态经济学与其想要逃离之物捆绑在一起。在《生态经济学：原则和应用》一书中，赫尔曼·戴利和乔希·法利陈述道：“虽然我们知难而退，未尝试界定终极目的……我们可以给出生态经济学次终极目的的工作定义：在很长一段时间中……保持生态生命支持系统远离崩溃边缘……以及使健康、获得满足的人类群体可自由地共同努力追求和弄清现在仍不明确的终极目的。”（Daly and Farley，2003，p. 57）次终极价值的原则仍是将世界用于支持（可持续）消费，且“自然资本”和“生态系统服务”等关键术语表明其很多前提仍源于 TES 框架。这一用语标示着生态经济学仍深信二元论、人类中心说和将世界视作为人类满意而使用之物品集合的唯物主义。

然而，二元论正在不断衰弱。乔希·法利指出：“人们可以认为人类不过是诸多物种之一，对生态系统所生成的低熵并未享有特殊权利。该观点明确承认人类是自然的一部分，当自然系统解散之时，人类的生存也会受到损害。二元论很容易承认，我们对生态系统的理解未充分到能断言任何单个要素是可消耗的，因此，即使是出于人类中心论的理由，它也必须假装生命是神圣的。”[①]就此而论，“生态系统服务”不过是用于指明我们的相互依存性的一个名称；但它仍徘徊在“世界为财产”这一观念周围。对于法利而言，“生态系统服务”一词是指特定物理特性而非价值。生态系统服务本质上是资金流。根据这一观点，生态系统资金并未转化为其生产的东西，服务始终以不变的速度生产出来，无法累积，等等。会有非竞争性的资金服务，在这种情况中，当定价为零时，它们对人类使用而言的价值得以最大化。他们完全在市场模型的交易维度外，虽然为保存和修复它们而分配资源仍很重要。这与生态系统产品形成鲜明的对比，后者本质上是存货流（即资金）且始终都具有竞争性。生态系统服务的概念在赫尔曼·戴利和乔希·法利的书中被进行了讨论（2003，pp. 103－110）。但幸运的是，他们没有进行下一步骤，即给这些“服务”分配价格。然而，他们关于这一主题的词汇基本上还在新古典主义的框架内。

---

① 私人通信。

就完成从一种世界观到另一世界观的旅程而言，非常令人可惜的另一发展趋势是，很多学者都狂热于为这些“生态系统服务”指定美元价值；“生态系统服务”这一概念由科斯坦扎等人（1997）①普及并正式确定为专门的术语。本文所述的观点仍然留在启蒙运动的祛魅世界中，即认为人类超脱于世界，或者，更恰当地说，仍以宣称人类拥有巨大的力量、可为了自身利益而让整个世界屈从的幻想为背景。这就又倒退到环境经济学，这一主要尝试通过“外部性”和“公共商品”概念来分析经济-自然关系的新古典主义经济学流派的分支。悲剧性的是，对于力图理解地球生命支持系统现状、演化趋势、恶化情况的实证性伟大项目“千年生态系统评估”，其大部分工作也以这一框架为基础。但从依赖（但无明确认可）TES世界观的前提上讲，这也是形而上学和神学的大不幸（这些有问题但未明言假设与通常困扰“支付意愿”、“存在价值”等估计值的方法学难题，或市场估值的“一元一票”原则分配了更多权重给富有者的现实情况并无关系）。讽刺的是，部分全球最杰出的生态学家接纳了一种危及其已投入一生研究且其很多人（若非大部分）深切关注的事业的思维方式。接纳“生态系统服务”，很多生态经济学家就无法摆脱主流的“柏油娃娃”概念。

这种实践生态经济学的方式会将世界生态系统置于严重不可逆的风险之中，原因有很多种。为此，它们可能会削弱戴利和法利维持生态生命支持系统的目标。根本问题在于，就如在一家法国

① “生态系统服务”情况的详细讨论参见鲁尔等人（2007）的著作，其中记录了美国法律、政策和社会规范全都是如何地不能保护自然系统。令人遗憾的是，本书的整个框架仍属于新古典主义。

餐厅，我们可能希望按菜单点菜获得自然服务——也许，我们不想要全餐。我们不想点整个菜单，即主餐，我们仅想要汤和点心。这里列出了我们“点餐”的四种方式，这些可能会助推自然结构的分崩离析。首先，服务的价值将在很大程度上取决于市场分配给服务的价格。所以，我们因为蜜蜂为咖啡种植园的授粉服务而认为它们有价值，因为小树林给予蜜蜂居住之地而认为蜜蜂筑巢的小树林有价值。但当世界咖啡价格骤然下跌，咖啡树被砍倒，小树林的“服务”就失去了其价值。其次，技术创新可能会导致自然服务的价值变低或不再相关。按美元计算，相比较放弃清理森林获取木材并以住房和购物商城取而代之的利润，可能建造一个滤水厂、由此取代保护水库的森林的“服务”要“更便宜”。第三，我们可以改进自然必须提供之物。例如，在生物能源热潮中，我们砍下“效率不高”的原始树木森林并种植快速生长的桉树，就是这样一种方式。或者，就如在维多利亚湖所做的那样，我们通过引入商业上更具吸引力的尼罗河鲈鱼来改进自然，但这种鱼类却导致大量更小型的本土鱼类灭绝。第四，大自然不仅仅提供礼物，她还充满恶意，如毒蛇、AIDS 等致命病毒、会在被砍倒时杀死伐木工的顶部腐烂树木——林务员将之称为“寡妇制造者”。生态系统服务取向所暗示的是，在增加大自然服务的过程中，我们应该除去所有不好的东西并看看净价值在哪里。当我们确定什么是不好的东西以及其在何处时，我们会消除它们——如这么做对某些人类有净收益（McCauley，2006）。我们可能会因考虑到滤水和侵蚀控制而重视森林的作用，但也因树林是那些既能控制鹿的数量、也以小体型家养宠物为食的郊狼的栖息地而感到威胁。而本来，正是这一控制让树林变得多样化和具有适应能力，因为鹿太多通常会阻碍再生长和多样化。

总之，“生态系统服务”的概念与“万物相连”这一或许就是生态学核心洞见的理念完全相悖。这个世界并不能按该概念所暗示那样分割成多个部分。换言之，新古典主义框架中的生态系统服务之所以有价值，并不是因为生态系统为自身提供的以使自身维持——或努力朝向——远离平衡稳态的无数互联的相互关系。大自然——如听任其自行发展——在热力学上已经是高效的了。然而，以经济效率的名义，我们在无任何关于我们该做及不该做之事的统一判断标准的情况下，解离了大自然更古老、更明智的效率。生态经济学如果未能完成其旅程，失败的原因就在于这是人类的经济学，而非人类-地球相互依存关系的经济学。生态系统服务的概念充其量算是在认识到人类/大自然相互依存性之深度的旅程中的权宜之计。但这是很危险的一步举动，因为这扩大了它试图逃离之物的触及范围。

15.3.2　寻找立足之地

为何生态经济学未能形成符合其自身最好意图的伦理观呢？部分原因在于其先驱者们的学科背景。他们来自生物学和物理科学或经济学本身。此外，他们并未为建立相对较新的环境伦理领域与生态经济学间的桥梁而做出许多尝试。

而对于必要的反思还有很大的公共和专业方面的阻力。我们这个时代的根本问题在于伦理学和演化间的关系。然而，这是一个极少正面应对的问题①，且通常被认为太过于煽动而不予处理。

① 威尔逊(1975)在这方面属于例外情况，虽然，很不幸的是，他是十足的还原论者。

我们很难在没有认识到我们从何处来的情况下知道我们应去往何处。和在 20 世纪 20 年代、30 年代以及 40 年代撰写伦理学著作的阿尔伯特·施韦泽一起，奥尔多·利奥波德是 20 世纪前半叶尝试系统性地处理这一问题的领军人物之一（Leopold, 1949）。[①] 两人都否决了其出身的功利主义和康德学派传统；利奥波德反驳了吉福德·平肖以人类为中心的功利主义；而施韦泽则反驳了尝试将伦理学建立在理性人概念上的德国传统（Schweitzer, 1949）。自他们提出观点以来，已经发生了很多事情，与利奥波德的理念尤其相关，使他的思想得到了认可和进一步的扩展。

我建议将利奥波德当作恰当环境伦理观的主要参考点。利奥波德就职于美国森林局多年，是野生动物管理领域的奠基者——野生动物管理是指主要为人类的利益管理“野生生物”数量，如以打猎的方式。在职业生涯晚期，他在威斯康星大学担任教授。在那里时，他买下并开始恢复一个破败的农场。正是这个农场启发了极有可能是二十世纪有关人类与大自然关系的最有影响力的英语著作《沙乡年鉴》（Leopold, 1949）——该书在 1948 年利奥波德去世后不久出版。在该作品中，他写道：

> 目前，我们对自然资源的保护毫无进展，因为它有悖于我们信仰的亚拉伯罕教对土地的理解。我们认为土地就是属于我们的商品，所以滥用土地。当我们把土地看作我们所属的共同体，我们才可能怀着爱和尊敬去使用它。可以说，土地想要在人类机械化的影响下幸存几乎不可能，同理，我们想要从

---

① 我所讨论的利奥波德的部分内容在布朗（2009）著作中引用。

> 受科学支配的土地上获得更好的美学受益也无可能。土地是一个共同体，这是生态学的基本概念，而土地应受爱护与尊重，则是伦理观的延伸。土地能够带来文化硕果，这是我们所熟知却在最近被遗忘的事实。这些文章就是想把这三个概念融为一体。（Leopold, 1949, pp. viii-ix）

对利奥波德而言，伦理的根本原则可总结为："当一个事物有助于保护生物共同体的完整、稳定和美丽，它就是正确的。当它走向反面时，它就是错误的。"（Leopold, 1949, pp. 224）在阅读关于利奥波德农场时光的诗意叙述时，我们能感受到他对"土地"深切的尊重，对自己生活在那样一个社会而感到的最为深刻的悲恸——人类已经不再知晓须为人类-地球关系之准则的根本性互惠互利原则。

利奥波德的作品帮助阐明了一个由来已久的问题：我们如何证明一种伦理观的正当性并同时否决另一种？怎样的反思过程将使我们赞同一种观点而不能认同另一种？着手回答这个问题的一种方法是：我们应该接受与我们其他的经过深思熟虑并有良好根基的信念最为一致的伦理观。根据丹尼尔斯(1979)的观点，这可分解为四部分：(1)有疑问的伦理原则或倾向是什么？(2)它与其他概念(如我们关于宇宙本质、人、社会、演化、神、国家、家庭等的理论观点)的一致性如何？(3)它与我们关于公平、责任、自由等的道德直觉的一致性如何？(4)所有这些理念有无可能综合在一起？我们能否按它们所表明那般行事？合在一起，我们应反射性地应用这四个步骤——由此我们的信念能够达到所有要素和谐一致的平衡状态。如此，它融合和调整了我们的直觉，但并未给予它们超出其他要素的权重。这是它逃脱直觉主义陷阱的方式，即避免每个人都坚持认为自己的直觉是权威性的状况。

对于一个成熟，或者说正变得成熟的人而言，这并非一次就可完成的事，相反，这是一个调整、洞察和自我拓展的开放过程。伦理观和科学间的关联既是不可或缺的，也是广泛的，特别是考虑上文第2部分和第4部分。在一个健康、适应性强的社会，该推理也是社会借以反思自身价值观的公共过程。在这一过程中，科学可以，并且应当发挥关键的作用，因为它影响了我们关于宇宙本质、神、人特征和地球等问题的观点。它还有助于我们理解什么可做、什么不可做；有哪些资源以及它们可能能够持续多久；什么样的医学干涉可能发挥作用；如何设计飞机；以及运营我们农场和经济的方式。

了解如何证明我们信念的合理性，这也有助于我们理解它们如何被削弱，或者在某些情况下如何崩溃瓦解。TES学说的阐明是一个长达数世纪的漫长过程。而在19世纪和20世纪，我们已看到另一学说的重建，特别是从20世纪40年代起。故事不再是被创造，而是变得有创造力——即关于创造如何发生的热力学说法。它削弱了人类统治一切的思想以及将自身分离出“环境”和在自然中分离出神圣之物的两种二元论。对于应成为世界观组成部分的生态经济学（这也是它希望实现的结果），一种尊重自然的标准定然可给其理论和实践提供启发。

自利奥波德著书以来，很多科学进展已通过将其科学和伦理洞见与化学和物理相关联而帮助将它们置于更大的背景中；由此向它们提供重要但非结论性的支持。当然，科学并非我们伦理信念的唯一决定因素，但它也并非毫不相关。自利奥波德阐述观点的20世纪40年代以来，各种物理学、化学和分子及演化生物学进展的意义就在于“填补”了支持、理解和实际实行利奥波德的“土地伦理”所需的大部分背景。所以，一种令人惊叹（对我而言，也是美丽）的和谐已初露端倪，其中我们的道德、科学、政治和神学观念，就像是巴克敏斯特网格穹顶一样，彼此相互支持和加强。这些发现结果的伦理和政策意义是根本性的，但几乎完全未得到探索。因此，我们必须重新开始。以下是一些想法。

15.3.3　构建生态经济学的价值体系

新的起点将基于我们对宇宙起源和演化、地球在这一瑰丽历史中的位置、地球上生命的突现、地球的生物物理运行方式以及人类起源、能力和制度的理解。我们的“文明”已给自然世界造成疯狂的灭绝后果，若无对此的赎罪和调解道德观，任何当代的伦理学都将是不完整的。当然，忏悔以及诸如此类的思想在犹太基督教以及很多其他宗教传统中有很深的根基，与利奥波德的框架完美契合。

讽刺的是，生态经济学本身在提醒应从某个地方开始重构我们对自身以及我们在世界中所处地位的理解，虽然因为我们之前探讨的原因，其在反思自身价值前提或很多关键概念时极少或根本没有使用这一视角。地球实际上是一个对物质封闭、对能量开放的多系统，这一基本洞见对伦理观有深远的意义（Daly，1996，pp. 27－30）。首先，让我们反过来从利奥波德伦理观的角度看看这两点：对物质封闭以及对能量开放。

15.3.4　因果循环

15.3.4.1　对物质封闭

如果按照质量和频率评断，几乎没有任何东西抵达我们的地球——仅有少量的宇宙尘埃和流星，而且一直以来离开的东西也微乎其微——只有时不时发射的火箭。根据热力学第一定律，即能量和物质守恒，地球进行的任何事情都仍以一种或另一种形式留在这里。并没有正统经济学本想让我们明白的诸如生产之类的事情，有的只是转化（Faber et al.，1996，p. 218）。如果我们的经济学与“地球是个物质封闭系统”的概念相关联，气候变化就不会被视为不合时宜的事实（Gore，2006），而是碳型经济必然且完全可预见的结果。不稳定的气候仅仅是我们未能将经济与地球运行方式融合的一个示例。海滨水域出现巨大死亡区、含汞的鱼类、生物血肉中累积阻燃剂、居住在北极地区的妇女的母乳中含有多氯联苯（PCB）——这些都是我们已经设计并在全球范围内宣扬为“最佳”生活方式的系统的可预见后果。

要理解我们正在做的事情，我们必须至少识别这些危险的三个源头。第一个是通常情况下在岩石圈中浓度非常稀少的元素在因社会因素生态圈中造成的浓度，如我们在电池中使用的铅元素。第二个是在主要用途结束之后仍持续残留在生态圈中的该等重金属以及其他有毒天然元素的扩散，如电池中的铅；或作为副产物的元素释放，比如燃烧含汞的煤炭。第三，属于工业社会基石之一的化学工程工艺还经常造成对地球生命系统以及组成地球生命系统的植物、人类或其他动物的冲击。因为它们引入了生命只有极少机会或根本没有机会适应的化合物。这三种现象也在全球范围内威胁着人权，因为这些元素和化合物对人类健康也有毒害作用（Pimentel et al.，2000）。

从利奥波德以及人权的角度，我们都应支持尊重生态系统的化学和物理转变，并避免妨碍其发挥正常作用和复原力的转变。

从尊重和互惠互利的伦理角度来看，围绕“绿色化学”等概念以及对工业生态学的特定理解来构建社会是必需的。这些理念中至少应有对潜在副作用的周密想象、穷尽的测试和适宜的长期观察、对意料之外副作用持续警惕以及对所提议化学品说“不”的意愿。所有批准应是尝试性的，保留在必要时停止生产、分销和使用的选择。必须基于对地球生命支持系统的尊重而非为了人类的欲望和满足来建立生态经济的恰当价值体系。生态经济学必须努力深植到构建生态政治经济学的概念革命之中。

区分一种经济的“操作性伦理”（即作为人们行为动机的实际事物）和该经济致力于实现的整体目标非常关键。例如，凯恩斯经济学是尝试设计一种通过抑制商业周期来实现社会稳定，但在经济萧条期依赖刺激人们的消费偏好而达到这一目标的经济。可悲的是，现代宏观经济学对凯恩斯的反周期目标选择性失明，始终都在寻求消费增长。生态经济学的一种适宜伦理可建立在凯恩斯思想的基础上，将社会和生态稳定，或者，更为恰当地说，将遵守繁荣地球的复原力作为目标并依此设计其制度。

若无“流动性陷阱”和“总需求”等概念，我们就难以透彻地理解凯恩斯经济学。同样地，生态经济学需要构建源于其发挥作用之地的词汇表，即支配地球生命支持系统的根本过程。像“公共商品”和“外部性”等概念很可能会留在这样的体系中，但它们不会是经济和地球系统间的关键交叉概念点。相反，像“俄罗斯套娃”中较小的一个娃娃，它们将是始于地球生态系统特征的一个嵌套系统的组成部分。如要更进一步地设计这样的一个系统，需要我们对现有词汇进行反思，以下第 15. 4 节正是该方向上的一项初步举措。等我们具备更好用的新词汇表后，我们将需要设计新的制度和政策，即如凯恩斯在发展宏观经济学时所做的那样。

15.3.4.2 对能量开放

“对能量开放”这一特性对理解和增进生命前景也非常关键。在地球上，有大量“负熵”，即因来自太阳的免费能量而可增加复杂性的能力。太阳还使地球有能力处理人类活动以及所有其他生命形式所产生的废弃物。简言之，几乎所有地球复杂生命之所以可能存在，都是因为光合作用成功地暂时性地减缓了光能到热能的转化。人类当前的人口和消费水平真切地使自然世界分崩离析的速度超过太阳光和光合作用将其重新粘合回去的速度，而且速度差距愈来愈大。人类现在占用了很大比例的地球生命支持预算(Haberl et al.，2008；Vitousek et al.，1986)。从利奥波德的角度看，这一趋势是一种(且很可能是唯一的)最高等级的不公正——征用越来越多的地球生命支持预算。这就是为什么我们必须重新构想其对预算的影响，并将整个生态圈及其繁荣纳入考虑范围。

理解、衡量和谨慎调节(通过参考作为可改变行为手段的物理数量，而非仅价格)地球的“复杂性支持预算”(即光合作用和其所支撑的所有)，要比进行货币供应的理解、衡量和调节更为根本，而且也更复杂和有意义。生态圈预算是财富的源泉，是所有其他财富的基础。在怀着怜悯之心退出人类统治地球的全球项目的过程中，就会出现将人类视为自然群落成员而非其主人的伦理观(Brown & Schmidt，2010，p. 278)。正如托马斯·贝里所陈述的：“我们自身将传递给我们后代的特殊角色是管理从新生代晚期到新兴的生态纪的艰难过渡，一个人类将以综合地球社区的参与成员的面目存在于地球上的时期。”(Berry，2000，pp. 7－8)

任何令人满意的生态经济学价值体系都必将妥协接受使用地

球生命支持预算中的公平性问题，以及无论从何种角度讲人类人口都已过多的这一事实。这些公平性问题涉及的是同代人之间、不同世代人之间以及所有世代人类与其他物种之间的份额分配。在西方传统中，公平问题一般被认为主要，甚至完全是人之间的事情。当前的宏观经济学有词汇表以供思考支持增长的货币供应，如 M1 和 M2。生态经济学家迫切需要制定能够系统性关联经济管理与公平繁荣地球的词汇表。

但我们能超越这些通过将地球理解为兼具封闭性和开放性的系统而受启发得到的初步洞见。整体而言，伦理学与整体的自然科学间应有同形性。负责任的共同体成员应知道所属共同体的特征，这是一个非常简单的道理；例如，成为阿米什人就需要知道该群体的规则和期望。我们需要一种反映演化范式并考虑到我们所生存的复杂系统的特征的伦理观。如罗伯特·科斯坦扎已提出的，这些特征至少包括：(a)路径依赖性；(b)认可多重平衡——并不存在唯一的最佳方法；(c)最优状态几乎无法达到且始终不稳定。科斯坦扎认为："路径依赖性、多重平衡和次优效率[必须]成为经济和生态系统中的规则，而非经济和生态系统中的例外情况。"(Costanza et al. , 1993, p. 550)

本段将讲述伦理学和复杂系统理论彼此相关的一些方式。路径依赖性表明任何伦理框架将必须考虑当前状况是如何出现的；例如，历史问题。未来森林的合理状况受到先前森林所遗留土壤条件的严重影响。我们可做和应该做的事情受到先行条件的很大影响。历史轨迹生成了从亚细胞到生态圈各种尺度的复杂相互依存系统。主导亲英国家的资本主义系统奖励并因此强化了推动生命前景快速衰减的行为。但当我们努力设定更负责任的新航向时，这是我们在此时必须应对的一个事实。多重平衡的概念表明，并无一种最佳事务状态可追求；而是有多种繁荣的方式，它们本身也依赖于路径。这与政治自由主义中认为有理解和过上“好生活”的多种方式的“宽容”概念相似。但是，与政治自由主义相同的是，存在诸如约翰·罗尔斯(John Rawls)(Rawls, 1999)所提出的“所有人平等自由”等边界条件。我们应该寻求支持和加强他人繁荣的个人繁荣以及生态系统繁荣。一个人砍光了其地产上的所有树木，从而导致水土侵蚀，这就可能会影响到其邻居的小树林能否繁盛。但这只是人类之间的一个示例；我们现在必须有意识地将关心他人繁荣的原则扩展到整个大自然，包括其所有相互依存的参与者，人类也在其中。最优状态稀少且脆弱，这一概念应有助于我们理解，诸如国民生产总值(GNP)最大化之类的任何最优化项目将会给复杂、相互依存系统的世界带来毁灭性打击。最后，锁定应有助于我们认识到未选择的道路往往是无法再次选择的道路。如果我们在车流中拐错弯，我们通常能够原路返回并到达我们原预期到达的地方。但在复杂生物物理系统中，通常并非如此。一个生态系统中的顶级猎食者一旦被灭绝，系统将朝着新的方向前进，即便猎食者再度归来。菲律宾热带风暴之后的大规模土壤侵蚀剥夺了土地的肥力，而所导致的淤泥摧毁了沿岸渔业，在有历史记载的时间内无法恢复。

15.4 思维方式之反思

如果生态经济学要抵达或至少接近其在20世纪后半叶无畏起航前往的海岸，它就需要对“生态系统服务”和“自然资本”等概念进行重新考虑和重新定位的新专门术语。在内含的伦理观中，有些通用的经济学术语将采纳反思经济学与生物圈关系的新含义。这就是我所称的“全地球经济”(Brown and Garver, 2009)。以下是部分核心概念。

15.4.1 财富

我们往往按金钱以及购买力来度量财富。现在“财富”将具有全新的根本性含义。全地球经济中的财富并非货币财富。低熵存量即为财富，熵流为收入。光合作用是熵流，而生物量和储存的碳都是该熵流产生的存量。从根本上讲，公平就是光合作用的份额公正地提供给每一物种(或个体)——地球所有生命共享支持其和保持前进的东西。因此，对于作为利奥波德意义上的共同体成员的人类，我们仅可认为财富是一种信托并以信托形式持有它。

15.4.2 预算

正常情况下，预算是指货币流，它是一种记录且通常也指收入和支出预测。在全地球经济中，主要的收入是阳光。支出则是指消耗生命和其他物质与能量。需要谨记的很重要一点是，地球支持生命的能力(部分因生命本身变得可能)是有限的，但并非固定的。我们需要制定衡量地球及其生存系统健康情况的指标。光合作用是支持生命的主要转化媒介，其主要的限制因素是：(1)捕获用于创造植物和动物(例如，人类)所消耗食物的阳光的能力，以及吸收和处理我们扔回环境中的废弃物的能力；(2)如导致在生态系统中累积将影响植物生存和进行光合作用能力的毒素；和/或植物和动物生存所依赖的土地的破坏。在生命地球演化的过程、约 38

亿年的时光中，复杂性创造能力的预算在大部分时间是有盈余的。这就意味着生命已能够创造比某一物种生存所需的更多的苹果、更多野兽或更多沙丁鱼；盈余可供养活其他生命形式和演化变化。但时不时地也会出现严重赤字，如我们人类现在所导致的大规模灭绝。

15.4.3 绝对优势

全地球经济的绝对优势是：一个国家或地区能够以提用最低程度地球创造和维持复杂性能力（即复杂性预算）的方式来转化和消耗物质和能量。这就意味着，一个以对生命预算（而非货币）而言最低的成本生产货物并到全球市场销售的国家，才是绝对成本最低的国家。国家可以寻求比较优势，生产相对其生产的其他货物而言提用量最低的货物以进行贸易。例如，巴西可能可以同时以比加拿大更低的地球再生产能力提用量来生产铝和木材，但如果它能够以低得多的提取量生产木材，而仅以略微更低的提取量生产铝，则以木材交换铝可以降低总的提用量。

15.4.4 成本

在全地球经济中，某样东西的成本就是为获得它需要牺牲的地球生命支持系统的完整性、复原力和美丽程度。成本和价格的概念反映的是对生命的完全成本，通过净光合作用生产力（NPP）或其他该类地球生命支持能力的指标进行测量。总测量值必须进一步完善以反映 NPP 的巨大地理差异，以及特定地方的稳健性或脆弱性。

15.4.5 “机会成本”的相对性

从新古典主义的角度，如果我们不砍伐我们拥有的森林，则有放弃收入和消费的机会成本。但是从生态公民的角度看，这可能是种收益，因为公民着眼于对生命丰富性的影响。与新古典主义的观点形成鲜明对比，砍伐森林是要放弃一些东西，而不是获得一些东西。机会成本的含义是相对于进行选择的自我的概念而言的。自我可从利益的角度进行狭义理解，或者从认同更广的共同体或生态系统，直至生命共同体角度进行广义理解，甚至是宇宙本身的自我。

15.4.6 (重新)分配

在全地球经济中主张对地球预算的份额并不仅限于人，而是可由生命以及代表生命整体提出。分配存量和流量(财富和收入)的分配正义关涉构建、维续和加强全体生命的能力的分摊。我们时代的公平分配通常是，限制人或物种为其自身撷取多于其应得的地球复杂和吸纳容量的能力的问题。

15.4.7 货币

在全球经济中，货币及其诸多代用品(如信用)是一种社会认同的在现在或未来干涉地球生命支持复杂性预算的权利——本质上，这是可对当地或全球生态施加影响的许可。这可算作一种成本，因为它耗用复杂性或生成废弃物和毒素。它也可算作投资，用于维持或累积生态系统的复杂性生产能力。收入和财富的不平等导致人们对地球复杂性具有的权力并不相同。

15.4.8　生产/转化

生产和转化通常描述制造或生长有用东西的过程。在全球经济中，并无真正的物质生产，有的仅是转化。所有转化都产生净熵——这意味着它们将有用的能量转化为被耗散的热量并增加无序性，或者说，丧失复杂性。"货物"的概念在一定程度上是一种幻象。所有消费都导致熵的净增加，减少对人类的有用性，虽然有些高熵的废弃物对于生态系统其他部分而言，可能仍是丰富的资源。

15.4.9　资源

我们知道作为自然资源的东西在自然生态系统中都有一定作用，但人类的使用改变了这一点。例如，砍伐一棵树就抹消了一处栖居地，改变了生态系统功能；而开采金属或柏油砂会耗用能量，导致原本在地面深处的物质出现污染环境。人类是演化和宇宙过程的产物，但并非它们的目标，因此其对自然系统的任何方面（无论是生物或是非生物的）无任何特权。地球及其所承载的所有生命应看作是生命共同体——生物和宇宙演化的结果。

15.4.10　废弃物

从全球经济的角度看，分析工业过程就必须审视其对生命共同体的影响。每当有东西制造出来，就会出现废弃物流，在过程中所使用的能量始终在减少其做功的能力。因此，必须对"工业过程"和"废弃物"的概念进行重新构建，因为并无通常所理解的生产；有的仅是转化。应用这一原则的关键在于，要从自我组织能力消亡或再生干扰的角度考虑成本——就如妨碍生命复原力的毒素。最终废弃物就是能量水平极低的热量，其无法再做任何功，也无法维持自我组织能力。

15.5 为创建生态政治经济的一些措施

要将生态经济学伦理的这些概念及其专用术语置于更大的背景之中，我们就必须开始构建生态政治经济。在本人看来，为推进赫尔曼·戴利和20世纪的其他先驱者所启动的旅程，有六个问题必须予以解答。首先从我们需要进行反思的、对世界的科学认识开始。

1. 我们是谁。
2. 我们自认为的所知及未知各是什么。
3. 我们应该做什么。
4. 我们应该衡量什么。
5. 人类世经济学；以及纳入地球系统角度思考的政治。
6. 基于我们对这些问题的解答确认宗教和精神的位置。

很多人害怕SEP会成为宗教的威胁，实际上无需如此。这一视角告诉我们的是，我们正面临以及属于一个正在演化、学习的巨大系统（意识是其表现之一），它比我们要古老得多、强大得多。它所拥有的规模、美和荣光是我们无法完全掌控的。遵崇存在的一切即为智慧。而达到自我超越的状态，哪怕是暂时性的，就能够使我们回想起在我们狂热可悲的时代中几乎被忘却的问题：所谓文明，是为何事？请允许本人抛砖引玉：所谓文明，是为教养和提升恭敬地生活在地球中并尊重生命及其本源的"动物人类"的思想和精神。"公民身份"应理解为，从长远来看的人类自我概念的维度。

生态公民身份就是要认可我们的角色是生命演化，以及熵属性宇宙中的这个世界的共同参与者。

对本人而言，这即是我亲爱的朋友赫尔曼摆在我和大家面前的挑战和礼物。

参考文献

Berry, T. (2000), *The Great Work: Our Way into the Future*, New York: Three Rivers Press.

Brown, P. G. (2007), *The Commonwealth of Life: Economics for a Flourishing Earth*, London: Black Rose Books.

Brown, P. G. (2009), 'God shed his grace on thee', in S. Kellert and J. G. Speth (eds), *Toward a New Consciousness*, New Haven, CT: Yale School of Forestry and Environmental Studies, pp. 86 - 109.

Brown, P. G. and G. Garver (2009), *Right Relationship: Building a Whole Earth Economy*, San Francisco, CA: Berrett-Koelher.

Brown, P. G. and J. J. Schmidt (2010), 'An ethic of compassionate retreat', *Water Ethics: Foundational Readings for Students and Professionals*, Washington, DC: Island Press, pp. 265 - 283.

Chaisson, E. (2006), *Epic of Evolution: Seven Ages of the Cosmos*, New York: Columbia University Press.

Costanza, R., L. Wainger, C. Folke and K. - G. Maler (1993), 'Modeling complex ecological economic systems', *BioScience*, **43**, 545 - 555.

Costanza, R., R. d'Arge, R. de Groot et al. (1997), 'The value of the world's ecosystem services and natural capital', *Nature*, **387**, 253 - 260.

Daly, H. E. (1996), *Beyond Growth*, Boston, MA: Beacon Press.

Daly, H. E. and J. Farley (2003), *Ecological Economics: Principles and Applications*, Washington, DC: Island Press.

Daniels, N. (1979), 'Wide reflective equilibrium and theory acceptance in ethics', *Journal of Philosophy*, **76**(5), 256 - 282.

Darwin, C. (1859), *On the Origin of Species by Means of Natural Selection*, London: John Murray.

Faber, M., M. Reiner and J. Proops (1996), *Ecological Economics: Concepts and Methods*, Cheltenham, UK and Brookfield, VT, USA: Edward Elgar Publishing.

Gore, A., Jr (2006), *An Inconvenient Truth: Planetary Emergency of Global Warming and What We Can Do About It*, New York: Rodale Books.

Haberl, H., K. Erb and F. Krausmann (2008), 'Global human appropriation of net primary production (HANPP)', in C. J. Cleveland (ed.), *Encyclopedia of Earth*, Washington, DC: Environmental Information Coalition, National Council for Science and the Environment, available at http://www.eoearth.org/view/article/51cbede37896bb431f694846/ (accessed 07 March 2016).

Lakoff, G. and M. Johnson (1999), *Philosophy in the Flesh: The Embodied Mind and its Challenge to Western Thought*, New York: Basic Books.

Leopold, A. (1949), *A Sand County Almanac*, New York: Oxford University Press.

McCauley, D. J. (2006), 'Selling out on nature', *Nature*, **443**(7107), 27-8.

Nadeau, R. (2006), *The Environmental Endgame: Mainstream Economics, Ecological Disaster, and Human Survival*, New Brunswick, NJ: Rutgers University Press.

Pimentel, D., L. Westra and R. F. Noss (2000), *Ecological Integrity: Integrating Environment, Conservation, and Health*, Washington, DC: Island Press.

Rawls, J. (1999), *A Theory of Justice*, Cambridge, MA: Harvard University Press.

Ruhl, J. B., S. E. Kraft and C. L. Lant (eds) (2007), *The Law and Policy of System Services*, Washington, DC: Island Press.

Schneider, E. D. and J. J. Kay (1995), 'Order from disorder: the thermodynamics of complex biology', in M. P. Murphy and L. A. J. O'Neill (eds), *What is Life? The Next Fifty Years: Speculations on the Future of Biology*, Cambridge: Cambridge University Press, pp. 161-174.

Schneider, E. D. and D. Sagan (2005), *Into the Cool: Energy Flow, Thermodynamics, and Life*, Chicago, IL: University of Chicago Press.

Schweitzer, A. (1949), *Philosophy of Civilization*, New York: MacMillan.

Smith, A. (1776), *An Inquiry into the Nature and Causes of the Wealth of*

Nations, London: W. Strahan and T. Cadell.

Vitousek, P. M., P. R. Ehrlich, A. H. Ehrlich and P. A. Matson (1986), 'Human appropriation of the products of photosynthesis', *BioScience*, **36**(6), 368 – 373.

Wilson, E. O. (1975), *Sociobiology: The New Synthesis*, Cambridge, MA: Harvard University Press.

人名译名对照表

亚伯拉罕·林肯　Abraham Lincoln
阿布拉莫维茨　Abramowitz
亚当·斯密　Adam Smith
阿格列塔　Aglietta
阿尔伯特·施韦泽　Albert Schweitzer
奥尔多·利奥波德　Aldo Leopold
奥尔德雷德　Aldred
阿尔弗雷德·马歇尔　Alfred Marshall
安德森　Anderson
扬松　AnnMari Jansson
阿利德·瓦顿　Arild Vatn
亚里士多德　Aristotle
庇古　Arthur Cecil Pigou
阿特金森　Atkinson
贝茨　Baetz
巴巴拉·塔奇曼　Barbara Tuchman
贝德　Beder
本杰明·富兰克林　Benjamin Franklin
贝瑞　Berry
毕晓普　Bishop
比约恩·隆伯格　Bjorn Lomborg

博伊 Bohi
邦尼·麦卡 Bonnie McCay
鲍尔斯 Bowles
布兰登·麦基 Brendan Mackey
布兰特·布莱克维尔德 Brent Blackwelder
布莱恩·杰克 Brian Czech
布罗姆利 Bromley
布朗 Brown
伯格斯 Burgess
伯克特 Burkett
凯莫勒 Camerer
查尔斯·霍尔 Charles Hall
克里斯滕森 Christensen
克拉克 Clarke
克里福德·柯布 Clifford Cobb
科斯 Coase
柯布 Cobb
哥白尼 Copernicus
科雷亚 Correa
考林 Cowling
坎宁安 Cunningham
丹尼尔斯 Daniels
达尔文 Darwin
大卫·贝雷比 David Berreby
大卫·皮门特尔 David Pimentel
大卫·李嘉图 David Ricardo
道金斯 Dawkins
德卡尼奥 DeCanio
迪帕克·马尔干 Deepak Malghan
迪茨 Dietz
迪尔玛·罗塞夫 Dilma Rousseff
德内拉·梅多斯 Donella Meadows
多恩布什 Dornbusch

桃乐丝·罗 Dorothy Rowe
道格拉斯·布斯 Douglas Booth
E. V. 拉马沙米 E. V. Ramasamy
伊斯特林 Easterlin
爱德华·埃尔加 Edward Elgar
埃利希 Ehrlich
埃莉诺·奥斯特罗姆 Elinor Ostrom
艾伦·布朗 Ellen Brown
艾伦·霍奇森布朗 Ellen HodgsonBrown
伊壁鸠鲁 Epicurus
埃里克·埃克霍姆 Erik Eckholm
埃尔温·薛定谔 Erwin Schrodinger
埃斯特·博塞鲁普 Esther Boserup
多玛 Evesey D. Domar
叶夫谢维多·马尔 Evsey Domar
法利 Farley
费恩赛德 Fearnside
费尔德曼 Feldman
费舍尔 Fischer
富兰克林·罗斯福 Franklin Roosevelt
弗雷德里克·索迪 Frederick Soddy
弗雷 Frey
弗里德曼 Friedman
哈耶克 Friedrich August von Hayek
费奥多尔·陀思妥耶夫斯基 Fyodor Dostoyevsky
加夫尼 Gaffney
伽利略 Galileo
加勒特·哈丁 Garrett Hardin
加里 Gary Flomenhoft
盖特利和亨廷顿 Gately and Huntington
盖茨 Gates
杰弗里·希尔 Geoffrey Heal
乔治·列文斯坦 George Loewenstein

乔治斯库-罗金 Georgescu-Roegen
吉福德·平肖 Gifford Pinchot
金蒂斯 Gintis
古德兰 Goodland
高智 Gowdy
古尔 Gull
古斯塔夫·勒庞 Gustave Le Bon
H. T. 奥德姆 H. T. Odum
哈坎·萨穆埃尔松 Hakan Samuelsson
霍尔 Hall
汉密尔顿 Hamilton
汉森 Hansen
哈丁 Hardin
哈里普利亚·冈德梅达 Haripriya Gundimeda
哈耶克 Hayek
黑兹尔·亨德森 Hazel Henderson
海尔布罗纳 Heilbroner
埃利韦尔 Helliwell
赫尔穆特·哈布勒 Helmut Haberl
亨德森 Henderson
亨利·乔治 Henry George
赫伯特·西蒙 Herbert Simon
赫尔曼·戴利 Herman Daly
希尔施 Hirsch
赫希 Hirsch
霍奇森 Hodgson
霍兰德 Holland
胡珀 Hooper
霍特林 Hotelling
霍华思 Howarth
哈伯特 Hubbert
瑞拉乌戈·查韦斯 Hugo Chavez
英格拉姆 Ingram

欧文·费雪 Irving Fisher
艾萨克·牛顿 Isaac Newton
J. S. 穆勒 J. S. Mill
杰克逊 Jackson
詹姆斯·加尔布雷斯 James K. Galbraith
詹姆斯·米德 James Meade
简·丁伯根 Jan Tinbergen
杰里米·边沁 Jeremy Bentham
杰文斯 Jevons
琼·马丁内斯-阿里埃尔 Joan Martinez-Alier
约翰·柯布 John Cobb
约翰·高智 John Gowdy
约翰·希克斯 John Hicks
约翰·洛克 John Locke
约翰·梅纳德·凯恩斯 John Maynard Keynes
约翰·缪尔 John Muir
约翰·罗尔斯 John Rawls
约翰·希克斯 John Richard Hicks
约翰·罗斯金 John Ruskin
约翰·穆勒 John Mill
约翰·理查德·尼古拉斯·斯通 John·Richard·Nicolas·Stone
乔纳森·哈里斯 Jonathan Harris
熊皮特 Joseph Alois Schumpeter
约瑟夫·斯蒂格利茨 Joseph Stilitz
乔希·法利 Josh Farley
朱利安·西蒙 Julian Simon
K. W. 卡普 K. W. Kapp
卡内曼 Kahneman
康德 Kant
卡尔·马克思 Karl Marx
考夫曼 Kaufman
考底利耶 Kautilya
卡瓦纳 Kavanagh

凯洛 Kelo
肯尼迪 Kennedy
肯尼斯·鲍尔丁 Kenneth Boulding
肯尼克尔 Kennickell
开普勒 Kepler
凯恩斯 Keynes
基尔皮纳 Kilpinen
努森 Knudsen
克拉耶夫 Kraev
克劳斯曼 Krausman
克里斯南 Krishnan
克鲁格曼 Krugman
库比斯泽维斯基 Kubiszewski
库兹涅茨 Kuznets
朗 Lawn
劳伦斯·萨默斯 Lawrence Summers
莱亚德 Layard
莱布尼兹 Leibniz
列昂惕夫 Leontief
莱斯特·布朗 Lester Brown
林德 Lind
洛克 Locke
罗温斯坦 Loewenstein
罗根 Logan
卢拉 Lula
林恩·马古利斯 Lynn Margulis
M. 金·哈博特 M. King Hubbert
马尔萨斯 Malthus
马奇 March
玛利亚·费舍尔-科瓦尔斯基 Marina Fischer-Kowalski
玛丽娜·席尔瓦 Marina Silva
马歇尔 Marshall
马丁·海德格尔 Martin Heidegger

马丁内斯-阿里尔 Martinez-Alier
马斯洛 Maslow
梅森·加夫尼 Mason Gaffney
魏克内格 Mathis Wachernagle,
马西斯·瓦科纳格尔 Mathis Wackernagel
麦克斯-尼夫 Max-Neef
真弓浩三 Mayumi
麦金 McGinn
麦克尼尔 McNeill
梅多斯 Meadows
穆勒 Mill
米山 Mishan
米舍尔 Mishel
米切尔 Mitchell
穆罕默德·尤努斯 Mohammad Yunus
穆依斯肯 Muysken
穆扎弗·谢里夫 Muzafer Sherif
尼古拉斯·乔治斯库-罗金 Nicholas Georgescu-Roegen
尼古拉斯·斯特恩 Nicholas Stern
诺德豪斯 Nordhaus
诺加德 Norgaard
奥尼尔 O'Neill
奥弗 Offer
奥尔森 Olsen
奥默罗德 Ormerod
奥斯特罗姆 Ostrom
奥托·诺伊拉特 Otto Neurath
帕迪拉 Padilla
帕雷托 Pareto
帕萨·达斯古普塔 Partha Dasgupta
保罗·赫尔顿 Paul Heltne
保罗·萨缪尔森 Paul Samuelson
帕万·苏克德夫 Pavan Sukhdev

皮尔斯　Pearce
培森多佛　Pesendorfer
彼得·A. 维克多　Peter A. Victor
彼得·布朗　Peter Brown
彼得·G. 布朗　Peter G. Brown
彼得·维克多　Peter Victor
菲利普·朗　Philip Lawn
皮克特　Pickett
庇古　Pigou
波利梅尼　Polimeni
波莱特　Porritt
波斯特尔　Postel
普里高津　Prigogine
普旭攀·库马尔　Pushpam Kumar
匡特　Quandt
奎金　Quiggin
雷蒙德·戈德史密斯　Raymond Goldsmith
勒贝留　Rebérioux
拉夫金　Revkin
李嘉图　Ricardo
里奇　Rich
罗伯特·科斯坦扎　Robert Costanza
罗伯特·古德兰　Robert Goodland
罗伯特·纳多　Robert Nadeau
罗伯特·索洛　Robert Solow
罗伯特·艾尔斯　Robert Ayres
洛克斯戴姆　Rockström
许廷　Heuting
罗尔夫·彼得·菲尔弗　Rolf Peter Sieferle
洛卜克　Ropke
罗萨蒂　Rosati
罗伊·哈罗德　Roy Harrod
鲁尔　Ruhl

萨巴迪希 Sabadish
塞宾·哈拉 Sabine O'Hara
萨伊兹 Saez
萨拉·埃尔·塞拉菲 Salah El Serafy
桑德斯 Sanders
施耐德 Schneider
斯考尔 Schor
熊彼特 Schumpeter
西托夫斯基 Scitovsky
瑟奇·拉图什 Serge Latouche
西哈格 Sihag
西尔弗伯格 Silverberg
西蒙·库兹涅茨 Simon Kuznets
约翰·希克斯 John Hicks
索洛 Solow
史蒂芬·斯托尔 Stephen Stoll
斯蒂格利茨 Stiglitz
斯塔特勒 Stutzer
斯蒂姆内 Stymne
苏尼塔·那雷恩 Sunita Narain
斯凡特·阿伦尼乌斯 Svante Arrhenius
T. R. 马尔萨斯 T. R. Malthus
特彻内瓦 Tcherneva
托马斯·阿奎那 Thomas Aquinas
托马斯·贝里 Thomas Berry
瑟罗 Thurow
蒂德曼 Tideman
蒂姆·杰克逊 Tim Jackson
丁伯根 Tinbergen
蒂特马斯 Titmuss
托宾 Tobin
汤森德 Townsend
尤拉 Ura

范·帕里吉斯　Van Parijs
瓦顿　Vatn
文·米泽斯　Von Mises
冯·诺依曼　von Neumann
W. 斯坦利·杰文斯　W. Stanley Jevons
瓦克纳格尔　Wackernagel
沃德弗格　Waldfogel
瓦尔拉斯　Walras
瓦茨　Watts
韦斯科普夫　Weisskopf
怀特海　Whitehead
怀特海德　Whiteheadian
维尔东·卡尔　Wildon Carr
威尔金森　Wilkinson
威廉·达尔林普尔　William Dalrymple
威廉·E. 里斯　William E. Rees
威廉·戈德温　William Godwin
威廉·詹宁斯·布赖恩　William Jennings Bryan
威尔逊　Wilson
沃尔夫　Wolf
伍德罗·威尔逊　Woodrow Wilson
伍迪·艾伦　Woody Allen
乌瑞　Wray

后　记

在生态经济学的理论框架下，经济增长并非都是“经济”的。当“经济增长增加的环境和社会成本超过增加的经济利益时”，增长是“不经济的”。经济增长的环境和社会成本是由于“对生态系统日益侵蚀导致的社会和环境损失”而产生的。也就是说，当经济增长以牺牲资源和人类福祉为代价时，经济增长是不经济的，人类社会的发展应当超越这种“不经济”的增长。以赫尔曼·戴利为代表的一批生态经济学学者，在承认地球生物物理极限的基础上，以可持续、公平、有效为目标，探索建立新的经济规则，逐渐形成并丰富了“超越不经济增长”理化。

不经济增长的问题并非西方国家或者发达国家独有，我国在经济建设取得重大成就的同时，也付出了沉重的生态环境代价。在当前资源环境约束趋紧、生态系统空间逐渐紧缩、生态风险不断显现的背景下，利用“超越不经济增长”理论，改造经济体系，实现生态可持续、公平分配和有效配置的目标，是践行十九大报告中提出的“推进绿色发展”、“建立健全绿色低碳循环发展的经济体系”的应有之义。

本书是“超越不经济增长理论”领域重要的、最新的文献之一。本书各篇章的作者接受并深化了戴利关于超越不经济增长的思想，他们大多是戴利的多年合作伙伴。全书不仅阐释了戴利在生态经济学领域的基础工作，也展示了戴利为建立公平价值为引领、可持续科学为基础、方法为导向的新经济体系所做出的努力。书中各篇章涵盖增长极限之下的公平分配、对国民收入的重新理解与核算、货币创造与经济增长之间的关系及其规制、社会可持续的去增长及稳态经济的政治与伦理基础等超越不经济增长理论领域的前沿论题和创新发展。希望本书的翻译和出版，能以跨国界、跨学科的生态经济学理论传承与创新为基础，对当前亟待解决的经济、社会、生态问题提出可持续的、公平有效的解决方案。

上海社会科学院“资源与环境可持续发展”创新团队核心成员承担了本书的主要翻译任务，首席专家周冯琦研究员负责本书统、定稿和校译，陈宁博士、刘新宇博士等协助校译。

各章分工如下：

第一章，周冯琦翻译，校译；

第二章，杜红玉翻译，刘新宇校译；

第三章，程进翻译，周冯琦校译；

第四章，陈宁翻译，周冯琦校译；

第五章，郎春雷翻译，周冯琦校译；

第六章，吴蒙翻译，陈宁校译；

第七章，陈宁翻译，刘新宇校泽；

第八章，刘新宇翻译，陈宁校译；

第九章，张文博翻译，程进校译；

第十章，尚勇敏翻译，程进校译；

第十一章，周冯琦翻译、校译；

第十二章，程进翻译，刘新宇校译；

第十三章，康艺凡翻译，陈宁校译；

第十四章，何卫东翻译，陈宁校译；

第十五章，李海棠翻译，程进校译。

感谢上海社会科学院创新办等职能部门在本书翻译及出版过程中给予的大力支持。感谢出版社编辑的辛勤付出和大力支持。

译者

2018 年 7 月

上海社会科学院创新译丛

- 不平等简史

  米凯莱·阿拉塞维奇　安娜·索奇　著
- 超越不经济增长：经济、公平与生态困境

  乔舒亚·法利　迪帕克·马尔干　编
- 未来之城：科幻小说中的城市

  卡尔·阿博特　著
- 民俗学的宏大理论

  李·哈林　编
- 技术体系：理性的社会生活

  安德鲁·芬伯格　著
- 金融部门、金融监管和中央银行政策

  托马斯·F.卡吉尔　著
- 谁统治地球：社会规则如何形塑我们的星球和生活

  保罗·F.斯坦伯格　著
- 城市与文化经济

  托马斯·A.赫顿　著
- 先进制造：美国的新创新政策

  威廉姆·B.邦维利安　彼得 L.辛格　著
- 民主探测器：调查性新闻的经济学

  詹姆斯·T.汉密尔顿　著

图书在版编目(CIP)数据

超越不经济增长：经济学、公平与生态困境 /（美）乔舒亚·法利，（印）迪帕克·马尔干编；周冯琦等译. —上海：上海社会科学院出版社，2018

书名原文：Beyond Uneconomic Growth：Economics，Equity and the Ecological Predicament

ISBN 978-7-5520-2413-5

Ⅰ.①超… Ⅱ.①乔…②迪…③周… Ⅲ.①生态经济学—研究 Ⅳ.①F062.2

中国版本图书馆 CIP 数据核字(2018)第 179442 号

上海市版权局著作权合同登记号：图字 09-2018-205

超越不经济增长：经济、公平与生态困境

编　　者：[美]乔舒亚·法利　[印]迪帕克·马尔干
译　　者：周冯琦等
责任编辑：应韶荃　袁钰超
封面设计：李　廉
出版发行：上海社会科学院出版社
　　　　　上海顺昌路 622 号　邮编 200025
　　　　　电话总机 021-63315900　销售热线 021-53063735
　　　　　http：//www.sassp.org.cn　E-mail：sassp@sass.org.cn
照　　排：南京前锦排版服务有限公司
印　　刷：上海展强印刷有限公司
开　　本：890×1240 毫米　1/32 开
印　　张：15.375
插　　页：4
字　　数：340 千字
版　　次：2018 年 7 月第 1 版　　2018 年 7 月第 1 次印刷

ISBN 978-7-5520-2413-5/F·530　　定价：78 元
